COMUNICAÇÃO E POLÍTICA

Dados Internacionais de Catalogação na Publicação (CIP)
(Câmara Brasileira do Livro, SP, Brasil)

Comunicação e política : capital social, reconhecimento e deliberação pública / Ângela Marques, Heloiza Matos, (orgs.). — São Paulo : Summus, 2011.

Vários autores.
ISBN 978-85-323-0720-0

1. Capital social 2. Comunicação – Aspectos sociais 3. Comunicação de massa 4. Comunicação e política 5. Comunicação e tecnologia 6. Democracia deliberativa 7. Meios de comunicação 8. Reconhecimento social I. Marques, Ângela. II. Matos, Heloiza.

11-07078 CDD-302.23

Índice para catálogo sistemático:

1. Capital social, reconhecimento e deliberação
   pública : Comunicação social : Sociologia   302.23

Compre em lugar de fotocopiar.
Cada real que você dá por um livro recompensa seus autores
e os convida a produzir mais sobre o tema;
incentiva seus editores a encomendar, traduzir e publicar
outras obras sobre o assunto;
e paga aos livreiros por estocar e levar até você livros
para a sua informação e o seu entretenimento.
Cada real que você dá pela fotocópia não autorizada de um livro
financia um crime
e ajuda a matar a produção intelectual em todo o mundo.

COMUNICAÇÃO E POLÍTICA

Capital social, reconhecimento e deliberação pública

ÂNGELA MARQUES
HELOIZA MATOS

(ORGS.)

summus
editorial

COMUNICAÇÃO E POLÍTICA
Capital social, reconhecimento e deliberação pública

Copyright © 2011 by autores
Direitos desta edição reservados por Summus Editorial

Editora executiva: **Soraia Bini Cury**
Editora assistente: **Salete Del Guerra**
Capa: **Alberto Mateus**
Imagem de capa: **"O Anjo Benevolente", de George Wallace, fotografado pelo próprio artista.
Veja mais em: www.georgewallace.ca. Acervo: Jane Irwin.**
Projeto gráfico e diagramação: **Acqua Estúdio Gráfico**
Impressão: **Sumago Gráfica Editorial Ltda.**

Summus Editorial
Departamento editorial
Rua Itapicuru, 613 – 7º andar
05006-000 – São Paulo – SP
Fone: (11) 3872-3322
Fax: (11) 3872-7476
http://www.summus.com.br
e-mail: summus@summus.com.br

Atendimento ao consumidor
Summus Editorial
Fone: (11) 3865-9890

Vendas por atacado
Fone: (11) 3873-8638
Fax: (11) 3873-7085
e-mail: vendas@summus.com.br

Impresso no Brasil

SUMÁRIO

Prefácio – *Jessé Souza* 7

Apresentação – *Ângela Marques e Heloiza Matos* 11

Parte I
Reconhecimento social: dimensões conceituais e práticas

1. Capital social, reconhecimento e dádiva 19
   Alain Caillé

2. O declínio do capital social e comunicacional na terceira idade
   e a ausência de reconhecimento dos idosos 39
   Heloiza Matos

3. A dimensão intersubjetiva da autorrealização: em defesa da teoria do
   reconhecimento 65
   Ricardo Fabrino Mendonça

4. Existe violência sem agressão moral? 82
   Luís R. Cardoso de Oliveira

5. O reconhecimento social e a abordagem da temática da deficiência em
   telenovelas brasileiras 99
   Sueli Yngaunis

Parte II
Processos de deliberação pública, participação cívica e construção
da cidadania

6. A ausência de reconhecimento social de cidadãos destituídos no Brasil
   e na França 125
   Ângela Marques

7. Movimentos sociais, cidadania e o direito à comunicação comunitária nas políticas públicas 149
Cicilia M. Krohling Peruzzo

8. O debate sobre a política de cotas raciais no discurso jornalístico 166
Ilídio Medina Pereira

9. Webjornalismo participativo e o resgate do debate público 183
Clara Castellano

10. A escolha do padrão da TV digital no Brasil: entraves para o estabelecimento de uma esfera pública plural 194
Diólia Graziano

11. O papel da cooperação humana no processo de deliberação *online* 215
Renata Barbosa Malva

Parte III
Capital social: aspectos teóricos e analíticos

12. Capital social e empoderamento como construtores de cidadania plena em sociedades em desenvolvimento 231
Marcello Baquero e Rute V. A. Baquero

13. Capital social, comunicação pública e deliberação: a gestação do capital comunicacional público 255
Guilherme Fráguas Nobre

14. Capital social e o reconhecimento na saúde 273
Mirta Maria Gonzaga Fernandes

15. Desigualdades sociais na área da saúde: terceira idade, reconhecimento e capital social 293
Devani Salomão

16. O capital social nas organizações e as interações comunicativas entre colaboradores e parceiros institucionais 317
Luiz Santiago

17. Comunicação organizacional, redes sociais e capital social 334
Cristiane Soraya Sales Moura e Paula Franceschelli de Aguiar Barros

18. O capital social na experiência do Banco Grameen: mecanismos interacionais e microcrédito 348
Rosemary Tenhosolo Jordão

PREFÁCIO

Jessé Souza[1]

A determinação moral do comportamento social é, talvez, a questão mais importante e a menos desenvolvida nas ciências sociais contemporâneas. Os motivos para isso são vários. O mundo, tal como é organizado e como nos aparece na consciência, remete-nos à realidade "material" do dinheiro, do poder e das coisas que podemos "pegar com a mão" do mundo do consumo. Ainda que todos sintam a presença dos "sentimentos morais", como remorso, culpa, vergonha etc., não sabemos exatamente de onde vêm esses sentimentos que nos tomam de assalto quando menos desejamos, nem como são produzidos.

Isso se deve ao fato de que, como diz Charles Taylor[2], a percepção da moralidade no mundo contemporâneo obedece à lógica paradoxal do "subjetivismo ético". Os valores, os padrões de conduta prática, as hierarquias morais, surgem como se fossem produzidos por sujeitos individuais, como se cada um de nós os elaborasse continuamente. O vínculo comunitário e social, única dimensão na qual efetivamente faz sentido falarmos de moralidade e de ética – na medida em que estamos falando da nossa relação em sociedade com os outros –, não é sequer percebido e muito menos transformado em objeto de reflexão. Para Taylor, isso ocorre porque as hierarquias morais que nos comandam sem que tenhamos consciência disso são "realidades simbólicas inarticuladas".

A díade articulação/inarticulação em Taylor é extremamente interessante para a compreensão da realidade moral contemporânea precisamente por permitir nomear uma realidade que aponta para uma "falta relativa" – e, portanto, no limite sempre su-

---

1. Livre docente em Sociologia pela Universität Flensburg, Alemanha. Professor titular de sociologia da Universidade Federal de Juiz de Fora (UFJF) e coordenador-geral do Centro de Pesquisa sobre Desigualdade Social (Cepedes) da mesma instituição.
2. TAYLOR, Charles. *As fontes do self: a formação da identidade moderna*. São Paulo: Loyola, 1998.

perável e passível de ser apropriada reflexivamente – no caso das realidades morais que nos conduzem sem que tenhamos consciência clara disso. O "insight" tayloriano permite captar o que há de problemático no tema da eficácia da moralidade nas sociedades contemporâneas sem necessariamente envolver a noção de inexistência do componente moral. O que falta, nesse caso, é uma reconstrução narrativa que permita aos sujeitos se apropriar de algo que existe neles mesmos e produz efeitos práticos todo o tempo, ainda que não seja percebido e refletido, o que permitiria uma intervenção mais consciente no mundo e uma percepção mais profunda do nosso papel nele.

Mas o engano sobre a suposição da inexistência de eficácia de uma moralidade objetiva latente na vida social não é apenas dos sujeitos que estão sob a égide da "sociologia espontânea" do mundo cotidiano e do senso comum. Muitos pensadores de envergadura também imaginavam que o tema de uma "moralidade objetiva", que perpassa todo o corpo social com efeitos sobre todos os sujeitos atores, só faria sentido no contexto da ética religiosamente motivada das sociedades tradicionais. Max Weber[3], por exemplo, tendia a acreditar nessa tese. Ela descende da "filosofia do sujeito" que dominava tanto a filosofia quanto a sociologia clássica. O núcleo da filosofia do sujeito é a crença de que o agente individual é ele mesmo a fonte de toda produção de sentido tanto cognitivo quanto prático.

É precisamente nesse contexto que assume importância nodal a herança hegeliana e neo-hegeliana do tema do "reconhecimento social". Nela, as realidades social e moral são sempre pensadas no registro da prioridade da intersubjetividade, da comunicação e do relacional sobre a subjetividade, e na prioridade da sociedade sobre os indivíduos atores. Se em Taylor temos os fundamentos de uma "filosofia do reconhecimento", com base em sua análise das "fontes (inarticuladas) das noções do 'self' moderno", temos em Axel Honneth[4] as primeiras linhas do que pode vir a ser uma "sociologia do reconhecimento", baseada na ênfase no tema da socialização familiar e do ancoramento institucional dos processos de aprendizado individual e coletivos pressupostos nos fenômenos constitutivos do reconhecimento social. A junção da perspectiva desses dois autores pode ser muito benéfica para compreender o fenômeno da realidade moral que nos anima e nos comanda – ainda que de modo obscuro e irrefletido.

Há que se deixar claro, no entanto, que existe o perigo de uma análise unidimensional das hierarquias morais que motivam nosso comportamento cotidiano. Isso ocorre quando imaginamos que essas realidades se dão num contexto universalizável supos-

---

3. WEBER, Max. *A ética protestante e o espírito do capitalismo*. São Paulo: Companhia das Letras, 2004.
4. HONNETH, Axel. *Luta por reconhecimento: a gramática moral dos conflitos sociais*. São Paulo: 34, 2003.

tamente acessível a todos os indivíduos e grupos sociais. Há que se atentar, portanto, aos pressupostos contextuais dos processos de reconhecimento, que são perpassados por todo tipo de desigualdades ao acesso aos espaços públicos de deliberação e aos bens e recursos – tanto materiais quanto simbólicos – escassos na sociedade. Não levar em conta esses processos que selecionam, classificam e excluem, os quais muitas vezes são sutis e opacos à consciência ordinária, é transformar, como disse Axel Honneth em texto recente[5], reconhecimento em "ideologia". Essa tentativa de "parasitar" as justificativas morais em benefício de determinadas práticas e códigos opressores é precisamente o que querem todos os poderes e privilégios injustos, ansiosos por sua própria reprodução.

Também nesse último sentido, e na tentativa de descortinar aspectos desses processos e códigos que atribuem valor e julgam grupos e sujeitos, os textos que compõem esta bem-vinda e tempestiva coletânea de ensaios acadêmicos, produzidos por especialistas reconhecidos nacional e internacionalmente, são um saudável convite ao diálogo, ao debate e ao aprendizado.

---

5.   HONNETH, Axel. "Recognition as ideology". In: BRINK, Bert Van Den; OWEN, David. *Recognition and power: Axel Honneth and the tradition of critical social theory*. Cambridge: Cambridge University Press, 2007, p. 323-47.

APRESENTAÇÃO

ÂNGELA MARQUES E HELOIZA MATOS

Este livro é o resultado de várias discussões desenvolvidas pelo Grupo de Pesquisa "Capital Social, Redes e Processos Políticos", que reúne mestrandos, doutores, professores e pesquisadores da área de Comunicação Social. Vinculado ao Programa de Pós-graduação em Comunicação da Cásper Líbero (SP), o grupo trabalhou, durante todo o ano de 2010, no projeto de pesquisa intitulado "Capital Social, Reconhecimento e Deliberação Pública". Professores de outras instituições de ensino superior, do Brasil e também de outros países, foram convidados a participar do projeto, enviando-nos trabalhos recentes que dialogassem com os temas em questão. O conteúdo desta obra reflete, ao mesmo tempo, a colaboração entre diferentes pesquisadores e a tentativa de aproximação entre os três conceitos acima mencionados, com base no estudo de processos dialógicos, comunicativos e democráticos que problematizam e questionam situações de desvalorização e de opressão material e simbólica.

A reflexão em torno de como o capital social se entrelaça com o reconhecimento e a deliberação possui grande relevância para pesquisadores de comunicação, filosofia política, sociologia, ciência política, políticas públicas e áreas correlatas, uma vez que descortina os modos coletivos de julgamento e avaliação moral dos sujeitos, observando os critérios que avaliam quanto eles são capazes de oferecer ou de contribuir para a coletividade. Estudar os pontos de interseção entre tais conceitos nos auxilia a entender de que maneira indivíduos e grupos se constituem como cidadãos portadores de direitos e como parceiros de diálogos moralmente responsáveis por produzir e sustentar argumentos em público. Ajuda-nos a refletir, também, sobre como eles são capazes de se desenvolver como indivíduos cuja identidade é positivamente amparada por relações de confiança, respeito, amor e solidariedade. Nesse sentido, o "Anjo Benevolente" de George Wallace que ilustra a capa da obra não apenas representa os grupos marginalizados e estigmatizados (de forma simbólica, social e econômica) presentes em vários

COMUNICAÇÃO E POLÍTICA

capítulos deste livro como remete à ideia de que adquirir existência diante dos outros requer a desconstrução de imagens preconcebidas.

Os trabalhos aqui reunidos partem dos conceitos de *capital social, reconhecimento* e *deliberação* para explorar seus vínculos com práticas comunicativas que são responsáveis pela construção de laços de reciprocidade e cooperação entre diferentes atores sociais, interligando múltiplas redes de interação e transformando relações marcadas pelo estigma e pela depreciação do outro. De maneira geral, o *capital social* é visto como a capacidade de mobilizar redes de confiança, promovendo a coordenação e a cooperação, e visando a um proveito mútuo. Nesse sentido, ele não se situa nem nos indivíduos nem nos meios de produção, mas nas redes sociais densas e fechadas que garantem a confiança nas estruturas sociais e permitem a geração de solidariedade.

A nosso ver, o capital social está presente quando os indivíduos se organizam para debater questões percebidas como de interesse coletivo. Conversações e deliberações no espaço público põem em marcha processos políticos de engajamento cívico, de reciprocidade, de cooperação e confiança mútua, ou seja, contribuem potencialmente para a construção do capital social.

A *deliberação* pública, assim como o capital social, alimenta-se da conversação cotidiana. No entanto, é importante estabelecer conexões entre o resultado das trocas comunicativas e seus impactos na transformação de valores e princípios democráticos ligados à cidadania, à constituição de redes sociais e à valorização das capacidades associativas e participativas dos indivíduos. Processos deliberativos podem sinalizar caminhos de diálogo que envolvam a publicização, a reflexividade, a postura crítica e autônoma, a confiança, a reciprocidade, a abertura aos outros e a solidariedade. Sob esse viés, a busca de *reconhecimento* social reflete a tentativa de identificar os processos sociais que tornam indivíduos e grupos dignos de ser valorizados, respeitados e estimados em uma sociedade que passa a vê-los como potenciais interlocutores, capazes de contribuir para projetos coletivos. Ao mesmo tempo, a luta por reconhecimento envolve, a partir de um debate público ampliado, a identificação e a transformação de padrões e valores que depreciam, oprimem e desrespeitam certos grupos sociais.

Axel Honneth e Nancy Fraser, dois dos grandes expoentes da teoria do reconhecimento, afirmam que a busca de reconhecimento envolve o questionamento e o exame desses padrões e códigos nos quais nos baseamos para atribuir valor aos outros. No Brasil, as constantes agressões e insultos morais a pessoas pertencentes às classes populares reafirmam o pouco valor atribuído às pessoas que, segundo Jessé Souza, integram a "ralé". O dom proveniente daqueles que fazem parte da ralé se resume geralmente aos tipos de serviço físico que o uso do corpo proporciona, algo que, em nossa sociedade, não possui grande valor.

Diante dessas considerações, é possível dizer que o reconhecimento se aproxima da noção de capital social quando refletimos sobre as consequências da ausência de reciprocidade e de vínculos de apoio recíproco entre os sujeitos. Assim, o capital social não só é expresso como "densas redes de normas e de confiança social" que permitem a cooperação mútua, mas também como o resultado direto dessas trocas nos modos como os indivíduos percebem a si mesmos e aos outros em processos dialógicos de deliberação pública e participação cívica. Tematizar e desafiar publicamente padrões de injustiça constitui o núcleo da participação cívica, a qual requer a valorização da comunicação informal e das múltiplas inserções de pessoas materialmente desfavorecidas e simbolicamente oprimidas em espaços públicos parciais de debate e avaliação de problemas de interesse coletivo.

A relação entre capital social, reconhecimento e deliberação pública pode, portanto, ser traçada a partir da compreensão do espaço público como fruto de redes e fluxos de discursos que, provenientes de vários atores e espaços comunicativos, se interceptam para dar origem a uma dinâmica conflitante e cooperativa de busca de acordos e compromissos recíprocos (que podem ser revistos ao longo do tempo) a respeito da valorização dos sujeitos como membros de uma comunidade que os vê e os reconhece como parceiros de interlocução e de partilha de experiências.

A primeira parte do livro traça as principais dimensões conceituais e práticas da noção de reconhecimento social. O texto de Alain Caillé, professor da Universidade Paris X, estabelece uma aproximação entre as teorias do reconhecimento e da dádiva. Para ele, reconhecer os sujeitos sociais, individuais ou coletivos, é atribuir-lhes um valor que é medido por sua capacidade de doar algo à sociedade.

Já Heloiza Matos enfoca, com base na análise da situação dos idosos na contemporaneidade, como eles se encontram afastados das relações de confiança e do envolvimento em redes sociais de reciprocidade, o que contribui para o gradativo declínio do capital social e para a ausência de reconhecimento.

O texto de Ricardo Fabrino procura revelar a centralidade da noção de intersubjetividade na teoria do reconhecimento, afirmando que não se pode reduzir a luta por reconhecimento a uma luta cultural voltada para a valorização de identidades.

Por sua vez, Luís Cardoso de Oliveira visa definir a agressão moral como um *insulto* que teria duas características principais: trata-se de uma agressão objetiva a direitos que não pode ser adequadamente traduzida em evidências materiais; e sempre implica a desvalorização ou negação da identidade do interlocutor.

Para encerrar a primeira parte da obra, o trabalho de Sueli Yngaunis evidencia, por meio da análise de matérias de mídia impressa, a capacidade das telenovelas de suscitar debates sobre a experiência de desrespeito social vivenciada por deficientes físicos.

A segunda parte do livro abrange trabalhos que mostram como situações de conversação e processos deliberativos que envolvem grupos marginalizados, movimentos sociais e cidadãos comuns são cruciais para entendermos a política como processo de constante reconfiguração dos espaços ocupados por diferentes grupos e sujeitos, de questionamento da divisão entre aqueles que possuem voz e visibilidade e aqueles que são permanentemente mantidos sob o registro da invisibilidade e do silêncio. Nesse sentido, o texto de Ângela Marques revela que depoimentos de cidadãos brasileiros e franceses em estado de precariedade material apresentam vários pontos em comum quando se trata de mencionar a ausência de reconhecimento e de valorização social.

O trabalho de Ilídio Pereira aborda o intenso debate midiático acerca da implementação de políticas de ação afirmativa para estudantes negros nas universidades públicas, com o objetivo de averiguar como o discurso jornalístico configura e reconfigura o espaço social, atribuindo valores aos acontecimentos e organizando nossas ações e julgamentos.

Cicilia Peruzzo discute as inter-relações entre comunicação, movimentos sociais e cidadania e situa a questão do direito à comunicação como uma dimensão dos direitos humanos, argumentando que a comunicação comunitária e o jornalismo alternativo contribuem para a ampliação do *status* da cidadania.

De maneira muito próxima, Clara Castellano evidencia que o webjornalismo participativo se define com base em práticas colaborativas desenvolvidas *online*, sem uma demarcação clara de fronteiras entre produtores e leitores de conteúdo, e instaurando possibilidades de engajamento cívico e de construção da cidadania.

Já o trabalho de Renata Malva traz uma instigante abordagem a respeito da deliberação pública *online*, analisando, por meio de uma revisão teórica consistente, as possibilidades de uma efetiva troca colaborativa de argumentos em espaços virtuais destinados ao diálogo.

Diólia Graziano, por sua vez, investiga como se deu o processo de implantação da televisão digital no Brasil, considerando que os aspectos econômicos, técnicos e administrativos tiveram, no debate, prioridade sobre a discussão da relevância desse veículo para o acesso democrático e ampliado a um meio de comunicação capaz de originar uma esfera pública plural.

A terceira parte do livro destina-se a acolher discussões que tratam de diferentes dimensões do conceito de capital social. Marcello Baquero e Rute Ângelo discutem como o capital social e o empoderamento podem promover cidadania e participação política, a fim de ampliar e fortalecer práticas de igualdade social e de controle cidadão ou expansão de direitos individuais e coletivos, bem como influenciar ações do Estado.

Já o artigo de Guilherme Nobre articula capital social, comunicação pública e deliberação partindo do conceito de capital comunicacional público, que representa, para o autor, a superação da visão de que o capital social se restringe à esfera relacional e aos ativos intangíveis, e de que a comunicação pública se restringe à esfera simbólica do setor governamental.

Mirta Fernandes avalia como a mobilização e a participação da população nas discussões e negociações de políticas públicas no campo da saúde, sobretudo por meio da representatividade cidadã no Movimento de Saúde da Zona Leste do município de São Paulo, podem constituir um importante instrumento democrático gerador de capital social.

Ainda no contexto da saúde, Devani Salomão articula as experiências de idosos com a teoria do reconhecimento e com o capital social, refletindo sobre os modos pelos quais os idosos buscam, no âmbito privado, a valorização e o apoio afetivo e, no âmbito público, visibilidade para garantir sua presença em ambientes sociais, com igualdade e respeito.

Os textos de Luiz Santiago, Rosemary Jordão, Cristiane Moura e Paula Barros abordam, de modo geral, como a construção e a consolidação de organizações exigem a presença de relações de confiança mútua, reciprocidade e capacidade de trabalho coletivo em redes de cooperação. Segundo eles, o capital social tem sido percebido no contexto organizacional como um processo resultante da capacidade dos públicos de interesse de acionar seus contatos a fim de mobilizar processos interacionais em rede capazes de trazer benefícios coletivos.

A elaboração desta obra não teria sido possível sem o empenho e a dedicação dos integrantes do Grupo de Pesquisa "Capital Social, Redes e Processos Políticos". As organizadoras são gratas à coordenação do Programa de Pós-graduação em Comunicação da Cásper Líbero, que apoiou o projeto desenvolvido pelo grupo ao longo de 2010, e ao CNPq, pela bolsa de produtividade em pesquisa concedida a Heloiza Matos, que atualmente se encontra vinculada à Escola de Comunicações e Artes da Universidade de São Paulo (ECA-USP). No início do ano de 2011, com a conclusão da pesquisa, o grupo encerrou suas atividades, mas todos os integrantes continuam trabalhando em seus projetos individuais, os quais permanecem voltados para os temas do capital social, do reconhecimento e da deliberação pública. O resultado das reflexões aqui construídas foi fruto de um trabalho coletivo que exigiu grande empenho e dedicação de pesquisadores, professores e estudantes que, em uma extensa rede de colaboração, reciprocidade e solidariedade, se propuseram a fazer avançar os estudos sobre o capital social, a dádiva, o reconhecimento e os processos deliberativos partindo de um olhar múltiplo e plural.

PARTE I

RECONHECIMENTO SOCIAL: DIMENSÕES CONCEITUAIS E PRÁTICAS

1 CAPITAL SOCIAL, RECONHECIMENTO E DÁDIVA[1]

ALAIN CAILLÉ

Considero interessante e instrutivo elaborar uma lista de conceitos ou significados que polarizam os elementos essenciais dos debates que vêm acontecendo, nas áreas de ciências sociais e filosofia política, nas duas ou três últimas décadas. Sem dúvida, as noções de capital social e de reconhecimento ocupariam, em uma lista como essa, lugar central. Ninguém ignora atualmente que o sucesso de um país, de uma região ou de uma organização depende tanto de seu capital social quanto de seu capital econômico. Estamos convencidos de que os conflitos sociais mais agudos são, no mínimo, tanto por reconhecimento quanto por redistribuição. O uso de ambas as noções tem o mérito de permitir uma luta contra a visão economicista da existência social, tão dominante de forma geral. Mas, ainda assim, é grande o risco de pararmos justamente no meio dessa luta contra o economicismo, fazendo do capital social uma variação ou uma dimensão do capital econômico, e da luta por reconhecimento outra forma da luta por redistribuição, como se fosse possível e desejável distribuir o reconhecimento da mesma maneira que distribuímos recursos financeiros. Gostaria de sugerir aqui, na linha dos trabalhos reunidos na revista do Movimento Antiutilitarista nas Ciências Sociais (Mauss)[2], que a única forma de conferir a esses conceitos toda a sua potência, e de escapar a uma nova recaída no economicismo, é reinterpretá-los nos termos do paradigma da dádiva (dom), como articulado por Marcel Mauss em sua famosa obra *Ensaio sobre a dádiva* (1974)[3].

---

1. Texto traduzido, com a permissão do autor, por Ângela Cristina Salgueiro Marques, doutora em Comunicação Social pela UFMG, pós-doutora na mesma área pela Université Stendhal – Grenoble 3 e professora do Departamento de Comunicação Social da UFMG.

2. Mouvement Anti-utilitariste en Science Sociale. Para mais informações, consulte os seguintes endereços: <http://www.revuedumauss.com> e <http://www.journaldumauss.net>.

3. Esbocei uma sistematização do paradigma do dom no livro *Anthropologie du don. Le tiers paradigme* (CAILLÉ, 2005). Este artigo retoma parte do prefácio que escrevi para o livro coordenado por

A importância da noção de capital social

A noção de capital social, formulada em primeiro lugar por Pierre Bourdieu e depois por James Coleman, tornou-se mundialmente conhecida com o artigo de Robert Putnam, publicado em 1995 com o título de "Bowling alone. America's declining social capital", e com a publicação, por este autor, no ano 2000, de um livro referente a essa temática. Putnam constata em suas pesquisas o declínio dos valores cívicos norte-americanos, atestado pela queda da confiança do povo em suas instituições e pela diminuição da participação dos indivíduos nas associações. Ele se mostra preocupado com os possíveis perigos de tal aumento do individualismo – consequência do declínio do capital social – para o futuro da democracia nos Estados Unidos. O número de publicações dedicadas ao capital social teve, a partir de então, uma verdadeira e considerável explosão, o que se deve ao fato de a noção encontrar-se no centro de pelo menos quatro grandes tipos de debate ou de objetos de estudo.

O primeiro, como acabamos de ver, diz respeito ao conjunto de condições e de pré-requisitos sociais necessários a uma democracia efetiva. Vários temas se entrecruzam aqui: a questão do nível e da qualidade da participação na vida associativa; a necessidade de saber se as associações ou organizações não governamentais (ONGs) – quando e onde existem – são suficientemente autônomas com relação ao Estado ou às empresas: se elas são, em primeiro lugar, associações voltadas para si mesmas, estritamente centradas no interesse pessoal de seus membros, ou se atuam em prol dos demais ou de uma causa de interesse coletivo. A discussão nesse âmbito recorta o enorme volume de estudos sobre o lugar, o papel e a importância do terceiro setor ou da economia solidária no mundo.

O segundo campo de debate, desenvolvido principalmente pelas instituições internacionais, como o Banco Mundial ou a Organização para a Cooperação e Desenvolvimento Econômico (OCDE), está ligado à influência do capital social no desenvolvimento econômico das nações. Evidentemente, isso não acontece sem vínculo com o debate a respeito da democracia. O Consenso de Washington, que representou até pouco tempo a doutrina central do Fundo Monetário Internacional (FMI), baseava-se na certeza de que a democracia nasceria e se desenvolveria necessariamente no rastro de sucesso da economia de mercado. Seria suficiente, portanto, estimular todos os países do mundo ainda mal regulamentados a renunciar ao protecionismo e ao corporativismo para deixar as mercadorias entrar livremente por suas fronteiras. A democracia, ou

---

Antoine Bevort e Michel Lallement, *Le capital social* (2006), e parte de meu texto publicado em *La quête de reconnaissance – Nouveau phénomène social total* (2007).

a democratização, apareceria logo em seguida. Um dos grandes méritos da noção de capital social seria o de contribuir fortemente para atacar esse dogma, perguntando-se, ao contrário, se não é a força do capital social, com a qualidade das instituições e da vida democrática, que condiciona o crescimento econômico.

Se, como mostraram as análises das funções de produção e de crescimento em voga nos anos 1970 e 1980, o volume de capital social investido e a quantidade de trabalho utilizado explicam apenas uma parte mínima do crescimento, se o essencial deriva de um misterioso "fator residual", o que pode haver nesse fator residual? O capital social permitiria, então, alcançar uma resposta. Mais precisamente, se considerarmos os apontamentos de Francis Fukuyama – um dos principais expoentes dessa discussão –, a solução estaria na confiança depositada nos desconhecidos, confiança que existe no âmago de uma sociedade em função e em benefício de sua cultura dominante, seguindo o pressuposto de que ela seja uma cultura da confiança – como nos Estados Unidos, na Alemanha e no Japão – ou da desconfiança, como no sul da Itália, na França, na China ou na Coreia. É a confiança, e somente ela, que leva em consideração a capacidade de criar grandes associações ou de fazer funcionar as grandes empresas necessárias a uma potência industrial duradoura (Fukuyama, 1997). Ou ainda: a chave do sucesso econômico é a clara definição dos direitos de propriedade, como explica o economista do desenvolvimento, Herman de Soto (2000); é a eficácia do Estado, como defende Fukuyama em seu último livro (2005). Confiança, associações, democracia, explicitação de direitos de propriedade, sistema jurídico transparente e eficiente, administração eficaz, enfim, são inúmeras as chaves para o desenvolvimento que não se referem ao capital econômico, e sim ao capital social.

O terceiro campo de estudos que mobiliza a noção de capital social é mais vasto, difuso e difratado. Todas as dimensões da existência social, todas as organizações, instituições e grupos são, na verdade, passíveis de ser estudados do ângulo da problemática do capital social, seja a respeito da vida familiar, das relações de solidariedade e de vizinhança, do sucesso ou do fracasso escolar, do funcionamento dentro das empresas ou entre elas etc. De acordo com o grau de formalização pretendido por estudos como esses, pode-se visar a uma objetificação e a uma quantificação do capital social suscetíveis de fazer aparecer correlações positivas ou negativas com uma ou outra variável, ela própria quantificável.

Por fim, os estudos sobre o capital social podem se aproximar de outro conjunto de pesquisas particularmente em voga há cerca de 15 anos: os estudos sobre as "redes". Seria o capital social, na realidade, mais do que um conjunto de redes de relações – uma "rede de ligações", como já dizia Bourdieu? Ter capital social seria diferente de ter e alimentar redes? Redes tão úteis e eficazes que nos manteriam ligados aos seus outros membros por "vínculos fracos", cuja força era celebrada, desde 1973, pelo maior especialista da nova sociologia econômica, Mark Granovetter. Nessa mesma perspectiva, ocuparíamos em tais redes um "buraco estrutural" (Burt, 1995). Encarnações concretas da entidade "capital social", elas podem, segundo esses autores, ser estudadas de um viés etnográfico ou, ao contrário, ser objeto de uma análise matemática sofisticada.

Opacidades, indeterminações e ambiguidades

A importância e o impacto da noção de capital social podem ser avaliados, dessa forma, por sua onipresença. Adivinhamos também o risco associado a um reverso da moeda e presumimos que ele somente seja mobilizado a custo de sua opacidade e de sua indeterminação. Tentaremos, a seguir, compreender melhor essa indeterminação.

Em primeiro lugar, está claro que a importância do conceito varia consideravelmente segundo a existência que conferimos a ele e a escala na qual o aplicamos. Será que lidamos com o mesmo capital social quando pensamos do ponto de vista das relações úteis de um indivíduo – o capital social percebido agora como um tipo de generalização do capital humano –, ou quando o fazemos da ótica das relações úteis de uma família, de uma linhagem, de um grupo de *status*[4], de uma grande escola, de uma instituição, de uma empresa, de uma cidade, de uma região, de um país?

Paralelamente a essa variação de escala, é na verdade a compreensão do conceito que se modifica de forma radical, até envolver quase todo o resto: não mais apenas as relações úteis ou inúteis, mas o conjunto das dimensões positivas – isto é, favoráveis ao crescimento ou à democracia – da cultura, dos esquemas cognitivos ou das instituições. Em suma, a quase totalidade do impensado da ciência econômica e do que não foi bem resolvido pela sociologia. Sem considerar que, à medida que as contribuições aparecem, não sabemos mais se são as relações sociais ou o capital social que produzem os efeitos benéficos, ou se o que eles conseguem gerar é a confiança. E se essa confiança for, na verdade, um subproduto do capital social, ou, por outro lado, se for ela que permite a tessitura das redes?[5]

---

4. Grupo de *status*: conjunto de indivíduos ao qual é associado um mesmo nível de prestígio. É preciso destacar que um grupo pode ter o mesmo *status*, mas cada indivíduo dentro do grupo se diferencia dos demais com relação aos atributos e recursos que possui.

5. Na perspectiva antiutilitarista do paradigma do dom, poderíamos dizer que é o dom, ou, dito de outra forma, a passagem para uma parte de extra ou de antiutilitarismo, que cria ou reproduz simultaneamente relações sociais personalizadas e confiança. Mesmo nos negócios, no campo das relações utilitárias, é impossível confiar a não ser naqueles que demonstraram não ser utili-

Dentro do enorme território demarcado pelo rótulo do capital social, encontramo-nos, assim, diante de uma avalanche de respostas, contudo com certa dificuldade de nos lembrar da pergunta. Ora, esta não é tão difícil de ser situada. Ela está inicialmente associada aos efeitos econômicos das ordens não econômicas da ação social. O que, dentro do funcionamento e da eficácia da economia, deriva de fatores não econômicos? Para Putnam, a questão está ligada aos efeitos da variação das formas de sociabilidade sobre a ordem política democrática. No plano teórico mais geral, o problema é como pensar a eficácia das dimensões da ação que derivam de determinações ou de considerações resultantes de certa ordem, sobre – e no centro de – outra ordem da prática. Quais são, por exemplo, os efeitos da família ou da religião sobre a economia ou, inversamente, os efeitos da economia sobre a família e a religião? Ou ainda: quais os efeitos da ciência ou da técnica sobre a arte e vice-versa?[6]

Parece-me que ainda não se notou que o debate formulado dessa maneira recorta imediatamente outro campo de discussão, importante e vivo, que se produz desde Karl Polanyi e, sobretudo, Mark Granovetter, sob a rubrica da noção de "encaixe", no sentido de reunir várias peças colocando-as uma dentro da outra. Se a ordem econômica não pode funcionar sozinha, com agentes e regras exclusivamente econômicos, quais são as dimensões extraeconômicas necessárias ao seu funcionamento? Dentro do que ela está ou deveria estar "encaixada"? Dentro de convenções, como afirmam os economistas convencionalistas? Dentro das instituições, como defendem os economistas neoinstitucionalistas? Dentro das rotinas, como sustentam os economistas evolucionistas? De compromissos políticos, como argumentam os economistas regulacionistas? Das redes sociais, como afirma a nova sociologia econômica? Ou dentro da cultura, como defendem os sociólogos comparativistas? (Caillé, 1993)

Fazer esse tipo de pergunta com o auxílio do conceito de capital social tem certas vantagens. Primeiro, vantagens sem dúvida diplomáticas. Esse conceito, ao ser associado ao âmbito econômico, permite que gestores e especialistas internacionais, especialmente preocupados com a eficácia econômica ou em gerar lucros, considerem que não chegarão a alcançar seus objetivos se não prestarem atenção a outras coisas que estão além dos objetivos econômicos imediatos, e ainda que eles não devem sacrificar tudo, como costumam fazer, pela rentabilidade em curto prazo. Há outra coisa a

---

taristas nem instrumentais, em vez dos que se pautam por uma relação geralmente mais utilitarista diante da existência. É preciso que demonstrem que são, portanto, pessoas (e não somente máquinas de calcular) e tratam igualmente seus parceiros como pessoas.

6. Trata-se da problemática das relações entre ordens e contextos, da qual já tratei em outros momentos (Caillé, 1993 e 2005).

ser preservada, inclusive para render frutos, que, no final das contas, poderá até se revelar, ao mesmo tempo, rentável e moral. Eis aí um bom cálculo.

Todavia, o conceito possui também inconvenientes, que giram em torno da questão de saber se devemos desenvolver uma interpretação utilitarista ou antiutilitarista. Apenas esta é definitivamente plausível, no entanto ela implica justamente não pensar o capital social como capital, sob o risco de matar rapidamente a galinha dos ovos de ouro.

"Como fazer amigos?", perguntava-se o miliardário americano Dale Carnegie em um livro que se tornou um grande *best-seller*. Dito de outra maneira, como constituir e aumentar seu capital social, seu estoque de relações imediata ou potencialmente úteis? Assim formulada a questão soa, à primeira vista, instrumental e utilitarista, pois nela as relações parecem ser valorizadas por sua possível utilidade. Mas a resposta de Dale Carnegie é perfeitamente antiutilitarista. O único meio de fazer amigos é amá-los[7]. Ou seja, de modo geral, a condição para desenvolver relações sociais suscetíveis de se revelar úteis é, antes de tudo, valorizá-las em si mesmas. A razão disso é amplamente compreensível. É pouco provável que nos tornemos amáveis aos olhos de pessoas que sentem que nos aproximamos delas não pelo que são, mas pelo que têm, e que gostaríamos somente que elas nos oferecessem o que possuem. A fonte principal e específica das redes é a confiança. Ora, se os membros de uma rede pensassem que o pertencimento de seus parceiros só seria motivado pelas considerações de utilidade imediata, todos desconfiariam de todos, apontando-se como capazes de trair ou de desistir da causa a qualquer momento se novas considerações de utilidade se sobrepusessem, e a confiança se desfaria imediatamente. A carruagem voltaria a ser uma abóbora.

E aquilo que é válido para as relações sociais é igualmente válido do ponto de vista de todas as outras dimensões do capital social. Nenhuma lei ou regra sobrevive se mudarmos a todo instante o direito em função de considerações pragmáticas e imediatas. Nenhuma administração funciona sem um mínimo de compromisso com o bem público. Nenhuma associação perdura se seus militantes não estiverem lá para servir. Isso tanto é verdade que é tentador propor uma definição de capital social que pode causar surpresa, mas é plenamente coerente com o que foi dito até aqui: o capital social de um ator social (individual ou coletivo), de uma instituição, de um país etc. é o conjunto daquilo que, em suas ações e em suas representações, confere uma prioridade hierárquica às considerações extra ou antiutilitaristas sobre as considerações de interesse ime-

---

7. Ou de enganá-los ao enganarmos a nós mesmos, somos tentados a acrescentar. O "paradoxo de Carnegie" recebeu esse nome e foi frequentemente citado em alguns textos de Jacques Godbout (1992; 2000), autor que vê no paradoxo o centro dos mistérios relacionados ao dom.

diato. Como sempre, aquilo que impede as teorizações resultantes do modelo econômico (e, portanto, utilitarista) de compreender esse ponto é que há geralmente um "retorno" das práticas ou das representações antiutilitaristas. O dom requer, na verdade, o contradom, e este último nem sempre está disponível. Daí advém a irresistível tentação, presente nos espíritos dominados pelo modelo econômico e pela axiomática do interesse, de deduzir que o dom só foi feito em vista de um contradom e o utilitarismo constitui a verdade escondida do antiutilitarismo.

Ao raciocinar desse modo, chegamos rapidamente à ideia de que o capital social só tem, em definitivo, uma realidade ilusória ou de segunda mão, de que ele só representa, em um simples momento, um puro avatar do capital econômico, o qual seria sua verdadeira finalidade. Todavia – e aqui nós esbarramos no corolário do paradoxo de Dale Carnegie –, se as ciências sociais devessem fornecer algum crédito a esse tipo de crenças, confortando, assim, certo espírito do tempo, elas contribuiriam, de uma só vez, para o declínio do próprio capital social que elas anunciam, precipitam e de que duvidam, simultaneamente. O que é, na verdade, o declínio do capital social americano analisado por Putnam senão a regressão das motivações antiutilitaristas em benefício de aparelhos de simples utilidade imediata? Uma regressão estreitamente correlacionada ao aumento de um individualismo que Arnaldo Bagnasco (2003), em um de seus clássicos literários sobre o capital social, analisa, na trilha de Richard Sennett, como associado a "uma erosão do caráter". Por intermédio de tal noção, Sennett (1998, p. 34) designa "os traços permanentes de nossa experiência emotiva que se expressam mediante a fidelidade e o engajamento recíproco, na tentativa de alcançar objetivos a longo prazo, ou ainda no adiamento da satisfação em vista de um objetivo futuro".

Segundo Bagnasco, é a essa erosão do caráter que assistimos nas empresas contemporâneas submissas a uma incessante reengenharia. No quadro dessa nova lógica, "as pessoas trabalham em rede, mas não se conectam". Fazemos que a rede seja útil, mas não tecemos relações por meio dela.

Os atores que assim trabalham suas redes e, como afirmava Bourdieu (1980), realizam "o trabalho de instauração e manutenção que é necessário para produzir e reproduzir as ligações duráveis e úteis" apenas se conformam com a antropologia normativa que preside a elaboração dessa ciência econômica da qual procede a teoria do capital social. Contudo, podemos argumentar que é precisamente tendo em vista o objetivo de sair do estreito quadro dessa ciência que o conceito de capital social foi elaborado. É dessa maneira que pensava James Coleman (1984), ao não duvidar de que a utilidade das relações sociais só pode resistir e se manifestar como um subproduto não desejado de relações sociais cultivadas por elas mesmas. Sem dúvida. Mas como pensar seriamente que as relações sociais possam ser desejadas e cultivadas por elas próprias no quadro de uma postura individualista e metodológica que tem como ponto de partida o postulado da mútua indiferença dos indivíduos?

Chegamos aqui ao ponto central do problema trazido pela noção de capital social. Enquanto empregarmos a expressão "capital" na frente do "social", sempre seremos tentados a pensar em termos de capital e, ainda que seja introduzida alguma sutileza ou refinamento nessa problemática, seremos indubitavelmente conduzidos a uma interpretação de tipo utilitarista. Porém nossa vida, assim como nossa própria existência, não pode ser concebida como um capital a ser gerenciado – nem há como concebê-las como o conjunto de nossas amizades, afetos, engajamentos, crenças, instituições ou herança cultural. Não que esse conjunto de relações, crenças e pertencimentos não seja capaz de produzir algum efeito útil, ou até mesmo de se revelar rentável. Mas ele só pode caracterizar nossa existência porque não constitui um capital que deve ser administrado. Dito de outro modo, o conjunto das dimensões da existência social que as teorias do capital social tentam abranger sob essa apelação só pode produzir os efeitos econômicos (ou políticos) que tais dimensões atribuem ao conceito de capital social quando elas mesmas não mais forem consideradas capital[8]. Há, portanto, nas teorias do capital social, uma dinâmica de autorrefutação que possui um charme especial.

Alguns problemas suscitados pelas teorias do reconhecimento

As várias teorias do reconhecimento que estruturam os debates contemporâneos deparam com dois problemas centrais. O primeiro consiste em saber se, do ponto de vista propriamente positivo e cognitivo, elas oferecem uma verdadeira alternativa aos modelos explicativos dominantes. O segundo trata da eterna questão da passagem do *sein* ao *sollen*: será que a partir da constatação de que os sujeitos humanos desejam antes de mais nada ser reconhecidos podemos deduzir que é preciso, necessariamente, dar-lhes o reconhecimento que tanto anseiam obter?

No plano positivo, é totalmente concebível transformar a questão do reconhecimento em um simples caso particular, um subgrupo da teoria geral da maximização da utilidade, da teoria da escolha racional ou ainda do que chamo de axiomática do interesse. Para isso bastaria considerar o reconhecimento como um bem desejável, que satisfaz uma utilidade ou uma preferência, da mesma forma que outros bens desejáveis, como um carro, uma bela casa ou o prestígio. Além disso, poderíamos facilmente imagi-

---

8.   Como sugere Bernard Perret (2006), será que deveríamos falar de "patrimônio" em vez de "capital" social? A sugestão é sedutora, mas o termo "patrimônio" só cobre uma parte dos problemas que elencamos aqui.

nar uma sociologia com uma inspiração às avessas em Bourdieu, que não colocaria o interesse no centro da ação, isto é, a lógica de reprodução ampliada do capital econômico, e sim o desejo de maximizar o capital simbólico. No entanto, mesmo às avessas, e se não mudássemos nada, ainda teríamos uma axiomática da maximização de interesses e da vontade de obter algum tipo de lucro. Nesse sentido, a questão é saber se a problemática do reconhecimento opera por si mesma uma verdadeira transformação copernicana que faz a teoria da ação racional aparecer como um caso particular de reconhecimento, ou se tal problemática permanece definitivamente incluída nas teorias da ação racional.

Para avançarmos nessa questão é preciso desenvolver, primeiramente, uma interrogação antropológica. É necessário observar que os debates atuais, ao darem continuidade à discussão sobre a teoria da justiça de Rawls e ao se inscreverem amplamente em seu quadro, se interessam muito mais pela questão normativa, pela teoria da justiça, do que pela antropologia. Curiosamente, esses debates quase não desenvolvem pontos comuns com o antigo discurso do reconhecimento. Tal discurso refere-se àquele que Alexandre Kojève (1980) extraiu de sua interpretação da dialética do mestre e do escravo, que foi explicada por Hegel na *Fenomenologia do espírito* – um Hegel mais amadurecido do que aquele ao qual Honneth (2007) se refere – e tanto influenciou o pensamento francês do pós-guerra, sobretudo por intermédio de Bataille e na releitura que Lacan faz de Freud.

No plano normativo, questiona-se em que medida é permitido passar do ser ao dever ser. Isso porque, ao contrário do postulado implícito que está na raiz de várias teorias contemporâneas sobre o reconhecimento, não me parece possível deduzir do fato incontestável de que os sujeitos desejam ser reconhecidos a noção de que todos eles deveriam, de modo obrigatório, ser igualmente reconhecidos em todas as suas demandas. Existiria, assim, um direito imprescritível ao reconhecimento? Se a teoria do reconhecimento não se mostra capaz de dizer o que, na demanda por reconhecimento, é ou não é legítimo, ela pode alimentar a concorrência entre as vítimas de injustiças e uma excessiva e infinita criação de novos direitos que ameaçam rapidamente se revelar como autodestruidores. Além disso, é conveniente observar que é à medida que o reconhecimento é visto como parte das teorias de escolha racional – enunciado sob o registro do desejo de ter, mais do que sob o registro do desejo de ser ou de aparecer – que ele se torna suscetível de alimentar a concorrência entre as vítimas de injustiças. Ou ainda, para retomar os termos de Nancy Fraser (2004), se a demanda por reconhecimento é pensada como uma demanda por um bem útil e suplementar, comparável às outras utilidades, então ela se remete a uma modalidade particular da luta por redistribuição.

Tais dificuldades gerais se dividem em quatro séries de questões complementares a ser estudadas, respectivamente, a seguir: quem deve ser reconhecido? Por quem? O que deve ser reconhecido? O que significa a ideia de reconhecimento?

1. *Quem quer e quem deve ser, de fato, reconhecido?* Os indivíduos ou as comunidades? Não assistimos hoje a um curioso embate entre indivíduos e comunidades? Por todo lado vemos lutas pela emancipação de indivíduos que parecem se desenvolver efetivamente em nome de uma comunidade de pertencimento, mais ou menos real ou imaginada (as mulheres, os *gays* ou as lésbicas, os negros, os judeus, os muçulmanos etc.). De maneira geral, podemos distinguir quatro figuras principais da subjetividade: a do indivíduo, que só se refere a ele mesmo; a da *pessoa*, em relação a outros privilegiados no seio de grupos primários; a do crente ou do cidadão, membro de uma religião, de uma igreja ou de uma comunidade política; e, enfim, a do Homem como ser genérico. Quem é que deve ser reconhecido: o indivíduo singular, a pessoa particular, o crente/cidadão ou o Homem universal?

2. *Reconhecidos por quem?* Essa questão é um desdobramento de outra: por quem os seres humanos desejam e devem ser reconhecidos? O reconhecimento não tem evidentemente nenhum sentido ou valor se os sujeitos, instituições ou instâncias de quem esperamos reconhecimento não forem reconhecidos. É preciso que as próprias pessoas/instituições que reconhecem outras sejam também reconhecidas. Temos ainda de admitir que elas reconhecem bem e justamente. Um dos vieses possíveis do debate sobre o reconhecimento diz respeito ao fato de que ele, ao se polarizar frequentemente sobre a questão da justiça, tende a negligenciar os campos do amor (que denomino socialidade primária) e da divisão do trabalho para se concentrar, de maneira implícita, no domínio político do direito ao igual reconhecimento, na forma do respeito. De modo geral, o fato de não podermos ser plenamente reconhecidos a não ser por um sujeito ao qual atribuímos reconhecimento, um sujeito capaz de poder reconhecer, induz uma distinção e uma dialética entre *lutas pelo reconhecimento* e *lutas de reconhecimento*. A diferença entre ambas se dá quando desejamos ser reconhecidos por um sujeito reconhecido e capaz de reconhecer ou, ao contrário, quando, ao contestar os títulos de um sujeito tido como reconhecedor instituído, pretendemos mudar as regras do jogo para nos tornarmos, nós mesmos, sujeitos capazes de reconhecer outros.

3. Isso nos leva a colocar a questão referente ao *grau de consistência do conceito de reconhecimento*. Ao seguirmos a trilogia proposta por Honneth (2007) – que combina a autoconfiança que procuramos na esfera do amor; o respeito ao qual aspiramos na esfera política e jurídica; e a estima que desejamos alcançar por nossa

contribuição dentro da divisão social do trabalho –, resta saber se o conceito de reconhecimento é aquele que abrange o amor, o respeito e a autoestima, ou se ele pode ser pensado, em geral, de maneira independente dessas formas particulares de manifestação[9]. E de que trata, portanto, o conceito de reconhecimento? Será que podemos descrevê-lo com a seguinte "fórmula": R = A + Re + E (Reconhecimento = Amor + Respeito + Estima)? E será que esse R se esgota na soma de suas traduções ou ele possui uma consistência própria? Há uma hierarquia e uma ordem lexical entre A, Re e E, ou eles são justapostos em igualdade?

4. *Reconhecimento de quê?* Desenha-se diante de nós a questão de saber o que deve ser reconhecido e o que deve se tornar objeto de reconhecimento para que os sujeitos sejam capazes de reconhecê-lo, questão que se relaciona àquilo que compõe o valor dos sujeitos, o valor que eles desejam que seja reconhecido. Buscaremos trazer alguns elementos para tentar responder a ela ao articular o que podemos chamar de paradigma do reconhecimento, desenvolvido por Honneth, ao paradigma do dom, elaborado há cerca de 20 anos em torno da *Revue du Mauss*.

Por uma teoria do valor social

Em todas as discussões sobre o reconhecimento percebemos a tentativa de formular um conjunto de respostas. Entretanto, é extremamente difícil identificar qual é *a questão*. Ainda que ela não esteja formulada de maneira explícita nesse debate – por motivos que merecem ser esclarecidos –, parece que não é tão difícil de ser percebida: trata-se de saber quem dita o valor dos sujeitos humanos e sociais. Em outros termos, o valor dos indivíduos, das pessoas, dos cidadãos ou crentes, enfim, o valor do Homem. Lutar para ser reconhecido significa lutar para se ver como capaz de reconhecer, atribuir ou imputar um valor. Mas qual valor? Essa é *a questão*.

A partir do entrecruzamento de uma série de debates, podemos afirmar que reconhecer não é apenas identificar cognitivamente ou valorizar normativamente, é também – e talvez a primeira coisa a ser feita – experimentar e testemunhar a gratidão, o ser grato por algo. Assim, se reconhecer é manifestar gratidão, parece certo

---

9. Isso nos lembra da objeção feita por G. E. Moore ao utilitarismo clássico em sua obra *Principia ethica*, publicada originalmente em 1903, segundo a qual, para afirmar que o bem é aquilo que maximiza a felicidade do maior número de pessoas, seria preciso saber definir a própria noção de bem, sob o risco de cair em um círculo vicioso.

afirmar que é entrar no campo e no registro do dom e do contradom, tão bem descritos e analisados por Mauss (1967). Reconhecer é admitir qual dom aconteceu, reconhecer sermos devedores daquele que doou, e sermos convocados a retribuir-lhe. Reconhecer é, de alguma forma, assinar um reconhecimento de dívida, ou ainda de dom.

Reconhecer uma dívida econômica ou financeira é admitir e estimar o valor monetário do engajamento feito. Reconhecer uma pessoa é admitir seu valor social e ser-lhe devedor de alguma coisa em troca. O que é esse valor? A resposta neste momento não é mais tão difícil de imaginar em sua generalidade. O que é reconhecido socialmente é a existência de um dom. O que constitui esse valor – a substância do valor, como diria Marx – é a capacidade que a pessoa tem de doar, a relação que ela estabelece com o universo do dom. Nesse sentido, é possível generalizar o que, em 1966, escreveu o etnólogo Claude Pairault (*apud* Fokouo, 2006, p. 11), em uma tese de doutorado consagrada à cidade de Iro, no Chade:

> O prestígio de um chefe consiste principalmente, para esse homem e para os seus parentes, não naquilo que ele possui, mas no fato de que ele pode e sabe doar com liberdade [...]. É, na verdade, pela capacidade de doar que se mede o valor de um indivíduo: doar seu sangue a uma descendência numerosa, livros, hábitos e abrigo aos familiares ou hóspedes inesperados. Doar, em contradom, àquele de quem recebemos e assegurar, sem um imediato contradom, o bem-estar daquele que se apresenta como merecedor.

Sob esse aspecto, podemos formular duas teses principais: 1) Reconhecer os sujeitos sociais, individuais ou coletivos, é atribuir-lhes um valor; 2) O valor dos sujeitos sociais se mede pela sua capacidade de doar. E, em parte, isso se dá reciprocamente.

É claro que essas duas teses geram várias interrogações e requerem muitos esclarecimentos. A dúvida mais comum é saber em que esse reposicionamento do debate sobre o reconhecimento, baseado em uma teoria do valor das pessoas, pode modificar o próprio debate e que novas conclusões ele permitiria formular. De modo mais específico, é preciso indagar se esse conceito de reconhecimento solicita uma reformulação da trilogia conceitual de Honneth ou se ele esclarece melhor as contradições do termo. Contudo, essas indagações só poderão ser colocadas de maneira útil depois de terem esclarecido minimamente o sentido e o *status* das duas teses acima anunciadas. Refletiremos aqui sobre duas questões já suficientemente amplas: 1) Em que sentido é preciso compreender o dom e a capacidade de doar presentes na raiz do valor dos sujeitos?; 2) Como pensar a ideia de medida do valor dos sujeitos?

O dom, a capacidade de doar e a ação

Neste momento, estamos ainda no terreno da intuição: o valor dos sujeitos tem uma relação com o dom. Mas de qual dom estamos tratando? É imprescindível, por conseguinte, distinguir duas séries de problemas.

A primeira está relacionada à necessidade de saber se o que constitui o valor dos sujeitos é o conjunto de doações que eles realmente fizeram ou o que eles são capazes ou suscetíveis de fazer, ou seja, as suas potencialidades de dom. É o "poder agir" ou a ação do dom que está em causa? Uma primeira resposta possível consiste em afirmar que, para os sujeitos individuais, tudo depende da idade. O que é valorizado em uma criança ou em um adolescente são as promessas que eles trazem consigo, aquilo que imaginamos que poderão "doar" mais tarde. Mas o valor de um adulto ou de um idoso reside amplamente naquilo que eles de fato já doaram. Podemos, porém, perceber que essa resposta não é inteiramente satisfatória. Na interseção entre a capacidade de dar e o dom efetivo há algo que excede a passagem da potencialidade ao ato. No prazer que temos ao observar crianças ou jovens não entram apenas a antecipação dos dons que eles poderão efetivar mais tarde, a premonição do adulto que eles serão, mas também o prazer que sentimos pelo que eles já doam – que não é da ordem de presentes, lembranças ou realizações materiais. E o que eles doam? Podemos sugerir uma resposta: a potencialidade em seu estado puro, a vida, a gratuidade, a beleza e a graça.

Nessa perspectiva, é essencial distinguir duas grandes modalidades do dom. A primeira nos remete ao tipo de dom analisado por Marcel Mauss: a oferta de presentes, ao mesmo tempo livre e obrigada, interessada e desinteressada que sela a aliança entre os sujeitos, transformando os inimigos em amigos. É a oferta de bens e de boas ações. Chamemos esse primeiro tipo de "dom de aliança", ou ainda "dom de boas ações". A caridade é uma modalidade particular desse primeiro tipo de dom e coloca a questão de sabermos se o que é doado com o objetivo de selar uma aliança possui um valor intrínseco – ou seja, se o bem ofertado dá prazer ao doador além da intenção pacífica e amigável que ele manifesta. É aqui que aparece outra dimensão do dom, ligada à primeira, mas irredutível a ela. A criatividade do artista, a beleza ou a graça da criança ou de um jovem, o carisma do sujeito que supostamente sabe ou pode fazer algo, enfim, tudo isso também possui relação com o dom. Contudo, estamos tratando aqui de outro tipo de dom. Interessa-nos menos a dádiva a ser oferecida ou já oferecida por um sujeito que possui um dom, o sujeito dotado ou gracioso, ainda que desejemos que a promessa que ele carrega possa se realizar. O que nos interessa é o dom que esse sujeito recebeu de um doador anônimo ou invisível, o dom dos deuses, das musas, da natureza, o dom da vida etc. O dom que faz que exista alguma coisa em meio ao nada. Esse dom se relaciona ao que a tradição fenomenológica chama de doação (*das Ergebnis*). Chamemos a ele de *dom-doação* e tomemos, ainda de maneira vaga e exploratória, a noção de que o valor dos sujeitos se situa e se determina em algum lugar da interseção entre o dom de boas ações[10] e o dom-doação, entre a capacidade que os sujeitos têm de doar e seus dons efetivos.

Uma segunda dificuldade refere-se ao fato de que a palavra "dom" (no sentido de dar ou doar) remete a vários significados e a uma infinidade de campos e objetos. Pensando especificamente na língua francesa, podemos "dar" quase tudo: a vida ou a morte, o amor ou alguns golpes, sua palavra ou um conselho, uma opinião, um aviso etc. A palavra "dar" funciona em francês, mas também em alemão e, em menor medida, em inglês, como um tipo de verbo auxiliar. Ela não é empregada de modo tão geral quanto os verbos "ser" ou "ter", mas sim tanto quanto "dizer" ou "fazer". Mas se doar é dizer ou fazer, e vice-versa, se tudo aquilo que se diz ou se faz pode ser considerado dom, logo, especificamente, o dom não significa nada. Além disso, doar é uma ação muito ampla e indefinida para gerar valor social. É preciso, assim, determinar qual modalidade, ou qual registro do dom, cria valor social para além do dizer e do fazer ordinários. Mais uma vez é Mauss quem vai nos esclarecer esse ponto, com o auxílio de Hannah Arendt (1958).

Como foi visto anteriormente, o dom analisado por Mauss é híbrido, ao mesmo tempo livre e obrigado, interessado e desinteressado. Contudo, não é possível formular uma concepção muito univocamente híbrida. O dom só vale como tal, só adquire valor e só valoriza aquele que o faz quando a parte relativa à liberdade e à inventividade ultrapassa aquela que remete à obrigação. É preciso acrescentar que a dimensão do desinteresse, que se refere ao "para o outro" (da necessidade de amar), adquire preponderância sobre a dimensão do interesse pessoal e do "para si mesmo". É essa preponderância da liberdade diante da obrigação do "para o outro" com relação ao "para si mesmo" que constitui o valor do doador e se configura como sua medida. O mesmo pode ser dito com relação ao vocabulário de Hannah Arendt. O trabalho não confere valor social ao trabalhador porque este se encontra diretamente dirigido pela obrigação (pela necessidade) e pelo interesse pessoal vital. Na sociedade arcaica, esse interesse vital tendia a ser mais respeitável se permanecesse escondido, mantido privado e, muito provavelmente, se fosse desprezado. A obra, a igual distância da obrigação e da liberdade, do "para o

---

10. Para evitar qualquer simplismo irônico, é preciso ressaltar que o dom de boas ações só tem valor quando seu autor poderia não ter doado, ou ainda quando poderia ter produzido um dom voltado para gerar o mal, más ações. O guerreiro e o criminoso têm, portanto, uma escala de valor própria.

outro" e do "para si mesmo", é de algum modo socialmente neutra. Somente a ação, a capacidade de produzir o novo e de engendrar o possível revestem um valor propriamente social. Vemos, assim, delinear-se uma primeira tipologia que se aproxima dos debates atuais sobre o reconhecimento.

Veem-se estimados ou amados os indivíduos que têm acesso ao registro do dom, da doação e da ação, ou se são indivíduos capazes de realizar um dom. Em tal registro, a parte da liberdade e da doação solidária (*générativité*)[11] e do "para o outro" prevalece sobre aquela da obrigação e do "para si mesmo". Em outras palavras, são estimados aqueles cuja ação é direcionada mais pela liberdade do que pela necessidade. Aqueles que equilibram liberdade e necessidade têm maior chance, portanto, de ser respeitados. Em contrapartida, são desprezados ou invisíveis aqueles em que a parte da necessidade é mais importante do que a da liberdade. Todavia, ainda permanece a questão de saber quem julga o que é da ordem da ação, do dom, da doação ou da graça. Quem a mensura e como se faz isso?

Sobre a medida do valor social

A respeito de tais debates, claramente decisivos, me contentarei com a sugestão de que os sociólogos teriam todo o interesse – se eles levassem a sério a questão da formação e da mensuração do valor social dos sujeitos – em se inspirar no grande trabalho analítico e conceitual efetuado pelos economistas desde o nascimento da economia política, há cerca de 250 anos.

Sabemos que um dos aspectos centrais e recorrentes no debate contemporâneo sobre o reconhecimento é saber se o ato de reconhecer consiste em tomar consciência de um valor que já existe no sujeito ou se é o ato de reconhecer que cria tal valor. O valor reconhecido é intrínseco ou extrínseco? Substancial ou formal? Natural ou construído?

Podemos identificar aqui os debates sobre o valor que atravessaram toda a história da economia política entre o final do século XVIII e o início do século XX. O valor é

---

11. O termo francês *générativité* possui diferentes significados. Ele pode designar tanto a transmissão de experiências às gerações mais jovens quanto um engajamento produtivo em atividades e ações que podem favorecer tais gerações. Desse ponto de vista, essa noção descreve o ato de se preocupar com as gerações futuras, integrando as tradições aos novos modos de vida, experiências e saberes. Ela envolve a solidariedade e a generosidade. Por outro lado, o autor parece utilizar a expressão em seu sentido mais amplo, ou seja, para caracterizar a capacidade que indivíduos autônomos e independentes entre si têm de criar e fazer doações de forma recíproca. [N. T.]

COMUNICAÇÃO E POLÍTICA   **33**

objetivo ou subjetivo? Será que ele consiste em uma soma de custos de produção e, como resumiria Marx, dentro do tempo de trabalho necessário à produção das mercadorias? Será que o valor não residiria na utilidade subjetiva percebida pelo consumidor, utilidade essa, como afirma Walras (1896), puramente arbitrária?

A vantagem da primeira posição é conferir um fundamento aparentemente racional e sistemático ao debate sobre o valor. Transponhamos, portanto, a teoria de Marx sobre o valor das mercadorias para o debate sobre o valor dos sujeitos. É possível dizer que existe, por conseguinte, um valor objetivo, substancial dos sujeitos, composto pela soma dos dons de boas ações e dos dons-doação que eles receberam e efetuam[12]. Assim como para Marx, os preços de mercado no dia a dia não correspondem necessariamente a esse valor, mas gravitam em torno dele. Além disso, o valor das mercadorias pode não se "realizar" se há uma superprodução e escassez de demanda. Desse modo, podemos dizer que o preço dos sujeitos sociais, isto é, seu reconhecimento do dia, gravita geralmente em torno de seu valor intrínseco. No entanto, ele também pode não ser nunca reconhecido se há uma superprodução de certo tipo de sujeitos sociais que não poderão jamais ter seu valor reconhecido (por exemplo, vários professores de sociologia não serão reconhecidos por Sarkozy). Poderíamos ainda somar a essa abordagem toda uma série de reflexões sobre os capitalistas do reconhecimento, aqueles que mobilizam, para o benefício de seu próprio reconhecimento, os dons efetuados por outros. Os capitalistas do reconhecimento conseguem essa proeza porque transformaram os outros em seus dependentes. Podemos também mencionar as reflexões sobre os que vivem da renda gerada pelo reconhecimento, que podem ser comparados aos proprietários de um patrimônio de reconhecimento instituído que vivem dos lucros que tal patrimônio gera. Ou, ainda, podemos mencionar os comerciantes ou agentes financeiros do reconhecimento.

Tudo isso seria certamente muito sugestivo e esclarecedor. Mas seria preciso detalhar de maneira bem cuidadosa as condições e os limites da comparação. Aos olhos dos clássicos, e do próprio Marx, a teoria do valor não se aplicava ao conjunto dos bens, mas somente às mercadorias produzidas industrialmente, e só valia, portanto, para o modo de produção capitalista. E, como sabemos, essa teoria do valor não é atual. Ela tem um fundamento muito metafísico e parcialmente arbitrário: de qual direito nos investimos para pensar o valor apenas a partir da produção, negando quase totalmente

---

12. Aqui é possível desenvolver ainda mais a paráfrase: o valor inicial dos sujeitos (equivalente ao valor da força de trabalho) é composto pelo conjunto de doações que receberam. Com base nesses dons recebidos, eles efetuam (ou não) novos dons, dons vivazes, graças aos quais eles se valorizam.

o lado da demanda? Se desejamos produzir o equivalente sociológico da teoria de Marx – estendendo o valor objetivo ao valor dos sujeitos e fundados sobre a hipótese de que o valor depende não mais do tempo de trabalho socialmente necessário, mas da capacidade de doar e dos dons efetuados –, precisamos vencer dois obstáculos consideráveis. O primeiro refere-se ao fato de que o conceito de dom não possui a homogeneidade e o grau de abstração do conceito de trabalho socialmente necessário. O segundo está ligado à consideração de que o dom, conceito intrinsecamente ambivalente, só é efetivo quando reconhecido como tal. É definitivamente o receptor, aquele que recebe o dom, que, ao manifestar sua gratidão, ao conferir ao doador seu reconhecimento, atesta que foi real e efetivamente feita uma doação.

Sob esse viés, é grande a tentação de cair em uma teoria subjetivista e empiricista do valor, para dele se ver livre ao dizer que não existe nada parecido com um valor, nem bens materiais nem sujeitos que o possuam. O que existe são preços, indefinidamente variáveis de acordo com as flutuações cotidianas. Os sujeitos não valem nada além do que a quantidade de reconhecimento que lhe é atribuída a dado momento, por exemplo, por ocasião dos famosos 15 minutos de fama prometidos a todos por Andy Warhol. Não existe nenhum valor intrínseco em reconhecer, somente um *reconhecimento criador de valor*[13], que deve ser obtido ou imposto. Uma posição desse tipo, radicalmente empirista e construtivista, pode seduzir. Ela parece permitir fazer uma economia de conjecturas conceituais e metafísicas intermináveis. E ela está, de todo modo, em sintonia com o nosso tempo. Será que não encontramos, no pano de fundo de uma grande parte do debate contemporâneo sobre o reconhecimento, a ideia de que todo mundo tem direito ao reconhecimento? Essa noção pode aparecer em dois sentidos bastante diferentes. Talvez ela signifique que todo mundo tem, igualmente e por princípio, direito ao reconhecimento, convicção que não é de forma alguma criticável. Ou ela pode implicar que todos teriam direito a igual reconhecimento, o que demandaria obrigatoriamente a rejeição de toda a problemática do valor dos sujeitos. Para proteger a abordagem de um reconhecimento dos sujeitos feito em igualdade, é necessário postular o caráter arbitrário, flutuante e indeterminado daquilo que é reconhecido.

Essa solução talvez seja atraente, mas percebemos rapidamente os enormes problemas que acarreta, sendo absolutamente contrária ao projeto de alimentar uma filosofia social crítica, da qual, contudo, ela parece ser originária. Se o objeto do reconhecimento é pura construção arbitrária, a própria ideia de reconhecimento se desfaz assim que pretende ir além da afirmação do igual direito ao reconhecimento jurídico que se refere ao respeito à igualdade dos cidadãos. De forma mais específica, percebe-

---

13. Em oposição a um reconhecimento que apenas descreve valores existentes.

mos como esse construtivismo-desconstrucionista radical se ajusta perfeitamente à universalização da norma mercantil, levando-nos a pensar a sociedade sob o modelo de um gigantesco mercado do reconhecimento, organizado de modo especulativo. Assim como no quadro de um capitalismo especulativo, regido por novas normas contáveis que não são mais descritivas, mas criadoras e autorrealizadoras, não existe mais nenhum valor fundamental, nenhum valor intrínseco das empresas ou ações, e sim unicamente o valor mercadológico do instante, determinado pela antecipação de antecipações. Da mesma maneira, todo valor social se dissolveria, se liquefaria, como diria Bauman (2006), em uma série de estimativas instantâneas e fugazes. Supostamente libertador, o discurso do reconhecimento se tornaria um perfeito vetor de alienação.

Diante dessas evidências, é preciso aproximar as duas pontas da cadeia e aprender a raciocinar do ponto de vista do que poderíamos chamar de uma teoria reflexiva do valor social, ou seja, uma teoria que postula o seguinte: a) o que é reconhecido tem e deve ter relação com o dom; b) o dom e as posições de doador e de recebedores do dom são construções historicamente variáveis, mas; c) para além ou para aquém dessa variabilidade, há certa universalidade transcultural dos valores do dom e da doação.

Considerações finais

Depois de todo o percurso aqui efetuado, é possível destacar quatro ideias principais. A primeira refere-se ao fato de que aquilo que as teorias do capital social tentam abarcar não é nada além do conjunto do que, em dada relação social, escapa à lógica do capital e aponta para o processo do dom/contradom.

A segunda refere-se à necessidade de adicionarmos um terceiro componente aos dois sentidos mais comuns da palavra "reconhecimento". Além da identificação e da valorização, é preciso considerar a gratidão, isto é, o reconhecimento de um dom ou de uma doação[14]. As lutas por reconhecimento são, em última instância, lutas para alcançar a posição de doador (e, portanto, de credor).

A terceira ideia, não desenvolvida aqui, é a de que as lutas por reconhecimento misturam, de maneira estreita, reconhecimento individual e reconhecimento coletivo.

---

14. Como mostra Honneth (2007), é preciso também considerar a existência de um tipo de primazia hierárquica do reconhecimento-valorização sobre o reconhecimento-identificação, uma vez que ele só consegue ser visto, só pode se tornar visível, quando conhecemos o objeto/sujeito ao qual é dada importância e valor. Da mesma forma, existe uma primazia hierárquica do reconhecimento-gratidão sobre o reconhecimento-valorização, no sentido de que só podemos valorizar um dom ou um objeto diante daquele por quem somos gratos.

Falando em termos mais precisos, nas lutas por reconhecimento, aliás como em toda ação social, os sujeitos intervêm, ao mesmo tempo (mas em proporções e modalidades diferentes), como indivíduos, como pessoas, como cidadãos/crentes e como representantes da humanidade. Essas quatro figuras do sujeito são, simultaneamente, contraditórias e complementares.

Enfim, parece-nos desejável distinguir duas grandes versões possíveis do discurso sobre o reconhecimento, primeiramente esclarecendo suas nuanças para depois revelar como elas se relacionam de modo dialético. A primeira, permanecendo prisioneira de uma axiomática do interesse, apresenta o reconhecimento como um bem desejável, apropriável e redistribuível. As teorias da justiça que pensam o reconhecimento nesses termos se expõem ao risco da autorrefutação e da recuperação pela vantagem mercantil e jurídica diante da concorrência das vítimas. Parece-nos desejável, logo, construir um segundo tipo de discurso sobre o reconhecimento, que não o perceba como um objetivo de tipo instrumental, e sim como uma maneira de o sujeito produzir sentido acerca de si mesmo, diante de seus próprios olhos e dos olhos dos outros. É desejável também desconectar o discurso do reconhecimento das teorias da justiça. Sob esse prisma, uma sociedade justa – ou simplesmente (e de modo mais plausível) uma sociedade decente – não é aquela que distribui o reconhecimento, mas a que contribui para que seus membros tenham valor diante de seus próprios olhos e diante dos olhos dos outros. Dito de outro modo, uma sociedade que aumenta a capacidade que seus membros têm de doar. Reencontramos aqui, ligeiramente reformuladas e influenciadas por Mauss, as teses centrais de Amartya Sen (2000) sobre o empoderamento – termo que poderia aqui ser traduzido como "capacitação do dom". Por uma trajetória inesperada, o discurso do reconhecimento encontra a teoria das capacidades.

Referências

ARENDT, Hannah. *The human condition*. Londres/Chicago: University of Chicago Press, 1958. [Em português: *A condição humana*. São Paulo: Universitária, 1987.]

BAGNASCO, Arnaldo. *Società fuori suadra. Come cambia l'organizzazione sociale*. Bolonha: Il Mulino, 2003.

BAUMAN, Zygmunt. *La vie liquide*. Rodez: Le Rouergue/Chambon, 2006. [Em português: *Vida líquida*. Rio de Janeiro: Zahar, 2007.]

BERTHOUD, Gerald. "La vie, un capital à gérer?" *Bulletin du Mauss*, n. 7, 3. trim. 1983, p. 67-81.

BEVORT, Antoine; LALLEMENT, Michel. *Le capital social: performance, équité et réciprocité*. Paris: La Découverte, 2006.

BOURDIEU, Pierre. "Le capital social. Notes provisoires". *Actes de la Recherche en Sciences Sociales*, v. 31, jan. 1980, p. 2-3. [Em português: "O capital social – Notas provisórias". In: CATANI, A.; NOGUEIRA, M. A. (orgs.). *Escritos de educação*. Petrópolis: Vozes, 1998.]

BURT, R. "Le capital social, les trous structuraux et l'entrepreneur". *Revue Française de Sociologie*, v. XXXVI, 1995, p. 599-628.

CAILLÉ, Alain. *La démission des clercs. La crise des sciences sociales et le déclin du politique*. Paris: La Découverte, 1993, caps. 1 e 8.

_____. *Don, intérêt et désintéressement*. Paris: La Découverte, 1994.

_____. *Anthropologie du don*. Paris: La Découverte/Poche, 2005. [1. ed. Paris: Desclée de Brouwer, 2000]. [Em português: *Antropologia do dom*. Petrópolis: Vozes, 2002.]

_____. *Dé-penser l'économique. Contre le fatalisme*. Paris: La Découverte, 2005, cap. 9.

_____. "Reconhecimento e sociologia". *Revista Brasileira de Ciências Sociais*, São Paulo, v. 23, n. 66, 2008, p. 151-63.

CAILLÉ, Alain (org.). *La quête de reconnaissance – Nouveau phénomène social total*. Paris: La Découverte, 2007.

COLEMAN, J. "Introducing social structure into economic analysis". *American Economic Review*, v. 74, n. 2, 1984, p. 84-8.

_____. "Social capital in the creation of human capital". *American Journal of Sociology*, v. 94, supplement, 1988, p. 95-120.

_____. *Foundations of social theory*. Cambridge: Harvard University Press, 1990.

DE SOTO, Herman. *Le mystère du capital – Pourquoi le capitalisme triomphe en Occident et échoue partout ailleurs*. Paris: Nouveaux Horizons-ARS, 2000.

FOKOUO, Jean Gabriel. *Donner et transmettre*. Zurique: Münster, 2006.

FRASER, Nancy. "Justice sociale, redistribution et reconnaissance". *Revue du Mauss*, n. 23. De la reconnaissance. Don, identité et estime de soi, 2004, p. 151-64.

FUKUYAMA, F. *La confiance et la puissance*. Paris: Plon, 1997.

_____. *State building. Gouvernance et ordre du monde au XXIème siècle*. Paris: La Table Ronde, 2005. [Em português: *Construção de Estados: governo e organização no século XXI*. Rio de Janeiro: Rocco, 2004.]

GODBOUT, J. *Le don, la dette et l'identité*. Paris: La Découverte, 2000.

GODBOUT, J.; CAILLÉ, A. *L'esprit du don*. Paris: La Découverte, 1992. [Em português: *O espírito da dádiva*. Rio de Janeiro: Fundação Getulio Vargas, 1999.]

GRANOVETTER, Mark. "The strength of weak ties". *American Journal of Sociology*, v. 78, 1973, p. 1360-80.

HONNETH, A. *La lutte pour la reconnaissance*. Paris: Les Éditions du Cerf, 2007. [Em português: *Luta por reconhecimento: a gramática moral dos conflitos sociais*. São Paulo: 34, 2003.]

KOJÈVE, Alexandre. *Introduction to the reading of Hegel: lectures on the phenomenology of spirit*. Ithaca: Cornell University Press, 1980.

MAUSS, Marcel. "Essai sur le don". *Sociologie et anthropologie*. Paris: PUF, 1967, p. 145-279. [Em português: "Ensaio sobre a dádiva". *Sociologia e Antropologia*, v. II. São Paulo: Edusp, 1974.]

PAIRAULT, Claude. *Boum-le-Grand, village d'Iro*. Paris: Institut d'ethnologie, 1966.

PERRET, Bernard. "De la valeur des structures sociales: capital ou patrimoine?". In: BEVORT, Antoine; LALLEMENT, Michel (orgs.). *Le capital social: performance, équité et réciprocité*. Paris: La Découverte, 2006, p. 293-314.

PUTNAM, Robert D. "Bowling alone. America's declining social capital". *Journal of Democracy*, v. 6, n. 1, 1995, p. 65-78.

_____. *Bowling alone. The collapse and revival of American community*. Nova York: Simon & Schuster, 2000.

PUTNAM, Robert D.; LEONARDI, R.; NANETTI, R. Y. *Making democracy work: civic tradition in modern Italy*. Princeton: Princeton University Press, 1993. [Em português: *Comunidade e democracia: a experiência da Itália moderna*. Rio de Janeiro: FGV, 1996.]

SEN, Amartya. *Répenser l'inégalité*. Paris: Seuil, 2000. [Em português: *Desigualdade reexaminada*. Rio de Janeiro: Record, 2001.]

SENNETT, Richard. *The corrosion of character: the personal consequences of work in the new capitalism*. Nova York: W.W. Norton, 1998. [Em português: *A corrosão do caráter*. 13. ed. Rio de Janeiro: Record, 2008.]

WALRAS, Léon. *Études d'économie sociale: théorie de la répartition de la richesse sociale*. Paris: F. Pichon, 1896.

2 O DECLÍNIO DO CAPITAL SOCIAL E COMUNICACIONAL NA TERCEIRA IDADE E A AUSÊNCIA DE RECONHECIMENTO DOS IDOSOS

HELOIZA MATOS

Este artigo pretende analisar a viabilidade da utilização de elementos da teoria do reconhecimento na experiência de desrespeito vivenciada pelos idosos, categoria social que tem sido estudada, ao longo do tempo, do ponto de vista demográfico, econômico, sociopsicológico, filosófico e da saúde pública – tendo sido considerada uma categoria problemática em todos esses campos. De fato, mesmo nos países desenvolvidos, dotados de recursos médicos, hospitalares e de assistência social e amparados por legislação específica, os idosos têm sido objeto de descaso e maus-tratos morais e físicos. De forma geral, a sociedade vem se esquivando de seu dever constitucional de considerar todos os cidadãos iguais, e de a todos tratar com respeito – garantindo aos idosos amor, direitos e solidariedade.

Com esse não cumprimento de um dever por parte da sociedade, observa-se também a ausência de demandas de reconhecimento por parte dos idosos. Tendo eles o direito a uma vida honrada e digna, e na ausência da concessão voluntária desse estado de coisas por parte da sociedade, caberia a eles lutar por direitos e pela estima social. Mas não o fazem por inúmeras razões.

Ao tentarmos aprofundar essa questão, é preciso considerar o "não reconhecimento" tanto nas situações em que o idoso ainda é capaz de se manifestar (perceber, reagir e se expressar diante dessa ausência) como membro ativo da sociedade quanto naquelas em que ele não é mais capaz de fazê-lo (devido às limitações físicas ou mentais), passando a viver como se estivesse fora da sociedade, externo a ela. Nesse caso, a incapacidade de impor o respeito a seus direitos básicos acaba redundando em mais desrespeito, em um círculo vicioso que leva muitos a viver de forma degradante.

Assim, este capítulo analisará não somente a luta pelo reconhecimento, tal como conceituada por Axel Honneth, mas em igual peso a ausência de reconhecimento de uma categoria que, pelas condições físicas e mentais naturais da velhice, fica exposta ao isolamento e desamparo tão evidentes – situação que conduz a um processo de sucessiva estigmatização, ostracismo social e comunicacional (que, conjugados, podem influir na construção do capital social).

Outro objetivo do artigo é examinar o processo de involução das interações comunicativas da pessoa idosa como fator a influir no decréscimo e/ou ausência de reconhecimento. Isto é, o texto espera trazer a discussão da teoria do reconhecimento para o campo das interações comunicativas, colocando em evidência os conceitos de capital social e comunicacional – este último ainda carente de definições consistentes, mas promissor para o campo da comunicação.

O capítulo, além de sua introdução e sua conclusão, está estruturado em sete seções. A primeira destina-se a mostrar alguns dados demográficos sobre a população idosa e a apontar tendências dos estudos brasileiros. A segunda busca apresentar o conceito e os atributos do reconhecimento em Honneth, bem como as características do reconhecimento aceito e recusado. A terceira traça um paralelo entre as noções de reconhecimento, dignidade e honra, mostrando como elas se aplicam às áreas da sociologia, ética e biomédica. Aqui são apresentados dados empíricos de uma pesquisa sobre as percepções do idoso quanto à velhice e à noção de reconhecimento. A quarta seção busca discutir o conceito de capital social, enquanto a quinta introduz a noção de capital comunicacional. A sexta seção visa acompanhar a involução dos capitais físico, humano, social e comunicacional, identificando os diferentes impactos no processo de envelhecimento. A sétima seção, por sua vez, relaciona os conceitos de reconhecimento, capital social e capital comunicacional. A conclusão aponta algumas perspectivas para estudos posteriores, propondo o engajamento de toda a sociedade no questionamento das formas de não reconhecimento aos idosos.

A população idosa: tendências dos estudos

O aumento da população idosa (apontada em censos demográficos) é uma tendência tanto nos países avançados quanto naqueles que ainda não completaram o processo do desenvolvimento econômico e social. Neri *et al.* (2004) constataram, em um estudo sobre a população idosa brasileira acima de 60 anos, que esse segmento cresceu 47% na última década – comparado ao aumento de 15,7% da população total.

Mas em um país como o Brasil, de grande extensão territorial, o crescimento da população idosa assume características distintivas em função das desigualdades sociais e culturais – especialmente se relevadas as discrepâncias entre as regiões Norte-Nordeste e Sul-Sudeste.

A originalidade do estudo de Neri *et al.* (2004) está exatamente na abordagem das características da população idosa em relação aos vários tipos de capital: o capital físico (ativos financeiros, bens duráveis, moradia e serviços públicos), o capital humano (escolaridade, treinamento, experiência e saúde) e o capital social (participação em partidos políticos, sindicatos, associações e estrutura familiar). Vale notar que esse estudo foi baseado no censo demográfico de 2000.

Outros autores, como Debert (1999), também têm pesquisado o envelhecimento da população idosa no Brasil e a eficácia das políticas públicas que tentam fazer face a esse fenômeno demográfico. Nesse sentido, Barros e Castro (2002, p. 122) apontam características dessa área de estudo no Brasil: a explosão demográfica com o aumento da população idosa, exigindo crescimento significativo de gastos públicos; o foco no "capitalismo selvagem" que excluiria categorias não suficientemente produtivas, caso dos idosos; a tradição da cultura brasileira de valorizar o novo e, com isso, o esquecimento do velho e da tradição; o declínio da família extensa, principalmente nas cidades, causando o isolamento e o abandono das pessoas idosas.

Outra área de atuação direcionada para os idosos no Brasil, de caráter associativo ou institucional, tem sido chamada de "envelhecimento ativo": o princípio que a orienta é a crença de que o idoso, à medida que se mantém ativo física e mentalmente, preserva também a capacidade de recriar identidades em suas relações familiares, de amizade, com ex-colegas de trabalho etc. Dessa forma, as estratégias de sociabilidade, lazer, educação (continuada em centros especializados ou em universidades da terceira idade) têm ganhado espaço na mídia, nas novelas televisivas e em iniciativas tais como concursos ou incentivo a ensaios fotográficos, promovidos por empresas, cuja temática é a idealização do idoso bem cuidado e saudável.

Embora essas iniciativas sejam importantes para a autoestima do idoso, e essenciais para romper com os estereótipos de improdutividade, abandono e solidão, não se pode esquecer que as forças que instituíram e impulsionam o movimento da "terceira idade" são forças políticas, atreladas ao modo de funcionamento da sociedade capitalista (Barros e Castro, 2002, p. 121).

Outras pesquisas articulam-se aos movimentos sociais da "melhor idade", o que igualmente constitui uma via importante para o aumento da autoestima e da autonomia do idoso, na medida em que incentiva a reestruturação dos contatos sociais perdidos ou enfraquecidos – inclusive a família. Mas fica evidente que esse "otimismo" é sempre temporário, já que não considera os aspectos e as consequências da ausência de reconhecimento (Moragas, 2004).

Atualmente, o mercado voltado para o idoso é um segmento estabelecido que tem crescido nos últimos anos. Ou seja, a inclusão de uma parte dos idosos em categorias como consumidores em nichos específicos do mercado (turismo, tecnologia da informação e da comunicação, saúde, esporte e lazeres diversos etc.) e como força política organizada em associações (especialmente no período eleitoral) tem reconduzido o idoso para o centro da cena social.

Por outro lado, ao analisar esse cenário, é preciso considerar que a globalização veio acentuar algumas questões sociais não resolvidas, como a pobreza e as desigualdades sociais e econômicas, sobretudo entre os idosos. No caso das novas tecnologias, o idoso enfrenta um novo processo de marginalização por não se adequar, às vezes, às inovações incorporadas aos bancos e ao atendimento médico, por exemplo, meios em que estes avanços são cada vez mais comuns.

Segundo dados do Instituto Nacional de Estatísticas e Estudos Econômicos (INSEE) (*apud* Chapey, 2002), a proporção de pessoas acima de 65 anos é maior nos países industrializados: de 14 para cada 100 pessoas, em 1990, deve chegar a 22 para cada 100 pessoas no ano de 2040. Na França, nesse mesmo ano, a previsão é de que a população idosa atinja a proporção de 26 para cada 100 pessoas da população total. O INSEE explica essa alteração demográfica pelo aumento da esperança de vida e pela estagnação dos níveis de fecundidade nos países avançados.

Nesses países, a autonomia (capacidade de tomar decisões e escolher como se quer viver) e a independência (capacidade de executar funções essenciais à vida cotidiana) são estimuladas pela necessidade de manutenção do mercado de trabalho. Assim, muitos idosos voltam a trabalhar depois da aposentadoria e a realizar atividades socioeconômicas pelo período mais longo possível, fato que, em si, faz aumentar a venda e o uso de uma ampla gama de equipamentos "de apoio", nem sempre cobertos pela saúde pública: aparelhos de surdez, andadores e cadeiras de rodas manuais ou elétricas, além de equipamentos eletrônicos que conectam os idosos com médicos ou familiares.

Contudo, conseguir autonomia e independência pelo maior tempo possível pressupõe políticas públicas adequadas à realidade. Visões otimistas afirmam que "[...] gradualmente a visão dos idosos como um subgrupo populacional vulnerável e dependente foi sendo substituída pela de um segmento populacional ativo e atuante, que deve ser incorporado na busca do bem-estar de toda sociedade" (Camarano e Pasinato, 2004, p. 257-8).

A crescente presença do idoso no espaço público e uma nova visão do envelhecimento não significam, entretanto, que a questão esteja resolvida. Tourraine (1998, p. 355) ressalta a importância da identificação do que chama de "adversário": se os idosos não conseguirem identificar um "adversário" comum e representativo, dificilmente se organizarão em grupos capazes de convicções e ações coletivas, ou definir claramente o que pretendem obter mediante as mobilizações.

Nesta perspectiva, o idoso atinge uma representatividade quando, além da autonomia e da independência, se torna ativo tanto pela participação na força de trabalho quanto pelo engajamento cívico-político. Por conseguinte, é no processo de socialização que o idoso encontrará sua identidade, como sujeito e agente social. Mas alcançar essa condição pressupõe reconhecer-se a si mesmo pelo reconhecimento do outro, pois "o idoso não precisa de alguém que fale por ele e lute por ele. Ele precisa de quem fale e lute com ele" (Pontarolo e Oliveira, 2008, p. 120).

Entre os autores que tratam da teoria do reconhecimento (mesmo quando abordada por intermédio de noções como dignidade, respeito e honra), a análise tem sido direcionada para a dinâmica da luta por reconhecimento por intermédio de movimentos sociais capazes de formular um discurso, como no caso das mulheres, das diversas opções sexuais e dos negros (Honneth, 1999 e 2009a; Taylor, 1994; Souza, 2009; Avritzer, 2007; Maia e Marques, 2002; Pinto, 2008; Marques, 2003). No entanto, há uma ausência de trabalhos sobre a demanda por reconhecimento social de pessoas idosas.

Já os estudos sobre a velhice (mesmo quando embasados na teoria clássica do reconhecimento de Honneth) têm se concentrado nas áreas da saúde pública, das políticas públicas, da demografia e da gerontologia (Debert e Neri, 1999; Secco, 1999). No campo da ética médica também foi possível localizar pesquisas que abordam a ausência de reconhecimento no processo interacional entre o idoso e seu entorno (Calnam, Badcott e Woolhead, 2006; Nordenfelt, 2009).

Que condições, então, permitiriam entender a ausência de reconhecimento? Na tentativa de responder a essa pergunta, é preciso considerar o "não reconhecimento" tanto nas situações em que o idoso é ainda capaz de se manifestar (perceber, reagir e se expressar diante dessa ausência) como membro ativo da sociedade quanto naquelas em que o idoso não é mais capaz de fazê-lo (devido a limitações físicas ou mentais).

Outros estudos históricos constatam que o não reconhecimento na velhice é um fenômeno que se repete desde a Antiguidade, mesmo em culturas célebres por valorizar o idoso, como no Japão e na China. A "história da velhice" aborda também o surgimento da gerontologia, a contribuição da psicossociologia e a reprivatização da velhice (Ariès, 1981; Leme, 1996; Debert, 1999; Secco, 1999; Groisman, 1999; Guedes, 2000; Castro, 2002).

O conceito de reconhecimento

Inicialmente, é necessário sublinhar que o próprio Honneth admite que o conceito de reconhecimento, mesmo tendo uma fundamentação de natureza histórica e filosófica, ainda não alcançou a clareza necessária, quer do ponto de vista filosófico ou de seu uso na linguagem cotidiana (Honneth, 2009b, p. 82).

Referindo-se à importância de Hegel para a reconstrução da noção de reconhecimento, Honneth (2009a) enfatiza três tendências que contribuíram para a formulação posterior do conceito: a de Hobbes, ao considerar que os seres humanos são governados pelo desejo de adquirir cada vez mais respeito; a de Rousseau, que viu na busca de estima social o indício do fim de uma vida pacífica e em estado natural; e a de Fichte, oposto a essa noção negativa de lei natural, e convencido de que só se pode adquirir a consciência-capacidade de liberdade quando se faz uso da autonomia e os indivíduos são aceitos como reciprocamente livres (Honneth, 2009b, p. 83).

O conceito de reconhecimento, em Honneth, parte do princípio de que o indivíduo necessita do outro para constituir sua identidade, a qual se completa por meio da autor-realização (entendida como busca de autoconfiança, respeito e autoestima). De autores como Hegel, Rawls e Habermas, Honneth acolhe a noção de que há uma íntima relação do reconhecimento com o direito, a justiça, a igualdade e a democracia.

Enquanto Rousseau invoca a noção de opinião pública para entender o reconhecimento mútuo como comportamento social e direito legal, Rawls aceita que reconhecimento significa respeitar as necessidades daqueles que são diferentes de nós mesmos. Já Habermas (2003) vê o conceito como o respeito mútuo às opiniões dos que participam de debates públicos com o objetivo de chegar ao entendimento. Portanto, o reconhecimento pode ser entendido como um direito legal que precisa ser legitimado socialmente, como a livre expressão de ideias e a convivência pacífica, ainda que com a discordância e eventuais conflitos entre os parceiros da interação.

A noção de honra tem papel fundamental nas sociedades tradicionais, nas quais os rituais e costumes são mantidos ao longo do tempo. A honra sugere um código de conduta que orienta o comportamento do grupo social, como a responsabilidade de cuidar dos pais idosos, das crianças e dos incapazes; ou seja, ela controla as obrigações entre os membros da sociedade (como assumir as perdas e os ganhos e respeitar o padrão de reciprocidade). Em Bourdieu (*apud* Sennett, 2003, p. 73), a noção de honra remete à imagem de "um indivíduo que sempre se vê através dos olhos dos outros, que tem necessidade dos outros para sua existência".

Honneth, ao analisar a evolução do conceito de estima social na passagem das sociedades tradicionais para as modernas, aponta as condições históricas que levaram o conceito de honra a mudar para o de reputação ou prestígio social. Ele toma como exemplo a luta da burguesia contra as coerções comportamentais impostas pela antiga ordem de reconhecimento e mostra como as condutas consideradas eticamente aceitas passaram a ser orientadas pela capacidade individual para a conquista da estima social.

Desse modo, o lugar que a honra social havia ocupado antes, com o advento do espaço público, passou a ser preenchido pelas categorias de reputação e de prestígio, ou ainda pela medida de estima social de que o indivíduo goza por suas realizações e capacidades pessoais. Segundo Honneth (2009a p. 206), "prestígio ou reputação refere-se ao grau de reconhecimento social de que o indivíduo torna-se merecedor pela sua forma de autorrealização, por contribuir para a implementação prática dos objetivos da sociedade".

Em Honneth, o reconhecimento assume assim contornos mais claros: o indivíduo necessita do reconhecimento do outro para constituir sua identidade própria e perceber-se como cidadão capaz de participar de discussões públicas em condições de paridade. Desse ponto de vista, a consequência da busca do reconhecimento alheio é também tentar ir mais longe na conquista da relação consigo mesmo, ou seja, é tentar conquistar, na relação com o outro, o autorrespeito, a autoconfiança e a autoestima.

Mas essa luta moderna pela estima social está submetida a uma tensão constante entre os diversos grupos sociais que buscam conquistá-la e mantê-la. O resultado de tal luta depende em parte do poder simbólico (que está na atenção pública aos interesses de cada grupo), que pode ser observado, na sociedade atual, por intermédio da visibilidade midiática. Por isso, Honneth (2009a, p. 207) afirma que,

> [...] quanto mais os movimentos sociais conseguem chamar a atenção da esfera pública para a importância negligenciada das propriedades e capacidades representadas por eles na coletividade, tanto mais existe para eles a possibilidade de elevação do valor social, ou seja, da reputação dos seus membros.

Logo, os grupos sociais que não têm capacidade de se organizar ficam em desvantagem na obtenção da visibilidade tão necessária à luta por reconhecimento. Os diversos empecilhos que barram demandas por reconhecimento instauram no grupo ou categoria social a percepção do reconhecimento recusado ou não alcançado, a perda de um espaço paritário de interação e de diálogo com os outros membros da sociedade. Esse pode ser o caso dos idosos.

Há, entretanto, exemplos bem-sucedidos de luta pelo reconhecimento, como os movimentos sociais de gênero, identidade sexual e cultural (Fraser, 2001; Fistetti, 2009), e de pessoas portadoras de hanseníase (Mendonça, 2009). Quando a identidade dessas categorias adquire consistência e visibilidade, em um primeiro momento o indivíduo experimenta um sentimento de orgulho de grupo ou de honra coletiva e a crença de pertencer a um conjunto social com o qual pode desenvolver realizações comuns (cujo valor é reconhecido pelos demais). Nessas condições, as formas de interação assumem um novo caráter de solidariedade simétrica (Honneth, 2009a, p. 209).

COMUNICAÇÃO E POLÍTICA

Mas essa modalidade de solidariedade não significa necessariamente "estimar-se mutuamente na mesma medida", como se os indivíduos fossem iguais. Eles se reconhecem diferentes e autônomos, mas se estimam simetricamente. Em casos de guerras, conflitos e desastres naturais, esse tipo de solidariedade surge como uma nova estrutura de valores, permitindo que indivíduos antes separados pela cultura ou ideologia possam usar suas capacidades individuais em função do bem comum.

Somente após a obtenção de um reconhecimento pelo grupo do qual faz parte é que o indivíduo estará em condições de buscar a autoestima, do que decorre que o sentimento do valor próprio vem em paralelo com os conceitos de autoconfiança e autorrespeito.

Em sua exposição sobre as estruturas sociais de reconhecimento, Honneth (2009a, p. 157 e 211) observa uma lacuna deixada por outros autores quanto à negação do reconhecimento. Ele considera que, em paralelo às tipologias do reconhecimento, configuram-se formas de desrespeito que lesam e/ou destroem o que foi conquistado na autorrelação positiva adquirida com outras.

Honneth analisa os fundamentos da integridade e do desrespeito, identificando-os em três categorias: o amor, o reconhecimento jurídico e a solidariedade.

Amor, direitos e solidariedade

Se para Hegel o amor se baseia na experiência recíproca da dedicação amorosa, (quando) dois sujeitos se sabem unidos pelo fato de ser dependentes, em seu estado carencial, do respectivo outro, Honneth (2009a, p. 160), por sua vez, amplia o âmbito do conceito ao considerá-lo o conjunto de relações primárias que predominam nas relações afetivas fortes entre poucas pessoas, como entre parceiros amorosos, entre amigos, ou na relação familiar entre pais e filhos.

É possível observar em alguns tipos de interação do idoso com sua família, cuidadores e médicos a face negativa do amor, que Honneth descreve como a forma de desrespeito que se dá quando uma pessoa é atingida em sua integridade. Isso pode acontecer por meio de violência, maus-tratos, tortura ou violação física e psíquica. Nessas situações, o que importa considerar não é propriamente o nível de dor perpetrado pelas agressões, mas o fato de o indivíduo estar submetido à vontade do outro (sem perspectiva de reverter a situação humilhante nem de assumir o comando de seu próprio destino). O respeito pelo próprio corpo, adquirido no processo de socialização, "é como que arrebentado de fora, destruindo assim, com efeitos duradouros, a forma mais elementar de autorrelação prática, a confiança em si mesmo" (Honneth, 2009a, p. 215).

A segunda forma de reconhecimento incide sobre a prática do direito. O reconhecimento de direitos implica a atribuição de capacidade para cumprir com determinadas obrigações, essenciais para a socialização do indivíduo. A pretensão de direitos é dirigida a todos os cidadãos, enquanto livres e iguais. Honneth (2009a, p. 179) assinala que "viver sem direitos individuais significa para o membro da sociedade não ter a oportunidade para a construção da autoestima".

É preciso considerar que o cidadão não pode se colocar como sujeito de obrigações se não for, ao mesmo tempo, sujeito de direitos. Na medida em que o indivíduo é aceito como membro da sociedade, converte-se em portador de direitos, podendo, então, reivindicá-los. A negação dessa forma de reconhecimento (cidadania) se dá tanto pela exclusão de alguns privilégios quanto pela exclusão de determinados direitos, levando à perda do autorrespeito, ou seja, do sentir-se capaz de ser cidadão com os mesmos direitos que os demais parceiros de interação. A negação dos direitos é uma forma de rebaixamento moral:

> [...] estamos aqui lidando com a negação dos direitos e com a exclusão em que os seres humanos padecem em sua dignidade, por não lhes serem concedidos os direitos morais e as responsabilidades de pessoa legal plena em sua própria comunidade. (Honneth, 2009b, p. 86)

Uma terceira forma de reconhecimento é a solidariedade, um valor social que se inscreve positivamente nas qualidades e nas capacidades concretas do indivíduo. Trata-se da contribuição que o grupo pode levar para a vida social e para a coesão entre seus pares. O orgulho de grupo aqui assinalado é assim uma forma de solidariedade. Diz-se que as relações internas entre os membros são de natureza solidária quando todos eles se sentem estimados na mesma medida.

Essas condições são acompanhadas do sentimento de valor próprio, paralelamente às categorias de autorrespeito e autoestima. O esquema de solidariedade social proposto por Honneth já contempla a possibilidade de uma "solidariedade simétrica", pois pressupõe relações sociais de estima que, além da tolerância com as diferenças dos indivíduos envolvidos, despertam o interesse afetivo por essas particularidades. Nas palavras de Honneth (2009a, p. 211): "Simétrico significa que todo sujeito recebe a chance, sem graduações coletivas, de experienciar a si mesmo, em suas próprias realizações e capacidades, como valioso para a sociedade".

A recusa dessa modalidade de reconhecimento se expressa na forma de desrespeito, ofensa, degradação ou desvalorização de alguns modos de vida/crenças considerados de menor valor. Os indivíduos são atingidos na possibilidade de atribuir valor social à sua capacidade pessoal, o que traz em consequência um olhar para sua própria vida como algo pouco significativo.

A degradação valorativa dos padrões de autorrealização tem como desdobramento a subtração do respeito que o indivíduo encontrou, baseado na solidariedade de seus pares no grupo. À medida que as capacidades coletivas deixam de ser valorizadas em detrimento das individuais, a experiência de desrespeito se insere na privação de direitos.

Mas é preciso ressaltar que as experiências de desrespeito ou de reconhecimento recusado são como metáforas, que indicam mais do que o abatimento do corpo. Na tortura, fala-se de "morte psíquica". Na escravidão, de privação de direitos fundamentais e de exclusão; uma "morte social". Para indicar o desrespeito e a degradação cultural de uma pessoa usam-se, igualmente, as expressões "vexação", "humilhação" e "enfermidade". Com a experiência de rebaixamento e de humilhação social, os indivíduos são ameaçados em sua identidade – da mesma forma que sua integridade física sofre com as doenças (Honneth, 2009a, p. 218-9).

Reconhecimento e dignidade

Os três modelos de reconhecimento anteriormente descritos procuram dar conta das propriedades da comunicação intersubjetiva, e não de suas formas institucionais de realização. Em função disso, este texto propõe entender o vínculo entre a teoria do reconhecimento e as interações comunicativas, especialmente nas situações em que parece haver uma distância entre os interlocutores – por exemplo, na relação médico/paciente e, acentuadamente, no tratamento dos idosos.

O termo "dignidade" tem sido empregado na área dos direitos humanos e na biomédica. Nesta última, tem sido entendido como "autonomia" e "respeito", especialmente quando essas noções se referem à velhice. Calnam, Badcott e Woolhead (2006), por exemplo, estudam o conceito de dignidade aplicado às pessoas idosas na Inglaterra.

Nordenfelt (2009), por sua vez, aplica o conceito quando analisa a ética médica no tratamento dos idosos ao longo da vida, durante as enfermidades e no momento da morte. Baseado em suas experiências no sistema de saúde sueco, o autor usa os conceitos da teoria do reconhecimento em diferentes contextos do relacionamento médico/paciente, avaliando os diferentes níveis de compreensão e prática da dignidade e do respeito.

Nordenfelt admite que nem sempre o paciente é tratado com respeito em algumas instituições públicas da área da saúde. Na hierarquia do relacionamento médico/paciente, sobretudo quando se trata de pessoa idosa com reduzida capacidade de decidir por si própria, o paciente é o último e mais frágil elo da cadeia.

Sennett (2003, p. 128), ao criticar a visão neoliberal do sistema de saúde norte-americano, observa o mesmo nível de desrespeito nessa relação quando: o paciente não recebe nenhuma explicação do médico sobre os procedimentos que serão adotados; o estudante de medicina é ensinado de modo mecânico; as decisões estratégicas tomadas pela instituição não consideram a opinião dos empregados etc. Assim, todos esses indivíduos tornam-se "meros espectadores de suas próprias necessidades, objetos subjugados por um poder superior".

Nordenfelt (2004, p. 71-80) apresenta quatro conceitos de dignidade. O primeiro, denominado *menschenwürde*, refere-se à dignidade inerente ao ser humano. E, se temos o mesmo valor fundamental, temos também direito a um mínimo de alimentos, de cuidados, expressão de sentimentos diante da dor forte e contínua, liberdade de escolha e respeito próprio. O segundo conceito, a dignidade como *mérito*, assemelha-se às noções de honra e *status*. Aqui, a dignidade conduz ao tratamento respeitoso e formal: seja devido ao cargo ou posição que a pessoa ocupa, seja em função de sua condição de mais velho de um grupo.

A dignidade como *status moral* possui vários níveis e pode ser entendida como autorrespeito. É, segundo Nordenfelt (2004, p. 75), o conceito central na ligação com as outras noções de dignidade. Se um indivíduo perde o respeito por si próprio (por exemplo, devido a seu comportamento moral), acaba também deixando escapar o respeito de sua comunidade. Nesse caso, há uma dupla perda: a individual e a social. Essa modalidade de respeito não pressupõe nenhum direito da parte do indivíduo; é tão somente um conceito-atitude.

A quarta categoria é a de dignidade na *identidade pessoal*, modalidade relacionada ao respeito próprio do indivíduo – mas não necessariamente às suas qualidades morais. Refere-se à sua identidade como pessoa. É considerada inerente ao ser humano e fundamenta-se na crença do homem como imagem de Deus, ou nos princípios constantes da Declaração Universal dos Direitos Humanos.

Os principais componentes dessa noção são a integridade física, a autonomia para agir e a inclusão social. Quando a dignidade está presente, o indivíduo se sente respeitado em sua identidade, isto é, sente-se um ser humano completo, com sua integridade e autonomia preservadas, situação propícia aos relacionamentos sociais e à inclusão na comunidade.

Dignidade na velhice: percepções do idoso

Um indivíduo pode humilhar outro, invadir sua esfera privada, restringir sua autonomia e até aprisioná-lo. No entanto, o que agrava o desrespeito são as perturbações na identidade pessoal: quando a pessoa humilhada, insultada e ferida na sua dignidade é obrigada a fazer o que não quer, pode perder também a autoestima e o respeito da comunidade.

É possível sugerir que a abordagem de Honneth se aproxima da interpretação de dignidade interpessoal em Nordenfelt, o que levaria a uma correspondência entre os conceitos de reconhecimento e dignidade.

As pessoas têm a expectativa de ser respeitadas e reconhecidas, e são motivadas a aguçar sua percepção de dignidade enquanto captam variações nos sinais de rejeição ou reconhecimento. Em uma sociedade democrática, a dignidade e o respeito integram os direitos humanos básicos, e esses sentimentos podem ser usados como indicadores de reconhecimento mútuo. Da mesma forma, há como identificar as situações e os contextos em que eles estão sendo negados, ameaçados ou alterados.

A preservação da identidade e da cidadania pode estar ameaçada se indivíduos e grupos possuírem recursos desiguais para proteger sua autonomia e se opor à dependência e à exclusão de outras categorias sociais. Vale notar que a estima social e o respeito são mais facilmente concedidos aos que têm recursos (econômicos e sociais) e não estão excluídos do mundo do trabalho e da família.

Segundo a visão biomédica, o desamparo pode estar associado à idade avançada, à presença de doenças crônicas, à limitação física e mental, à pobreza – condições frequentes quando as pessoas são idosas, aposentadas ou pensionistas, e socialmente excluídas (Calnam, Badcott e Woolhead, 2006, p. 357-8).

Esse modelo de reflexão sobre a velhice tem abordado a idade avançada como um problema médico e/ou uma especialidade da gerontologia. Contudo, considerar o idoso sinônimo de degenerescência física e mental tem contribuído para o reforço da ideia de declínio e de dependência em relação à família e aos cuidadores. Não se tem olhado para a pessoa idosa como uma cidadã que tem o direito de ser tratada com dignidade e respeito, e reconhecida na sua identidade presente.

Conforme o corpo do idoso entra em declínio, surge uma tensão entre a identidade individual e a social, entre as ações públicas e as privadas. As atividades que antes eram realizadas pela pessoa, privadamente, passam a ser compartilhadas com a família e os cuidadores, enfim, com o âmbito social. A partir desse estágio, a velhice deixa de ser uma questão apenas médica e entra no terreno mais subjetivo da dignidade, do respeito e do reconhecimento.

Calnam, Badcott e Woolhead (2006) desenvolveram uma pesquisa sobre a dignidade na velhice com a participação de 72 idosos, compreendendo: internados em hospitais, asilos e enfermarias; moradores de casas de repouso; frequentadores de universidades da terceira idade, de restaurantes, de estabelecimentos comerciais especializados e de conselhos de saúde; participantes de fóruns de pessoas idosas e centros comunitários. A maioria dos integrantes era de mulheres.

O objetivo do estudo foi averiguar a importância da dignidade para os idosos e verificar como as concepções dos próprios idosos estavam afinadas com o discurso acadêmico teórico. Partiu-se da hipótese de que a dignidade estaria ameaçada e de que eles estariam tentando administrar/reverter de alguma forma tais ameaças.

Na dinâmica da pesquisa, que se desenvolveu em discussões em grupo, a ideia foi discutir os aspectos positivos e negativos de ser uma pessoa idosa na atualidade. Os encontros se deram em grupos de seis a oito pessoas, que receberam dos pesquisadores um material imagético para ampliar a discussão sobre o significado das experiências de dignidade. Se a discussão sobre o tópico da dignidade não emergia de forma espontânea, as perguntas eram feitas diretamente, a fim de tocar no foco da pesquisa.

As discussões foram estimuladas por duas fotografias: uma com a imagem de um homem distinto, provavelmente um magistrado ou prefeito; e a outra com a imagem de duas mulheres idosas carregando um saco de compras, com aspecto de malcuidadas e caminhando de mãos dadas numa rua de bairro. A percepção que os participantes tiveram das fotos revelou sua consciência da necessidade de que se apresentem bem-vestidos, limpos e penteados, pois, do contrário, seu respeito e dignidade pessoais seriam afetados.

Para manter sua dignidade, os idosos sentem necessidade de resistir aos estereótipos e à exclusão social. Percebem, pelos comentários de outras pessoas que se aproximam, a falta de respeito em função das roupas feias, desgastadas e fora de moda que usam, das rugas e do uso de fraldas (que humilham e afastam os outros).

Alguns idosos manifestaram o desejo de realizar serviços comunitários ou outra forma de atividade que permitisse compartilhar seus conhecimentos e habilidades com as novas gerações, pois estar ativo confere sentido à vida e a participação na comunidade valoriza o sentimento de pertença social.

Quanto ao respeito, uma das idosas disse: "Se estamos falando de dignidade, penso que é melhor falar de respeito" (Calnam, Badcott e Woolhead, 2006, p. 363). Ainda sobre o mesmo tema, outra participante acrescentou: "A palavra dignidade muda de significado quando falamos sobre isso... Dignidade, do meu ponto de vista, é aceitação das pessoas na sociedade, baseando-se na igualdade" (*ibidem*).

Problemas de comunicação também emergiram no contexto da questão da identidade. Ser chamado pelo primeiro nome ou ser mencionado como "querida" ou outros adjetivos que denotam intimidade foram práticas comentadas nos grupos e entendidas como sinal de desrespeito.

Na relação com os mais jovens, os membros dos grupos manifestaram que têm menos voz quando se comparam com eles, o que se reflete nos relatos de circunstâncias nas quais os idosos são excluídos das decisões familiares e das referentes a eles próprios, principalmente quando comparados a outros membros da família.

Algumas manifestações nos grupos organizados indicaram que o idoso quer ser independente e ter controle sobre sua vida o maior tempo que lhe for permitido, enquanto for possível se manter capaz física e mentalmente. Comentou-se, também, que a família e os cuidadores encorajam a superdependência, o que acaba tornando o idoso teimoso e irascível.

A ausência de direitos também se revela quando o idoso não é consultado sobre a sua enfermidade nem a respeito de que forma ele quer viver ou morrer. A eutanásia, por exemplo, foi abordada como um direito de terminar a vida quando ela se torna desprovida de dignidade. Da mesma forma, foi vista como problemática nas discussões a manutenção ou o prolongamento da vida com o auxílio de terapias cruéis e agressivas, citadas como desrespeitosas.

Segundo Calnam, Badcott e Woolhead (2006, p. 366-9), o que dominou nos discursos elaborados nos grupos de discussão foram conceitos não especializados de saúde. A interpretação dominante foi a de *dignidade de identidade*, sobretudo relacionada com os serviços públicos de saúde. Os idosos esperam ser tratados com respeito e reconhecimento, e isso pode ser pensado do ponto de vista da teoria do reconhecimento, em especial quando o tratamento que recebem de outras pessoas ajuda na preservação da autoestima. As falas mostraram como os idosos negociam e mantêm o sentido do *self*, mesmo diante da degeneração do corpo que ameaça seu espaço pessoal e privado e da dominação dos cuidadores.

Outra dimensão de dignidade valorizada pelos idosos que compuseram os grupos se manifesta na autonomia e na independência, como uma forma de não se sentir um "peso" para a família e para os cuidadores. Por exemplo, o direito de viver e morrer nas condições escolhidas pela pessoa idosa foi identificado como elemento de dignidade.

A interpretação das duas imagens (respeitável *versus* degenerescente) pelo viés do cuidado com a aparência pessoal também foi apontada nas discussões dos grupos. E essa consciência se manifesta não apenas em relação às situações sociais, mas também na preocupação em ser cuidado pelas enfermeiras e cuidadoras, quando os idosos estão internados em hospitais e asilos.

Embora o estudo sugira que o significado de dignidade é contextual, o fato de não ter sido realizado de maneira comparativa com outros grupos etários dificulta o julgamento da dimensão específica aplicável à pessoa idosa.

Também emerge dos dados a evidência de um discurso moral de exclusão e inclusão: o grau de respeito e dignidade na escolha do caminho a ser tomado na condução da sua vida, conferido pelas pessoas que convivem com o idoso. Esse ponto foi refletido também nos conflitos intergeracionais pelas atitudes desrespeitosas de pessoas mais jovens, ou pela falta de respeito mútuo entre os dois grupos.

Capital social[1]

Alexis de Tocqueville, em sua obra clássica de 1835, *Democracia na América* (1987), desenvolveu uma reflexão de democracia entendida não como uma forma de governo, mas como um movimento histórico que conduz à igualdade de condições. A obra tem sido uma referência importante para os estudos de Robert Putnam (um dos principais autores que trabalham com o conceito de capital social) e para estudos que abordam a relação entre democracia e sociedade civil.

Analisando as características das associações na América, Tocqueville assinala que o agir em comum no contexto associativo se beneficia do apoio de um conjunto de instituições (tipo de eleição, governo local, liberdade de imprensa, júri popular e associações) que facilitaria a aproximação entre os indivíduos, oferecendo a oportunidade de compartilhar os problemas cotidianos e incentivar a força da interdependência recíproca. A liberdade de associação serviria, assim, para os cidadãos se conhecerem uns aos outros e definirem objetivos comuns, para se reunir e nomear seus mandatários encarregados de cuidar de seus interesses (Bevort e Lallement, 2006, p. 74).

O conceito de capital social surgiu no campo da sociologia com Pierre Bourdieu, que o definiu como "o conjunto de recursos atuais e potenciais que estão ligados à posse de uma rede durável de relações mais ou menos institucionalizadas de interconhecimento e inter-reconhecimento" (Bourdieu, 1980, p. 2). Ou, nos termos de Pontieux (2006, p. 46):

> Estar socialmente inserido no grupo significa, para o indivíduo, a busca de proveitos materiais e simbólicos e, entre os membros, implica a transformação das relações contingentes (vizinhança, trabalho, parentesco, necessárias e escolhidas), envolvendo obrigações duráveis (subjetivamente acompanhadas de sentimentos de reconhecimento, respeito, amizade) ou garantidas institucionalmente.[2]

Portanto, além de atributo individual, o capital social é visto como componente da ação coletiva, ativando e, ao mesmo tempo, sendo produzido por relações e vínculos nas redes sociais.

A concepção mais difundida da noção de capital social está associada aos trabalhos de Robert Putnam (1993; 1995; 2000; 2002). O autor concebe o capital social como um

---

1. O conceito de capital social (e suas relações com a comunicação) foi amplamente desenvolvido em Matos (2009).
2. Tradução livre.

conjunto de vínculos horizontais entre as pessoas, ou seja, como o resultado de redes sociais de engajamento cívico e de normas associativas que possuem um efeito concreto no desempenho produtivo da comunidade.

Uma segunda tentativa de definição do conceito foi feita por Coleman (1988), que o define como uma variedade de entidades diferenciadas que possuem ao menos dois elementos em comum: consideram algum aspecto da estrutura social e facilitam certas ações dos atores, sejam eles corporativos ou cívicos.

Coleman, dessa maneira, propõe que o capital social deva ser concebido como um bem público, ou seja, inerente à estrutura das relações entre os indivíduos. Enfatiza ainda que o capital social não se situa nem nos indivíduos nem nos meios de produção, mas nas redes sociais densas e fechadas que garantem a confiança nas estruturas sociais e permitem a geração de solidariedade.

Uma terceira perspectiva sobre o conceito é dada por Norris (1996), para quem o capital social pode ser entendido como as densas redes de normas e de confiança social que capacitam os participantes a cooperar na busca de objetivos compartilhados. Dessa forma, argumenta que o capital social está presente quando os indivíduos se organizam para debater acerca de questões percebidas como sendo de interesse coletivo. Conversações e debates no espaço público põem em marcha processos políticos de engajamento cívico, de reciprocidade, de cooperação e confiança mútua, contribuindo potencialmente para a construção do capital social.

Em que medida essa participação cívica gera capital social? Em que medida esses debates se sobrepõem às noções de reconhecimento social, paridade, cidadania e justiça?

Alejandro Portes identifica o capital humano ao conhecimento e às habilidades, e, num esforço de contraste, associa o capital social à dimensão e à qualidade das relações sociais. Na prática, esse "volume" de capital social seria identificado com o nível de envolvimento associativo e de comportamento participativo em uma comunidade: "Para possuir capital social, um indivíduo precisa se relacionar com outros, e são estes – não o próprio – a verdadeira fonte dos seus benefícios" (Portes, 2000, p. 139).

Embora a noção de capital social abarque um campo vasto e diversificado, seu uso se apoia na mesma finalidade: compreender como os atores sociais e as instituições podem, partindo de interesses pessoais, atingir objetivos comuns, e isso mediante uma ação conjunta que é qualitativamente diferente de uma simples agremiação quantitativa. A condição essencial para que isso ocorra é que o indivíduo pertença a uma comunidade civicamente engajada, participando em variadas redes de interação.

Segundo Putnam (2000), os indivíduos têm mais chance de mudança de vida quando fazem parte de uma comunidade fortemente engajada civicamente. Os laços sociais e o engajamento cívico teriam, por conseguinte, influência preponderante sobre a vida privada e pública. Esse é o objeto principal do estudo que o autor desenvolveu sobre as tendências associativas da América contemporânea e o nível de capital social.

Inspirados por Putnam, Bevort e Lallement (2006) afirmam que os estudos contemporâneos de capital social vêm se concentrando em três conjuntos temáticos. O primeiro deles é a *confiança*, entendida como atributo das interações sociais a partir das raízes históricas e religiosas. Um segundo conjunto temático é estruturado em torno do conceito de *redes sociais*, abordadas, entre outros autores, por Granovetter (1983) e Lin e Burt (2001). E, finalmente, um terceiro conjunto de estudos baseia-se na *reciprocidade*, analisada por Fukuyama (1996) e Putnam (1995). Em todas essas perspectivas o capital social supõe a existência de laços comunicacionais de dependência recíproca: laços intensos, personalizados, carregados de emoção; ou laços fracos, funcionais, ainda que duráveis, reconhecidos e respeitados. O capital social, de certo modo, minimiza os impactos de formas de exclusão e opressão simbólica. Mas essa ação só se concretiza quando avaliamos a produção de capital social em momentos de busca por autorreconhecimento e pelo reconhecimento intersubjetivo.

Diante dessas considerações, é possível dizer que o reconhecimento se aproxima da noção de capital social quando refletimos sobre as consequências da ausência de reciprocidade e de vínculos de apoio recíproco entre os sujeitos. O autorreconhecimento dos sujeitos, assim como o reconhecimento intersubjetivo, requer o envolvimento dos indivíduos em redes sociais nas quais seja possível descobrir o próprio valor e atribuir valor aos outros de forma recíproca. A velhice, como já discutimos, é uma categoria que, pelas limitações relacionadas à idade, vai sendo afastada das três condições apontadas acima: confiança, envolvimento em redes sociais e reciprocidade, o que tende a contribuir para o declínio gradativo do capital social e para a ausência de reconhecimento dos idosos.

É também nessas redes que se torna possível questionar e rever, coletivamente, padrões simbólicos e institucionais considerados injustos e causa de desrespeito. O capital social, portanto, não só é expresso como "densas redes de normas e de confiança social" que permitem a cooperação mútua, mas também como os resultados diretos dessas trocas nos modos como os indivíduos percebem a si mesmos e aos outros em processos dialógicos de participação cívica.

Capital comunicacional[3]

O capital comunicacional pode ser identificado por padrões de redes sociais. As interações comunicativas que se estabelecem entre diferentes setores e grupos da

---

3. Esta seção do texto foi baseada em Matos e Nobre (2009).

sociedade organizada tendem a gerar redes e fluxos de informações que se expandem e se difundem para públicos cada vez mais amplos. Os processos de articulação dos indivíduos em redes potencializam não só as oportunidades do aprofundamento reflexivo de conversações informais, mas também alimentam práticas cívicas e participativas, colaborando para um aumento das trocas e debates críticos entre diferentes grupos sociais.

Thurlow (2005) e Jeffres *et al.* (2007) conceituaram o capital comunicacional do ponto de vista simbólico. Thurlow parece referir-se à expressão incidentalmente, pois sua pesquisa é basicamente dedicada à linguagem dos adolescentes. Ele registra a expressão sempre sem aprofundá-la, entendendo o capital comunicacional como a habilidade e o poder necessários aos jovens para lidar com uma realidade contemporânea bastante semioticizada – sobretudo em suas trocas com os adultos.

Jeffres *et al.* (2007) vão além: embora considerem a importância da instância simbólica do capital comunicacional, estão mais preocupados com sua capacidade de mobilização cívica entre as pessoas. Para esses autores, ligar civicamente as pessoas e facilitar a solução comunitária de problemas parece ser, ao mesmo tempo, causa e consequência de um capital comunicacional. Seu conceito de capital comunicacional inclui quatro dimensões:

> 1) A discussão interpessoal dos problemas e programas sociais em diferentes contextos, como família e amigos, local de trabalho, a vizinhança e a comunidade; 2) A discussão dos problemas e programas sociais em contextos organizacionais não ligados ao trabalho (como associações civis); 3) Atenção às questões e negócios públicos na mídia; 4) A vigilância dos usos da mídia.[4]

Ortiz (2006) e Berthon, Leyland e Richard (1996) abordam o capital comunicacional do ponto de vista do marketing. Para eles, o capital comunicacional é sumariamente reduzido aos investimentos em marketing. Já Murphet (2006) atribui à mídia norte-americana a capacidade de dirigir e gerenciar as fantasias coletivas, sendo este o seu capital comunicacional. Murphet encontra-se na interseção das abordagens de marketing (relações com as mídias), gerencial e simbólica.

Malmelin (2007, p. 12), ao registrar os componentes de seu modelo de capital comunicacional, adota uma *abordagem comunicacional*, ao tratar de comunicação interna *versus* externa no contexto organizacional, e ao referir-se tanto aos aspectos físicos quanto aos relacionais e de competência comunicativa:

---

4. Tradução livre.

O capital comunicacional é aqui entendido, de maneira geral, como um valor e recurso para toda a organização. O modelo de capital comunicacional inclui tanto comunicações internas na organização quanto comunicações com *stakeholders* e outros grupos externos à organização. Somado aos recursos físicos de comunicação, o capital comunicacional abrange sistemas de comunicação, competências e relações comunicacionais. Isso inclui tanto interações intraorganizacionais, quanto relações com *stakeholders* fora da organização.

Silván (1999) faz uma leitura interessante do capital comunicacional, incluindo a abordagem relacional e simbólica. O autor considera três tipos de "bens coletivos" para aproximar comunidades virtuais: capital social de *network*, capital de conhecimento e capital comunicacional – este último definido como "apoio psicológico/espiritual de pessoas que compartilham alegrias e percalços". Nesse sentido, vincula o capital comunicacional aos aspectos psicológicos e espirituais, que reputamos mais sintonizados à abordagem simbólica.

Em primeiro lugar, é importante ressaltar o caráter ainda não totalmente definido da expressão "capital comunicacional". Nas palavras de Aggestam (2006), o termo pode ter múltiplos significados a depender do contexto socioeconômico no qual as interações comunicativas são estabelecidas. Esta autora destaca a imprecisão conceitual do termo, que inclui conjuntos não definidos de conhecimentos e saberes "novos" e "antigos".

Em segundo lugar, é relevante salientar o esforço teórico e prático posto em marcha para construir uma definição do conceito. No plano teórico, a interdisciplinaridade fica evidente nas tentativas de integração de diferentes pesquisas e estudos. Empiricamente, percebe-se a aplicação do conceito no ambiente organizacional, em particular em empresas que visam ao lucro.

Em terceiro lugar, para além das particularidades geralmente associadas ao capital (recursos, mensuração, metas, resultados) e à comunicação (informação, fluxos, conversação, debate), chama-me a atenção a facultativa, mas bem-vinda, correlação do capital comunicacional ao capital social. É justamente esse movimento de aproximação entre as noções de capital e de comunicação que oferece a possibilidade de pensar a constituição dos indivíduos por meio das interações que estabelecem nas redes sociais, sejam elas organizacionais e/ou cívicas.

A confiança, a reciprocidade, a cooperação e o apoio psicológico estão na base da mobilização, do engajamento e das ações coletivas. Entre elas, a busca e a luta pelo reconhecimento de grupos excluídos e desrespeitados, como é o caso das pessoas idosas. A seguir, uma reflexão acerca do declínio do capital social e do capital comunicacional dos idosos permitirá uma visão mais clara desse processo.

Capital físico, humano, social e comunicacional: evolução e declínio

Assim como a etnia, o gênero, a cor da pele e a cultura, a idade do indivíduo não é uma escolha pessoal, mas um fenômeno natural que traz implicações variadas: se a vida adulta é comemorada pela capacidade máxima de ser engajado pelo matrimônio, exército, mercado etc., a vida anciã funciona como um anticlímax, objeto de opróbrio que sujeita ao abandono, à pobreza, a enfermidades e seguidas estadias hospitalares e cuidados médicos.

Mas a velhice é, ela mesma, marcada por diferentes fases. Nos primeiros anos de vida da maturidade, o idoso é ainda valorizado pelo tempo disponível para ajudar a família (principalmente no cuidado com os netos) e pela conquista da renda proveniente da aposentadoria (que ajuda a complementar a renda familiar). Uma parte dos idosos permanece no mercado de trabalho, passando a juntar salário e aposentadoria. O fato é que, nos primeiros anos da maturidade, o idoso ainda experimenta um alto grau de estima social.

É interessante observar a trajetória comparativa dos diversos tipos de capitais do indivíduo ao longo do tempo, e especialmente sua dinâmica com o advento da velhice. Por exemplo, como evoluem conjuntamente o capital físico, o capital humano, o capital social e o capital comunicacional ao longo da vida das pessoas.

Do ponto de vista do capital físico, há pelo menos três pontos a considerar, valendo-se da linguagem econômica: o fluxo, a acumulação e o balanço. Durante a vida as pessoas obtêm renda variada, pois às vezes ganham mais e às vezes ganham menos. Mas tudo que ganham vai se acumulando e, ao final da vida, pode-se calcular toda a renda auferida. Porém, a vida não é feita apenas de ganhos, pois há despesas incessantes. O balanço se dá pelo confronto entre o que se ganha e o que se gasta, não apenas no fluxo mês a mês, mas também no acumulado da vida.

Esses três pontos são especialmente importantes para o idoso, já que ele experimenta uma acumulação progressiva (caso dos que têm fonte de renda, como aposentadoria), um fluxo instável tendente a decrescente (real ou nominalmente), mas decerto um balanço que pode se tornar deficitário, visto que os custos com remédios e cuidados médicos aumentam sensivelmente na velhice.

Do ponto de vista do capital humano, o idoso pode apresentar um resultado variável: todos os anos de estudo, treinamento e experiência permitem-lhe desenvolver uma capacidade ímpar para analisar, discernir, julgar e decidir – um ativo sobrevalorizado principalmente na Ásia e em nichos específicos de mercado no Ocidente (*boards* de empresas e consultorias). Apenas à medida que a decrepitude física e mental vai redundando em alijamento socioeconômico é que se pode discernir uma variação decrescente no fluxo de aquisição de capital humano. O capital social funciona de maneira análoga, embora certos instrumentos sociais (aposentadoria compulsória e renovação dos quadros) possam acelerar o processo de degeneração desse capital.

O capital comunicacional está ligado não apenas ao potencial de contribuição do idoso (por intermédio do capital físico e humano), mas também à disponibilidade de interlocução efetiva (por intermédio de capital social). Aqui é fundamental entender que, ao longo da vida, o equilíbrio entre as duas formas da comunicação varia segundo a idade: há fases em que ouvimos mais que somos ouvidos (e vice-versa), mas acima de tudo há fases em que nosso papel de interlocutores é mais ou menos referendado. Com o avanço da idade, o idoso vai sendo destituído como interlocutor, pois tem o que falar, mas cada vez menos quem ouvi-lo – o que cria um problema de "fluxo de caixa" em seu capital comunicacional. Seu ativo vai pouco a pouco deixando de circular.

Em dado momento, parece haver um deslocamento entre todas essas variáveis, quando, a despeito de seu real potencial (experiência etc.), o Estado, o mercado de trabalho, a família e a sociedade passam a estigmatizar e a segregar o idoso, afetando a sua dignidade pessoal.

A partir da aposentadoria, o capital físico tende a sofrer uma redução gradativa e até drástica, dependendo dos bens previamente acumulados pela pessoa idosa. Esse desequilíbrio pode ser minimizado temporariamente, quando os níveis de capital humano-social-comunicacional (como experiência, *networking* e retórica) permitem seguir no mercado – por exemplo, por intermédio de consultoria, pesquisa acadêmica, ou em uma área em que o conhecimento especializado é cotado de forma independente à idade de quem o detém.

Mas essa situação costuma ser temporária, em razão da natural disputa promovida pelos jovens consultores e acadêmicos entrantes no mercado, pressionando para ocupar os postos mais bem remunerados e mais prestigiados que ainda abriguem seniores. A renovação dos quadros, de modo preventivo ou reativo às realidades comerciais em constante mudança, é uma das formas pelas quais se reveste a expulsão institucionalizada dos idosos. A saída do mercado de trabalho costuma ser, portanto, o gatilho que deflagra a perda gradativa de capital social da população idosa, na manutenção das redes de relacionamento e de reciprocidade.

À medida que a família e o Estado se apropriam do idoso como um ativo depreciável, ele vai perdendo sua autonomia. Tendo exaurido seu capital financeiro e físico, que o mantinha em uma condição de respeito próprio e de colaborador no sustento da família, ocorre uma ruptura gradativa e acelerada no processo de reconhecimento do idoso como ser social integral.

Por conta disso, o trato dos idosos pela família tende à infantilização e aumenta a crença na sua incapacidade de gerir a própria vida (física, mental e emocional), o que, em algum momento, acaba redundando na revogação do direito individual de decisão – quando o idoso percebe que não respeitam mais sua vontade, por exemplo, de como e onde viver. Nesse momento, ele, mesmo não tendo emudecido, perde seu espaço de interação comunicativa. Os velhos continuam presentes, mas não são percebidos. As pessoas próximas agem como se estivessem surdas, como se a existência do idoso não precisasse mais ser considerada.

Idosos e reconhecimento: capital social e capital comunicacional

Com as decrescentes taxas de fecundidade e aumento da expectativa de vida da população, o reconhecimento da dignidade e do respeito a que têm direito os idosos assume papel central na sociedade. Especialmente diante da constatação do seguinte fato: os idosos dificilmente expressam sua necessidade de reconhecimento. Por um lado, há ausência de reconhecimento da sociedade com relação aos idosos e, por outro, é difícil constatar, em espaços públicos de interlocução e de visibilidade, demandas por reconhecimento elaboradas pelos idosos.

O conceito de capital social pode ajudar a entender melhor essa situação, ao mesmo tempo oferecendo alternativas para pensar em soluções. A discussão em torno dos baixos índices de mobilização e engajamento cívico, por exemplo, poderia lançar alguma luz sobre a aparente apatia dos idosos para se associar e lutar por interesses comuns. De outro modo, o capital social (se existe) tem se mostrado pouco efetivo na proposição e na busca de soluções para problemas da comunidade – espaço em que, por definição, deveriam prevalecer o interesse comum e as ações cooperativas acerca de temas públicos.

Nesses termos, não caberia falar em baixo nível de capital social das pessoas idosas em sentido estrito, basicamente porque elas possuem uma vasta rede de relações sociais construídas durante toda uma vida de intensa atividade: família, amizades, vizinhos, patrões, colegas, fornecedores etc. Tampouco carecem de simpatia, camaradagem e boa vontade. A questão parece se concentrar em nichos específicos do capital social, lá onde ele continua existindo como ativo com valor nominal, mas cujo valor real decresce aceleradamente. Ou seja, a "moeda" dos idosos vai perdendo aceitabilidade e circulando cada vez menos, ainda que seu estoque continue alto.

Assim, a corrosão da confiança em relação ao capital dos idosos (fenômeno que emana unilateralmente da corrosão do caráter da parte não idosa da sociedade) afeta a reciprocidade nas redes sociais. Ainda que detentores de conhecimento acumulado, os idosos vão perdendo seu valor social de forma crescente, o que talvez se deva à baixa estima social dos fatores associados à velhice (fator subjetivo) e/ou ao baixo prestigio-reputação dos resultados associados ao trabalho dos idosos (fator objetivo). Um fator subjetivo seria, por exemplo, a repulsa psicológica que os "jovens" sentem do próprio destino vindouro (decrepitude e mortalidade como tabu); um fator objetivo seria, por exemplo, a baixa produtividade sênior (medida por índices quantitativos) em relação aos jovens, que ganham menos e trabalham mais.

Essa assimetria imposta de forma unilateral nas relações sociais afeta diretamente a comunicabilidade dos idosos: à medida que vão sendo descredenciados como interlocutores, seu capital comunicacional sofre uma involução. Quando os ativos/sistemas/estruturas de informação perdem o ambiente de compartilhamento, cai o apoio mútuo; e a identidade/imagem/cultura que deveriam ser promovidas sofrem total revés: rompendo-se o caráter coletivo/social/comunitário, competências e conhecimentos deixam de circular. Ou, se o fazem, deixam de criar valor para todos. O rompimento da simetria de mão dupla é sinônimo de monólogo ou silêncio, mas nunca de comunicação.

O idoso que sente sua palavra desvalorizada (entra por um ouvido e sai pelo outro) e desqualificada (por referir a outro contexto histórico-tecnológico) surpreende-se desonrado. À proporção que se agrava a indiferença alheia, sente-se moralmente atingido. Na comunicação, como na diplomacia, o descrédito do *status* de interlocutor pode ter um significado mais ou menos explícito: pode acontecer como retaliação à perda de confiança e respeito, por exemplo, ou pode ocorrer de forma preventiva – sob previsão de divergência de interesses. Em ambos os casos, é o mérito social do idoso que sofre julgamento e condenação, cuja pena geralmente redunda em forçada reclusão comunicacional.

Portanto, a velhice (principalmente a institucionalizada a partir da aposentadoria) atinge em primeiro lugar o capital comunicacional e, em seguida, o capital social. O idoso logo percebe que cada vez menos é recebido pelos outros, que cada vez menos é levado a sério no que propõe, que cada vez menos é chamado a opinar e a se expressar. Ter muito conhecimento e experiência deixa de ter valor se não há com quem falar, ou se quem ouve não presta atenção ou não se importa realmente. Ter uma vasta rede de relações sociais deixa de ter valor quando a reciprocidade é limitada ou inexistente, ou quando os interesses deixam de ser convergentes ou mútuos. Nesses casos, há apenas desintegração dos laços sociais.

Afetados em sua dignidade nas quatro instâncias do termo (humana, de mérito, moral e de identidade), os idosos vão definhando social e comunicacionalmente. Na ausência de amor e solidariedade, sua autoestima e autoconfiança são minadas: descredenciados como pais, maridos, chefes, empregados, são também desacreditados como consumidores, eleitores e cidadãos. Debilitados sob todos os aspectos (para além da questão física óbvia), amargam o vácuo, a ausência, a falta, a estagnação e a imobilidade. Nesse limbo, torna-se extremamente complicado elaborar demandas contra tamanha injustiça. A insensatez dos outros não chega a mobilizá-los como categoria, para exigir reconhecimento e dignidade.

Considerações finais

O avanço da idade traz uma série de implicações que se sucedem e acumulam, em um sentido negativo, sobretudo. À progressiva degenerescência física e mental seguem-se outras, de caráter social, comunicacional, político, econômico. Será preciso observar não apenas a capacidade do idoso de buscar reconhecimento, mas considerar igualmente o compartilhamento das responsabilidades entre a sociedade e o Estado, para a inclusão dos idosos.

Afirmar um capital social decrescente ou negativo é assim, em certa medida, sinônimo de recursos decrescentes ou em risco de extinção. É imprescindível, por conseguinte, garantir que tais recursos simbólicos e materiais (ou seja, capital social e capital comunicacional) sejam autossustentáveis em seu uso e disponibilização. Vale lembrar que as próximas gerações vão herdar tanto o planeta quanto uma maior longevidade!

Já o capital comunicacional parece essencial para reativar o capital social. Se os idosos experimentam crescente dificuldade para se comunicar com os outros, deveriam então reforçar a cooperação existente entre eles ou eleger (externamente à categoria) quem os represente adequadamente.

Retomando o ponto de vista de Tourraine, se os idosos não conseguirem identificar um "adversário" comum e representativo, dificilmente conseguirão se organizar em grupos capazes de convicções e ações coletivas. A mobilização poderá se dar em um discurso comum, em torno de um debate sobre os problemas que enfrentam, seus cuidadores e as soluções necessárias. O engajamento tem que ser em primeiro lugar comunicacional, pois aceitar o silêncio forçado (pela perda de interlocução) é decretar o não reconhecimento e a morte social.

São vários segmentos sociais que debatem o isolamento e o ostracismo social do idoso e os denuciam. As contribuições das teorias sociais, das políticas públicas (área biomédica e ciências correlatas), e as reflexões da teoria do reconhecimento podem auxiliar na compreensão dos limites e das possibilidades do capital social e comunicacional no processo de socialização do idoso.

Enfatizo, portanto, que a interseção entre as dimensões conceituais do capital social, do reconhecimento e da participação cívica nos parece de extrema relevância para compreendermos aspectos ligados à construção das habilidades políticas e à negociação de necessidades e interesses por atores que, tradicionalmente, têm seu *status* desvalorizado pela invisibilidade e pela subcidadania (Souza, 2003).

Referências

AGGESTAM, M. (2006). "A network perspective of communication capital and new venture creation in organizations". *Annual meeting of the International Communication Association*. Dresden International Congress Centre, Dresden, Germany, p. 1-13.

ARIÈS, Philippe. *História social da criança e da família*. 2. ed. Rio de Janeiro: Guanabara-Koogan, 1981.

AVRITZER, L. *Do reconhecimento do self a uma política institucional de reconhecimento: uma abordagem da polêmica entre Axel Honneth e Nancy Fraser*. São Paulo: Anpocs, 2007.

BARROS, R. D. B.; CASTRO, A. M. "Terceira idade: o discurso dos experts e a produção do 'novo velho'". *Estudos Interdisciplinares sobre o Envelhecimento*, Porto Alegre, v. 4, 2002, p. 113-24.

BERTHON, P.; LEYLAND, F. P.; RICHARD, T. W. "The World Wide Web as an advertising medium: toward an understanding of conversion efficiency". *Journal of Advertising Research*, v. 36, n. 1, p. 43-54, jan.-fev. 1996.

BEVORT, A.; LALLEMENT, M. (orgs.). *Le capital social: performance, equité et reciprocité*. Paris: La Decouverte / Mauss, 2006.

BOURDIEU, P. "Le capital social: notes provisoires". *Actes de la Recherche in Sciences Sociales*, v. 31, jan. 1980, p 2-3.

CALNAM, M.; BADCOTT, D.; WOOLHEAD, G. "Dignity under threat. A study of the experiences of older people in the United Kingdom". *International Journal of Health Services*, v. 36, n. 2, 2006, p. 355-75.

CAMARANO, A. A. (org.). *Os novos idosos brasileiros: muito além dos 60?* Rio de Janeiro: Ipea, 2004.

CAMARANO, A. A.; PASINATO, T. "Introdução". In: CAMARANO, A. A. (org.). *Os novos idosos brasileiros: muito além dos 60?* Rio de Janeiro: Ipea, 2004.

CASTRO, Regina. D.; MIRANDA, Adriana. "Terceira idade: o discurso dos experts e a produção do 'novo velho'". *Estudo Interdisciplinar Envelhecimento*, Porto Alegre, v. 4, p. 113-124, 2002.

CHAPEY, J-L. "Implications sociales du vieillissement cognitif. Université de Perpignan. Memorial". Centre Hospitalier Marechal Joffre. 2002. Disponível em: <http://jlchapey.free.fr/implications%20sociales%20Vi%20cognitif/implications%20sociales%20vi.html>. Acesso em: 12 jan. 2011.

COLEMAN, James. "Social capital in the creation of human capital". *American Journal of Sociology*, n. 94. Suplement, 1988, p. 95-120.

DEBERT, G. G. *A reinvenção da velhice: socialização e processos de reprivatização do envelhecimento*. São Paulo: Edusp / Fapesp, 1999.

DEBERT, G. G.; NERI, A. L. *Velhice e sociedade*. Campinas: Papirus, 1999.

FISTETTI, F. *Théories du multiculturalisme*. Paris: La Dècouverte, 2009.

FRASER, N. "Da redistribuição ao reconhecimento? Dilemas da justiça na era pós-socialista". In: SOUZA, J. *Democracia hoje: novos desafios para a teoria democrática contemporânea*. Brasília: Ed. UNB, 2001, p. 245-82.

FUKUYAMA, F. *Confiança: as virtudes sociais e a criação da prosperidade*. Rio de Janeiro: Rocco, 1996.

GRANOVETTER, Mark S. "The strength of weak ties: a network theory revisited". *Sociological Theory*, v. 1, 1983, p. 201-33.

GROISMAN, D. "Velhice e história: perspectivas teóricas". *Cadernos Ipub, número especial: Envelhecimento e saúde mental. Uma aproximação multidisciplinar*. Rio de Janeiro, n. 10, 1999, p. 43-56.

GUEDES, S. L. "A concepção sobre a família na geriatria e na gerontologia brasileiras: ecos dos dilemas da multidisciplinaridade". *Revista Brasileira de Ciências Sociais*, São Paulo, v. 15, n. 43, p. 1-20, 2000.

HABERMAS, J. *Direito e democracia: entre facticidade e validade*. 2. ed. Rio de Janeiro: Biblioteca Tempo Universitário, 2003, v. II.

HONNETH, A. "Integrité et mépris. Principles d'une morale de la reconaissance". Paris, *Recherches Sociologiques*, n. 2, 1999, p. 11-22.

_____. *Luta por reconhecimento. A gramática moral dos conflitos sociais*. 2. ed. São Paulo: 34, 2009a.

_____. "Reconhecimento ou redistribuição? A mudança de perspectiva na ordem moral da sociedade". In: SOUZA, J.; MATTOS, P. *Teoria crítica do século XXI*. São Paulo: Annablume, 2009b, p. 79-93.

JEFFRES, L. W. *et al.* "Conceptualizing communication capital for civic engagement". *Annual Conference of the National Communication Association*, Chicago, 2007, p. 1-25.

LEME, Luiz E. "A gerontologia e o problema do envelhecimento. Visão histórica". In: Papaléo Neto, M. (Org.). *Gerontologia*. São Paulo: Atheneu, 1996. p. 13-25.

LIN, Nan; BURT, R. (orgs.). *Social capital theory and research*. Nova York: Aldine de Gruyter, 2001.

MAIA, R.; MARQUES, A. "Cultural production and public debate on "sexual other": the struggle for recognition in Brazil". *Intersections: Journal of Global Communications Culture*, Atenas, v. 2, n. 3-4, verão de 2002, p. 59-68.

MALMELIN, N. "Communication capital – Modelling corporate communications as an organizational asset". *Corporate Communications: An International Journal*, v. 12, n. 3, 2007, p. 298-310.

MARQUES, A. *Da esfera cultural à esfera política: representações de grupos de sexualidade estigmatizada nas telenovelas e a busca por reconhecimento*. Dissertação (Mestrado) – Departamento de Comunicação Social, Faculdade de Filosofia e Ciências Humanas, Universidade Federal de Minas Gerais, Belo Horizonte, 2003.

MATOS, H. *Capital social e comunicação: interfaces e articulações*. São Paulo: Summus, 2009.

MATOS, H.; NOBRE, G. "Capital comunicacional". In: Anais do *VIII Congresso Internacional Lusocom*, Lisboa, 2009.

MENDONÇA, R. F. "A dimensão intersubjetiva da autorrealização: em defesa da teoria do reconhecimento". *Revista Brasileira de Ciências Sociais*, v. 24, 2009, p. 143-54.

MORAGAS, R. M. "As relações intergeracionais na sociedade contemporânea". *A terceira idade*, São Paulo, v. 15, n. 29, jan. 2004, p. 7-27.

MURPHET, J. "Postmodernism as American studies". *Australasian Journal of American Studies*, v. 25, n. 2, dez. 2006, p. 65-76.

NERI, A. L. *et al.* "O capital dos idosos". In: CAMARANO, A. A. (org.). *Os novos idosos brasileiros: muito além dos 60?* Rio de Janeiro: Ipea, 2004, p. 521-558.

NORDENFELT, L. "The varieties of dignity". *Health Care Analysis*, v. 12, n. 2, Linkoping, jun. 2004, p. 83-9.

NORDENFELT, L. (org.). *Dignity in care for older people*. Oxford: Wiley-Blackwell, 2009.

NORRIS, Pippa. "Does television erodes social capital? A reply to Putnam". *Political Science & Politics*, n. 29, set. 1996, p. 474-80.

ORTIZ, M. A. A. "Intellectual capital (intangible assets) valuation – Considering the context". *Journal of Business & Economics Research*, v. 4, n. 9, set. 2006, p. 39.

PINTO, Celi R. J. "Nota sobre a controvérsia Fraser-Honneth informada pelo cenário brasileiro". *Revista Lua Nova*, São Paulo, n. 74, 2008, p. 35-58.

PONTAROLO, R. S.; OLIVEIRA, R. C. S. "Terceira idade: uma breve discussão". *Publicatio UEPG*, Ponta Grossa, v. 16, n. 1, jun. 2008, p. 115-23.

PONTIEUX, S. *Le capital social*. Paris: La Decouverte, 2006.

PORTES, A. "Capital social: origens e aplicações na sociologia contemporânea". *Revista Sociologia, Problemas e Práticas*, n. 33, 2000, p. 133-58.

PUTNAM, R. D. "The prosperous community. Social capital and public life". *American Prospect*, v. 4, n. 13, mar. 1993, p. 35-42.

_____. "Bowling alone: America's declining social capital". *Journal of Democracy*, v. 6, n. 1, jan. 1995, p. 65-78.

_____. *Bowling alone: the collapse and revival of American community*. Nova York: Simon & Schuster, 2000.

_____. *Solo en la bolera. Colapso y surgimiento de la comunidade norte-americana*. Barcelona: Galaxia Gutenberg, 2002.

SECCO, L.T.R. "As rugas do tempo na ficção". *Cadernos Ipub, número especial: Envelhecimento e saúde mental. Uma aproximação multidisciplinar*. Rio de Janeiro, n. 10, 1999, p. 9-33.

SENNETT, R. *Respeito: a formação do caráter em um mundo desigual*. Rio de Janeiro: Record, 2003.

SILVÁN, Marika. *A model of adaptation to a distributed learning environment*. Tese de pós-graduação em Educação, University of Jyväskylä, outono de 1999.

SOUZA, J. *A construção social da subcidadania. Para uma sociologia política da modernidade periférica*. Belo Horizonte: Editora da UFMG, 2003.

SOUZA, J. (org.). *A ralé brasileira. Quem é e como vive*. Belo Horizonte: Editora da UFMG, 2009.

TAYLOR, C. "The politics of recognition". In: GUTMANN, A. (org.) *Multiculturalism*. Princeton: Princeton University Press, 1994, p. 25-74.

THURLOW, C. "Deconstructing adolescent communication". In: WILLIAMS, A.; THURLOW, C. (orgs.). *Talking adolescence: perspectives on communication in the teenage years*. Nova York: Peter Lang, 2005, p. 1-20.

TOCQUEVILLE, A. de. *Democracia na América*. 2. ed. Belo Horizonte: Itatiaia, 1987.

TOURRAINE, A. P. *Podemos viver juntos? Iguais e diferentes*. Petrópolis: Vozes, 1998.

3 A DIMENSÃO INTERSUBJETIVA DA AUTORREALIZAÇÃO: EM DEFESA DA TEORIA DO RECONHECIMENTO[1]

Ricardo Fabrino Mendonça

A teoria do reconhecimento tem despontado como um rico arcabouço conceitual para a reflexão sobre as lutas sociais. Ela traz a intersubjetividade para o cerne da justiça e destaca o caráter relacional e agonístico da construção de identidades e da própria sociedade. Tal perspectiva oferece uma matriz interpretativa atenta à dimensão moral dos conflitos sociais e capaz de perceber a complexidade desses conflitos em sua dimensão material, simbólica e legal. Seu potencial heurístico permite reinterpretar a ação política de atores sistematicamente desrespeitados, sejam eles organizados ou não, além de possibilitar a realização de uma refinada crítica de estratégias de ação adotadas por movimentos reivindicatórios.

No entanto, alguns autores utilizam a palavra "reconhecimento" de modo distinto, como se ela fosse um novo nome para lutas simbólicas ou um novo jeito de falar de lutas pela valorização de identidades. Seja para defender uma noção alternativa de reconhecimento (como o fazem Nancy Fraser e Anna Galleotti), seja para criticá-la (como o faz Patchen Markell), o que se vê é uma descaracterização das ideias que Taylor e Honneth buscaram em Hegel. O *reconhecimento* é visto simplesmente como a luta de grupos minoritários para valorizar especificidades culturais.

O objetivo deste artigo é contestar algumas das críticas que emergem desse uso esvaziado da teoria do reconhecimento. Procuramos mostrar que o reconhecimento não é apenas uma estratégia que transforma a cultura em instrumento de valorização de identidades grupais. É essa visão que leva alguns autores a criticar Honneth e Taylor

---

1. Este texto foi originalmente publicado pela *Revista Brasileira de Ciências Sociais* (v. 24, n. 70, 2009). Agradeço a esse periódico a permissão de reproduzir uma versão pouco alterada do artigo neste livro. O autor agradece à Fapemig e à Capes pelo auxílio financeiro à pesquisa da qual este artigo é resultado.

por pretensamente reafirmar o caráter essencial das identidades, fomentar a ideia do *self* soberano e negligenciar o fato de haver reivindicações socialmente injustificáveis.

Nesse sentido, iniciaremos com uma breve contextualização da teoria do reconhecimento e destacaremos algumas críticas a ela dirigidas, atendo-nos a um dos pontos do debate entre Honneth e Fraser e à proposta de *acknowledgement* advogada por Markell. Em seguida, buscaremos evidenciar como algumas das críticas ignoram o alicerce intersubjetivo dessa teoria e formularemos nossas respostas a partir do próprio marco do reconhecimento.

Importante deixar claro, desde já, que o presente texto não se propõe a examinar todas as dimensões do debate acerca do reconhecimento nem a afirmar que todos os elementos das propostas de Taylor e Honneth são inquestionáveis[2]. Menos pretensioso, o texto busca refletir sobre a definição da ideia de reconhecimento, algo que é alvo não apenas de contendas teóricas, mas das próprias lutas sociais, como bem aponta Kompridis (2007, p. 277).

As bases do reconhecimento em Taylor e Honneth

A emergência da ideia de reconhecimento na teoria política contemporânea está ligada aos estudos sobre multiculturalismo. Foi marcante, nesse âmbito, a palestra proferida por Charles Taylor na inauguração do Princeton University Center for Human Values, em 1990, na qual ele mostrou a riqueza da ideia de *reconhecimento intersubjetivo* para lidar com os dilemas entre igualdade e diferença. Pouco depois, em 1992, Axel Honneth publicou *Luta por reconhecimento*, obra em que buscou atualizar algumas das principais ideias hegelianas por meio da psicologia social de Mead.

Desde então, a filosofia política tem sido palco de um frutífero debate. A palestra de Taylor foi publicada em um livro editado por Amy Gutmann e analisada por autores de peso como Habermas, Walzer e Appiah. Em 1995, Nancy Fraser se inseriu no debate, confrontando a ideia de reconhecimento com a de redistribuição e desenvolvendo essas proposições iniciais em um coerente quadro filosófico que foi se delineando em finais da década de 1990. Também relevante nessa trajetória foi um colóquio realizado em Londres em 1999, que contou com a participação de Scott Lash, Mike Featherstone, Zygmunt Bauman, Stuart Hall e Boaventura Santos, além de Honneth e Fraser[3]. Os anos 2000 assistiram não só ao aprofundamento do debate entre Fraser e

---

2.   Duas recentes edições do *European Journal of Political Theory* (v. 6, n. 3, 2007, e v. 8, n. 1, 2009) mostram que o debate acerca da noção encontra-se vivo e é repleto de nuanças.

3.   Conferir Lash e Featherstone (2001).

Honneth, mas às significativas contribuições de James Tully (2000; 2004), Anna Galeotti (2002) e Patchen Markell (2000; 2003; 2006). Também trouxeram novo fôlego às ideias Zurn (2003; 2005), Kompridis (2007), Seglow (2009), Forst (2007), Caillé (2008) e Feldman (2002). No Brasil, além de aplicações e leituras do conceito, é relevante mencionar o rico trabalho de Jessé Souza, que investiga a *Construção social da subcidadania* (2003) e a *Invisibilidade da desigualdade brasileira* (2006)[4].

Não é nosso intuito, aqui, explicar detalhadamente as bases conceituais e proposições de cada um desses autores. Para tanto, há extensa e consolidada literatura[5], e também nós já nos dedicamos a essa empreitada em outros artigos (Mendonça, 2007; Mendonça e Ayirtman, 2007). É significativo, todavia, situar alguns elementos fundamentais dessa teoria, a fim de facilitar a compreensão das críticas a ela direcionadas e das respostas que propomos.

Como foi mencionado, seu precursor é o filósofo Charles Taylor (1994), que revisita a obra de Hegel para propor uma renovada teoria da justiça. Taylor (1997; 1994) está essencialmente preocupado com os processos de construção do *self*, defendendo que os indivíduos dependem do reconhecimento intersubjetivo para se autorrealizar. Em uma arqueologia filosófica, o autor demonstra (Taylor, 1997, p. 273) como o mundo ocidental construiu uma "noção multifacetada de *self*", a qual é atravessada por categorias como a racionalidade, a autonomia, a interioridade e a autenticidade, que foram construídas filosófica e praticamente ao longo de séculos. Caras aos indivíduos ocidentais, essas categorias teriam possibilitado tanto a universalização da noção de dignidade como o surgimento da ideia de que os indivíduos precisam ser verdadeiros consigo próprios. A ideia é a de que todos merecem respeito, mas cada um tem uma identidade singular que ganha sua forma moral em associação com o ideal de autenticidade (Thompson, 2006, p. 23).

Segundo Taylor (1994), o reconhecimento envolve, portanto, um misto de *políticas universais* e *políticas da diferença*. Para alcançar a possibilidade de autorrealização, as pessoas lutam, simultaneamente, por dignidade e para que suas particularidades sejam reconhecidas. Fazem-no em esferas *íntimas* e *públicas* de interação social. Taylor sugere que, nessas lutas, a *diferença profunda* deve ser submetida a comparações a fim de promover *fusões de horizontes*, no sentido gadameriano do conceito, o que depende da interação permanente com o outro.

---

4. Para mais alguns exemplos de pesquisadores brasileiros que lidam com a teoria do reconhecimento, ver Assis (2006), Bernardino (2002), Costa (2002), Cruz (2007), Feres Júnior (2006), Garcêz (2008), Lopes (2000), Marques (2003), Mattos (2006), Mendonça (2007) e Neves (2005).
5. Para didáticas e competentes apresentações das ideias de Taylor, Honneth e Fraser, ver, por exemplo, Thompson (2006), Mattos (2006) e Souza (2000).

Tal como Taylor, Axel Honneth (2001a; 2003a, b e c) também embasa sua proposta na filosofia de Hegel, recorrendo, especificamente, aos textos do filósofo alemão no período de Jena. Seu modelo teórico assinala a *gramática moral* que rege os conflitos sociais, buscando ultrapassar a concepção de que tais lutas são simplesmente governadas pela razão instrumental e pelo desejo de autoconservação. Para Honneth, é por meio do reconhecimento intersubjetivo que os sujeitos podem garantir a plena realização de suas capacidades e uma autorrelação íntegra, uma vez que as identidades são construídas relacionalmente.

Segundo Hegel, o reconhecimento constrói-se em três domínios: o *amor*, os *direitos* e a *estima social*. Das *relações emotivas fortes* adviria um misto de dependência e autonomia, essencial para que os sujeitos desenvolvam sua *autoconfiança*. Os *direitos*, por sua vez, garantiriam uma universalização da dignidade, fomentando o *autorrespeito*, na medida em que possibilitam aos sujeitos ver-se como dignos do mesmo respeito que os demais. Por fim, a possibilidade de *estima social* está enraizada na comunidade de valores e diz respeito à apreciação das potenciais contribuições sociais e das realizações de indivíduos. Tal possibilidade está no cerne da noção de *autoestima* e da construção da *solidariedade*[6].

> Na sociedade moderna, as condições para a autorrealização individual só estão socialmente asseguradas quando os sujeitos podem vivenciar o reconhecimento intersubjetivo não apenas de sua autonomia pessoal, mas também de suas necessidades específicas e capacidades particulares. (Honneth, 2003b, p. 189)[7]

Honneth (2003a) afirma que o não reconhecimento nesses três âmbitos se manifesta por meio da *violência física*, da *denegação de direitos* e da *desvalorização social* de certos sujeitos por seus atributos e modos de vida. Essas formas de desrespeito impedem a autorrealização do sujeito, mas também podem fomentar uma *reflexividade*, que nasce da indignação moral. Tal compreensão reflexiva pode ser coletivizada e se desdobrar em lutas sociais por reconhecimento, que são essenciais para a *evolução moral da sociedade*.

É na força emancipatória da interação que Honneth deposita suas esperanças de um mundo melhor. Aos moldes frankfurtianos, ele procura uma instância intramunda-

---

6. Cabe ressaltar que, embora Honneth, às vezes, fale de grupos, sua noção de estima está centrada no indivíduo (Thompson, 2006; Neves, 2005). Isso fica claro em seus textos mais recentes, que se focam na ideia de *achievement* (realização) e a ligam à esfera do trabalho.
7. Essa citação e as demais referentes a obras estrangeiras foram traduzidas pelo autor deste capítulo.

na de transcendência, encontrando nas lutas por reconhecimento uma possibilidade efetiva de transformação da realidade (Alexander e Lara, 1996). Essas lutas levariam à edificação de padrões de interação mais propícios à autorrealização, suscitando ganhos em termos de individualidade e inclusão (Honneth, 2003b, p. 187).

Essa é a base da *eticidade formal* proposta por Honneth, considerando-se que sua concepção de *boa vida* não se apresenta como um fim preestabelecido. Trata-se de precondições que podem garantir a integridade dos sujeitos e se transformam historicamente. Hoje, tais precondições envolveriam o *amor*, os *direitos* e a *estima*, ainda que outras dimensões possam surgir. Honneth (2003b) cogita, por exemplo, que o reconhecimento dos sujeitos como membros de um grupo cultural possa transformar-se em uma quarta dimensão. A questão é que essas dimensões devem conduzir à autorrealização, o que transcende especificidades culturais.

A crítica à autodeterminação em Fraser e Markell

As propostas de Taylor e Honneth estão centradas na autorrealização e na identidade. No cerne de suas preocupações estão a formação do *self* e sua capacidade de manter uma relação saudável consigo mesmo. Para ambos os filósofos, há uma gramática moral que rege os conflitos sociais, levando sujeitos a contestar significados, valores e padrões interativos desrespeitosos que negam a possibilidade de autorrealização.

A centralidade da identidade e da autorrealização na teoria do reconhecimento é alvo de muitas críticas. Nancy Fraser (2000; 2001; 2003a) opõe-se, diretamente, a esse *paradigma identitário* e clama por uma reformulação da ideia de reconhecimento a partir da noção weberiana de *status*. Ela propõe uma guinada da eticidade hegeliana para a moralidade kantiana, afirmando que o reconhecimento deve combinar-se à redistribuição como dimensões analiticamente distintas da justiça.

Na visão da autora, a justiça deve ser medida não pela autorrealização, como sugere o paradigma identitário, mas pelo critério moral da *paridade de participação*. Para ela, a justiça social não deve se ligar a uma concepção específica de bem viver. De caráter deontológico, deve ser norteada pelo *certo*, em vez do *bom*; pela moral, em vez da ética; pela paridade de participação, em vez da autorrealização. Segundo Fraser (2000, p. 108), perspectivas focadas na identidade seriam erros teóricos e políticos, que "[...] servem não para promover a interação respeitosa em contextos crescentemente multiculturais, mas para simplificar e reificar drasticamente grupos identitários. Elas tendem a encorajar o separativismo, a intolerância e o chauvinismo, o patriarcalismo e o autoritarismo".

Nesse ponto de vista (Fraser, 2003a), colocar a identidade no cerne da teoria do reconhecimento impediria Honneth e Taylor de discernir as lutas justificáveis das injustificáveis. A perspectiva de ambos careceria de um critério de justiça que se sobrepusesse aos anseios dos sujeitos por realizar seus desejos. Se a questão é garantir a autorrealização, qualquer reivindicação poderia ser tautologicamente defendida como importante desde que almejada pelos sujeitos. Como argumentar, por exemplo, contra grupos extremistas e fundamentalistas que atrelam sua realização à eliminação de outros grupos? Como negar-lhes o direito de "autorrealizar-se" se a justiça e a evolução moral da sociedade estão ligadas à autorrealização? Como criticar as ações desses grupos se o desrespeito é pensado não em termos de *padrões institucionalizados de desvalorização cultural*, mas como o sofrimento de ver sua autenticidade negada?

Se a crítica de Fraser é estrutural e advoga uma grande reformulação na teoria do reconhecimento, as ideias de Patchen Markell (2000; 2003; 2006) negam a própria validade da luta por reconhecimento[8]. Sua tese é a de que o ideal de reconhecimento (*recognition*) está ligado a uma busca de *autoconhecimento* que é bastante perigosa. Os sujeitos procurariam compreender quem são e lutariam para promover o reconhecimento respeitoso desse *ser*, uma perspectiva que trataria a identidade como algo que precede a *ação* dos sujeitos diante de outros.

De acordo com Markell, a luta por reconhecimento seria, portanto, uma aspiração à soberania, à capacidade de definir-se como ser independente e autodeterminante. Isso se deve, segundo ele (Markell, 2006, p. 33), à forma como os propositores do reconhecimento tratam a questão, percebendo-a como um bem reivindicado, perseguido e almejado por atores políticos. Ao vislumbrar um futuro "em que identidades antes negligenciadas, suprimidas e subvalorizadas sejam própria e publicamente reconhecidas" (Markell, 2003, p. 56), Taylor, por exemplo, acabaria por reproduzir o anseio por soberania que ele mesmo critica e reencontraria a possibilidade de soberania na correspondência entre a ação dos sujeitos e em quem eles *realmente são*.

O problema do reconhecimento, para Markell, é a sempre presente aspiração por soberania. Com Sófocles, ele lembra que o desejo de autossuficiência pode conduzir à tirania. Paradoxalmente, a busca de reconhecimento acabaria por produzir não reconhecimento, tendo em vista que gera subordinação. Ao procurar uma sensação de maestria e invulnerabilidade, algumas pessoas cerceiam as possibilidades de vida de outras; "e é o caráter explorador dessa relação, em vez de uma falta de correspondência entre o modo como as pessoas são vistas e quem elas realmente são, que a faz injusta" (2003,

---

8. A proposta de Markell tem gerado grande debate, visto tocar em pontos sensíveis da teoria do reconhecimento. Conferir, por exemplo, Vázquez-Arroyo (2006), Sheth (2006) e Cocks (2006).

p. 23). A injustiça, nesse viés, encontra suas raízes nos privilégios e nas subordinações que emergem da busca da agência soberana.

A possibilidade de as lutas por reconhecimento (*recognition*) exacerbarem situações de subordinação se faz evidente, segundo Markell (2003, p. 30), quando se atenta para o foco que os teóricos do reconhecimento depositariam no Estado. Como o Estado tem, em geral, mais poder, "ele frequentemente tem a capacidade de estabelecer os termos dos intercâmbios de reconhecimento, criando incentivos para que as pessoas enquadrem suas reivindicações de justiça de modos que suportem, em vez de minar, o projeto de soberania do Estado".

Para se contrapor a essa visão, Markell (2003; 2006) propõe um enfoque centrado na perspectiva de ação e na compreensão de que os indivíduos não detêm o controle sobre suas identidades. Recorre a Hannah Arendt e às tragédias gregas para mostrar que as identidades se produzem ao longo da *ação*, podendo assumir rumos inesperados, e ressalta, assim, a dimensão *construtiva* dessas lutas: por meio delas, identidades não seriam conhecidas, mas moldadas e ressignificadas (Markell, 2000).

A proposta de Markell é a de uma mudança no conceito de reconhecimento que, na língua inglesa, é captada por uma alteração de *recognition* para *acknowledgement*:

> *Acknowledgement* é em primeiro lugar autodirigido (em vez de dirigido ao outro); seu objeto não é a própria identidade de alguém, mas sua condição e circunstância ontológica básica, particularmente sua própria finitude; essa finitude deve ser entendida como uma questão dos limites práticos que se enfrenta diante de um futuro contingente e imprevisível, não como uma questão de impossibilidade ou injustiça no conhecimento dos outros; e, finalmente, *acknowledgement* envolve reconciliar-se com, em vez de buscar superar, o risco de conflito, hostilidade, mal-entendido, opacidade e alienação que caracteriza a vida (2003, p. 38).

A ideia é a de que a subordinação social só pode ser superada se os atores sociais admitirem sua própria condição e pararem de buscar a soberania. O objetivo, para ele, não pode ser a valorização de uma identidade, já que identidades se recriam de modos imprevisíveis o tempo todo. Mais do que valorizar oprimidos, seria preciso desconstruir as estruturas sociais que reforçam os privilégios de certos grupos: "Aceitar a existência dos outros [...] faz da imprevisibilidade e da falta de maestria inevitáveis condições da agência humana. Tal reconhecimento [*acknowledgement*] é uma parte crucial da justiça" (Markell, 2003, p. 180). Lutas sociais não deveriam aspirar a levar ao conhecimento social a identidade de determinado grupo, mas a gerar uma reflexão sobre o modo como tal grupo entende a si mesmo e é percebido pelos outros.

A importância da intersubjetividade

Embora coerentes e interessantes, as críticas de Fraser e Markell negligenciam um aspecto central nas teorias de Taylor e Honneth: a intersubjetividade. Ao ressaltar o foco desses filósofos na identidade e na autorrealização, eles parecem esquecer a dimensão intersubjetiva que alicerça a teoria do reconhecimento. Reduzindo o conceito a uma simples luta cultural por autoafirmação, Fraser e Markell descaracterizam a teoria de Taylor e Honneth e constroem perspectivas menos audaciosas do que as deles para revigorar a *teoria crítica* contemporânea.

Nas formulações teóricas de Honneth e Taylor, o reconhecimento é uma *luta intersubjetiva*. Essa noção tem uma série de implicações. Admitir que se trata de uma *luta* é assumir que o reconhecimento não pode ser concedido, alcançado ou doado. O reconhecimento não está restrito a fins específicos, nem é limitado a conquistas na esfera de direitos garantidos pelo Estado. Ele não é um prêmio final que liberta grupos oprimidos. A luta por reconhecimento pode ter muitas manifestações diferentes, na medida em que ela não é nada mais do que um processo permanente em que a sociedade reflexivamente se transforma e altera padrões de relação social. Como lembrado por Tully (2004, p. 89), essas lutas assumem muitos formatos, desde o "vaivém cotidiano de comunicação, interpretação, negociação e ação", até formas mais organizadas, como "as negociações legais, políticas e constitucionais em legislaturas, cortes e referendos" ou "campanhas de desobediência civil".

Admitir que se trata de uma *luta intersubjetiva* é assumir que ela se constrói na relação com o outro. É perceber que os objetivos, as estratégias e as próprias identidades não estão postos de antemão, mas se constroem na *ação* conjunta. A ideia-chave para a teoria do reconhecimento é, portanto, a de *relação* e não as de autoafirmação e soberania, como Fraser e Markell dão a entender.

Essa ideia ajuda a contestar o suposto perigo de o reconhecimento transformar as identidades em algo imutável, essencial e intrínseco, *primeiro* ponto que gostaríamos de abordar. Não só Fraser e Markell, mas também James Tully (2000) afirmam que a busca pela autorrealização pode gerar um aprisionamento de identidades, que se desdobra em sectarismos (Fraser, 2003a), na autoafirmação dominadora (Markell, 2003) e na busca de um *telos* voltado para uma essência (Tully, 2000). Não julgamos, contudo, que um modelo de reconhecimento guiado pelo ideal da autorrealização leve, por definição, à intolerância, ao sectarismo e à dominação intragrupal (Zurn, 2003, p. 531).

Nesse sentido, ressaltamos que a defesa da noção gadameriana de *fusão de horizontes* evidencia o cuidado de Taylor de evitar a proposição de um comunitarismo sectário. Aliás, vale lembrar que o filósofo canadense vê a fragmentação da comunidade política como uma patologia da modernidade, buscando vencê-la "pela fomentação de um senso de ação política comum" (Mattos, 2006, p. 102). Cabe ressaltar, ainda, a base pragmatista da filosofia de Taylor, sendo implausível supor que a *identidade* precederia a *ação* em sua teoria. A ideia de que a identidade se refaz na ação, defendida por Markell (2003), não só está presente em Taylor, como é uma das bases de seu pensamento.

Também na obra de Honneth o foco na dimensão intersubjetiva das lutas por reconhecimento demonstra a cautela do autor em se distanciar de uma postura reificadora e essencialista. A ideia de que os sujeitos constroem-se em relação lhe é muito cara. A busca de reconhecimento não envolve, por definição, a projeção de uma imagem coerente e acabada de *self* em um *telos* de realização. A possibilidade de autorrealização só se faz possível como um projeto sempre inacabado e dialógico. É no jogo recursivo e sem fim do encontro com o outro que as identidades se constroem e a própria ideia de autorrealização se configura.

Isso posto, lutas por reconhecimento, como *lutas intersubjetivas*, só podem ser pensadas sem um final. Trata-se de processos abertos, revisáveis e contínuos (Kompridis, 2007; Tully, 2000; 2004). Para que fique claro que tais lutas não implicam a reificação de identidades é preciso enfatizar que elas não têm um objetivo preestabelecido. O reconhecimento não é algo que se conquiste de uma vez por todas nem um bem a ser distribuído. Conflitos *acerca* de reconhecimento não podem ser resolvidos, por exemplo, apenas com políticas estatais que valorizem minorias. Lutas por reconhecimento fazem parte da própria ação democrática, devendo ser permanentes e abertas (Thompson, 2006). Se Honneth, seguindo Hegel, fala da existência de um *telos*, é preciso perceber sua base na teoria democrática de Dewey, o que mostra que esse *telos* é uma constante busca. Ele assume o formato de uma espiral, que se transforma continuamente.

Isso nos dirige a uma *segunda* crítica que, a nosso ver, encontra pouco fundamento, qual seja: a ideia de que o reconhecimento não é um operador suficientemente acurado para distinguir as demandas justas das não justificáveis (Fraser, 2003a; Benhabib, 2002; Kalyvas, 1999). Fraser (2003a), por exemplo, defende que somente seu modelo de *status* poderia oferecer um critério para avaliar as lutas justificáveis, isto é, aquelas que conduzem à *paridade de participação*.

Essa crítica incorre, todavia, em uma série de equívocos. Ela pressupõe, em primeiro lugar, que o critério da paridade é eticamente neutro (Kompridis, 2007; Thompson, 2006; Honneth, 2003b). Como bem apontado por Pinto (2008, p. 41), assim como a noção de "boa vida", tal princípio é negociado historicamente. A crítica presume, em segundo lugar, a possibilidade de antever quais ações levarão à paridade de participação. Ela sugere, em terceiro lugar, que Taylor e Honneth defenderiam um relativismo em que tudo seria válido na defesa da identidade. Honneth (2003b, p. 172), no entanto, é categórico quando afirma que "é óbvio que não podemos endossar qualquer revolta política como tal – que não podemos considerar toda demanda por reconhecimento como moralmente aceitável".

O maior equívoco de Fraser é, contudo, e em quarto lugar, assumir que, na visão de Taylor e Honneth, a luta por reconhecimento seja uma simples promoção pública da forma como se quer viver. Nesse ponto, ela é acompanhada por Markell, pois ambos desconsideram o caráter *mútuo* do reconhecimento, que é essencial na compreensão da justificabilidade de demandas.

É preciso entender que lutas por reconhecimento são intrinsecamente intersubjetivas. Para Honneth (1997, p. 316), "reconhecimento e respeito são atitudes morais que nós somos mutuamente obrigados a adotar, porque elas possibilitam as condições com base nas quais nós mantemos, conjuntamente, nossa integridade como seres humanos". Lutas não são, pois, somente uma busca de soberania e autodeterminação. Elas requerem a consideração do outro. Se a autorrealização é uma contínua construção dialógica, ela não pode ser entendida nem como imposta de fora nem como a mera expressão de desejos individuais. Ela depende de um diálogo – ou *multiálogo*, como prefere Tully (2004) – em que os atores envolvidos operam em conjunto, sendo transformados pela simples existência do outro. Esse aspecto fica muito claro quando se presta atenção à influência que Mead exerce sobre Honneth. O sociólogo norte-americano afirma que,

> do mesmo modo sociopsicológico que um indivíduo humano se torna consciente de si mesmo, ele também se torna consciente dos outros indivíduos; e sua consciência, tanto de si mesmo como dos outros, é igualmente importante em seu desenvolvimento pessoal e para o desenvolvimento da sociedade ou do grupo social ao qual ele pertence. (Mead, 1934, p. 253)

Fica patente que a luta por reconhecimento demanda um reconhecimento do outro. Ela não é uma simples defesa de uma entidade preconcebida, e sim produto de uma relação que requer a consideração do outro. Honneth evidencia esse aspecto ao abordar o segundo domínio do reconhecimento. O sujeito só pode ver-se respeitado porque é alvo dos mesmos direitos que atribui aos outros. Como percebe Thompson (2006, p. 48), em sua análise da teoria do reconhecimento, a "razão pela qual eu devo ser respeitado é uma razão para que todo mundo também seja respeitado".

Mead (1934, p. 286) defende que a democracia depende de uma premissa segundo a qual "o indivíduo só se mantém como cidadão no grau em que reconhece os direitos de todos os outros que pertencem a essa mesma comunidade". Para Mead, a cidadania transforma o sujeito em membro da comunidade política, tendo em vista que esse membro internaliza as atitudes dos outros e controla sua conduta com base nessa trama intersubjetiva. No interior de uma democracia, os indivíduos só podem se realizar se reconhecem os outros como pertencentes a uma comunidade partilhada. Desse modo, "as mudanças que fazemos na ordem social em que estamos implicados envolvem mudanças em nós mesmos" (Mead, 1934, p. 309).

Honneth (2003b, p. 187) constrói sua ideia de reconhecimento nessas premissas. Em sua perspectiva, "somente demandas que potencialmente contribuem para a expansão das relações sociais de reconhecimento podem ser consideradas normativamente embasadas, na medida em que apontam na direção de um incremento no nível moral da integração social".

Demandas válidas devem ser produzidas em uma relação intersubjetiva que leve em consideração o outro, o que demonstra ser injustificáveis, por exemplo, reivindicações como as de fundamentalistas e neonazistas. Honneth (2003b, p. 121-2) critica, explicitamente, as formas de *identity politics* que perseguem seus objetivos por meios que fomentam a exclusão social. Elas não são reivindicações por reconhecimento porque não reconhecem os outros atores sociais no interior da gramática que propõem. Não se trata de lutas morais por reconhecimento, mas da propulsão dos próprios anseios por soberania. Nessa perspectiva, a autorrealização só se desenvolve dialogicamente em um processo mútuo que afeta a própria identidade daquele que reivindica algo.

Forst (2007, p. 298) capta bem essa questão ao destacar que a *reciprocidade* é o *a priori* básico da justificação de demandas: "Não deve haver relações políticas e sociais que não possam ser recíproca e genericamente justificadas para todos aqueles que fazem parte de um contexto sociopolítico". Em Honneth, a injustiça está ligada à impossibilidade de justificação normativa de algumas formas de relações sociais, tendo em vista que a desconsideração dos outros em demandas não geraria uma evolução moral, mas a reafirmação de injustiças.

O *terceiro* e último aspecto que gostaríamos de abordar se liga à interpretação de que Honneth e Taylor definiriam reconhecimento em termos da valorização positivada de identidades[9]. Muitos autores apontam como problemático o esforço, sobretudo de Honneth, de colocar a noção de estima no cerne da teoria da justiça. Fraser (2003a) ironiza a ideia de que todos possam ser estimados, enquanto Markell (2003) teme que a busca da valorização de cada identidade esteja no próprio cerne da subordinação social. McBride (2009) e Seglow (2009) também receiam que demandas por estima promovam perigosas competições sociais.

---

9.   Há defensores do reconhecimento que o transformam em uma *valorização simbólica* de indivíduos e/ou grupos, como parece ser o caso de Galeotti (2002) e Caillé (2008).

Novamente, contudo, essa crítica pode ser contestada ao se atentar para o enfoque não unilateral que alicerça o reconhecimento. Taylor e Honneth não definem a política do reconhecimento como uma política de valorização de identidades grupais. Como já destacado, Taylor (1994) afirma que culturas não devem ser valorizadas aprioristicamente, mas submetidas a um processo comparativo em que *horizontes* se fundem. Honneth (2003b, p. 160), por sua vez, diz explicitamente que considera a "restrição do conceito de reconhecimento às demandas feitas por minorias culturais como algo altamente problemático". Seu modelo não busca promover a valorização de grupos culturais, até porque a estima que ele tem em mente se destina a indivíduos por suas realizações e por suas contribuições sociais (Thompson, 2006).

A proposta de Honneth é diferente da de Galeotti (2002, p. 18), que transforma em sinônimos *politics of recognition* e *identity politics*, defendendo tratar-se de conflitos voltados para a valorização de identidades minoritárias. Honneth não diz que todos devem ser igualmente estimados por todos: "Em vez disso, ele insiste que a estima seja 'simétrica', o que quer dizer que cada indivíduo tem uma *chance* igual de ser estimado" (Thompson, 2006, p. 76). A ideia é que cada um possa vir a ser estimado por seus feitos e eventuais contribuições sociais.

No centro da concepção de estima defendida por Honneth está a defesa de que os sujeitos não querem se ver como partes indiferenciadas de uma massa amorfa e homogênea. Por isso, a simples garantia de direitos não é a totalidade do reconhecimento: "Nem todas as formas de protesto coletivo se conformam à lógica de reivindicações de direitos; nem todas objetivam assegurar a 'identidade política permanente ou *status* constitucional' de grupos subordinados" (Patrick, 2002, p. 37). Sentir-se estimado tem uma dimensão política para além da posse de direitos.

Sujeitos precisam ver-se como indivíduos específicos capazes de ser estimados. Isso não quer dizer que devam ser apreciados porque são membros de determinada etnia ou grupo social, mas que o pertencimento a esses grupos não pode implicar uma prévia negação de estima:

> [...] um ambiente sociocultural que é hostil à consideração do que um faz como significativo é desmoralizante. Por causa do modo como podem minar a autoestima, padrões sistemáticos de depreciação apresentam uma ameaça não somente à felicidade ou identidade, mas à agência dos afetados. (Anderson e Honneth, 2005, p. 137)

Diferentes sociedades, todavia, valorizam diferentes contribuições de modos distintos. E Honneth (2001b; 2003b), recorrendo a Dewey, mostra como a divisão do trabalho é fundamental para criar uma cooperação social em que cada indivíduo se sente motivado a participar da construção conjunta da sociedade[10].

Lutas por estima buscam deslocar os quadros interpretativos vigentes para que outras atividades e contribuições sejam percebidas como estimáveis e para que pessoas sistematicamente desrespeitadas sejam vistas como passíveis de estima. O que é valorizado muda ao longo do tempo, e Honneth, segundo Thompson (2006, p. 93), "espera que, à luz dos horizontes de valor pluralizados das sociedades contemporâneas, todos tenham a chance de receber estima". O reconhecimento revela-se na construção de gramáticas morais em que a conquista do valor se apresente como possibilidade[11].

Considerações finais

O presente artigo buscou ressaltar a centralidade da noção de intersubjetividade na teoria do reconhecimento. Para tanto, fizemos uma sucinta apresentação das teses centrais de seus autores e discutimos algumas críticas a eles. Defendemos que certas críticas que embasam os modelos alternativos advogados por Fraser e Markell esvaziam essa teoria, descaracterizando o oponente que buscam desqualificar.

Nesse caminho, procuramos responder a três grandes críticas dirigidas à teoria do reconhecimento: 1) a de que ela pode assumir as identidades como fixas e baseadas em uma essência predefinida, gerando sectarismos e uma luta dominadora por soberania; 2) a de que faltam a essa teoria mecanismos para distinguir reivindicações justificáveis das injustificáveis; e 3) a de que o reconhecimento visaria apenas a uma valorização de grupos sociais. Defendemos que a atenção ao foco intersubjetivo de Taylor e Honneth ajuda a contestar essas críticas. A dimensão relacional da identidade explicita que essas lutas: 1) conformam-se continuamente ao longo das ações reivindicatórias; 2) não visam à autoafirmação unilateral do ser, mas propõem gramáticas morais aplicáveis também aos outros; e 3) não aspiram simplesmente à autovalorização, mas à transformação da sociedade para que a estima seja *simétrica*.

Com essas respostas, não afirmamos que Fraser e Markell negligenciem a dimensão intersubjetiva dos conflitos sociais. Fraser defende abertamente que o reconhecimento seria uma *condição intersubjetiva* para a *paridade de participação*, já Markell mostra

---

10. Esse é um dos pontos que alicerçam a discussão de Honneth sobre a justiça distributiva nas sociedades capitalistas contemporâneas. A esse respeito, ver Honneth (2001a e b; 2003b) e Zurn (2005).

11. Em outro artigo (Mendonça, 2011), buscamos operacionalizar empiricamente a ideia de lutas por estima, sem reduzi-la à luta pela positivação de identidades coletivas, e exploramos os vários modos pelos quais as demandas por estima de pessoas atingidas pela hanseníase no Brasil são expressas.

como as identidades se transformam de maneiras imprevisíveis na interação com o outro. A questão é que, na ânsia por propor alternativas à teoria do reconhecimento, eles negligenciam as bases intersubjetivas e pragmatistas dos textos de Taylor e Honneth, o que retira a força de suas proposições.

Ressaltamos, mais uma vez, que este texto não se debruçou sobre todas as dimensões do debate do reconhecimento e salientamos, especificamente, que não enfocamos aqui a crítica frequentemente dirigida a Taylor e a Honneth, segundo a qual eles negligenciariam a questão da justiça distributiva. Compreendemos, contudo, que também esta crítica nasce da adoção de uma perspectiva diferente de *reconhecimento*. Ainda que Taylor (1994; 1997) não discuta a questão material explicitamente e Honneth (2003a) não a aborde em profundidade em *Luta por reconhecimento*, entendemos que as perspectivas de ambos os autores podem ser empregadas para pensar questões distributivas (Mattos, 2006; Mendonça, 2007). Lembramos que Jessé Souza (2006) tem Taylor como um dos pilares de sua profunda análise das desigualdades sociais brasileiras. A trajetória acadêmica de Honneth, desde os anos 1980, também é centralmente marcada por uma análise crítica do capitalismo, das relações de trabalho e das desigualdades sociais (Smith, 2009; Honneth, 2001a e 2003b; Hartmann e Honneth, 2006)[12]. Embora vejamos problemas em suas propostas distributivas, consideramos inadequado afirmar que ele desconsidera a questão. Julgamos, ainda, que essa inadequação nasce de uma compreensão distinta de reconhecimento, que, como analisamos, reduz o reconhecimento a uma luta cultural.

As diferenças entre Honneth e Taylor também não puderam ser abordadas aqui, por motivos de escopo e foco. Apesar das diferenças, entendemos que o ponto comum entre eles (qual seja, a ligação que propõem entre autorrealização e justiça social) é extremamente rico. Essa ligação oferece uma contribuição importante na revitalização da teoria crítica. Uma revitalização que encontra raízes nas obras de Hegel e dos pragmatistas norte-americanos (sobretudo Dewey e Mead) e se faz mais clara com as transformações das sociedades contemporâneas. Uma revitalização que ainda requer, todavia, pesquisas empíricas que evidenciem o valor dessas categorias na compreensão de conflitos sociais e da transformação reflexiva da sociedade.

---

12. Honneth (2003b, p. 112) é enfático quando argumenta que não há discordância entre ele e Fraser acerca da necessidade de atenção à justiça distributiva: "A crescente tendência ao empobrecimento de amplas parcelas da população; a emergência de uma nova 'subclasse' que não tem acesso a recursos econômicos e socioculturais; o persistente aumento da riqueza de uma pequena minoria – todas essas manifestações escandalosas de um capitalismo quase totalmente incontrolado fazem parecer autoevidente que deve ser dada máxima prioridade à perspectiva normativa da justa distribuição de bens essenciais".

Referências

ALEXANDER, Jeffrey C.; LARA, Maria Pia. "Honneth's new critical theory of recognition". *New Left Review*, Londres, v. I, n. 220, nov.-dez. 1996, p. 126-36.

ANDERSON, Joel; HONNETH, Axel. "Autonomy, vulnerability, recognition, and justice". In: CHRISTMAN, J.; ANDERSON, J. (orgs.). *Autonomy and the challenges to liberalism: new essays*. Nova York: Cambridge University Press, 2005, p. 127-49.

ASSIS, M. P. F. "Deliberação, diferença e reconhecimento: da esfera pública 'neutra' à participação paritária". Texto publicado nos Anais do *I Congresso Anual da Associação Brasileira de Pesquisadores de Comunicação e Política* (ComPolítica), Salvador, 2006, p. 1-17.

BENHABIB, Seyla. *The claims of culture: equality and diversity in the global era*. Princeton/Oxford: Princeton University Press, 2002.

BERNARDINO, J. "Ação afirmativa e a rediscussão do mito da democracia racial no Brasil". *Estudos Afro-asiáticos*, Rio de Janeiro, v. 24, n. 2, 2002, p. 247-73.

CAILLÉ, Alain. "Reconhecimento e sociologia". *Revista Brasileira de Ciências Sociais*, São Paulo, v. 23, n. 66, 2008, p. 151-63.

COCKS, Joan. "Sovereignty, identity, and insecurity: a commentary on Patchen Markell's bound by recognition". *Polity*, Nova York, v. 38, n. 1, 2006, p. 13-9.

COSTA, S. "A construção sociológica da raça no Brasil". *Estudos Afro-asiáticos*, Rio de Janeiro, v. 24, n. 1, 2002, p. 35-62.

CRUZ, M. M. *Vozes das favelas na internet: lutas discursivas por estima social*. 2007. Dissertação (Mestrado) – Departamento de Comunicação Social da Faculdade de Filosofia e Ciências Humanas da Universidade Federal de Minas Gerais, Belo Horizonte, 2007.

FELDMAN, Leonard C. "Redistribution, recognition, and the state: the irreducibly political dimension of injustice". *Political Theory*, Chicago, v. 30, n. 3, 2002, p. 410-40.

FERES JUNIOR, J. "Aspectos semânticos da discriminação racial no Brasil: para além da teoria da modernidade". *Revista Brasileira de Ciências Sociais*, São Paulo, v. 21, n. 61, 2006, p. 163-76.

FORST, R. "First things first: redistribution, recognition and justification". *European Journal of Political Theory*, Birmingham, v. 6, n. 3, 2007, p. 291-304.

FRASER, Nancy. "From distribution to recognition? Dilemmas of justice in a 'postsocialist' age" In: FRASER, N. *Justice interruptus – Critical reflections on the "postsocialist"condition*. Londres: Routledge, 1997, p. 11-39.

_____. "Rethinking recognition". *New Left Review*, Londres, v. II, n. 3, 2000, p. 107-20.

_____. "Recognition without ethics?" *Theory, Culture & Society*, Nottingham, v. 18, n. 2-3, 2001, p. 21-42.

_____. "Social justice in the age of identity politics: redistribution, recognition, and participation". In: FRASER, Nancy; HONNETH, Axel. *Redistribution or recognition: a political-philosophical exchange*. Londres/Nova York: Verso, 2003a, p. 7-109.

_____. "Distorted beyond all recognition: a rejoinder to Axel Honneth". In: FRASER, Nancy; HONNETH, Axel. *Redistribution or recognition: a political-philosophical exchange*. Londres/Nova York: Verso, 2003b, p. 198-236.

GALEOTTI, Anna E. *Toleration as recognition*. Cambridge/Nova York: Cambridge University Press, 2002.

GARCÊZ, R. *O valor político dos testemunhos: os surdos e a luta por reconhecimento na internet*. 2008. Dissertação (Mestrado) – Departamento de Comunicação Social da Faculdade de Filosofia e Ciências Humanas da Universidade Federal de Minas Gerais, Belo Horizonte.

HARTMANN, Martin; HONNETH, Axel. "Paradoxes of capitalism". *Constellations*, Nova York, v. 13, n. 1, 2006, p. 41-58.

HONNETH, Axel. "Review article: a society without humiliation?" *European Journal of Philosophy*, Sheffield, v. 5, n. 3, 1997, p. 306-24.

_____. "Recognition or redistribution? Changing perspectives on the moral order of society". *Theory, Culture & Society*, Nottingham, v. 18, n. 2-3, 2001a, p. 43-55.

_____. "Democracia como cooperação reflexiva: John Dewey e a teoria democrática hoje". In: SOUZA, J. *Democracia hoje: novos desafios para a teoria democrática contemporânea*. Brasília: Editora da UnB, 2001b, p. 63-91.

_____. *Luta por reconhecimento: a gramática moral dos conflitos sociais*. São Paulo: 34, 2003a.

_____. "Redistribution as recognition: a response to Nancy Fraser". In: FRASER, Nancy; HONNETH, Axel. *Redistribution or recognition: a political-philosophical exchange*. Londres/Nova York: Verso, 2003b, p. 110-97.

_____. "The point of recognition: a rejoinder to the rejoinder". In: FRASER, Nancy; HONNETH, Axel. *Redistribution or recognition: a political-philosophical exchange*. Londres/Nova York: Verso, 2003c, p. 237-67.

KALYVAS, A. "Theory of recognition: critical theory at the crossroads: comments on Axel Honneth's". *European Journal of Social Theory*, Brighton, v. 2, n. 1, 1999, p. 99-108.

KOMPRIDIS, N. "Struggling over the meaning of recognition: a matter of identity, justice or freedom?" *European Journal of Political Theory*, Birmingham, v. 6, n. 3, 2007, p. 277-89.

LASH, S.; FEATHERSTONE, M. "Recognition and difference: politics, identity, multiculture". *Theory, Culture & Society*, Nottingham, v. 18, n. 2-3, 2001, p. 1-19.

LOPES, J. R. de L. "Direitos humanos e tratamento igualitário: questões de impunidade, dignidade e liberdade". *Revista Brasileira de Ciências Sociais*, São Paulo, v. 15, n. 42, 2000, p. 77-100.

MARKELL, Patchen. "The recognition of politics: a comment on Emcke and Tully". *Constellations*, Nova York, v. 7, n. 4, 2000, p. 496-506.

_____. *Bound by recognition*. Princeton: Princeton University Press, 2003.

_____. "Ontology, recognition, and politics: a reply". *Polity*, Nova York, v. 38, n. 1, 2006, p. 28-39.

MARQUES, A. C. S. *Da esfera cultural à esfera política: a representação de grupos de sexualidade estigmatizada nas telenovelas e a busca por reconhecimento*. 2003. Dissertação (Mestrado) – Departamento de Comunicação Social da Faculdade de Filosofia e Ciências Humanas da Universidade Federal de Minas Gerais, Belo Horizonte.

MATTOS, Patrícia. *Sociologia política do reconhecimento: as contribuições de Charles Taylor, Axel Honneth e Nancy Fraser*. São Paulo: Annablume, 2006.

MCBRIDE, C. "Demanding recognition: equality, respect, and esteem". *European Journal of Political Theory*, Birmingham, v. 8, n. 1, 2009, p. 96-108.

MEAD, George Herbert. *Mind self and society from the standpoint of a social behaviorist*. Chicago: University of Chicago, 1934.

MENDONÇA, Ricardo F. "Reconhecimento em debate: os modelos de Honneth e Fraser em sua relação com o legado habermasiano". *Revista de Sociologia e Política*, Curitiba, v. 29, 2007, p. n. 169-85.

_____. *Reconhecimento e deliberação: as lutas das pessoas atingidas pela hanseníase em diferentes âmbitos interacionais*. 2009. Tese (Doutorado) – Departamento de Comunicação Social da Faculdade de Filosofia e Ciências Humanas da Universidade Federal de Minas Gerais, Belo Horizonte, 2009.

_____. "Recognition and esteem: a case study of the struggles of people affected by leprosy". *Political Studies*, Sheffield, 2011, p. 1-19.

MENDONÇA, Ricardo F.; AYIRTMAN, Selen. "Discourses of recognition in contemporary politics". Trabalho apresentado em New Horizons in Political Philosophy, Canberra, ANU, 6-7 dez. 2007.

NEVES, Paulo Sérgio da C. "Luta antirracista: entre reconhecimento e redistribuição". *Revista Brasileira de Ciências Sociais*, São Paulo, v. 20, n. 59, 2005, p. 81-96.

PATRICK, Morag. "Rights and recognition". *Ethnicities*, Bristol, v. 2, n. 1, 2002, p. 31-51.

PINTO, Celi R. J. "Nota sobre a controvérsia Fraser-Honneth informada pelo cenário brasileiro". *Lua Nova*, São Paulo, n. 74, 2008, p. 35-58.

SEGLOW, J. "Rights, contribution, achievement and the world: some thoughts on Honneth's recognitive ideal". *European Journal of Political Theory*, Birmingham, v. 8, n. 1, 2009, p. 61-75.

SHETH, Falguni A. "Bound by competing agendas: a comment on Patchen Markell's bound by recognition". *Polity*, Nova York, v. 38, n. 1, 2006, p. 20-7.

SMITH, Nicholas H. "Work and the struggle for recognition". *European Journal of Political Theory*, Birmingham, v. 8, n. 1, 2009, p. 46-60.

SOUZA, Jessé. "Uma teoria crítica do reconhecimento". *Revista Lua Nova*, São Paulo, n. 50, 2000, p. 133-58.

_____. *A construção social da subcidadania: para uma sociologia política da modernidade periférica*. Belo Horizonte/Rio de Janeiro: Editora da UFMG/Iuperj, 2003.

SOUZA, Jessé (org.). *A invisibilidade da democracia brasileira*. Belo Horizonte: Editora da UFMG, 2006.

TAYLOR, Charles. "The politics of recognition". In: GUTMANN, A. (org.). *Multiculturalism: examining the politics of recognition*. Princeton/Chichester: Princeton University Press, 1994, p. 25-73.

TAYLOR, Charles. *As fontes do self.* São Paulo: Loyola, 1997.

THOMPSON, Simon. *The political theory of recognition: a critical introduction.* Cambridge/Malden: Polity, 2006.

TULLY, James. "Struggles over recognition and distribution". *Constellations*, Nova York, v. 7, n. 4, 2000, p. 469-82.

_____. "Recognition and dialogue: the emergence of a new field critical". *Review of International Social and Political Philosophy*, Londres, v. 7, n. 3, 2004, p. 84-106.

VÁZQUEZ-ARROYO, Antonio. "Re-cognizing recognition: a comment on Patchen Markell's Bound by Recognition". *Polity*, Nova York, v. 38, n. 1, 2006, p. 4-12.

ZURN, Christopher F. "Identity or status? Struggles over recognition in Fraser, Honneth, and Taylor". *Constellations*, Nova York, v. 10, n. 4, 2003, p. 519-37.

ZURN, Christopher F. "Recognition, redistribution, and democracy: dilemmas of Honneth's critical social theory". *European Journal of Philosophy*, Sheffield, Oxford/Malden, v. 13, n. 1, 2005, p. 89-126.

4 EXISTE VIOLÊNCIA SEM AGRESSÃO MORAL?[1]

LUÍS R. CARDOSO DE OLIVEIRA

Inicio este artigo com uma provocação a respeito da noção de violência: pode-se falar em violência quando não há agressão moral? Embora a violência física, ou aquilo que aparece sob esse rótulo, tenha uma materialidade incontestável e a dimensão moral das agressões (ou dos atos de desconsideração à pessoa) tenha um caráter essencialmente simbólico e imaterial, creio que a objetividade do segundo aspecto ou o tipo de violência por ele representado encontra melhor possibilidade de fundamentação do que as do primeiro. Aliás, arriscaria dizer que, na ausência da "violência moral", a existência da "violência física" seria uma mera abstração. Sempre que se discute a violência como um problema social, tem-se como referência a ideia do uso ilegítimo da força, ainda que frequentemente esse aspecto seja tomado como dado, fazendo que a dimensão moral da violência seja pouco elaborada e mal compreendida, mesmo quando constitui o cerne da agressão do ponto de vista das vítimas. Pois é exatamente a essa dimensão do problema que me detenho no contexto do debate sobre a relação entre direitos, insulto e cidadania.

Nos últimos anos, venho tentando compreender os atos de desrespeito à cidadania que não são captados adequadamente pelo Judiciário ou pela linguagem dos direitos, no sentido estrito do termo. Assim, procuro apresentar o conteúdo desses atos por meio da noção de *insulto moral*, como um conceito que realça as duas características principais do fenômeno: (1) trata-se de uma agressão objetiva a direitos do indivíduo que não pode ser adequadamente traduzida em evidências materiais; e (2) sempre implica uma desvalorização ou negação da identidade do outro.

---

1. A versão original deste texto tinha como título "Direitos, insulto e cidadania: existe violência sem agressão moral?" e foi publicada na *Revista Brasileira de Ciências Sociais*, v. 23, n. 67, p. 135-46, 2008, sendo aqui reproduzida com autorização da revista.

Para formular a noção de insulto, vali-me principalmente da ideia-valor vigente no Brasil expressa a partir da dicotomia consideração/desconsideração. Tal categoria remete a um tipo de atitude importante na definição das interações sociais e articula-se com pelo menos três tradições de reflexão sobre o tema, as quais têm marcado o desenvolvimento do meu trabalho: (a) a discussão em torno da noção hegeliana de *Anerkennung* (reconhecimento) e da sua ausência, expressa na ideia de *Mißachtung* (desrespeito, desatenção), retomada contemporaneamente nos trabalhos de Taylor (1994) e Honneth (1996); (b) o debate francês sobre *considération* (e seu oposto, *déconsidération*), que remonta a Rousseau e apresenta alguns desdobramentos recentes diretamente relacionados com meu foco de interesse, reunidos em uma publicação de Haroche e Vatin (1998), na qual o tratamento referente à consideração é definido como um direito humano; e (c) as discussões associadas à noção maussiana de dádiva ou reciprocidade, assim como têm sido articuladas pelo grupo da *Revue du Mauss*, especialmente nos trabalhos de Caillé (1998) e Godbout (1992; 1998)[2].

Desse modo, analiso a relação entre as ideias de respeito a direitos plenamente universalizáveis, tendo como referência o indivíduo genérico, e as de consideração ao cidadão, portador de uma identidade singular. Tenho examinado essa relação em três contextos etnográficos distintos – no Brasil, no Canadá (Quebec) e nos Estados Unidos –, mediante a análise de conflitos e de fatos políticos que envolvem afirmação de direitos ou demandas por reconhecimento. A articulação entre as dimensões legal e moral dos direitos ou da cidadania encontra-se então no primeiro plano da pesquisa nesses três países. Tanto nos processos de resolução de disputas no âmbito dos Juizados de Pequenas Causas em Massachusetts, como no debate público sobre a soberania do Quebec, ou nas discussões sobre direitos quando da elaboração da Constituição de 1988 e nas reformas que se seguiram no processo de redemocratização do Brasil, as ideias de respeito e consideração mostraram-se fecundas para a compreensão dos fenômenos. O *insulto moral* revelou-se um aspecto importante dos conflitos nos três contextos etnográficos e, em vista de sua aparente "imaterialidade", tendia a ser tornado invisível ou mesmo desconsiderado como uma agressão que merecesse reparação.

Apesar de o insulto moral aparecer com características próprias e implicações diversas em cada contexto etnográfico, está em geral associado à dimensão dos sentimen-

---

2. Uma quarta vertente desse debate tem como referência o trabalho de Carol Gilligan, *In a different voice* (1982/1993), que contrapõe o foco na obediência a regras e na ideia de separação, característica das teorias de desenvolvimento moral e predominante entre homens, à precedência atribuída à relação no equacionamento dos mesmos problemas, e seria mais comum entre as mulheres. Essa perspectiva tem sido retomada na análise de disputas jurídicas nos Estados Unidos (Conley e O'Barr, 1990 e 1998).

tos, cuja expressão desempenha um papel importante em sua visibilidade. Nesse sentido, o material etnográfico estimulou indagações sobre a expressão ou a evocação dos sentimentos e a mobilização das emoções dos atores na apreensão do significado social dos direitos, cujo exercício demanda uma articulação entre as identidades dos concernidos. Trata-se de direitos acionados em interações que não podem chegar a bom termo por intermédio de procedimentos estritamente formais e requerem esforços de elaboração simbólica por parte dos interlocutores para viabilizar o estabelecimento de uma relação substantiva entre eles, permitindo o exercício dos respectivos direitos (Cardoso de Oliveira, 2004a, p. 81-93). A atitude de distanciamento ou a ausência de deferência ostensiva situadas no polo oposto dessa relação, quando percebidas como constituindo um ato de desconsideração, provocam o ressentimento ou a indignação do interlocutor, característicos da percepção do insulto.

Neste empreendimento, a fenomenologia do fato moral, assim como proposta por Strawson (1974, p. 5), acionando a experiência do ressentimento, parece-me particularmente apropriada para caracterizar o lugar dos sentimentos na percepção do insulto, dando visibilidade a esse tipo de agressão e sugerindo uma distinção importante para a apreensão do fenômeno, entre ato e atitude ou intenção:

> Se alguém pisa na minha mão acidentalmente, enquanto tenta me ajudar, a dor não deve ser menos aguda do que se pisasse em um ato de desconsideração ostensiva à minha existência, ou com um desejo malévolo de me agredir. Mas deverei normalmente sentir, no segundo caso, um tipo e um grau de ressentimento que não sentiria no primeiro [...].[3]

Ainda segundo Strawson, o ressentimento da vítima nesse tipo de situação provocaria um sentimento de indignação moral em terceiros que tivessem presenciado o ato e captado a intenção do agressor, dando assim substância ao caráter objetivo da agressão. Evidentemente, quando falamos em sentimentos no plano moral, dirigimo-nos àqueles sentimentos social ou intersubjetivamente compartilhados.

O insulto aparece então como uma agressão à dignidade da vítima, ou como a negação de uma obrigação moral que, ao menos em certos casos, significa um desrespeito a direitos que requerem respaldo institucional. Tomada como o resultado da transformação da noção de honra na passagem do antigo regime para a sociedade moderna (Berger, 1983; Taylor, 1994), a dignidade é caracterizada como uma condição dependente de expressões de reconhecimento, ou de manifestações de consideração, cuja negação pode ser vivida como um insulto pela vítima, percebido como tal por ter-

---

3. Tradução livre.

ceiros. Esta formulação tem sido aprimorada pelo diálogo com abordagens que enfocam a dádiva ou as relações de reciprocidade (ver *La Revue du Mauss*), o qual me permitiu caracterizar direitos que dão precedência ao *elo social* e colocam em segundo plano a dimensão dos interesses individuais ou a ideia de direitos intrínsecos ao indivíduo. Assim, sugiro que o reconhecimento poderia ser concebido como a outra face do *hau* do doador na elaboração de Marcel Mauss sobre as trocas recíprocas; e argumento que a sua expressão constituiria uma das três dimensões temáticas presentes em quase todos os conflitos que desembocam no Judiciário:

> (1) a dimensão dos direitos vigentes na sociedade ou comunidade em questão, por meio da qual é feita uma avaliação da correção normativa do comportamento das partes no processo em tela; (2) a dimensão dos interesses, por meio da qual o Judiciário faz uma avaliação dos danos materiais provocados pelo desrespeito a direitos e atribui um valor monetário como indenização à parte prejudicada, ou estabelece uma pena como forma de reparação; e, (3) a dimensão do reconhecimento, por meio da qual os litigantes querem ver seus direitos de serem tratados com respeito e consideração sancionados pelo Estado, garantindo assim o resgate da integração moral de suas identidades. (Cardoso de Oliveira, 2004b, p. 127)

A caracterização do insulto como agressão moral, de difícil tradução em evidências materiais, trouxe à tona uma dimensão dos conflitos que com frequência é mal equacionada pelos atores em sociedades complexas, modernas (contemporâneas), nas quais vigora o direito positivo, e parece ocorrer em virtude de múltiplas causas. Seja, assim, devido à grande dose de impermeabilidade do Judiciário a demandas de reparação por insulto, como demonstra a análise de pequenas causas nos Estados Unidos (Cardoso de Oliveira, 1989; 1996a e b; 2002); à dificuldade de formular um discurso adequado para fundamentar direitos não universalizáveis, como sugere a resistência do Canadá anglófono às demandas de reconhecimento do Quebec como uma *sociedade distinta* (Cardoso de Oliveira, 2002); ou, ainda, aos constrangimentos para a universalização do respeito a direitos básicos de cidadania no Brasil, em vista da dificuldade experimentada pelos atores em internalizar o valor da igualdade como um princípio para a orientação da ação na vida cotidiana (Cardoso de Oliveira, 2002).

A propósito, essa dificuldade brasileira induziu-me a propor uma distinção entre esfera e espaço públicos como duas dimensões da vida social vigentes nas sociedades modernas em geral mas que, no Brasil, teriam a peculiaridade de apresentar-se de forma desarticulada. Enquanto a esfera pública englobaria "o universo discursivo onde normas, projetos e concepções de mundo são tornadas públicas e estão sujeitas ao exame ou debate público", seguindo Habermas, o espaço público seria caracterizado "como o campo de relações situadas fora do contexto doméstico ou da intimidade onde as interações sociais efetivamente têm lugar" (Cardoso de Oliveira, 2002, p. 12). Tal noção de espaço público tem um campo semântico em alguma medida similar ao definido por DaMatta (1989) em relação ao *mundo da rua*, mas procura realçar um padrão de orientação para a ação que combinaria a perspectiva da impessoalidade com uma atitude hierárquica em face do mundo, trazendo para o cotidiano dos atores o que Kant de Lima define como "paradoxo legal brasileiro" (1995, p. 56-63). O que salta aos olhos no caso brasileiro é a contradição entre a hegemonia das ideias liberais em prol dos direitos iguais na esfera pública e a dificuldade encontrada pelos atores em atuar segundo essas ideias no espaço público, no qual a visão hierárquica geralmente teria precedência.

Uma dificuldade a mais nos três casos etnográficos estudados deve-se ao fato de o reconhecimento e a consideração não poderem ser convertidos em direitos protegidos pelo Judiciário, pois não há como fundamentar legalmente a atribuição de um valor singular a uma identidade específica e exigir o seu reconhecimento social. As demandas por reconhecimento também não podem ser satisfeitas pela simples obediência a uma norma legal, na medida em que aquele que reconhece deve ser capaz de transmitir um sinal de apreço ao interlocutor – isto é, à sua identidade ou ao que ela representa. Nos casos em que o reconhecimento torna-se uma questão, a ausência desse sinal é vivida como uma negação da identidade do interlocutor, que se sente agredido. É nesse sentido que o aspecto dialógico do reconhecimento se faz presente com todas as suas implicações. Isso também significa que o reconhecimento é uma atitude ou um direito que precisa ser permanentemente cultivado, e que as demandas a ele associadas não podem jamais ser contempladas de forma definitiva. Mesmo quando elas são plenamente satisfeitas em determinado momento, não há garantia de que o problema não possa reaparecer no futuro.

O estudo de Juizados Especiais no Distrito Federal focaliza tanto as causas criminais como as cíveis e, neste último caso, as causas por dano moral suscitam interesse especial. A literatura sobre os juizados tem chamado a atenção para certas características particularmente instigantes que dizem respeito à relação entre dádiva, insulto, direitos e sentimentos. Assim como em minha pesquisa sobre Juizados de Pequenas Causas nos Estados Unidos, os juizados no Brasil também parecem impor às causas que lhes são encaminhadas um forte processo de filtragem, o qual tende a excluir aspectos significativos do conflito vivido pelas partes, reduzindo substancialmente a perspectiva de um equacionamento adequado para suas demandas e preocupações. Desse modo, embora os litigantes tenham oportunidade de resolver suas disputas por meio da conciliação ou de uma transação penal antes de ter sua causa avaliada pelo juiz em uma audiência de instrução e julgamento, as duas primeiras não constituem etapas ou possibilidades verdadeiramente alternativas à audiência judicial, pois parecem orientar-se pela mesma lógica de equacionamento exclusivamente jurídico das disputas. Enquanto nos Estados Unidos os serviços de mediação costumam viabilizar a discussão de problemas que não têm espaço nas audiências judiciais, ainda que muitas vezes não consigam contemplar as demandas dos atores em relação à reparação por insulto, no Brasil a conciliação e/ou a transação penal procuram produzir acordos que representam uma obediência estrita à lógica judicial, com o agravante de não manter a mesma preocupação com os direitos das partes ao devido processo legal, sendo sistematicamente descritos como procedimentos de caráter impositivo.

A filtragem das causas começa, dessa maneira, no balcão do juizado, quando o autor tem sua causa "reduzida a termo" pelos funcionários que enquadram a demanda em categorias jurídicas e encaminham administrativamente as causas. Em vez de atentar para a perspectiva dos litigantes na disputa, os procedimentos de conciliação parecem procurar convencer as partes sobre a precedência da lógica judicial e dos constrangimentos que impediriam qualquer equacionamento de outra ordem (Kant de Lima *et al.*, 2003, p. 19-52). Na mesma direção, Alves (2004, p. 104-8) fala de "acordos forçados" em sua pesquisa sobre os Juizados Cíveis no Paraná, confirmando relatos que me foram feitos por alunos de Direito estagiando em juizados especiais, segundo os quais essa atitude impositiva seria muito usual entre os conciliadores dos juizados. Ao vestir uma pelerine, os conciliadores assumem plenamente o papel de autoridades e acentuam ainda mais a distância em relação às partes[4].

Nesse sentido, é necessário investigar melhor, com mais detalhes, a visão dos litigantes sobre o modo pelo qual suas causas são processadas no juizado, e em que medida eles veem seus direitos, interesses e preocupações contemplados ao longo da tramitação da causa ou no desfecho no âmbito da instituição. Há sinais de que as diferenças entre conciliação, transação penal e audiência de instrução e julgamento nem sempre são inteiramente claras para as partes (Gomes de Oliveira, 2005), e seria interessante indagar sobre os significados atribuídos à negociação nas duas primeiras modalidades de encaminhamento e ao julgamento do juiz na última delas. Confirmando-se o aparente descompasso entre a perspectiva dos litigantes e a dos operadores do direito, como estes justificariam o padrão de tratamento dado às causas no juizado, e como perceberiam o significado dos aspectos das disputas excluídos do processo por meio da prática de reduzir a termo?

---

4. Uma pesquisa realizada por Júlia Brussi (2005) em três Juizados Especiais Criminais no DF sugere que essa distância é característica dos juizados frequentados por atores de baixa renda, não tendo sido registrada no juizado situado na área mais rica da cidade.

Aliás, o que o Judiciário costuma deixar de fora são todos aqueles aspectos das disputas associados à dimensão temática do reconhecimento, conforme definido acima. Como procuro demonstrar em seguida, além de inviabilizar a compreensão das causas em que o reconhecimento tem um lugar significativo, o Judiciário acabaria colaborando para o eventual agravamento desses conflitos. Na mesma direção, o material etnográfico não apenas chama a atenção para a importância da dimensão moral dos direitos, mas sugere também que talvez não seja adequado falar em violência quando não houver agressão de ordem moral, dando sentido ao aparente paradoxo de que a "violência física", sem um componente simbólico-moral, seria apenas uma abstração, e invertendo, de fato, a equação entre os pares material/simbólico, de um lado, e objetivo/subjetivo, de outro. A discussão de Simião (2005) sobre "violência doméstica" no Timor Leste é particularmente contundente em relação à precedência da dimensão simbólico-moral na constituição da violência. Entretanto, vale a pena abordar outros exemplos para caracterizar melhor a problemática do insulto antes de concluir com o exemplo do Timor Leste.

São conhecidas as críticas à atuação dos Juizados Especiais Criminais (Jecrims) brasileiros nos casos que envolvem agressões à mulher e a negociação de penas alternativas. Além da alta incidência e reincidência de casos de mulheres que são repetidamente agredidas por seus companheiros e não encontram nos tribunais uma proteção adequada, o modo pelo qual suas causas são equacionadas nos juizados dirige-se exclusivamente à dimensão física da agressão, deixando inteiramente de lado o aspecto moral que, de certo modo, machuca mais e tem consequências mais graves[5]. Refiro-me ao processo de desvalorização da identidade da vítima, levada a assumir a condição de total subordinação às idiossincrasias (agressivas) do companheiro. O discurso da perda da identidade é recorrente, e os direitos agredidos nesse plano não encontram respaldo no processo de resolução de disputa no âmbito do Judiciário. Embora os processos de conciliação e de transação penal critiquem, às vezes com veemência, as agressões do companheiro,

---

5. Duas reportagens na televisão (exibidas no programa *Globo Repórter*, da Rede Globo) sobre o tema da violência contra a mulher impressionaram-me com os relatos de mulheres que, após anos de sofrimento com surras, facadas e até tiros de seus companheiros, haviam finalmente conseguido uma separação efetiva e tentavam reconstruir a vida. Mesmo nos casos em que as agressões físicas atingiam níveis absolutamente inacreditáveis, provocando longos períodos de convalescença, às vezes superiores a um ano, os relatos sobre as dificuldades de superação dos traumas psicológicos e de recuperação ou reabilitação da identidade agredida davam a nítida impressão de que os problemas eram mais graves. O drama da reabilitação de uma identidade distorcida após anos de sofrimento dava sinais claros da importância da dimensão moral do problema.

há forte pressão para o acordo ou para a aceitação da pena alternativa negociada, sem que seja elaborado de forma adequada o significado moral da agressão sofrida. Isto é, essa dimensão não é nem abordada, o que inviabiliza sua reparação, dado que a sua percepção ou sanção não pode ser automaticamente embutida no acordo, transação penal ou decisão focada apenas no aspecto físico da agressão.

Pois, se a ocorrência do insulto demandasse esforços de elaboração simbólica para ganhar inteligibilidade, a sua reparação geralmente demandaria ainda processos de elucidação terapêutica do ponto de vista da vítima. Não me refiro a processos terapêuticos em sentido estrito, como um padrão, mas à necessidade de repor os déficits de significado provocados por agressões arbitrárias, vividas como uma negação do eu ou da *persona* da vítima, e cujo caráter normativamente incorreto e merecedor de sanção social negativa tem de ser internalizado pela vítima para que sua identidade de pessoa moral, digna de estima e consideração, seja resgatada. Como tem sido assinalado na literatura sobre o problema do pagamento de cestas básicas como pena alternativa, que pode até mesmo prejudicar as famílias de baixa renda, uma vez que o marido (ou companheiro) agressor retira recursos significativos de sua unidade doméstica, a sanção não guarda nenhuma relação com o aspecto moral da agressão. Além disso, há relatos de que o próprio cumprimento da pena poderia ser entendido como um agravante da agressão moral à vítima, como nos "vários casos de autores chegarem no cartório com o comprovante de pagamento da cesta e dizendo que se ele soubesse que seria tão barato bater na mulher, ele bateria mais vezes" (Beraldo de Oliveira, *apud* G. Debert, 2002). Tal afirmação, que provavelmente é repetida na frente da vítima, imputa a ela a condição de um mero objeto, sujeito às idiossincrasias do agressor.

Entretanto, os casos de agressão à mulher são apenas os mais conhecidos e os mais numerosos atendidos pelos Jecrims. Problemas similares ocorrem em causas envolvendo demandas do consumidor, ou em conflitos entre vizinhos e parentes, cujo potencial para desembocar em crimes graves é muito maior do que geralmente se imagina, como se pode deduzir ao levar em conta dados recentemente publicados pelo Núcleo de Estudos da Violência da USP (Peres, 2004, p. 29), indicando que 38% das agressões com arma de fogo em Salvador e no Distrito Federal, por exemplo, são protagonizadas por conhecidos, companheiros ou familiares[6]. No que concerne aos conflitos do consumidor, Ciméa Bevilaqua (2001, p. 319) relata vários casos nos quais o sentimento de terem sido desrespeitados por fornecedores é um aspecto central das causas encami-

---

6. Os dados em relação a outras unidades da Federação são compatíveis com os especificados para Salvador e Distrito Federal, e podem ser consultados em *Violência por armas de fogo no Brasil*, Relatório Nacional – NEV/USP, 2004, coordenado por Maria Fernanda T. Peres.

nhadas por consumidores. Em uma delas, após ter seu pleito comercial plenamente contemplado pelo fornecedor, o consumidor só concorda com o acordo negociado na frente do delegado quando o fornecedor se dispõe a pedir desculpas formais a ele. O componente moral das disputas, aqui expresso pela percepção do insulto, pode ganhar amplitude surpreendente, como no conflito entre Anselmo, Denílson e Natalício, descrito por Gomes de Oliveira (2005, p. 90-3) em sua etnografia sobre Jecrims na cidade do Gama, no Distrito Federal.

A rigor, trata-se de conflitos sistematicamente repetidos entre esses três vizinhos, que vêm se agravando ao longo do tempo com a colaboração do Judiciário, não encontrando um caminho adequado para equacionar as respectivas disputas[7]. Apesar de esses conflitos compartilharem muitos dos problemas identificados por Gomes de Oliveira em outras causas que chegam aos juizados, não deixa de ser curioso o fato de o Judiciário neste caso se mostrar incapaz de lidar com a sequência de problemas entre as partes – um promotor (Ministério Público), por exemplo, sugeriu que um dos envolvidos mudasse de endereço como forma de solucionar o problema! (Gomes de Oliveira, p. 90), conselho aparentemente seguido por Denílson, que não mora mais lá. Os três personagens são pessoas de classe média baixa que residem em casas vizinhas e compartilham a área verde em frente aos seus terrenos. Tal área não pode ser cercada e, embora seja considerada área de trânsito livre, não deixa de representar projeções associadas a cada terreno, conforme padrão generalizado em Brasília e em suas cidades-satélites, emprestando certa ambiguidade a seu *status* no que concerne aos direitos das partes e ocupando lugar de destaque nos conflitos entre elas. Anselmo é pintor autônomo de carros, tem 38 anos, reside com a companheira e não tem filhos; Natalício tem 25 anos, está desempregado e reside com a mãe e os irmãos; Denílson tem 30 anos, morava com a mãe na época dos conflitos e, atualmente, está residindo com a esposa em outra localidade.

O primeiro incidente relatado por Gomes de Oliveira envolve Anselmo e Denílson, e teria sido detonado pela iniciativa do primeiro de plantar árvores na área verde sem respeitar os limites de sua projeção. A mãe de Denílson não gostou da ideia e pediu ao filho que solicitasse a retirada das árvores. Ao falar com Anselmo, Denílson avisou que ele mesmo retiraria as árvores caso o outro não o fizesse. Anselmo tomou a ameaça como uma ofensa, e Denílson tirou as árvores plantadas na área verde associada ao seu terreno. Anselmo se enraiveceu com a atitude, preparou um coquetel molotov e o arremessou contra o carro de Denílson após pular o muro de sua residência. Foi então

---

7. Segundo Gomes de Oliveira (2005, p. 90), Anselmo e Natalício já teriam se confrontado em várias causas inter-relacionadas no juizado: perdas e danos, lesão corporal, ameaça, execução de sentença, penhora etc.

processado pelos danos ao carro e condenado a indenizar Denílson, além de ter de prestar serviços à comunidade como pena alternativa. Embora reconheça a responsabilidade pelos estragos no carro, ficou inconformado por não ter podido apresentar sua demanda em relação às árvores arrancadas, já que o juiz teria se recusado a ouvi-lo, e não conseguiu entender a lógica do juizado:

> [...] um cara que "rancou" casca de uma árvore foi preso [referindo-se à notícia de um camponês preso por haver arrancado casca de árvore protegida para fazer chá], eu vejo o cara quebrando uma árvore aqui não é crime, eu fui lá, fiz minha justiça, porque achei que se eu fosse lá e fizesse minha justiça o cara não ia mais mexer comigo, o juiz vai me obrigar a pagar o carro, me obriga a prestar serviços à comunidade, mas não obriga o cara a replantar as árvores. (Gomes de Oliveira, p. 92)

Além de reclamar da recusa do juiz, que lhe havia sugerido dar entrada em outro processo, Anselmo interpretou a pressa do juizado como sinal de indiferença e arbitrariedade de uma decisão sem sentido, afirmando: "Eu me senti um Zé ninguém, uma pessoa pequena, diminuída [...]" (Gomes de Oliveira, p. 92). Anselmo alegou que deveria ter direito à reparação por danos morais e sugeriu, em sua fala, que a motivação para fazer a sua justiça estava associada à tentativa de fazer que Denílson não mexesse mais com ele. Isto é, não o desrespeitasse ou não o desconsiderasse mais. Como nenhuma de suas alegações recebera atenção do juizado, Anselmo não apenas ficou insatisfeito com o resultado, mas também concebeu seu conflito com Denílson como uma questão em aberto, sujeita a ser retomada a qualquer momento.

No segundo episódio envolvendo Anselmo, a disputa foi com Natalício, mas a lógica do juizado continuou igualmente distante da perspectiva das partes. Nesse caso, os dois litigantes alegaram haver sofrido ameaças de parte a parte, e o juiz condenou ambos a pagar cestas básicas como pena alternativa. Os dois saíram insatisfeitos do juizado e Natalício fez críticas similares às que Anselmo havia feito anteriormente, indicando contrariedade com a falta de espaço para discutir o caso. Como alegou não ter condições de pagar as cestas básicas por estar desempregado, ficou sujeito a uma eventual ordem de prisão do juiz. Assim como no primeiro episódio, o encaminhamento dado ao conflito no juizado manteve a questão em aberto entre as partes, sugerindo a possibilidade de que as ameaças se transformem em agressões mais graves no futuro. O foco do juizado na "redução a termo" das disputas, filtrando apenas a dimensão estritamente legal dos conflitos, talvez permita pensarmos em certa *fetichização do contrato* – como categoria englobadora das prescrições jurídicas de todo tipo –, característica do direito positivo, em que o espaço para articular demandas é limitado ao que está estipulado no contrato e no código penal (ou civil), como prescrições autocontidas, autossuficientes e abrangentes o bastante para equacionar os conflitos que chegam ao Judiciário. Logo, a dimensão moral dos direitos é totalmente descartada de qualquer avaliação, e as relações entre pessoas, portadoras de identidade, são pensadas como relações entre coisas ou autômatos com interesses e direitos prescritos, mas sem sentimentos, autonomia ou criatividade.

Problemas desta ordem não são vividos com dramaticidade apenas nos Jecrims ou por litigantes como Anselmo, Denílson e Natalício, mas parecem representar um padrão de dificuldade para lidar com direitos associados à dimensão moral das disputas, característico de tribunais nos quais vigora o direito positivo, ou de instituições orientadas pela mesma lógica, em diversas partes do mundo. Relatos sobre a Comissão de Verdade e Conciliação estabelecida na África do Sul para lidar com as atrocidades do *apartheid*, ou o debate em torno da paranoia do querelante na Austrália são bons exemplos da abrangência do problema e da pluralidade de situações em que a invisibilidade dos respectivos direitos aos olhos do Judiciário e a importância do seu equacionamento do ponto de vista das partes emergem de maneira muito forte.

Em uma análise interessante e criativa sobre justiça transicional em três países africanos que passaram por regimes opressivos ou situações de guerra civil, Simone Rodrigues (2004) apresenta um material particularmente estimulante sobre a Comissão de Verdade e Reconciliação instalada na África do Sul no período pós-*apartheid*. Sob a liderança do reverendo Desmond Tutu, a Comissão foi instalada como alternativa aos tribunais judiciais que vinham julgando os crimes ocorridos durante o *apartheid*, inclusive aqueles que teriam sido cometidos pelo Congresso Nacional Africano. A Comissão realizava sessões públicas televisivas em canal aberto e mobilizou a sociedade. Uma de suas características centrais, que gerou muitas críticas no início dos trabalhos, era o fato de que todos aqueles que se dispusessem voluntariamente a contar toda a verdade sobre os crimes políticos (em sentido amplo) cometidos durante o *apartheid* seriam anistiados pela Comissão. Os depoimentos eram realizados na presença das vítimas (quando vivas) ou de seus parentes e advogados, que poderiam fazer perguntas ao criminoso confesso. Com a possibilidade de anistia, a ênfase do procedimento não estava na punição dos culpados ou responsáveis, mas na restauração da harmonia social, expressa por meio da categoria nativa ubuntu. Além do caráter catártico dos depoimentos para vítimas e agressores, o desvendamento de fatos carregados de simbolismo e emoção para as partes, em um contexto institucional muito significativo e amplamente compartilhado pela sociedade como um todo, acabou tendo um forte componente terapêutico, viabilizando a reparação de ofensas e sofrimentos que, segundo os atores, uma condenação judicial jamais teria realizado.

Há muitos relatos de parentes das vítimas para os quais a oportunidade de tomar conhecimento sobre o que teria de fato ocorrido quando do desaparecimento ou assassinato de seus entes queridos é descrita como uma experiência de alívio e de reestruturação da identidade da maior relevância. Além da superação da angústia viabilizada pelo acesso à informação, as condições em que o processo se deu permitiram uma reelaboração da perda ou da agressão em um novo patamar de inteligibilidade, renovando o significado da experiência e da inserção social das partes. Desse modo, ao permitir que a experiência de agressão seja revivida com maiores esclarecimentos e possibilidades de mobilizar as emoções para restabelecer uma ligação plena com os fatos vividos no passado, e ao contar com o apoio institucional adequado, a Comissão seria um bom exemplo dos processos de elucidação terapêutica mencionados acima. Em poucas palavras, o processo de (re)discussão dos crimes do *apartheid* no âmbito da Comissão, dramatizado nos depoimentos e na busca de esclarecimento dos atores, cuja indignação e eventual arrependimento (dos agressores) foram "ritualmente" sancionados pelo Estado, produziu uma ressimbolização da experiência das partes e a renovação de suas identidades como pessoas morais, dignas do respeito e da consideração que haviam perdido.

Mas, se o exemplo da África do Sul revela possibilidades efetivas de reparação para o insulto de ordem moral, a discussão sobre a paranoia do querelante na Austrália indica a dificuldade que as instituições modernas têm para lidar com esse tipo de agressão. Os dados australianos foram retirados da edição de abril de 2004 do *British Journal of Psychiatry*, que traz os resultados de pesquisa realizada sobre o tema por um grupo de psiquiatras australianos. Segundo eles, a paranoia do querelante já teria ocupado um lugar de destaque na literatura, mas teria caído em descrédito na primeira metade do século XX, "atacada por críticas de que não fazia mais do que patologizar aqueles com energia e disposição para defender seus direitos" (Lester *et al.* 2004, p. 352-6). A pesquisa foi feita em seis escritórios de Ouvidores, com o auxílio de profissionais experientes no encaminhamento de reclamações apresentadas por cidadãos cuja primeira tentativa de resolver seus problemas nas mais diversas instituições e tipos de atividade (governo, negócios, serviços) havia fracassado. Esses profissionais da ouvidoria foram solicitados a preencher questionários sobre reclamantes especialmente persistentes, cujos casos já haviam sido arquivados. Cada vez que um caso fosse identificado, os profissionais selecionavam, como controle, o próximo caso nos arquivos apresentado por pessoa do mesmo gênero e faixa etária, cuja reclamação era similar em linhas gerais. Entre os 110 casos selecionados, 96 tiveram seus questionários respondidos, correspondendo 52 deles a reclamantes persistentes e 44 aos casos de controle. Setenta e dois por cento dos persistentes eram homens, o que, em um universo equilibrado de acordo com o gênero, indicava uma super-representação de homens no grupo persistente. O material foi classificado segundo muitas variáveis comportamentais e constitui uma rica fonte de análise a ser desenvolvida em diversas direções. Em um manuscrito ainda inédito, comparo de forma mais detalhada esse material com dados etnográficos do Brasil e dos Estados Unidos e sugiro que, ao não conseguir entender adequadamente demandas de reparação por insulto, o Judiciário tende a interpretá-las como produto de alguma deficiência mental dos reclamantes[8]. No momento, gostaria apenas de salientar alguns dados que ajudam a caracterizar substancialmente a percepção do insulto do ponto de vista dos atores e a amplitude de causas nas quais ele se faz presente, sem deixar de identificar características excepcionais que sugerem a existência de problemas psicológicos mais agudos entre os reclamantes.

Quadro 1   Comparativo entre reclamantes persistentes e controles

Indicadores de perspectiva ou comportamento	Persistentes	Controles
Assinalam danos à autoestima	40%	12%
Querem desculpas por maus-tratos	67%	32%
Justiça baseada em princípios	60%	18%
Querem vingança	43%	11%
Querem "ter seu dia de tribunal"	29%	4%
Fazem ameaças ao telefone ou pessoalmente	52%	0%

Como mostra o Quadro 1, todas as variáveis selecionadas indicam aspectos que demonstram o envolvimento pessoal dos reclamantes com suas causas e trazem à tona dimensões da reclamação que não se resumem a demandas por reparação de interesses ou de direitos impessoais, totalmente dissociados da identidade do reclamante. Ainda que haja diferenças significativas entre as duas colunas, é interessante notar que, com exceção da última variável – fazer ameaças ao telefone ou pessoalmente –, todas as demais também aparecem com alguma intensidade na coluna dos controles. Neste aspecto, enquanto as três primeiras variáveis fazem uma forte associação entre direito e identidade – e sua relevância também seria facilmente demonstrada nos casos discuti-

---

8.   O manuscrito, intitulado "A invisibilidade do insulto: ou como perder o juízo em Juízo", foi a base de palestras proferidas na Escola Superior do Ministério Público da União em 12 de maio de 2004, e no Núcleo Fluminense de Estudos e Pesquisas (Nufep) da Universidade Federal Fluminense (UFF) em 4 de agosto do mesmo ano.

dos –, as três últimas refletem com maior ênfase a necessidade das partes em confrontar as agressões alegadas para superar o problema e resgatar sua identidade ou o sentido que atribuem à cidadania. A propósito, se a quarta e a sexta variáveis manifestam uma atitude agressiva diante do problema, a demanda de "ter seu dia de tribunal" constitui uma expressão de duplo sentido no mundo anglo-saxão: de um lado, caracteriza o direito de todo cidadão, como pessoa moral, ter seus direitos respeitados e suas reclamações ouvidas pelo Estado; de outro, é utilizada para assinalar certa condescendência institucional para com aqueles litigantes cujo comportamento ou argumentos não fazem muito sentido do ponto de vista do tribunal, mas fazem questão de exercer o direito de ser ouvidos pelo juiz.

Em qualquer hipótese, apesar de ser inegável o caráter excessivo de alguns comportamentos de litigantes classificados como persistentes, há uma continuidade com os casos-controle nos quais os atores demonstram sensibilidade ao insulto. Mais do que uma dimensão paranoica, os reclamantes persistentes chamam a atenção para as dificuldades das instituições judiciárias ou congêneres em lidar com o insulto, assim como para o significado social desse tipo de agressão. Aliás, como discuto no manuscrito supracitado, o fenômeno descrito como *querulous paranoia* no *British Journal of Psychiatry* é muito mais abrangente do que parece à primeira vista e poderia ser mais bem compreendido a partir da problemática do insulto.

Para concluir, gostaria de fazer menção ao trabalho de Simião (2005) sobre o Timor Leste, que mostra como o descrédito em relação à dimensão moral da violência teria marcado o processo de "invenção da violência doméstica" como um problema social contemporâneo. Tradicionalmente, os timorenses concebiam várias situações em que bater na mulher e nos filhos ou, eventualmente, apanhar da mulher nas mesmas circunstâncias tinha um aspecto pedagógico. Bater para corrigir problemas de comportamento seria uma atitude legítima entre marido e mulher ou entre pais e filhos, desde que fosse feito com moderação. Ainda hoje, discursos legitimando o bater pedagógico encontram respaldo de homens e mulheres em vários lugares no Timor. Todavia, a forte atuação de ONGs e organismos internacionais no combate a essas práticas, sem qualquer esforço para compreender o seu sentido local, tem mudado esse quadro. Os programas de combate à "violência doméstica" instituídos pelo Estado sob forte influência do discurso universalista (e por vezes sociocêntrico) em defesa dos direitos humanos e da igualdade de gênero, sem as mediações necessárias para ajustar o discurso ao contexto local, têm tido algum êxito na proteção das mulheres contra esse *novo* tipo de agressão, mas têm também criado novos impasses, confusões e ambiguidades. Com a criminalização das agressões (físicas) à mulher em sentido amplo, foram inviabilizados, em grande medida, os procedimentos tradicionalmente acionados para o equacionamento desse tipo de conflito, que em muitas circunstâncias atendem melhor às demandas das partes[9]. Trata-se de um processo complexo e rico em implicações bem abordadas no trabalho de Simião, o que me leva a fazer três observações no sentido de enfatizar a importância da precedência simbólico-moral da violência para uma melhor compreensão do fenômeno.

Em primeiro lugar, se atentarmos para o ponto de vista dos atores e para o contexto de referência de suas representações, verificaremos que a agressão física do passado, legitimada socialmente por meio de seu sentido pedagógico, passa a ser caracterizada como um ato de violência, recriminado socialmente, no momento em que seu conteúdo pedagógico perde vigência e o ato passa a ser interpretado como uma agressão à identidade da vítima. Enquanto o bater tinha uma justificativa moral e o sofrimento da vítima era essencialmente físico, a prática era não só aceita, mas também defendida por homens e mulheres, que se limitavam a criticar os excessos. Não obstante, quando o bater se constitui em uma *nova* forma de agressão, dirigida à pessoa da vítima e representada como um desrespeito ou negação de sua identidade como pessoa moral, a agressão ganha ares de "violência doméstica" e passa a ser intolerável. Essa mudança aparece claramente na descrição que Simião faz do caso da timorense que durante 11 anos apanhara do marido sem que isto fosse um problema na relação, até o momento em que ela passou a conviver com estrangeiros no escritório local da Cruz Vermelha, onde trabalhava; para surpresa do marido, decidiu pedir divórcio. Segundo Simião (2005, p. 94), "à dor física que ela sentiu durante anos agora se somava uma dor moral. O sentido do ato de agressão mudara, mudando, com isso, as suas consequências". Indagando sobre o caso, o autor descobre (2005, p. 95) que "a mulher agora envergonhava-se por apanhar do marido". Se a dor física havia sido plenamente suportável durante anos, a vergonha e a humilhação eram intoleráveis[10].

Um segundo aspecto da precedência simbólico-moral na compreensão da violência também presente no caso do Timor refere-se a situações nas quais, ante a ausência de agressão física, não se percebe o sofrimento provocado pelo insulto, por mais que o

---

9.   Roberto Kant de Lima chamou minha atenção para a importância desse processo de criminalização, ao limitar ou mesmo eliminar as possibilidades de uma solução satisfatória para as partes, o qual também caracterizaria a atuação dos Jecrims no Brasil.

10. Não se trata de justificar a agressão física sob qualquer ângulo, mas de distinguir analiticamente as dimensões física e moral da agressão, sem deixar de atribuir a esta última uma precedência conceitual na definição dos atos de violência. Não só devido à dramaticidade das consequências objetivas a ela associadas, mas também por encontrar respaldo na experiência dos atores que, convincentemente, identificam na agressão moral uma contundência singular, totalmente ausente dos atos de agressão física em sentido estrito.

problema seja verbalizado. Assim, se bater é um ato sujeito a conotações múltiplas na cultura local, ser obrigada pelo marido a obedecê-lo contra a sua vontade é considerado um insulto grave: "uma ofensa ao direito que a mulher tem de ter a sua opinião e sua vontade respeitadas dentro de casa – desde que, evidentemente, sua vontade não implique o abandono de seus deveres" (Simião, 2005, p. 236). Tomar uma segunda esposa sem consultar ou obter o apoio da primeira seria um bom exemplo do tipo de violência percebida como grave pela população e ocultada no discurso da igualdade de gênero (Simião, 2005, p. 237). De certo modo, como sugeri na introdução deste trabalho, esse segundo tipo de violência, simbólico-moral, teria sua objetividade mais bem fundamentada do que a primeira, estritamente associada à agressão física.

Finalmente, para evitar qualquer tipo de sociocentrismo em relação ao Timor Leste, vale lembrar que em 2004 a Suprema Corte do Canadá avaliou uma ação de inconstitucionalidade que contestava o direito de pais e mestres bater pedagogicamente nas crianças e pronunciou-se positivamente, reafirmando esse direito desde que houvesse moderação nesse sentido. Seria adequado falar em violência nesse caso? Ou em qualquer outro que tivesse como referência agressões consideradas legítimas?

Referências

ALVES, J. *Juizados Especiais Cíveis do Paraná: pessoalidade e impessoalidade nos interstícios do Estado*. 2004. Dissertação (Mestrado) – Departamento de Sociologia da Universidade de Brasília (UnB), Brasília.

BERGER, P. "On the obsolescence of the concept of honor". In: HAUERWAS, S.; MACINTYRE, A. (orgs.). *Revisions: changing perspectives in moral philosophy*. Indiana: University of Notre Dame Press, 1983, p. 338-47.

BEVILAQUA, C. "Notas sobre a forma e a razão dos conflitos no mercado de consumo". *Sociedade e Estado*, v. XVI, n. 1/2, 2001 p. 306-34.

BRUSSI, J. *Observando o processo de conciliação em três Juizados Especiais Criminais do DF*. 2005. Monografia de conclusão de curso (bacharelado) – Faculdade de Ciências Sociais da UnB, Brasília.

CAILLÉ, A. "Nem holismo nem individualismo metodológicos: Marcel Mauss e o paradigma da dádiva". *Revista Brasileira de Ciências Sociais*, São Paulo, v. 38, n. 13, 1998, p. 5-37.

CARDOSO DE OLIVEIRA, L. *Fairness and communication in small claims courts*. Tese (Doutorado) – Harvard University, Ann Arbor: University Microfilms International, 1989.

_____. "Entre o justo e o solidário: os dilemas dos direitos de cidadania no Brasil e nos EUA". *Revista Brasileira de Ciências Sociais*, São Paulo, v. 31, n. 11, 1996a, p. 67-81.

_____. "Da moralidade à eticidade, via questões de legitimidade e equidade". In: CARDOSO DE OLIVEIRA, R.; CARDOSO DE OLIVEIRA, L. *Ensaios antropológicos sobre moral e ética*. Rio de Janeiro: Tempo Brasileiro (Biblioteca Tempo Universitário 99), 1996b, p. 105-42.

_____. *Direito legal e insulto moral: dilemas da cidadania no Brasil, Quebec e EUA*. Rio de Janeiro: Relume Dumará, 2002.

_____. "Racismo, direitos e cidadania". *Estudos Avançados*, São Paulo, v. 18, n. 50, jan.-abr. 2004a, p. 81-93.

_____. "Honra, dignidade e reciprocidade". In: MARTINS, P. H.; NUNES, B. F. (orgs.). *A nova ordem social: perspectivas da solidariedade contemporânea*. Brasília: Paralelo 15, 2004b, p. 122-35.

CONLEY, J.; O'BARR, W. *Rules versus relationships: the ethnography of legal discourse*. Chicago: The University of Chicago Press, 1990.

_____. *Just words: law, language and power*. Chicago: The University of Chicago Press, 1998.

DaMatta, R. "Você sabe com quem está falando? Um ensaio sobre a distinção entre indivíduo e pessoa no Brasil". In: DaMatta, R. *Carnavais, malandros e heróis*. Rio de Janeiro: Zahar, 1989.

Debert, G. "Arenas de conflitos éticos nas delegacias especiais de polícia". Trabalho apresentado ao Seminário Gênero e Cidadania, realizado pelo Núcleo de Estudos de Gênero da Universidade Estadual de Campinas, (mimeo.), 17 out. 2002.

Gilligan, C. *In a different voice*. Cambridge: Harvard University Press, 1982/1993.

Godbout, J. "Introdução à dádiva". *Revista Brasileira de Ciências Sociais*, São Paulo, v. 38, n. 13, 1998, p. 39-51.

Godbout, J.; Caillé, A. *L'esprit du don*. Quebec: Boreal, 1992.

Gomes de oliveira, C. *Saber calar, saber conduzir a oração: a administração de conflitos num Juizado Especial Criminal do DF*. 2005. Dissertação (Mestrado) – Departamento de Antropologia da Universidade de Brasília, Brasília.

Habermas, J. *The structural transformation of the public sphere*. Cambridge: MIT Press, 1991.

Haroche, C.; Vatin, J-C. (orgs.). *La considération*. Paris: Deselée de Brouwer, 1998.

Honneth, A. *The struggle for recognition: the moral grammar of social conflicts*. Cambridge: MIT Press, 1996.

Kant de Lima, R. *A polícia da cidade do Rio de Janeiro: seus dilemas e paradoxos*. 2. ed. rev. Rio de Janeiro: Forense, 1995.

Kant de Lima, R.; Amorim, M. S.; Burgos, M. "A administração da violência cotidiana no Brasil: a experiência dos Juizados Especiais Criminais". In: Amorim, M. S.; Kant de Lima, R.; Burgos, M. (orgs.). *Juizados Especiais Criminais, sistema judicial e sociedade no Brasil*. Niterói: Intertexto, 2003, p. 19-52.

Lester, G. *et al*. "Unusually persistent complainants". *British Journal of Psychiatry*, n. 184, abr. 2004, p. 352-6.

Mauss, M. "Ensaio sobre a dádiva: forma e razão da troca nas sociedades arcaicas". [1925]. In: *Sociologia e antropologia*. São Paulo: Edusp, 1974, p. 37-184.

Peres, M. F. T. *Violência por armas de fogo no Brasil*. Relatório Nacional – NEV/USP, coordenado por Maria Fernanda T. Peres, 2004.

Rodrigues, S. *Justiça restaurativa, dialogia e reconciliação social: tribunais internacionais e comissões de verdade na África*. 2004. Tese (Doutorado) – Instituto Universitário de Pesquisas do Rio de Janeiro (Iuperj), Rio de Janeiro.

Simião, D. *As donas da palavra: gênero, justiça e a invenção da violência doméstica em Timor-Leste*. 2005. Tese (Doutorado) – Departamento de Antropologia da Universidade de Brasília, Brasília.

Strawson, P. "Freedom and resentment". In: *Freedom and resentment, and other essays*. Londres: Methuen & Co., 1974, p. 1-25.

Taylor, C. "The politics of recognition". In: Gutmann, A. (org.). *Multiculturalism and the politics of recognition*. Nova Jersey: Princeton University Press, 1994, p. 25-73.

5 O RECONHECIMENTO SOCIAL E A ABORDAGEM DA TEMÁTICA DA DEFICIÊNCIA EM TELENOVELAS BRASILEIRAS

Sueli Yngaunis

A telenovela conquistou seu espaço na cultura brasileira, tendo se tornado objeto de estudos acadêmicos que procuram compreender o lugar que ela ocupa no cotidiano dos receptores e na própria cultura contemporânea. Segundo Borelli (2001), a televisão e a telenovela aparecem como elementos capazes de ocasionar transtornos até então inconcebíveis: invadem lares, alteram cotidianos e desenham novas imagens. Estudar de que forma as telenovelas vêm abordando a temática da deficiência configura-se como uma oportunidade para verificarmos a sua participação no "desenho da imagem" que a sociedade faz sobre a deficiência.

Interessa-me ver como esse produto cultural contribui ou não para a elaboração de uma representação positiva ou negativa da pessoa com deficiência, promovendo ou não a valorização do deficiente, por meio do reconhecimento que vai além da característica que o diferencia, uma vez que busca a paridade de *status* social (Fraser, 2007). Torna-se relevante compreender como a ficção televisiva influi na formação da opinião pública como provedora de informações que não são absorvidas pelo indivíduo de forma neutra e imparcial, mas se misturam em um terreno revolvido a cada interação do indivíduo com ele mesmo, com o seu grupo de pertencimento, com a sociedade e com a imagem que construiu sobre a realidade.

A interferência da audiência no desfecho do enredo de uma telenovela passa pela forma como os telespectadores se apropriam dessas tramas e as transformam em novas histórias mediadas por suas experiências cotidianas. O modo como essa apropriação se dá pode servir de referência para a compreensão do nível de reconhecimento ou não que as personagens com deficiência recebem da audiência. Os receptores devem ser incorporados na análise da produção da telenovela, como sujeitos ativos, constitutivos e constituintes dos processos de comunicação (Motter, 1998).

COMUNICAÇÃO E POLÍTICA

A sofisticação do processo produtivo da telenovela, desencadeado a partir dos anos 1970, incluiu um novo eixo temático, que gerou um debate crítico sobre as condições históricas e sociais vividas pelas personagens. Essas narrativas, denominadas "novelas-verdade", pretendem desvendar o que estaria ideologicamente camuflado na percepção dos telespectadores.

A presença de personagens que representam deficientes nas novelas pode mobilizar pessoas com deficiência a "valer de sua participação em grupos e redes para atingir metas e objetivos" (Matos, 2009, p. 35), no sentido da conquista do seu espaço na sociedade.

Honneth (2009) afirma, em sua teoria do reconhecimento, que a forma como o indivíduo é visto pelo outro interfere na formação de sua identidade. Identidade manifestada social e interiormente, ou seja, do seu autoentendimento. A construção dessa identidade, segundo o autor, passa por três instâncias: na família e nas relações privadas de apoio (que garante autoconfiança ao sujeito), nas relações sociais a partir das quais o sujeito pode desenvolver sua autonomia moral (e o autorrespeito) e na instância em que suas competências são valorizadas pela sociedade (garantindo-lhe autoestima). Perante esses três âmbitos relacionais, a telenovela pode contribuir para exercer uma função de ressignificação, convidando o indivíduo com deficiência a "redimensionar as formas que norteiam a sua representação e interpretação diante dos outros" (Marques, 2002, p. 5), bem como remodelar sua identidade coletiva e criar uma cultura própria e partilhada (Fraser, 2007). Esse processo também exige de todos os implicados uma reconsideração da própria atitude ante os diferentes parceiros de interação.

A telenovela integra o sistema da indústria cultural e, como tal, deve gerar lucros para as emissoras de televisão. Por outro lado, como discurso capaz de promover um debate social, exige que tais emissoras invistam em instrumentos de pesquisa que podem identificar os temas de interesse da sociedade, fazendo que uma maior quantidade de representações e discursos seja disponibilizada para a compreensão de determinado problema visto como importante para a sociedade brasileira. Em 1999, quando exibia a novela "Torre de Babel", de Silvio de Abreu, a Rede Globo trouxe à tona dois temas que provocaram reações polêmicas na audiência: o relacionamento amoroso entre um casal de lésbicas e as experiências de personagens com deficiência: Shirley, uma garota manca, e Jamanta, personagem com deficiência mental. Para este estudo, abordarei a forma como a personagem Shirley foi representada na trama ficcional e as principais repercussões que a personagem despertou na sociedade e na mídia. Para verificar as possíveis alterações ocorridas de 1999 até hoje, analiso as representações da personagem tetraplégica Luciana, da novela "Viver a vida"[1], de Manoel Carlos, exibida entre 2009 e 2010.

---

1. Telenovela produzida e exibida pela Rede Globo no período de 14 de setembro de 2009 a 14 de maio de 2010.

Para investigar como essas duas personagens despertaram o interesse e o debate social, fazendo convergir diferentes opiniões para a mídia impressa, foi realizada uma pesquisa de busca no arquivo eletrônico do jornal *Folha de S.Paulo*, utilizando como palavras-chave "pessoas com deficiência". O período pesquisado foi de 25 de maio de 1998, data da exibição do primeiro capítulo da telenovela "Torre de Babel", até 14 de maio de 2010, data do último capítulo da telenovela "Viver a vida", ambas exibidas pela Rede Globo. No período citado, foram contabilizadas 877 notícias que continham as palavras-chave acima mencionadas. Esses textos foram agrupados por período de exibição de cada telenovela das 20 horas (21 horas)[2] exibida entre 1998 e 2010, com o objetivo de observar a variação quantitativa da publicação de textos com as palavras "pessoas com deficiência" e registrar a variação ocorrida entre o tempo de exibição de uma telenovela sem qualquer referência a pessoas com deficiência e outra que tinha no seu enredo alguma personagem com deficiência.

Para o estudo de como as personagens Luciana e Shirley foram representadas, utilizarei o *modelo de status* de Fraser (2007), que defende o reconhecimento como a condição principal para que os membros de determinado grupo sejam considerados parceiros integrais na interação social. Observar o teor das notícias veiculadas pelo jornal *Folha de S.Paulo*, na ocasião de exibição das duas telenovelas em questão, pode revelar se houve ou não mudança na forma como a temática "deficiência" é abordada, contribuindo ou não para a promoção de conversações que possam levar a uma mudança social. E, ao mesmo tempo, é possível avaliar o crescimento do número de leis que têm como objeto o direito das pessoas com deficiência, a fim de identificar a força da presença do Estado na garantia do cumprimento desses direitos.

Quando as pessoas se engajam em conversações e debates, elas podem ter a oportunidade de ver sua opinião considerada. Nessas conversações são também utilizadas informações disponibilizadas pela mídia e, segundo Matos (2009, p. 98), "o uso da mídia auxilia os sujeitos na elaboração de estratégias mais eficazes de participação e de cobrança de maior transparência e *accountability* (prestação de contas) perante instituições governamentais". Dessa participação podem surgir políticas públicas que influam no desenvolvimento de "cidadãos moralmente responsáveis e reconhecidos como indivíduos capazes de participar de debates públicos" (Matos, 2009, p. 99).

Em uma telenovela, quando personagens com deficiência sofrem preconceitos, são depreciados e lhes é negado o direito de participação na sociedade em termos de

---

2. A Rede Globo adotou o horário das 21 horas a partir da exibição da novela "Celebridade", em 13 de outubro de 2003, como se pode verificar na página: <http://www.teledramaturgia.com.br/tele/cr00_n.asp>.

igualdade e paridade, esses problemas passam de uma esfera "individual" para a "coletiva". A demanda por reconhecimento deixa o âmbito particular e passa a ser de toda a sociedade, que busca influenciar as decisões dos poderes Legislativo, Judiciário e Executivo.

A deficiência e a segunda dimensão de reconhecimento social: os direitos

A discriminação pode ser caracterizada como a *incapacidade* de estabelecer uma relação com o diferente, com aquele indivíduo que se nos apresenta como "estranho", desconectado das normas e dos contextos que compõem quadros compartilhados de sentido. No caso deste trabalho, a pessoa que apresenta algum tipo de deficiência é para o outro indivíduo uma *incógnita*. Aceitar o diferente não significa tolerá-lo, permitir sua presença em algum espaço social, desde que bem distante. Significa, sobretudo, incorporar a diversidade humana como um fato inerente à própria realidade. No entanto, o diferente se transforma em *"desvio"* quando fere normas e valores predominantes na sociedade.

A noção do *"desvio"*, segundo Gilberto Velho (1989), implica a existência de um comportamento ideal para que a engrenagem do sistema social funcione em harmonia. O comportamento humano adquire a conotação de *"desvio"* ou *"desviante"* em um contexto relacional: alguém é *"mais"* ou *"menos"* em relação ao outro. Mas esse autor adverte que uma visão fragmentada do comportamento humano transforma a realidade individual em algo, em princípio, independente da sociedade e da cultura. Sob esse ponto de vista, o processo de exclusão da pessoa com deficiência[3] denuncia a recusa do sistema social em aceitar que alguém considerado *"inferior"* possa fazer parte desse mesmo sistema.

O processo de não aceitação se reflete no conceito do não reconhecimento, ou seja, do reconhecimento recusado. O fato de um sujeito não obter reconhecimento não

---

3. Segundo o Censo de 2000, cerca de 14,5% da população brasileira é composta por deficientes, o que significa aproximadamente 24,5 milhões de pessoas. Até 2025 essa taxa poderá chegar a 18,6% da população, segundo documento elaborado em parceria pela Fundação Banco do Brasil e pela Fundação Getúlio Vargas, que informa que a taxa de incidência de deficiência entre pai, mãe e sogro é de 53%, seguida daquelas obtidas por chefes de família (24,3%) e cônjuge (18,1%). Entre as pessoas com percepção de incapacidade observa-se alta incidência entre os que nunca formalizaram uma união (3,1%), enquanto entre os que se casaram no civil ou religioso essa taxa é de 2,7%. Esses resultados acabam refletindo a maior dificuldade dessas pessoas de estabelecer laços matrimoniais e de constituir família quando comparados a pessoas com deficiência em geral.

é considerado uma forma de injustiça, uma vez que não fere o indivíduo no exercício de sua liberdade de ação. Porém, o não reconhecimento se constitui em "um comportamento lesivo pelo qual as pessoas são feridas numa compreensão positiva de si mesmas" (Honneth, 2009, p. 213).

Dentre as três formas de desrespeito listadas por Honneth (2009)[4], destaco aqui a negação de direitos, que vem acompanhada da não percepção das pessoas com deficiência como cidadãos moralmente valorosos e capazes de formular e defender seus pontos de vista diante dos outros, em espaços públicos de argumentação. Para Honneth, a negação de direitos implica o desrespeito, pois, como a integridade do ser humano está baseada nos padrões de assentimento e reconhecimento por parte do outro, quando isso não acontece, configura-se uma situação de "rebaixamento" ou de "ofensa".

O processo de segregação e exclusão que os indivíduos com deficiência viveram (e ainda vivem) diminuiu a sua atuação cidadã na sociedade, dificultando a construção de uma história inclusiva. Para que essa inclusão aconteça, é necessário promover direitos que questionem estereótipos culturais vigentes e incorporem os deficientes em espaços públicos de discussão de seus problemas.

A Federação Brasileira de Bancos (Febraban) elaborou um documento em que descreve um estudo realizado em 2006, por meio da aplicação de discussões em grupo e pesquisa quantitativa, que teve como objetivo conhecer as percepções do público com deficiência sobre a sua realidade, e assim subsidiar um processo eficaz de inclusão. Em sua introdução esse documento traz as seguintes afirmações:

> As pessoas com deficiência são cidadãos e fazem parte da sociedade e esta deve se preparar para lidar com a diversidade humana. Todos os indivíduos devem ser respeitados e aceitos, não importa o sexo, a idade, as origens étnicas, opção sexual ou suas deficiências. [...] A sociedade inclusiva tem como principal objetivo oferecer oportunidades iguais para que cada pessoa seja autônoma e autossuficiente. Portanto, esta sociedade é democrática e reconhece todos os seres humanos como livres e iguais e com direito a exercer sua cidadania. (Febraban, 2006, p. 9)

Para garantir o exercício da cidadania e gozo dos direitos das pessoas com deficiência no Brasil, foi promulgada, em 1989, a Lei Federal nº 7.853, que, no artigo 1º, estabelece normas gerais que asseguram o pleno exercício dos direitos individuais e sociais das pessoas com deficiência. Tal artigo considera os valores básicos da igualdade de

---

4. Segundo o autor, são três os padrões de reconhecimento: amor, direito e solidariedade. Quando o reconhecimento não é efetivo, acontece uma situação de desrespeito, ocorrendo então a violação, a privação dos direitos e a degradação.

tratamento e oportunidade, da justiça social, do respeito à dignidade da pessoa humana, do bem-estar e outros indicados na Constituição. Além disso, essa lei contempla direitos das pessoas com deficiência nas áreas de educação, saúde, formação profissional, trabalho, recursos humanos e também na área de edificações.

A legislação foi o primeiro passo para desencadear uma mudança comportamental e valorativa por meio de dispositivos legais que obrigam governo e sociedade a promover mudanças que não só assegurem o acesso de pessoas com deficiência, mas também tornem possível o exercício de sua cidadania. Desde a sua aprovação, muitos outros projetos tramitaram nos órgãos legislativos das esferas municipal, estadual e federal, alguns vigoram como leis, enquanto outros se perderam pelos corredores dessas autarquias.

Muitas das leis que foram promulgadas nos últimos anos promoveram mudanças significativas na vida da sociedade brasileira, como, por exemplo, a garantia de acesso de pessoas com deficiência ao trabalho, previsto na Lei nº 8.213/91, que determina cotas mínimas de trabalhadores com algum tipo de deficiência para as empresas com 100 ou mais empregados[5]. Outros dispositivos legais, que garantem transporte público gratuito previsto em leis municipais e atendimento preferencial (Lei nº 10.048/00), entre outros benefícios, promovem maior circulação de pessoas com deficiência nas diversas esferas da sociedade, proporcionando oportunidades de convivência e de aprendizado. Essas experiências apresentam desafios de integração permeados pelo preconceito decorrente do desconhecimento, por parte das pessoas que não possuem deficiência, em lidar com alguém que apresenta algum grau de limitação física ou sensorial.

Porém, embora previsto em dispositivos legais, o exercício desses direitos no cotidiano tem sido um longo processo de aprendizagem e conscientização, tanto da sociedade como das pessoas com deficiência que passam pelo processo de construção de uma identidade coletiva e autoafirmativa.

Com respeito à questão do transporte público, a telenovela "Viver a vida" exibiu, no dia 23 de março de 2010, capítulo 164[6], uma cena em que a personagem Luciana, interpretada por Alinne Moraes, vive as dificuldades que um cadeirante enfrenta para circular nas calçadas do Rio de Janeiro e pegar um ônibus. Nesse episódio, vários ônibus não atendem ao sinal de Luciana. O cobrador do ônibus que parou para permitir seu embarque não demonstrou destreza no manuseio do elevador. Motorista e passageiros se irritaram com a demora, evidenciando assim a percepção de que o direito dos cadeirantes de usar o transporte público representava um "estorvo" para os demais.

---

5. Disponível em: <http://www.mte.gov.br/sgcnoticiaAudio.asp?IdConteudoNoticia=1187&Pala vraChave=lei%20de%20cotas>. Acesso em: 25 maio 2010.

6. Ver: <http://www.youtube.com/watch?v=JpGpgPtnayc>. Acesso em: 24 nov. 2010.

Embora a lei garanta o reconhecimento do direito de pessoas com deficiência de utilizar o transporte coletivo, falta o reconhecimento de que o exercício desse direito demanda a aceitação dos outros indivíduos nesse processo de interação social.

Talvez a proposta de educação inclusiva defendida pela Declaração de Salamanca sobre princípios, política e prática em educação especial – resultado da Conferência Mundial de Educação Especial que reuniu delegados de 88 países e 25 organizações internacionais em Salamanca (Espanha), em 1994 – tenha tido como objetivo reverter esse tipo de situação (Yngaunis, 2000).

Essa declaração (ONU, 1994) prevê que "escolas que possuam tal orientação inclusiva constituem os meios mais eficazes de combater atitudes discriminatórias, criando-se comunidades acolhedoras, construindo uma sociedade inclusiva e alcançando educação para todos".

Enquanto a legislação propõe a integração, inclusão é um processo a ser construído pela sociedade. "Integração significa a inserção da pessoa deficiente preparada para conviver na sociedade; inclusão demanda a mudança de postura da sociedade como pré-requisito para a pessoa com necessidades especiais buscar seu desenvolvimento e exercer sua cidadania" (Jover, 1999).

A lei que prevê cotas de vagas de emprego foi responsável pela inserção, até março de 2007, de 64.177 pessoas com deficiência no mercado de trabalho. Essa lei, embora promova a oferta de vagas a pessoas com deficiência, inserindo-as no mercado de trabalho, atua no âmbito dos direitos proposto por Honneth. Entretanto, o modelo de *status* de Fraser (2007, p. 109) vê na paridade de participação a possibilidade de valorizar a interlocução entre os grupos, evitando assim o isolamento entre as diferenças, pois, ao "enfatizar a igualdade de *status* no sentido de paridade de participação, esse modelo valoriza o diálogo entre os grupos, em vez do separatismo e do enclausuramento".

Vale refletir, contudo, se a política de cotas não reforça o conceito da afirmação da diferença de grupos distintos, na medida em que a contratação se dá apenas por uma imposição de uma lei trabalhista, em detrimento da valoração da pessoa com deficiência que reúne um rol de competências a ser consideradas e com elas concorrer pela oportunidade de trabalho. Quando a contratação de pessoas se dá apenas pela obediência a uma lei, a sociedade incorre no risco de transformar a pessoa com deficiência em "moeda de troca", tendo em vista que faltam instrumentos para a sua formação profissional e, em consequência, as empresas em geral possuem dificuldades de preencher a cota exigida pela lei[7].

---

7. Consultar: <http://g1.globo.com/jornal-nacional/noticia/2010/10/empresas-tem-dificulda-de-para-preencher-vagas-para-portadores-de-deficiencia.html>. Acesso em: 22 nov. 2010.

A deficiência e a terceira dimensão de reconhecimento social: a autoestima

A terceira dimensão de reconhecimento social proposta por Honneth diz respeito à solidariedade como um tipo de vínculo promotor da autoestima do indivíduo, a partir do momento em que este tem suas competências valoradas pela sociedade.

A negação da participação igualitária na sociedade também limita o exercício das habilidades propositivas e comunicativas dos cidadãos. Quando tais habilidades não são reconhecidas nem valoradas, a ausência de reconhecimento compromete o desenvolvimento da autoestima da pessoa com deficiência (Honneth, 2009).

O processo de aceitação do indivíduo diferente é um processo ao mesmo tempo individual e coletivo permeado pelas experiências pessoais, acompanhadas por reforços positivos e/ou negativos. Raposo do Amaral (1986) cita vários estudos na área de psicologia que veem na autopercepção um comportamento socialmente aprendido. Segundo tais estudos, a aprendizagem discriminativa, o estado de privação e variáveis emocionais, tais como viver a rejeição e conviver com os olhares, influem na construção do comportamento social da pessoa com deficiência, que vê as suas características físicas submetidas aos padrões de estética de uma comunidade cultural cuja aprendizagem social controla respostas verbais autodescritivas mais ou menos realistas e adequadas.

De acordo com Raposo Amaral, a forma com que essa autoavaliação é realizada pelo indivíduo gerará respostas favoráveis ou não à aproximação social: quando essa resposta for negativa, reforçará a ideia de *desvantagem*, fortalecendo assim o estigma de *infelicidade* e de inferioridade.

Para Fraser (2007), a depreciação de determinada identidade cultural, por parte da cultura dominante, configura "não reconhecimento" e consequente dano à subjetividade dos membros do grupo. Ela afirma que o não reconhecimento significa a privação do indivíduo de participação como igual na vida social, *status* esse definido por padrões institucionalizados de julgamento de valor, excluindo os atores sociais que não contemplarem os padrões dominantes.

As expectativas que construímos com base no que consideramos normal e comum estão alicerçadas no fenômeno de categorização dos atributos apresentados pela pessoa, seguida de atribuição de valores que nos auxiliam a compor a identidade social do indivíduo à nossa frente. Segundo Goffman (1988), o termo "estigma" se refere a um atributo profundamente depreciativo que pode destruir a possibilidade de atenção para outros atributos do indivíduo, inferindo uma série de imperfeições a partir da imperfeição original.

Segundo Amaral (1992), no estudo do estigma, a percepção é histórica e datada, a informação acerca de uma pessoa é elaborada em oposição a estados de espírito, sentimentos ou intenções cujo significado pode variar de um grupo para outro. Essa informação "é transmitida pela própria pessoa a quem se refere, através da expressão corporal na presença imediata daqueles que a recebem" (Goffman, 1988, p. 53).

Com base nessas colocações, é preciso atentar para a dinâmica do movimento social, quando parâmetros podem variar de acordo com o grau de entendimento e maturidade de cada tipo de sociedade, entendendo "maturidade" não como oposto de infantilidade, mas como crescimento experiencial resultante de vivências desmistificadoras com pessoas com deficiência.

Amaral (1995, p. 112) aponta que "a deficiência jamais passa em 'brancas nuvens', muito pelo contrário: ameaça, desorganiza, mobiliza". Essa afirmação remete à presença de sentimentos como medo, cólera, desgosto, atração e repugnância, presentes nas relações entre as pessoas que não possuem deficiência e as que possuem, configurando uma "hegemonia emocional". No entanto, com o tempo, essa situação pode ceder espaço para uma convivência em que serão construídas novas formas de interação, "depois de superadas as fases iniciais do impacto e descompensação psíquicas" (Amaral, 1995, p. 112).

O papel da mídia no questionamento de representações das pessoas com deficiência

Compreender a forma como atribuímos sentido ao mundo, classificando e julgando objetos, situações e indivíduos por meio de um quadro de valores compartilhados, pode contribuir para uma reflexão acerca dos mecanismos de desvalorização do outro. Ao mesmo tempo, tal reflexão tende a modificar os discursos da mídia sobre o tema da deficiência, explorando maneiras de criar empatia e solidariedade com as diferentes.

A modificação dos padrões de julgamento e valorização de uma sociedade deve ser o resultado de um debate ampliado na esfera pública, o que tende a permitir a incorporação de novos padrões de comportamento e percepções de mundo. Nesse processo reflexivo, as pessoas se tornam protagonistas da construção do conhecimento e de uma consciência histórica.

A epistemologia construtivista propõe que as construções conceituais devem ser viáveis no mundo da experiência do sujeito cognoscente. Para Grandesso (2000, p. 71), o homem, ao descrever seu mundo, o constrói.

Segundo a ONU (1994, p. 15):

A mídia possui um papel fundamental na promoção de atitudes positivas frente à integração de pessoas portadoras de deficiência na sociedade. Superando preconceitos e má informação, e difundindo um maior otimismo e imaginação sobre as capacidades das pessoas portadoras de deficiência. A mídia também pode promover atitudes positivas em empregadores com relação ao emprego de pessoas portadoras de deficiência. A mídia deveria acostumar-se a informar o público a respeito de novas abordagens em educação, particularmente no que diz respeito à provisão em educação especial nas escolas regulares, através da popularização de exemplos de boa prática e experiências bem-sucedidas.

Em um trabalho anteriormente realizado, proponho que os meios de comunicação, como agentes influenciadores do comportamento humano, podem intervir no processo de inclusão das pessoas com deficiência quando utilizam seus recursos na contextualização da "deficiência" como parte de uma sociedade marcada pela diversidade.

Um dos produtos de comunicação aqui estudados é a telenovela "Torre de Babel", escrita por Silvio de Abreu e dirigida por Carlos Manga, transmitida pela Rede Globo em 1998. Um dos fios narrativos da trama girava em torno de uma personagem com deficiência, Shirley, interpretada pela atriz Karina Barum. Essa personagem apresentava um defeito físico decorrente do fato de a perna esquerda ser quatro centímetros mais curta que a direita, o que a fazia mancar. Por causa das cartas que a atriz estaria recebendo do público (pedindo a recuperação de Shirley), ela sofreria uma intervenção cirúrgica corretiva que lhe devolveria a possibilidade de caminhar sem mancar.

A abordagem criada pela emissora para essa telenovela consistiu em apresentar Shirley como uma heroína, como é possível perceber nas palavras que o autor Silvio de Abreu usou em entrevista a mim concedida, em 1999:

> Eu a coloquei em uma família extremamente rude, extremamente ignorante, e ela, uma menina delicada e sensível em um ambiente masculino e massacrante. Eu queria que qualquer pessoa que tivesse a deficiência física dela ou qualquer outro tipo de deficiência se identificasse com a força dela. Pois ela, mesmo sendo pobre e portadora de uma deficiência conseguia ser feliz em um ambiente tão inóspito. (Abreu *apud* Yngaunis, 2000, p. 43-4)

Essa intenção manifestada pelo autor é concretizada quando o pai da personagem, interpretado pelo ator Tony Ramos, ganha uma herança e consegue proporcionar à filha uma cirurgia que corrigiria seu defeito. Essa opção do autor fornece duas possíveis mensagens: é preciso corrigir a deficiência para ser feliz e é necessário ter recursos financeiros para conseguir esse desfecho. A questão dos recursos financeiros será retomada mais adiante, quando abordarmos a história da personagem Luciana, de "Viver a vida", para uma análise que terá como apoio a teoria do reconhecimento entrelaçada a um questionamento sobre a necessidade de o reconhecimento vir acompanhado de um processo de redistribuição.

Em agosto de 1998, uma telespectadora do estado do Paraná, R.R., de 33 anos, enviou para a Rede Globo de Televisão um fax endereçado a Silvio de Abreu, parabenizando-o pela novela "Torre de Babel" e pela maneira como abordava a história de Shirley. O autor da telenovela enviou-me este fax, cujo conteúdo transcrevo a seguir:

Fiquei muito feliz quando comecei a assisti-la e vi a personagem Shirley. Há muito tempo eu esperava que algum autor abordasse o tema da mulher com deficiência física. Acho muito importante passar para o público a mensagem de que o homem possa amar e aceitar uma mulher com alguma limitação física, num país hiperpreconceituoso como o nosso, onde o ser humano portador de qualquer tipo de deficiência física é rejeitado nas escolas, no trabalho, na sociedade. Os seres humanos estão diariamente preocupados com a beleza física (o corpo perfeito), esquecendo de valorizar as pessoas como elas são: alma e espírito [...].

[...] Torço pelo Adriano e pela Shirley, espero que o preconceito de nossa sociedade não separe os dois na novela. Se ao final da mesma os dois ficarem juntos, e ela permanecer com o defeito físico, certamente será muito grande a contribuição deste seu trabalho no combate ao preconceito, POIS EM DEUS NÃO HÁ DISTINÇÃO DE PESSOAS (Rm.2,11).

[...] Sou portadora de deficiência física e vivo na vida real o drama do preconceito. (Yngaunis, 2000, p. 44-5)

Após o final da novela, R.R. enviou-me uma carta, datada de 11 de junho de 1999, em que desabava:

[A novela] Tirou a oportunidade de enfocar o outro lado da pessoa deficiente, ou seja, a pessoa que possui deficiência definitiva, mas que trabalha, luta, sofre, ama, possui todos os direitos de ser feliz, sonhar, viver... mesmo com alguma limitação física. Me questionei se mudaram o rumo da personagem por causa do Ibope ou por pressão e preconceito dos telespectadores. (Yngaunis, 2000, p. 46)

No discurso de R.R. é possível identificar um sentimento de reconhecimento recusado quando a deficiência corporificada na personagem Shirley deixa de existir e cede lugar a uma representação de que a felicidade só é possível na ausência da deficiência. Segundo o modelo de reconhecimento proposto por Hegel:

[...] a formação do Eu prático está ligada à pressuposição do reconhecimento recíproco entre dois sujeitos: só quando dois indivíduos se veem confirmados em sua autonomia por seu respectivo confrontante, eles podem chegar, de maneira complementar, a uma compreensão de si mesmos como um Eu autonomamente agente e individuado. (Honneth, 2009, p. 119-20)

Quando um indivíduo não vê o próximo como alguém merecedor do mesmo grau de valorização e consideração, localizamos a ausência do reconhecimento no âmbito da solidariedade, o que acarreta também a perda da autoestima.

O sentimento de baixa autoestima está presente na representação de Shirley. Ao indagar ao autor Silvio de Abreu sobre a imagem simplória da personagem Shirley e sobre a mudança no seu visual após a cirurgia, eu tinha como objetivo identificar se havia alguma relação entre a falta de empenho da personagem em se produzir e a deficiência. Segundo o autor, no decorrer da novela houve momentos em que Clara, interpretada pela atriz Maitê Proença, incentivava Shirley a se arrumar mais, a se produzir e a não temer o amor, chegando inclusive a perguntar-lhe por que ela achava que não merecia ser feliz. Shirley nunca admitiu a deficiência como o motivo, o que vem mostrar o medo da rejeição e o espírito arredio, característica comum das pessoas com algum tipo de deficiência ou marcadas por um estigma.

Quando a deficiência de Shirley deixa de existir, e a trama reserva à personagem um final sem a deficiência, resta perguntar quais significados podem ser construídos pelos telespectadores com essa mensagem. Shirley não era atraente, apresentava uma imagem simplória, o que a tornava invisível diante dos outros.

Para Honneth (2009) e Fraser (2007), a integridade de um indivíduo depende da aprovação ou reconhecimento de outras pessoas, o que não acontece quando a invisibilidade apaga registros de uma identidade específica ou a caracteriza com aspectos negativos – Shirley tem um defeito físico, mora em um ferro-velho, vive junto com pessoas de má índole etc. O reconhecimento de um indivíduo depende da imagem positiva que os outros têm de sua identidade, pois somente assim tal indivíduo pode construir uma visão positiva de si mesmo. Quando o público escreve cartas pedindo a recuperação de Shirley, essa ação ilustra um movimento de não aprovação da deficiência da personagem pela audiência e, ainda que o autor Silvio de Abreu e o diretor de núcleo, Carlos Manga, tivessem programado que a personagem encontraria o amor de sua vida e "seria feliz" mesmo com a deficiência, a força da solicitação da audiência foi mais forte do que a postura politicamente correta inicialmente programada[8].

Sendo a telenovela uma forma de comunicação dialógica que coloca em relação diferentes públicos e espaços sociais, tomarei como sujeitos desse diálogo a sociedade e as temáticas abordadas pelo folhetim. Neste estudo especificamente, temos, de um lado,

---

8. Ver: <http://veja.abril.com.br/acervodigital/home.aspx?edicao=1572&pg=06>.

a sociedade (com suas pressuposições e julgamentos prévios) e, do outro, as representações das pessoas com deficiência. Quando a deficiência deixa de existir no enredo, eliminando com ela todos os problemas correlacionados, reforça-se a mensagem de que as pessoas com deficiência não são consideradas indivíduos plenos, podendo interferir na formação de uma identidade coletiva afirmativa, ou, segundo Fraser, é negado ao indivíduo o direito de participar como igual na vida social.

Minha proposta inicial de que os meios de comunicação podem intervir no processo de inclusão social das pessoas com deficiência pela representação de sua presença na sociedade pecaria, dessa forma, por simplificar o processo de mediatização. O processo de recepção não se restringe ao momento de ver televisão: a recepção é um processo que começa na produção e continua na apropriação que o receptor faz das mensagens, reverberando nos cenários em que costumeiramente atua. Assim, temos de pensar na influência que a ficção televisiva tem em nossa percepção do mundo e dos outros. Dependendo de como o tema da deficiência é apresentado, ele exerce diferentes impactos na formação, reformulação e até mesmo reafirmação de um imaginário coletivo.

Lippmann (2008) estuda a relação entre a realidade e as imagens que os homens criam na mente quando acreditam que o mundo que conhecem é o mundo que de fato existe. O espaço entre os homens e seu ambiente é por ele denominado de pseudoambiente, e é a este que o homem reage: "O analista da opinião pública precisa começar reconhecendo a relação triangular entre a cena de ação, a imagem humana daquela cena e a resposta humana àquela imagem atuando sobre a cena da ação" (Lippmann, 2008, p. 31). Quando nos referimos à mudança do desfecho da história de "Torre de Babel" temos de reconhecer as forças mobilizadoras existentes na interação entre audiência e telenovela. Em 1998, a revista *Veja* publicou uma matéria sobre a influência da audiência sobre o destino de Shirley, representada pelas cartas que Karina Barum afirmou ter recebido. Isso nos mostra o quanto os receptores podem atuar na reconfiguração de discursos codificados pela instância da produção.

A representação da deficiência em "Viver a vida"

Um exemplo recente de representação de pessoas com deficiência na telenovela brasileira esteve presente em "Viver a vida" (Globo, 2009-2010), com a personagem tetraplégica Luciana, que vive a experiência de aprender a se redescobrir em uma nova realidade após ter sofrido um acidente de ônibus. Essa nova realidade passa por ações que vão desde aprender a se sentar, a comer sozinha, a escrever, a andar de cadeira de rodas, namorar, além de lidar com o preconceito e com a busca de reconhecimento.

COMUNICAÇÃO E POLÍTICA

Luciana é tetraplégica, mas rica. Sua rápida reabilitação é decorrente dos recursos financeiros da família que lhe dão acesso ao melhor hospital, enfermeiras e fisioterapeutas que a acompanham diariamente. Embora a telenovela apresente cenas que ilustram as dificuldades vividas por Luciana e como se dá a sua relação com as pessoas, configurando um espaço de aprendizado para o telespectador no sentido de saber lidar com a pessoa com deficiência, acredito que transmita a ideia de que é possível viver bem, mesmo com tetraplegia, desde que se tenha acesso a recursos financeiros.

Em entrevista concedida à repórter Anna Paula Buchalla para a revista *Veja*, Mara Gabrilli[9] afirma que recebe muitas mensagens em seu *twitter* de pessoas que questionam como seria se a Luciana morasse na Rocinha, ao que ela responde que, "nesse caso, talvez ela não conseguisse sair da favela, mas seria uma situação tão verdadeira quanto a de quem tem acesso a uma vida com conforto"[10].

No *site* Deficiente Físico[11] é possível encontrar os preços dos equipamentos utilizados pela personagem Luciana: cadeira de rodas, totalmente ajustável, com sistema de amortecimento e rodas de fibra de carbono, por R$ 6.500; cama, acionada por comando de voz, que move as partes superior e inferior e vira poltrona, por R$ 16.200; a mesa do computador, que, além de ajuste de altura e apoio de cotovelos, possui um *mouse* especial e teclas emborrachadas para clique, no valor de R$ 5.000. Assim, sem contar os acessórios para ajudá-la a comer e a digitar, chegamos ao valor de R$ 27.700[12].

Lembrando que em "Torre de Babel" a personagem Shirley só teve acesso à cirurgia corretiva porque seu pai recebeu uma herança, o que corrobora com a afirmação de Fraser de que o reconhecimento no âmbito simbólico deve ser acompanhado da redistribuição. Para a autora (2007, p. 119), "a distribuição dos recursos materiais deve dar-se de modo que assegure a independência e voz dos participantes".

De acordo com ela, a busca do reconhecimento por meio da participação igualitária na esfera pública passa primeiro pela resolução dos problemas mais imediatos, como a sobrevivência sob as condições impostas pela deficiência. Além disso, o processo de reabilitação e de adaptação demanda investimento de tempo e de recursos financeiros.

---

9. Ex-secretária municipal paulistana e também vereadora na Câmara de São Paulo, 42 anos, Mara Gabrilli ficou tetraplégica em 1994 em razão de um acidente. Nas eleições do dia 3 de outubro de 2010 foi eleita deputada federal por São Paulo, com 160.138 votos.

10. Ver: <http://www.maragabrilli.com.br/imprensa/3-noticias/268-entrevista-da-veja-mara-gabrilli.html>. Acesso em: 4 jun. 2010.

11. Ver: <http://www.deficientefisico.com/tag/viver-a-vida/>. Acesso em: 1º maio 2010.

12. Apenas para efeito de equiparação ao valor do custo de vida, é relevante destacar que o salário mínimo vigente no momento de exibição da telenovela era de R$ 560.

Qual foi a intenção do autor de "Viver a vida", Manoel Carlos, quando incluiu em sua história uma personagem com deficiência? Ele afirma que

A Luciana, personagem de Alinne Moraes, vai enfrentar todas as dificuldades que uma pessoa tetraplégica enfrenta. A minha intenção é mostrar a grande força que essas pessoas têm para superar os obstáculos que se opõem às suas vidas quando um acidente as deixa dependentes de uma cadeira de rodas. Fizemos uma pesquisa bastante aprofundada sobre o tema e conversamos com muitas pessoas que passam pelo mesmo tipo de problema. Ainda não decidi qual será a gravidade da lesão da Luciana...[13]

O mesmo *site* registra, em 6 de abril de 2010, o seguinte comentário de uma telespectadora, B.F.R.: "Seria ótimo Luciana voltar a andar, pois adoro a novela e os dois devem ser felizes *normais*" [grifo meu].

Essa afirmação reflete o cenário de injustiça originário da recusa do reconhecimento, no qual experiências de rebaixamento são decorrentes dos "modos de desrespeito pessoal infligidos a um sujeito pelo fato de ele permanecer estruturalmente excluído da posse de determinados direitos no interior de uma sociedade" (Honneth, 2003, p. 216). Segundo Honneth (*ibidem*), direitos são "pretensões individuais com cuja satisfação social uma pessoa pode contar de maneira legítima, já que ela, como membro de igual valor em coletividade, participa em pé de igualdade de sua ordem institucional".

A influência das telenovelas sobre a formação da opinião pública

O ponto de partida para a construção de uma análise comparativa entre as duas telenovelas acima mencionadas foi um trabalho realizado em 1999 em que analisei a decisão do autor da telenovela "Torre de Babel" sobre o destino de uma personagem com deficiência em resposta às manifestações da audiência. Em 2010, a mesma emissora exibiu a telenovela "Viver a vida", que também apresentava uma personagem com deficiência, porém não houve mudanças em seu destino, ou seja, ela manteve a sua deficiência até o último capítulo, transmitido em 14 de maio de 2010.

Avaliar o impacto de uma história sobre o comportamento da sociedade passa por compreender que a opinião pública é um processo social cada vez mais controverso nos

---

13. Ver: <http://mdemulher.abril.com.br/tv-novelas-famosos/reportagem/fale-com_autor/luciana-pode-voltar-andar-500582.shtml>.

tempos atuais, e que a telenovela é uma das fontes integrantes desse processo que tem se diversificado devido à multiplicidade decorrente da comunicação ampliada pela consolidação das chamadas redes sociais. Esse ambiente interativo dificulta ao cientista social delimitar os processos de formação da opinião pública, uma vez que o fluxo incessante e desorganizado das informações faz que ela esteja permanentemente em construção e desconstrução. Se partirmos do pressuposto de que a opinião pública se configura como fruto das conversações sobre temas oriundos dos meios de comunicação, dos acontecimentos sociais, políticos e econômicos, gerando "um produto cooperativo da comunicação do indivíduo com seus pares e de influência recíproca" (Matos, 2009, p. 77), é possível destacar a importância das telenovelas para a formação de debates em diferentes instâncias da sociedade.

> A popularidade das novelas não se mede somente pela cotação do Ibope, mas exatamente pelo espaço que ocupam nas conversas e debates de todos os dias, pelos boatos que alimentam, por seu poder de catalisar uma discussão nacional, não somente em torno dos meandros da intriga, mas também acerca de questões sociais. A novela é, de certa forma, a caixa de ressonância de um debate público que a ultrapassa. (Mattelart e Mattelart, 1989, p. 111)

O jornal impresso é também, por excelência, uma fonte formadora de opinião e, para mensurar como a temática "pessoas com deficiência" ganhou destaque na mídia impressa, foi realizado, como expusemos, um levantamento de matérias no jornal *Folha de S.Paulo* em um período de onze anos (1998 a 2010). A escolha foi aleatória, e o sistema de pesquisa ao banco de dados desse veículo foi o de busca no meio eletrônico. No campo "procurar por", inseri as seguintes palavras: "pessoas com deficiência". O processo de busca compreendeu a data de transmissão do primeiro capítulo da novela "Torre de Babel", 25 de maio de 1998, e a do último capítulo da novela "Viver a vida", 14 de maio de 2010.

O resultado da busca foi organizado por períodos de duração de cada novela das 20 horas[14] exibida nesse período (ver a Tabela 1). As informações sobre todos os textos[15] publicados no jornal *Folha de S.Paulo* foram compiladas, tendo sido descartados textos que, apesar de apresentar as palavras "pessoas" ou "deficiência", não faziam referência às pessoas com deficiência.

---

14. Apesar de a terceira telenovela do dia ser exibida atualmente às 21 horas, ficou popularmente conhecida como "a novela das oito".

15. Notícias, artigos, reportagens, notas, agenda, artigos etc.

Tabela 1 As telenovelas exibidas pela Rede Globo e o tema da deficiência

Telenovela	Deficiência	Primeiro capítulo	Último capítulo
1 – "Torre de Babel"	Deficiência física e mental	25/5/1998	16/1/1999
2 – "Suave veneno"	–	18/1/1999	18/9/1999
3 – "Terra nostra"	–	20/9/1999	3/6/2000
4 – "Laços de família"	–	5/6/2000	3/2/2001
5 – "Porto dos milagres"	–	5/2/2001	29/9/2001
6 – "O clone"	–	1º/10/2001	15/6/2002
7 – "Esperança"	–	17/6/2002	15/2/2003
8 – "Mulheres apaixonadas"	–	17/2/2003	11/10/2003
9 – "Celebridade"	–	13/10/2003	26/6/2004
10 – "Senhora do destino"	–	28/6/2004	12/3/2005
11 – "América"	–	14/3/2005	5/11/2005
12 – "Belíssima"	–	7/11/2005	8/7/2006
13 – "Páginas da vida"	Síndrome de Down	10/7/2006	3/3/2007
14 – "Paraíso tropical"	–	5/3/2007	29/9/2007
15 – "Duas caras"	–	1º/10/2007	31/5/2008
16 – "A favorita"	–	2/6/2008	17/1/2009
17 – "Caminho das Índias"	–	19/1/2009	12/9/2009
18 – "Viver a vida"	Tetraplegia	14/9/2009	14/5/2010

Fonte: <http://www.teledramaturgia.com.br>.

O objetivo do levantamento foi o de observar se existe alguma relação entre o número de textos publicados sobre o tema e a "novela das oito" exibida na época da publicação, para verificar a hipótese de que a telenovela suscita o debate público, despertando o interesse da mídia e estimulando a formação da opinião pública para os assuntos abordados pelo folhetim.

Das 18 telenovelas listadas na Tabela 1, três tiveram personagens que apresentavam algum tipo de deficiência: "Torre de Babel" (Shirley e Jamanta), "Páginas da vida" (Clarinha) e "Viver a vida" (Luciana).

Após a triagem dos textos que não tratavam do tema em questão, foi elaborado o Gráfico 1 para melhor ilustrar o movimento da produção jornalística sobre o tema ao longo do período.

Gráfico 1 Número de citações do termo "pessoas com deficiência" no jornal *Folha de S.Paulo*

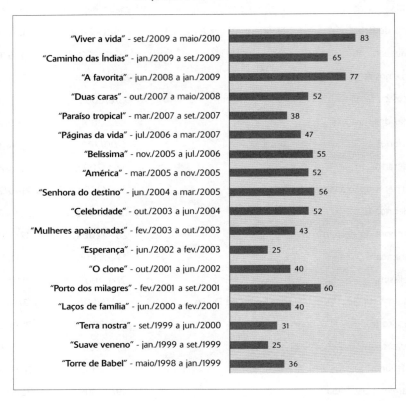

Fonte: <http://busca.folha.uol.com.br/search>.

De maio de 1998 a maio de 2010, o jornal *Folha de S.Paulo* apresentou um crescimento de 130% no número de textos publicados que continham as palavras "pessoas com deficiência". É possível observar que houve um decréscimo de textos publicados após o término da novela "Torre de Babel", que o período de exibição da novela "Páginas da vida" não apresentou movimentos significativos, enquanto "Viver a vida" apresentou um aumento de 27,5% em relação à telenovela anterior, "A favorita".

É claro que o período entre a exibição dessas duas novelas também contou com a inserção de deficientes em outras telenovelas, com a visibilidade concedida a manifestações e movimentos sociais em prol dos deficientes e com a discussão de leis concernentes a essas pessoas. E esses fatos contribuíram para que o tema fosse recorrente na mídia impressa e televisiva.

Não tive a intenção de dizer que as notícias eram resultado direto das novelas. A pretensão era a de evidenciar o entrecruzamento entre narrativas ficcionais e narrativas concretas de busca de reconhecimento.

Dos 83 textos identificados no jornal *Folha de S.Paulo* durante o período de exibição da telenovela "Viver a vida", 16% foram publicados no caderno "Cotidiano", 13% no caderno "Empregos", 12% na seção "Opinião e Coluna do Leitor" e 11% no caderno "Saúde".

Com respeite ao assunto abordado, 17% dos textos eram relacionados ao tema integração e inclusão, 13% tratavam dos direitos das pessoas com deficiência e 13% eram sobre acessibilidade. Os 53% restantes versavam sobre política, barreiras e preconceitos, educação, empregos, livros, depoimentos e atendimento. Nenhum dos textos identificados tratou da novela "Viver a vida".

Considerando que os assuntos mais abordados foram integração, inclusão, direitos e acessibilidade, é possível identificar o germe de um movimento mobilizador, de uma ação coletiva que tem como objetivo promover o exercício pleno da cidadania pelas pessoas com deficiência. Porém, esse não é um movimento unilateral e envolve outros atores da sociedade que vivem em permanente interação. Watzlawick *et al.* (2005) consideram a interação um sistema e recorrem à teoria geral dos sistemas de Bertalanffy (1975) para explicar que cada parte de um sistema está tão relacionado com outra parte que qualquer mudança em uma delas inevitavelmente ocasionará uma mudança nas demais partes. Assim como Lippmann (2008) identificou a relação triádica entre o homem, o ambiente e o pseudoambiente, Watzlawick e seus companheiros da Escola de Palo Alto (Califórnia) estabeleceram uma relação entre o homem, seu comportamento e o meio, sendo o contexto o resultado dessas interações.

São essas interações que definem o conceito de sociedade do jurista e filósofo italiano Giorgio Del Vechio, para quem a "sociedade é um complexo de relações graças ao qual vários seres individuais vivem e trabalham conjuntamente, daí surgindo nova e superior unidade" (*apud* Acquaviva, 2010, p. 9), passando assim a constituir uma personalidade jurídica, sob a forma de pessoa coletiva dotada de direitos e deveres. Estando os interesses do coletivo acima dos objetivos individuais, para Oppenheimer a figura do Estado reside em garantir que o cumprimento à regra de direito, verdadeiro fundamento na solidariedade social, se imponha a todos, governantes e governados (Acquaviva, 2010, p. 16). Para Aristóteles, "onde houver sociedade haverá direitos", entendendo por "direito a norma elaborada pelos homens – pelo Estado – sem preocupação de ordem moral ou religiosa" (Lembo, 2007, p. 13). Para Souza, Garcia e Teixeira, "a lei não cria o direito, mas o reconhece e estabelece condições de exercício dos direitos subjacentes [...] e os direitos subjetivos fundam-se na própria natureza humana, na dignidade pessoal do homem, na liberdade do ser racional, no seu destino transcendente e eterno" (Acquaviva, 2010, p. 17-8).

Com o objetivo de verificar o papel do Estado na promoção do cumprimento do direito da pessoa com deficiência, foi realizado um levantamento da legislação do município de São Paulo, do estado de São Paulo e da República Federativa do Brasil[16]. O resultado dessa pesquisa está ilustrado no Gráfico 2. É oportuno frisar que os direitos sociais são pautados pelos princípios da igualdade e isonomia, e exigem uma participação ativa do Estado, com o objetivo de garantir equilíbrio entre os desiguais (Riccitelli, 2007, p. 113).

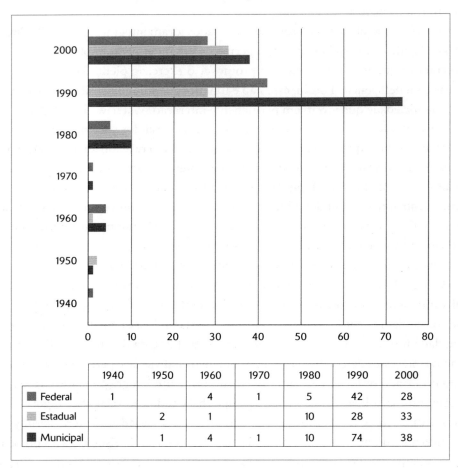

Gráfico 2 Número de leis e decretos relativos às pessoas com deficiência instituídos no período de 1950 a 2010

	1940	1950	1960	1970	1980	1990	2000
Federal	1		4	1	5	42	28
Estadual		2	1		10	28	33
Municipal		1	4	1	10	74	38

---

16. Ver: <http://www.maragabrilli.com.br/legislacao.html>. Acesso em: 1º jul. 2010.

É possível observar que a aprovação de dispositivos legais que têm como objeto os direitos de pessoas com deficiência foi bastante expressiva na década de 1990, e que no período entre 1998 ("Torre de Babel") e 2010 ("Viver a vida") foi registrado um crescimento de 47% no número de leis e decretos do município de São Paulo, de 80% no número de dispositivos legais do estado de São Paulo e de 67% no âmbito federal. Novamente destaco que não há aqui uma tentativa de afirmar uma relação de causa e efeito entre a visibilidade conferida ao tema da deficiência e a produção de leis que protegem o deficiente. A intenção é de salientar a existência de vínculos concretos entre a telenovela e a pauta de debates sociais.

Segundo Bolonhini (2004), o principal valor a ser protegido é a existência digna do ser humano, preceito presente na Constituição Brasileira, no artigo 1º, inciso III. Para o autor, a dignidade humana é a fonte maior de todos os direitos:

> A incursão do princípio da dignidade humana ao se tratar dos portadores de necessidades especiais significa, exatamente, o tratamento igualitário [...] o deficiente deve ser tratado desigualmente na medida e proporção de sua desigualdade, frise-se devendo ter certas prerrogativas para que possa encontrar, por conta própria, o seu espaço de inclusão social dependendo, ao mínimo ou em nada, das pessoas que o cercam. (Bolonhini, 2004, p. 45)

No discurso de Bolonhini é possível identificar que o reconhecimento passa pela aceitação da diferença como algo inerente à diversidade humana e, dessa forma, requer sua incorporação como algo que não está isento de conflitos, mas privilegia a proteção dos direitos fundamentais do homem.

Considerações finais

Quando um produto cultural como a telenovela provoca conversações e mobiliza a sociedade ao debate público, passando seus dramas a integrar os assuntos do cotidiano das pessoas, esse fato corrobora a tese de Gabriel Tarde de que "os conteúdos disponibilizados pelos meios seriam desencadeadores de conversação, indicando os temas a serem abordados" (*apud* Matos, 2009, p. 78). A opinião pública que se origina dos debates e conversações desencadeados pela leitura de jornais e diferentes conteúdos da mídia pode conduzir o indivíduo a uma postura ativa e, consequentemente, levá-lo a formar uma rede de interações com seus pares para, com base nesta, mobilizar seu capital social e demandar do Estado uma participação ativa na promoção dos direitos de pessoas com deficiência.

Esse movimento possui duas facetas: de um lado, requer mobilizar o indivíduo que faz parte do grupo de pessoas com deficiência, no sentido de reconhecer o seu direito à dignidade humana, conhecer suas prerrogativas e constituir uma imagem positiva de si mesmo. De outro, temos a sociedade que está aprendendo a conviver com deficientes há pouco menos de 20 anos, quando os movimentos pelo direito dessas pessoas e o surgimento da grande maioria das leis ganharam expressão, na década de 1990.

Enquanto "Torre de Babel" mostra uma Shirley lutadora, heroína, que vence as dificuldades pelo movimento de "superação" das adversidades, a Luciana de "Viver a vida" luta também com as dificuldades inerentes à sua nova situação, mas a sua atitude é afirmativa. A cada dificuldade vencida no seu processo de reabilitação, ela reassume parte de sua autonomia outrora perdida, recupera a sua cidadania quando experimenta o transporte público e reclama por seus direitos. A imagem de resignação é substituída pela imagem de alguém que se afirma credora do reconhecimento pela sociedade, movimento que mobiliza recursos pessoais da personagem, recursos familiares e do seu meio social.

A contribuição da telenovela consiste em trazer à discussão (pela sociedade) a temática da deficiência e suas dificuldades, além de poder ilustrar comportamentos afirmativos das pessoas com deficiência e, desse modo, contribuir para a formação de uma sociedade solidária[17] (Bolonhini, 2004).

As leis se configuram como recursos capazes de mobilizar uma mudança compulsória do comportamento humano. O conteúdo veiculado pela mídia tem o poder de propor temáticas para as conversações e, segundo Matos (2009, p. 95), a conversação cívica favorece "a constituição de redes de discussão que permitem não só a formação do capital social como também fornecem a base para o processo deliberativo que se inicia na vida cotidiana".

Enquanto as leis são produtos inerentes à função primordial do Estado de proteger os direitos dos cidadãos com deficiência, fazendo valer as prerrogativas decorrentes de suas diferenças, o conteúdo midiático pode contribuir para a socialização das diferenças, de modo que os padrões institucionalizados de valoração cultural possam ser ressignificados e uma nova dimensão de justiça possa ser consolidada por meio do reconhecimento das diferenças.

Referências

ACQUAVIVA, M. C. *Teoria geral do Estado*. 3. ed. Barueri: Manole, 2010.

AMARAL, L. A. *Espelho convexo: o corpo desviante no imaginário coletivo, pela voz da literatura infanto-juvenil*. 1992. Tese (Doutorado) – Instituto de Psicologia da Universidade de São Paulo, São Paulo.

---

17. Para, portanto, construir uma sociedade livre, justa e solidária. Ver: <http://www.planalto.gov.br/ccivil_03/constituicao/constitui%C3%A7ao.htm>.

_____. *Conhecendo a deficiência (em companhia de Hércules)*. São Paulo: Robe, 1995.

BERTALANFFY, Ludwig Von. *Teoria geral dos sistemas*. Petrópolis: Vozes, 1975.

BOLONHINI JUNIOR, R. *Portadores de necessidades especiais – As principais prerrogativas e a legislação brasileira*. São Paulo: Arx, 2004.

BORELLI, Silvia Helena Simões. "Telenovelas brasileiras: balanço e perspectivas". *São Paulo em Perspectiva*, v. 15, n. 3, 2001, p. 29-36.

FEBRABAN. *População com deficiência no Brasil: fatos e percepções*. Coleção Febraban de Inclusão Social. São Paulo: Febraban, agosto de 2006.

FRASER, Nancy. "Reconhecimento sem ética?" *Revista Lua Nova*, São Paulo, n. 70, 2007, p. 101-38.

FUNDAÇÃO BANCO DO BRASIL / FUNDAÇÃO GETÚLIO VARGAS. *Retratos da deficiência no Brasil*. 2005. Disponível em: <http://www.fgv.br/cps/deficiencia_br/PDF/PPD_Sumario_Executivo.pdf>. Acesso em: 21 jan. 2011.

GOFFMAN, E. *Estigma: notas sobre a manipulação da identidade deteriorada*. Trad. Márcia Bandeira de Mello Leite Nunes. 4. ed. Rio de Janeiro: Guanabara, 1988.

GOTTLIEB, L. "O potencial psicodramático dos meios de comunicação". *Revista Acadêmica de Pós-Graduação da Faculdade de Comunicação Social Cásper Líbero*. São Paulo, n. 3/4, 1999, p. 46-51.

GRANDESSO, Marilene A. *Sobre a reconstrução do significado: uma análise epistemológica e hermenêutica da prática clínica*. São Paulo: Casa do Psicólogo, 2000.

HONNETH, Axel. *Luta por reconhecimento: a gramática moral dos conflitos sociais*. 2. ed. São Paulo: 34, 2003.

JOVER, Ana. "Inclusão: uma utopia possível, inclusão: qualidade para todos". *Revista Nova Escola*, São Paulo, n. 123, jun. 1999, p. 8-17.

LEMBO, Claudio. *A pessoa: seus direitos*. Barueri: Manole, 2007.

LIPPMANN, Walter. *Opinião pública*. Rio de Janeiro: Vozes, 2008.

MARQUES, Angela C. *Da esfera cultural à esfera política: a representação da homossexualidade nas telenovelas e a busca por reconhecimento*. In: Anais do *XXV Congresso Brasileiro de Ciências da Comunicação, Intercom* – Sociedade Brasileira de Estudos Interdisciplinares da Comunicação, Salvador, 2002, p. 1-15.

MATOS, Heloiza. *Capital social e comunicação*. São Paulo: Summus, 2009.

MATTELART, Armand; MATTELART, Michelle. *O carnaval das imagens: a ficção na TV*. São Paulo: Brasiliense, 1989.

MOTTER, Maria de Lourdes. "Telenovela: arte do cotidiano". *Comunicação e Educação*, São Paulo, n. 13, set.-dez. 1998, p. 89-102.

ORGANIZAÇÃO DAS NAÇÕES UNIDAS – ONU. Conferência Mundial de Educação Especial. *Declaração de Salamanca sobre princípios, política e prática em educação especial*. Salamanca, Espanha. 1994. Disponível em: <http://portal.mec.gov.br/seesp/arquivos/pdf/salamanca.pdf>. Acesso em: 9 jun. 1999.

RAPOSO DO AMARAL, Vera Lúcia Adami. *Vivendo com uma face atípica*. 1986. Tese (Doutorado) – Instituto de Psicologia, Universidade de São Paulo, São Paulo.

RICCITELLI, A. *Direito Constitucional: teoria do Estado e da Constituição*. 4. ed. rev. Barueri: Manole, 2007.

VELHO, G. *Desvio e divergência, uma crítica da patologia social*. 6. ed. Rio de Janeiro: Zahar, 1989.

WATZLAWICK, Paul; BEAVIN, Janet H.; JACKSON, Don D. *A pragmática da comunicação humana: um estudo dos padrões, patologias e paradoxos da interação*. São Paulo: Cultrix, 2005.

YNGAUNIS, Sueli. *A relação do adolescente portador de deficiência e/ou deformidade e os meios de comunicação*. 2000. Dissertação (Mestrado) – Faculdade Cásper Líbero, São Paulo.

PARTE II

PROCESSOS DE DELIBERAÇÃO PÚBLICA, PARTICIPAÇÃO CÍVICA E CONSTRUÇÃO DA CIDADANIA

6 A AUSÊNCIA DE RECONHECIMENTO SOCIAL DE CIDADÃOS DESTITUÍDOS NO BRASIL E NA FRANÇA[1]

ÂNGELA MARQUES

As políticas sociais, elaboradas atualmente com a finalidade de estabelecer a integração social das pessoas em situação de grande precariedade e pobreza, costumam manifestar a pretensão de integrar os pobres e destituídos à sociedade, criando estruturas capazes de assegurar a participação nos processos públicos de constituição de direitos cívicos e políticos. No Brasil, o Programa Bolsa Família, criado pelo governo de Luiz Inácio Lula da Silva em 2003, concede o direito a um benefício mensal mínimo e indispensável não só para a sobrevivência da população carente, mas também para sua emancipação e participação cívica e política. Na França, o Revenu Minimum d'Insertion (RMI), criado pelo governo de Michel Rocard (Partido Socialista) em dezembro de 1988, foi resultado de um longo processo deliberativo destinado a encontrar um meio de ajudar os indivíduos desfavorecidos e, ao mesmo tempo, de lhes oferecer oportunidades de escapar da condição de precariedade em que vivem (Paugam, 1993b). Essas duas políticas sociais suscitaram um grande debate entre membros do governo, atores políticos, especialistas, atores da mídia e os próprios beneficiários. Dentre os principais temas desse debate, podemos destacar a busca de reconhecimento social e de um *status* igualitário de cidadãos para aqueles beneficiados por uma renda versada pelo Estado.

Em ambos os casos, brasileiro e francês, a ausência de reconhecimento social se apresenta principalmente no âmbito dos direitos e da estima social. A negação de direitos a pessoas em situação de extrema penúria econômica, cultural e social constitui um modo particularmente sutil de humilhação, "uma forma que torna invisível, faz

---

1. Agradeço ao professor Guillermo Uribe (Université Pierre Mendès-France, Grenoble 2) e a Françoise Genoud (Association Coup de Pouce, Grenoble) por suas preciosas observações e sugestões a uma primeira versão deste texto.

desaparecer, implicando a inexistência no sentido social do termo. [...] O que acarreta a invisibilidade como situação social particular"[2] (Honneth, 2005, p. 41 e 43).

Ao tornar-se invisível para potenciais parceiros de interação, o sujeito em condição de pobreza percebe-se como destituído de direitos e limitado em sua autonomia pessoal. Dito de outro modo, ele desenvolve o sentimento "de não possuir o estatuto de um parceiro de interação inteiramente capaz, dotado dos mesmos direitos morais que seus semelhantes, de não ser considerado alguém que pode formular um julgamento moral"[3] (Honneth, 2007, p. 164). Quanto à estima social, é possível dizer que, de modo geral, uma pessoa só pode se julgar estimável se é reconhecida pelas contribuições singulares que oferece para o desenvolvimento de sua comunidade. Nesse sentido, a estima social está intimamente relacionada ao trabalho e aos esquemas de distribuição de renda: aqueles que trabalham, recebem salário e geram recursos a ser aproveitados coletivamente são apreciados, enquanto os que estão desempregados e dependem de recursos públicos para sobreviver são desvalorizados e estigmatizados.

Políticas redistributivas como o Programa Bolsa Família e o RMI poderiam auxiliar processos de busca de reconhecimento que questionassem padrões de julgamento coletivo baseados na invisibilidade e em formas de depreciação? Uma resposta positiva poderia ser vislumbrada somente se pensarmos nessas políticas como não restritas ao benefício monetário, ou seja, não nos esquecendo de que elas precisam devolver os sujeitos precários à ordem do discurso. Sair da invisibilidade, aparecer, entrar na ordem do discurso ou da interação verbal implica passar da existência física à identidade narrativa. E essa entrada na ordem do discurso, pela qual se realiza e se testa o valor do sujeito, é garantida por aquilo que ele doa ou oferece à sociedade (Caillé, 2004, p. 24). Além disso, como salienta Caillé no texto que integra este livro, o valor de um sujeito é proporcional ao dom que lhe é natural. Essas questões se configuram como a base reflexiva deste capítulo e serão retomadas mais adiante. Por ora, faz-se necessário conhecer, ainda que de maneira breve, algumas das características das duas políticas sociais aqui mencionadas.

Distinções e semelhanças entre o Programa Bolsa Família e o RMI

O Programa Bolsa Família e o RMI se baseiam em critérios diferentes, sobretudo em relação à concepção de pobreza e ao modo de reconstruir os vínculos para a integração dos pobres e pessoas em situação de precariedade. No Brasil, a pobreza e a mi-

---

2. Tradução livre.
3. Tradução livre.

séria têm limites muito tênues, e o governo costuma empregar medidas de emergência destinadas a ajudar as pessoas de maneira imediata, pontual e a curto prazo. Assim, o maior dilema na elaboração de programas sociais no Brasil é a ausência de uma separação entre direitos e caridade. Ademais, em geral tais programas não levavam em conta a questão da inserção social. Esse quadro, porém, foi consideravelmente modificado nos últimos anos. Com a criação do Programa Bolsa Família, no final de 2003, o presidente Lula incentivou ações ligadas à integração entre as ações nacionais de redistribuição[4] e as ações locais de promoção da participação cívica, da educação, da saúde e da profissionalização, a fim de promover a autonomia dos pobres. Essa integração deixa transparecer a ideia de um Estado que desempenha papel fundamental na construção da cidadania. Contudo, é preciso salientar que o objetivo primeiro de Lula não foi o de inserir os pobres, mas o de reduzir a miséria, o que rendeu várias críticas ao programa.

O RMI, ao contrário, colocou a inserção como sua prioridade. A política de uma renda mínima destinada a jovens desempregados com mais de 25 anos (diplomados ou não), a jovens mães de família divorciadas, a mães de família cujo marido é aposentado, entre outros grupos, foi elaborada sob a pressão e a urgência de solução diante da progressão de uma "nova pobreza" na França. O RMI[5] pode ser apontado como o primeiro auxílio social para pessoas consideradas fisicamente aptas ao trabalho, mas sem propostas de emprego compatíveis com suas competências (Paugam, 1993b). Segundo Astier (1997, p. 22), o RMI não fornece um *status* de cidadão às pessoas, mas seu mérito está em desvelar "o que era secretamente instruído nas agências de auxílio social, em fazer que as pessoas percebessem uma pobreza econômica que perturbava a

---

4. O benefício garantido pelo Programa Bolsa Família varia hoje entre R$ 32 e R$ 242 para as famílias que têm renda mensal *per capita* de até R$ 140. O valor do benefício depende do número de crianças de até 15 anos (o valor máximo pago neste caso corresponde a três crianças, ou seja, R$96), do número de adolescentes de 16 ou 17 anos (o valor máximo neste caso corresponde a dois jovens, ou seja, R$ 64). Para as famílias em estado de extrema pobreza (renda mensal *per capita* de até R$ 70), mesmo que não haja crianças ou jovens, o benefício pago é de R$ 70. No caso de famílias com renda mensal de R$ 70, com três filhos e dois adolescentes, a soma do benefício ocorre da seguinte maneira: benefício básico (R$ 70) + 3 filhos (3 x R$ 32) + 2 jovens (2 x R$ 38) = R$ 242. Para maiores informações sobre o programa, consultar o *site* do Ministério do Desenvolvimento Social <http://www.mds.gov.br/bolsafamilia/>.

5. Até janeiro de 2009, uma pessoa solteira e sem filhos podia receber até € 454,63 (se tivesse um filho, receberia € 681,95 e, se fossem dois filhos, € 818,34). Já um casal sem filhos recebia até € 681,95 por mês (se o casal tivesse um filho, receberia € 818,34, e dois filhos, € 974,73). Solteiros e casais com mais de dois filhos receberiam um complemento a esses valores de € 181,85 para cada criança a mais. Para maiores detalhes ver: Lelièvre e Nauze-Fichet, 2008. Ver também o *site* <http://vosdroits.service-public.fr/N478.xhtml>.

lógica democrática igualitária, e em haver construído um conflito a respeito da capacidade que os destituídos possuem de pertencer à comunidade"[6]. Entretanto, é preciso salientar que a palavra "inserção" ligada ao RMI não foi posta em prática em sua plenitude. De acordo com Castel (1999, p. 703), a inserção nunca está no centro das ações elaboradas para reduzir a precariedade, "ela é utilizada como um pleonasmo para a ideia de integração, nomeando a distância que nos encontramos de uma efetiva integração e o dispositivo prático que deveria combater a precariedade".

Apesar de suas diferenças, o RMI e o Programa Bolsa Família têm alguns pontos em comum. O primeiro ponto a ser destacado é a proximidade da experiência que os beneficiários de ambas políticas sociais têm com o preconceito, a humilhação e a injustiça. Essas experiências negativas podem ser captadas por intermédio das narrativas, testemunhos pessoais e dos diálogos que têm lugar em espaços destinados a acolher essas pessoas. Se, no plano institucional, podemos perceber com precisão as diferenças entre o Programa Bolsa Família e o RMI, sobretudo no que se refere às condições impostas ao recebimento dos recursos[7], isso não acontece no plano das experiências vividas pelas pessoas em condições de precariedade. As palavras dos beneficiários brasileiros e franceses têm vários aspectos em comum, sobretudo quando se referem à reivindicação de respeito, de direitos e de estima social, temas centrais em suas demandas, pois lhes permitiriam ser vistos como indivíduos moralmente capazes de fazer parte das trocas comunicativas e das dinâmicas sociais de suas respectivas sociedades.

O segundo ponto de aproximação entre o Programa Bolsa Família e o RMI é o apoio que ambos encontram nas redes de assistência social e nas associações que auxiliam os sujeitos em estado de precariedade a sair de tal situação. Argumentamos que os espaços de conversação cívica e debate mantidos por essas redes e associações ajudam os beneficiários de políticas sociais a problematizar sua situação, objetificando-a para poder agir sobre ela. Ao contrário da concepção liberal, que prevê um tratamento prescritivo aos pobres, perpetuando modos institucionais de enraizamento de poderes opressores, argumento que as estruturas de assistência social podem se transformar em espaços importantes de mediação entre atores do governo e os cidadãos desfavorecidos.

---

6. As citações de autores estrangeiros foram livremente traduzidas pela autora deste artigo.

7. O governo brasileiro condiciona a obtenção do benefício ao cumprimento de certas obrigações como, por exemplo, a assiduidade escolar das crianças e adolescentes, a vacinação das crianças em postos de saúde, o acompanhamento pré-natal de gestantes e o engajamento informal dos adultos em se inscrever em cursos de formação e profissionalizantes. Já o governo francês exige a assinatura de um contrato de inserção, por meio do qual se comprometem a procurar um emprego e a permanecer nele durante o período de recebimento do benefício.

A ação prescritiva valorizada pela concepção neoliberal do *Welfare State* impede a construção da autonomia das pessoas pobres, pois "toda prescrição é uma imposição a uma consciência da escolha feita por outra consciência" (Freire, 1974, p. 22). Assim, as políticas sociais que reificam os sujeitos têm como dado que as demandas dos pobres estão já predeterminadas e, exatamente por isso, não precisam ser discutidas. Nesse caso, "os oprimidos, transformados em objetos, em coisas, não têm mais finalidades próprias. Eles devem aceitar aquelas que lhes foram prescritas pelos opressores" (Freire, 1974, p. 35).

O quadro acima delineado nos revela a importância do diálogo e da comunicação para que os oprimidos possam alcançar a liberdade de escolha e a autonomia, que são o resultado da reflexão e da ação transformadora dos homens sobre o mundo, religando a tomada de consciência à tomada da palavra. Expressar-se e ter a própria palavra considerada publicamente implica escapar de uma condição de invisibilidade e de desvalorização constantes que impedem não só o reconhecimento alheio ou a conquista da autonomia, mas, sobretudo, um autoentendimento positivo.

O objetivo deste artigo é o de verificar como se dão as condições para que pessoas em situação de precariedade estabeleçam conversações e debates em público e, nesse contexto cotidiano de interação discursiva, como elas constroem argumentos e os justificam umas às outras a fim de demonstrar sua necessidade de reconhecimento e de autonomia. Para mostrar o que essas pessoas pensam de sua situação e o que esperam da sociedade em que vivem, foram realizadas 14 entrevistas semiestruturadas em duas cidades brasileiras da região Sudeste, sete em Campinas (SP) e sete em Belo Horizonte (MG). Na França, também foram realizadas 14 entrevistas semiestruturadas, todas na cidade de Grenoble.

A expressão pública das próprias necessidades: autonomia e reconhecimento social

Este artigo se apoia em dois conceitos principais: a autonomia pública e o reconhecimento social, que serão aqui definidos à luz das reflexões teóricas elaboradas, respectivamente, por Mark Warren (2001) e Axel Honneth (2005; 2006; 2007).

O conceito de autonomia é muitas vezes associado ao resultado das ações de um indivíduo que deseja tomar decisões sem ser influenciado pelos outros. Nesse caso, a autonomia seria sinônimo de individualismo ou de autossuficiência, tal como explicitado pelos critérios liberais de ação. Segundo a vertente liberal, o princípio de autonomia prevê que os indivíduos "devem ser livres e iguais na determinação do modo como desejam viver a própria vida" (Held, 1987, p. 244). Contrariamente às ideias liberais sobre a autonomia, Warren (2001) destaca que a capacidade dos indivíduos de construir sua história não se adquire em isolamento. Para ele, a autonomia não é um sinônimo de individualismo ou de autossuficiência, mas depende dos vínculos intersubjetivos e das competências comunicativas desenvolvidas pelos indivíduos em suas redes cotidianas de interação.

A autonomia pública, tal como foi definida por Warren (2001, p. 65), está ligada à "capacidade de produzir julgamentos coletivos e de oferecer razões para sustentar compromissos recíprocos". Dito de outro modo, a construção da autonomia depende da expressão pública dos indivíduos, ou seja, de um posicionamento discursivo (tomar a palavra) diante do outro. Como destaca Warren, a autonomia depende também da participação dos indivíduos em processos intersubjetivos de troca de razões com o objetivo de utilizar e aperfeiçoar suas competências comunicativas. Isso quer dizer que essas competências não existem como propriedade individual, e sim decorrem das relações de reconhecimento recíproco, as quais são fundadas sobre um tipo de igualdade moral que garante a valorização simbólica e política dos indivíduos e podem contribuir para a construção da autonomia pública.

A importância do conceito de autonomia, no quadro das políticas desenvolvidas para combater a exclusão e a precariedade, pode ser explicada pelo fato de a luta dos indivíduos em situação de precariedade para se fazer ouvir ou para participar de esferas públicas de discussão de seus direitos não ser um aspecto secundário, mas localizado no centro das mobilizações políticas e sociais da atualidade. O fato de os pobres e as pessoas em situação de carência extrema serem excluídos de um espaço de visibilidade e de diálogo público torna ainda mais profundo um sentimento de inexistência social, de desprezo e de autodepreciação, o que nos permite compreender por que a condição primeira da relação de reconhecimento "é a possibilidade de existir em um universo de discurso e de ação, de ser considerado pelos outros e de contribuir para a prática coletiva" (Voirol, 2005, p. 117).

Honneth (2007) argumenta que as relações sociais marcadas pela ausência de respeito, pela depreciação, pelo ostracismo social e pela negação de direitos conduzem a uma autopercepção negativa, fazendo que os indivíduos se afastem das interações comunicativas e do convívio social. Esse fato impede que sejam tratados como parceiros moralmente capazes de expressar suas necessidades e de participar de debates públicos consagrados à elaboração de políticas públicas. Logo, a negação de reconhecimento é um grande obstáculo para a construção da autonomia política[8] dos indivíduos. De acor-

---

8. De acordo com Habermas (1997), a autonomia política está ligada à proteção e manutenção do *status* de participante que cada um possui na atividade coletiva de justificação pública. Participar

do com Honneth, a ausência de experiências sociais de reconhecimento mútuo dificulta a ação autônoma e confiante dos indivíduos quando devem sustentar pontos de vista e demandas diante dos outros. Em consequência, eles não se consideram cidadãos, possuidores de certo *status* de agentes morais responsáveis e possíveis colaboradores de projetos coletivos.

A busca de reconhecimento nas sociedades contemporâneas é o resultado do questionamento de injustiças econômicas e culturais cometidas contra indivíduos e grupos vistos como socialmente desqualificados (Paugam, 1993a). Ainda segundo Honneth (2006), por meio de todos os sentimentos negativos suscitados pela experiência da desconsideração das exigências de reconhecimento, o indivíduo toma claramente consciência das injustiças que lhe são feitas. Dessa forma, a teoria do reconhecimento coloca em questão as operações sociais, políticas e econômicas de qualificação e de desqualificação dos indivíduos. A fim de impedir a atribuição de uma identidade negativa aos mais marginalizados e de lhes garantir as condições necessárias para sua realização pessoal a partir das relações que estabelecem com os outros, a teoria do reconhecimento está baseada em três critérios principais: a) a valorização das conquistas e contribuições de indivíduos e grupos ao todo social (o que Caillé chama de capacidade de doar); b) a construção de relações de respeito recíproco; c) a revisão e a atualização da teia moral de fundo que alimenta as relações intersubjetivas com preconceitos e estigmas (Voirol, 2005; Caillé, 2007; Le Blanc, 2007; Mendonça, 2009).

A possibilidade de autorrealização é assegurada, para Honneth (2007), pelo estabelecimento de relações de reconhecimento em três âmbitos ou dimensões específicas: a dimensão do amor e das relações afetivas com pessoas próximas (amigos, parentes, colegas etc.); a dimensão das relações jurídicas, que envolve os direitos e a construção da cidadania; e a dimensão da valorização das capacidades e das realizações práticas dos indivíduos em uma comunidade de valores. É importante salientar que o próprio Honneth afirma que entre essas dimensões não há uma fronteira nítida, nem precedência de uma sobre a outra. Não raro, elas aparecem simultaneamente nos discursos que os sujeitos elaboram sobre seu desejo de ser valorizados socialmente.

De maneira geral, e seguindo a tríade proposta por Honneth, o reconhecimento se consolida na combinação entre a autorrealização e a realização sociopolítica, por meio da qual uma depende inevitavelmente da outra. No plano da autorrealização, os indivíduos podem ser apreciados e valorizados se adquirem uma autoconfiança elementar.

---

de uma atividade como essa requer de cada indivíduo uma responsabilidade moral por seus julgamentos, suas ações e seus posicionamentos, no sentido de que ele deve ser capaz, se necessário, de explicá-los aos outros.

A experiência intersubjetiva do amor garante-lhes a segurança emocional necessária para experimentar e manifestar suas necessidades e sentimentos.

No quadro das relações jurídicas, o reconhecimento assegura aos indivíduos a possibilidade de ser considerados detentores de direitos e também "a possibilidade de compreender seus atos como uma manifestação, respeitada por todos, de sua própria autonomia" (Honneth, 2007, p. 144). Os direitos garantem que as pessoas possam agir como pessoas moralmente responsáveis e dignas de ser respeitadas. Contudo, a existência de direitos por si só não constitui um cidadão. Sentir-se cidadão e aparecer como tal diante do outro é algo que depende de uma construção, ao mesmo tempo, interior e relacional, que se desdobra constantemente, sobretudo em momentos em que os sujeitos se percebem como capazes de participar de debates públicos sobre questões que lhes concernem e sobre as quais querem opinar e ter seus argumentos e pontos de vista considerados.

Quando leis e normas não atendem às demandas e necessidades dos cidadãos, é preciso mobilizar todos os diretamente interessados a se engajar em uma discussão prática a respeito da reconfiguração de regras que conduzem as ações e julgamentos de uma coletividade. Para tanto, é preciso ao menos poder supor que os sujeitos têm a capacidade de se pronunciar de maneira racional e autônoma sobre as questões morais (Habermas, 1997).

Por fim, a estima social é uma forma de reconhecimento intimamente ligada a um sistema de referências que permite "situar as qualidades particulares dos indivíduos em uma escala de valor que vai do menos ao mais valoroso, do pior ao melhor" (Honneth, 2007, p. 139). Apesar de não deixar muito claro como é definido o valor atribuído a um indivíduo, Honneth recorre com frequência à categoria do trabalho para mostrar que um indivíduo digno de estima é aquele que, por intermédio de seu trabalho, demonstra ser suficientemente qualificado para contribuir à realização de objetivos e projetos que resultam em um bem para a coletividade. É justamente por isso que Caillé nos remete aqui à proximidade entre reconhecimento e dom:

> No reconhecimento moderno, o que os sujeitos desejam ter reconhecido, o valor que buscam, é constituído pela relação que mantêm com o universo do dom. Eles querem ser ou aparecer como sujeitos que ofertaram alguma coisa a alguém, passando a valer igual ou mais do que os outros pela igualdade ou superioridade de sua doação. O valor que os sujeitos desejam ver reconhecido é objetivo ou objetivável. O resultado do serviço de um trabalhador contribui objetivamente para o bem da humanidade. [...] O que é reconhecido como tendo valor não é, de maneira geral, um dom? Sobretudo se considerarmos o trabalho e seu produto como formas

específicas de dom? E, reciprocamente, não é por meio do dom que se manifesta o reconhecimento? (Caillé, 2004, p. 13 e 18)

Nesse sentido, um indivíduo obtém estima social quando demonstra que é suficientemente qualificado para contribuir para a realização de objetivos perseguidos pela sociedade ou por sua(s) comunidade(s) de pertencimento. A estima social está, portanto, diretamente ligada aos esquemas de repartição do trabalho e da renda.

A cada forma de reconhecimento, Honneth associa uma forma de desrespeito (ver Quadro 1) para mostrar que emoções negativas relacionadas à experiência de desconsideração e desprezo de demandas por reconhecimento "comportam a possibilidade de que o sujeito concernido tome claramente consciência da injustiça que lhe é feita, encontrando nela um motivo de resistência política" (Honneth, 2007, p. 169). Mas é preciso deixar claro que essa resistência não se resume à capacidade de indivíduos e grupos de ter acesso a instrumentos simbólicos de poder, mas abrange em especial sua capacidade de atuar em diferentes esferas de interação e expressão (Mendonça, 2009), de mobilizar redes sociais para alcançar um bem coletivo e de orientar o interesse de diversos públicos em direção a problemas que despertam a preocupação de todos – como a atribuição de um *status* inferior, a desqualificação, a estigmatização, a invisibilidade, as injustiças e a humilhação.

Quadro 1 – Dimensões do reconhecimento e formas de desvalorização dos sujeitos

Forma de reconhecimento	Relações primárias (amor, amizade)	Relações jurídicas (direitos)	Estima social Comunidade de valores (trabalho)
Dimensão pessoal e relacional	Afetos e necessidades	Responsabilidade moral e cidadania (qualidades universais)	Capacidades e qualidades particulares a ser empregadas em prol da coletividade
Forma de desprezo	Violência e agressão física	Privação de direitos, invisibilidade e exclusão	Humilhação e ofensa

Fonte: Honneth (2007, p. 159).

A próxima seção deste artigo procura explicar os principais traços metodológicos concebidos para avaliar o modo como os cidadãos pobres e precários constroem argumentos e testemunhos a respeito da injustiça e da negação do reconhecimento, ressaltando o preconceito, a humilhação e a ausência de uma relação positiva consigo mesmos.

Considerações metodológicas

A importância dos contextos de fala e de interação verbal

Grande parte das políticas sociais, seja no contexto brasileiro ou francês, é elaborada e executada por instituições que não concebem o cidadão precário como parceiro de diálogo, como um indivíduo com o qual os agentes institucionais poderiam construir uma verdadeira interação dialógica de reconhecimento e respeito mútuo. Em um contexto institucional extremamente hierárquico e burocratizado, o subalterno[9] costuma ser silenciado por meio da dádiva assistencialista, um tipo de dom que o imobiliza para a ação, que dissolve sua autonomia e não lhe abre um espaço em que possa falar e ser ouvido.

Para conhecer os processos de tomada da palavra de cidadãos pobres e desfavorecidos no Brasil e na França, realizei uma pesquisa de campo nos espaços municipais frequentados pelos beneficiários do Programa Bolsa Família e do RMI. A intenção era observar como, ao se expressar, os entrevistados se remetiam a questões ligadas à falta de reconhecimento e de autonomia e, além disso, perceber como esses espaços municipais se configuravam como reais contextos de interação e diálogo. Afinal, tão importante quanto tomar a palavra é ser considerado interlocutor, ou seja, ser ouvido, obter respostas e ter suas opiniões e necessidades consideradas.

Tanto no Brasil quanto na França, é a municipalidade que gerencia os recursos financeiros destinados às políticas sociais. As municipalidades brasileiras investem (de acordo com seus orçamentos específicos) em uma rede de assistência social (que religa os domínios da educação, da saúde e das políticas sociais) que seja capaz de motivar as pessoas carentes a frequentar os Centros de Referência da Assistência Social (CRAs) ou os Núcleos de Apoio à Família (NAFs)[10]. Esses espaços geralmente realizam reuniões de inserção e de apoio, oferecem (com o apoio da prefeitura ou de ONGs e associa-

---

9. Spivak (2010, p. 12) utiliza o termo "subalterno" para se referir àqueles cuja voz não pode ser ouvida, ou seja, às "camadas mais baixas da sociedade constituídas pelos modos específicos de exclusão dos mercados, da representação política e legal, e da possibilidade de se tornar membros plenos no estrato social dominante".

10. Os NAFs e os Cras podem ser descritos como sistemas ou equipamentos de base local ligados à assistência social. Os serviços por eles prestados são de caráter preventivo e visam principalmente contribuir para a inclusão social de famílias em situação de vulnerabilidade, por meio do fortalecimento dos vínculos familiares, comunitários e sociais. A equipe (composta principalmente por coordenadores, técnicos, psicólogos e assistentes sociais) propõe-se a apoiar e orientar as famílias sobre seus direitos e possibilidades de protagonismo na superação de dificuldades associadas a riscos e à precariedade (Afonso, 2005).

ções) cursos profissionalizantes, ateliês de artesanato e um acompanhamento psicológico. Em certos casos, eles também apoiam a criação de cooperativas. Considerando que esses espaços se configuram como contextos cotidianos de sociabilidade, de conversação cívica e de expressão e conhecimento dos interesses e necessidades dos outros, optamos por selecionar pessoas que já eram frequentadoras dos Cras e NAFs, seja participando de reuniões, seja seguindo cursos profissionalizantes e/ou ateliês de artesanato[11]. Foram, então, como já observado, realizadas 14 entrevistas semiestruturadas com beneficiários do Bolsa Família: sete na cidade de Belo Horizonte (MG) e sete na cidade de Campinas (SP)[12]. A maioria das entrevistas foi feita com mulheres[13].

Na França, as Comissões Locais de Inserção (CLI) são responsáveis pela implantação da política local de inserção, por fazer um acompanhamento administrativo dos dossiês do RMI e por seguir de perto a inserção profissional dos beneficiários. Essas comissões sustentam estruturas – associações ou *chantiers d'insertion* (canteiros de inserção)[14] – que, com o objetivo de ajudar as pessoas em situação de precariedade a encontrar um emprego, buscam permitir que elas vençam suas dificuldades e ocupem um lugar na sociedade. Esses canteiros de inserção são responsáveis por favorecer o acesso ao emprego, à formação profissional e à cultura, adotando uma postura de escuta, diálogo e solidariedade, e seu principal objetivo é favorecer a inserção social pelo encaminhamento a um trabalho, associado a um acompanhamento social e profissional adaptado. Ao considerarmos que essas estruturas associativas e os *chantiers* favorecem o diálogo e a tomada da palavra, efetuamos as entrevistas semiestruturadas com

---

11. Diferentemente da experiência francesa, os beneficiários do Programa Bolsa Família não são obrigados a assinar um contrato de inserção comprometendo-se a conseguir um emprego. Mas o governo federal apoia toda iniciativa local destinada a colocar à disposição dos beneficiários um espaço de discussão coletiva e recíproca, de compreensão de sua condição e de busca de soluções alternativas às suas dificuldades, seja por meio da educação (educação de jovens e adultos, programas de alfabetização etc.), seja por meio do trabalho (formação de cooperativas, estágios de emprego etc.).

12. Essas duas cidades foram escolhidas porque, na época de realização da pesquisa de campo, apresentavam relativo sucesso na implantação de programas de transferência de renda, o que facilitou nosso acesso aos cadastros dos beneficiários e o contato com eles. Essa observação também é válida para a cidade de Grenoble.

13. No Brasil, as mulheres são vistas pelos representantes do governo e pelos agentes responsáveis pelos programas de transferência de renda como "responsáveis" e capazes de gerenciar o benefício concedido pelo programa, e de satisfazer as exigências requeridas em contrapartida. O cartão magnético do programa é feito em nome da mulher responsável pelo domicílio.

14. Para conhecer os principais canteiros de inserção da cidade de Grenoble, ver o *site* <http://www.insertion-agglo.org/index.php?acteurs/principal2.php?idstru=9&idstru2=81>.

beneficiários do RMI que participavam, na época de realização da pesquisa, das atividades propostas por certas associações e trabalhavam nos *chantiers d'insertion* da cidade de Grenoble. Dessa vez, a maioria dos entrevistados foi de homens.

Ao planejar a realização de entrevistas individuais, procurei deixar os beneficiários em seu contexto habitual de sociabilidade, de trabalho e de conversação. Os temas previstos para ser abordados nas entrevistas poderiam, assim, até já haver sido discutidos em outros momentos, passando a integrar o repertório reflexivo dos entrevistados. Ao mesmo tempo, eu desejava conhecer as condições de participação dessas pessoas nesses espaços institucionais da municipalidade.

É importante destacar que espaços como os Cras, os NAFs, as associações cívicas e os *chantiers d'insertion* oferecem aos beneficiários uma oportunidade de sair do universo privado e de participar da vida social e política da comunidade. Nessa perspectiva, tomar parte em uma conversação ou tomar a palavra diante do outro significa, principalmente, colocar em prática as capacidades dialógicas de elaboração, de expressão e de troca de argumentos e pontos de vista. O desenvolvimento dessas capacidades e o engajamento comunicativo em espaços cívicos cotidianos não asseguram uma participação instantânea nos processos de tomada de decisão. No entanto, essas atividades auxiliam os indivíduos a construir sua autonomia pública, a ser valorizados e reconhecidos pelos outros como interlocutores, a ter suas necessidades e demandas levadas em consideração (Marques e Maia, 2007).

Para verificar como as questões ligadas ao reconhecimento e à cidadania foram tematizadas pelos beneficiários dessas duas políticas sociais, elaborei uma metodologia fundamentada nas três dimensões do reconhecimento propostas por Honneth (2007). Ao transformar essas dimensões em categorias analíticas, procurei aproximar o depoimento dos entrevistados da linguagem filosófica que marca tanto as dimensões do reconhecimento quanto as dimensões de desrespeito e desvalorização. A análise das entrevistas individuais[15] explora o conteúdo dos depoimentos que se remetem à retomada da autoconfiança, aos direitos e ao valor social conferido ao trabalho.

A retomada da autoconfiança

A forma de reconhecimento que se concretiza por meio do amor e da amizade não constitui, segundo Honneth (2007, p. 129), um "estado intersubjetivo, mas um arco de

---

15. As entrevistadas, ao ser informadas sobre a finalidade acadêmica da pesquisa e sobre a probabilidade de publicação de suas falas, manifestaram o desejo de ter seus nomes reais substituídos por nomes fictícios para proteger seu anonimato.

tensão comunicacional que conecta continuamente a experiência da capacidade de estar sozinho à experiência de fusão com o outro". Isso indica não só que o reconhecimento deriva das nossas relações comunicativas, mas também que é por meio da integração social que os indivíduos adquirem uma confiança elementar em si mesmos. Todas as relações primárias familiares, eróticas e amistosas deveriam garantir uma segurança emocional que auxiliasse os indivíduos a se apresentar diante do outro, endereçando-lhe opiniões, demandas e reivindicações, estabelecendo com ele um vínculo comunicacional e, neste caso específico, afetivo.

Com relação às mulheres beneficiadas pelo Programa Bolsa Família, a ação de "sair de casa" para se associar a outras pessoas por meio de conversações e das atividades propostas pelos NAFs e Cras pode auxiliá-las a retomar a autoconfiança. Nesses espaços de diálogo e de encontro, essas mulheres tomam a palavra, têm suas considerações ouvidas e estabelecem diálogos e negociações, o que lhes proporciona redescobrir, sob um olhar positivo, "o entrelaçamento de suas narrativas pessoais com discursos que circulam publicamente e aos quais se remetem as narrações das experiências de vida" (Le Blanc, 2007, p. 110).

Além disso, a construção de esferas públicas[16] de trocas e ações comunicativas permite não só a construção e/ou reforço de vínculos coletivos, mas também a oportunidade de questionar a condição de exclusão e de dominação simbólica na qual os pobres não são percebidos como cidadãos. Como afirmou uma beneficiária do Programa Bolsa Família, a formação de cooperativas e a reunião de um grupo de mulheres unidas em torno do objetivo de encontrar novas alternativas para a vida podem trazer não só a motivação necessária para "uma abertura aos outros", mas também uma percepção dos direitos e possibilidades de conquista da autonomia.

> Tem uma menina aqui da Igreja, [...] todos os sábados ela vem, a gente está fazendo uma colcha de fuxico. Todo sábado a gente reúne um grupinho. Muitas não sabiam fazer fuxico, eu sabia e ensinava às outras. Uma leva a linha, outra leva a agulha, a menina consegue retalho, a gente vai fazendo [...]. É isso que eu gosto, que me empolga, porque o "trem" é difícil, mexe com a gente [...]. Cada um tem um jeito de ser, o que já é um grande aprendizado de convivência e de construir daquilo alguma coisa que retorne em benefício para todos. É um desafio grande. [Beth, NAF Pampulha, 4 nov. 2005, Belo Horizonte]

---

16. Segundo Habermas (1997), uma esfera pública se constitui por meio da atividade comunicativa quando os diferentes públicos se organizam em redes articuladas com o objetivo de discutir os problemas ou questões de interesse comum, de assumir um posicionamento, de trocar argumentos e de justificá-los diante dos outros.

A importância da amizade e da solidariedade também é destacada por alguns entrevistados franceses beneficiados pelo RMI. Seja por meio do trabalho (alcançado por contrato de inserção exigido para o recebimento do benefício[17]), seja por meio de encontros e reuniões que acontecem em associações ou nos *chantiers d'insertion*, estar em relação com os outros é uma condição fundamental para a construção da identidade e de uma imagem positiva de si mesmo.

> Quando estamos desempregados e vivemos em condição de precariedade, nós nos fechamos e cortamos todos os vínculos. Tenho alguns amigos, algumas pessoas com quem converso às vezes [...]. É preciso manter uma boa autoimagem para podermos nos expressar diante dos outros [...]. O RMI muda a vida [...], nos ajuda a segurar as pontas. E, além disso, podemos ter um pouco de tranquilidade para trabalhar nossos sentimentos, um tempo para nos reunirmos, para falarmos, para estar com os outros, pois para aguentar firme é preciso falar, discutir, dialogar... Não me sinto mais isolado. [Jacques, Pôle Iniciatives Emploi Grenoble Nord, 5 mar. 2008, Grenoble].

> Auxílios como o RMI nos trazem algo a mais, mas prefiro trabalhar, ser independente. O trabalho nos permite afirmação, permite sermos reconhecidos, descobrir as coisas e nos descobrir. O desemprego é um pesadelo. Não é do meu estilo esperar auxílios [...]. É preciso se esforçar para encontrar um emprego. É preciso procurar na Agence Nationale Pour l'Emploi (Anpe)[18], obter informações que nos chegam pelo boca a boca, procurar na internet [...], é preciso se mexer. Meu trabalho no restaurante Arbre Fruité possibilitou que eu me afirmasse, me redescobrisse, porque estão todos prontos para me escutar [...], e posso falar de minhas inquietações e problemas. Aqui eu fiz muitos amigos [...]. [Laurence, Arbre Fruité, Solidarité-Femmes, 23 abr. 2008, Grenoble]

Os depoimentos acima transcritos nos remetem à abordagem de Ricoeur (2005) a respeito do reconhecimento como forma de contribuição à autorrealização das pessoas. Para o autor, um sujeito pode conquistar o reconhecimento em contextos nos quais ele: a) "pode dizer", ou seja, pode usar a linguagem para se dirigir ao outro e enunciar suas demandas, criando contextos de interlocução; b) "pode fazer", isto é, pode desenvolver a capacidade de produzir fatos em seu ambiente social e de traba-

---

17. No dia 1º de junho de 2009, o RMI foi substituído pelo Revenu de Solidarité Active (RSA), sofrendo uma ampla mudança de filosofia e estendendo sua atuação para outros setores da população. Desde então, os jovens de 18 a 25 anos podem receber o benefício, com a condição de que tenham trabalhado o equivalente a dois anos nos últimos três anos que antecedem a demanda. Contudo, os valores do benefício e as condições para seu recebimento quase não foram modificados.

18. Mais informações sobre a Anpe podem ser obtidas no *site* <http://www.anpe.fr>.

lho de forma que se sinta apto a contribuir; c) "pode narrar", ou seja, ter a oportuni- dade de se descobrir por meio da produção e do compartilhamento de narrativas que articulam as identidades e produzem laços de empatia; d) "pode ser responsável", isto é, ser um agente moral que assume as consequências de seus atos e é considerado pelos demais capaz de argumentar e defender autonomamente seus pontos de vista em público.

A confiança em si mesmo assegura aos indivíduos a condição elementar do desen- volvimento de outras atitudes de autorrespeito (Paugam, 1993b). É mediante o amor e a amizade que as pessoas em condição de precariedade obtêm a força necessária para lutar por seus direitos, por sua autonomia e pela estima social.

Os direitos e a cidadania

A dimensão do reconhecimento relacionada ao respeito é assegurada pelo campo dos direitos. Para além dos direitos elementares que protegem as pessoas e lhes ga- rantem condições mínimas de vida, é preciso que os indivíduos se percebam como "portadores de direitos", o que lhes assegura dignidade. De acordo com uma entrevis- tada que recebe o benefício do Programa Bolsa Família, o respeito pode ser compreen- dido como um estatuto ligado à valorização do cidadão como indivíduo moralmente responsável:

Todo mundo tem o direito a ser um cidadão respeitado, não é? Eu acho que todos têm direito a um trabalho digno, a ter seu salário, suado mas seu, não é? Não está pedindo a ninguém [...]. Com respeito, respeitar os outros também. Direito a uma moradia melhor, mas esse direito também a gente tem que ir em busca, não é? É melhor, porque só esperar também [...]. [Lurdes, NAF Pampulha, 4 nov. 2005, Belo Horizonte]

O respeito também tem forte relação com a constituição do cidadão em esferas públicas de debate. É na rede de múltiplas esferas públicas articuladas em torno dos problemas da pobreza e da destituição econômica, social e simbólica que as pessoas beneficiadas por políticas sociais podem aprender a definir sua situação e suas identida- des, a compreender o que querem e como desejam ser vistas e consideradas pelos ou- tros. Por meio de seus discursos e ações, elas podem aprimorar suas capacidades co- municativas e aprender a apresentar, justificar e defender suas demandas em esferas públicas de discussão. Mas para participar da vida pública é preciso que os indivíduos possam ser considerados cidadãos capazes de enunciar e sustentar autonomamente suas questões, obtendo, assim, o respeito dos demais (Habermas, 1987).

Eu acho que o respeito tem que ser em qualquer lugar. Onde a gente estiver tem que ser respeitada, porque é como falei, nós somos humanos iguais a qualquer um, não é? E tem lugar que a gente entra e a pessoa não nos respeita, nos vê como animais. [Clara, Regional Barreiro, 27 out. 2005, Belo Horizonte]

As pessoas em situação de precariedade, todavia, são raramente percebidas e respeitadas como cidadãos. Ademais, o lugar que elas ocupam na sociedade não lhes assegura um *status* de igualdade e uma consideração paritária como indivíduos potencialmente capazes de instaurar e manter um espaço público de discussão de suas demandas, de assumir uma posição diante de autoridades políticas e de justificar seus argumentos de maneira racional. De modo geral, assim, as pessoas entrevistadas que recebem o RMI descrevem sua situação como a pior maneira de "desconsideração social e humana" que pode existir.

O RMI é o fundo do poço, o último degrau antes da miséria. Perdemos nossos direitos e somos deixados de lado. Sofremos vários tipos de discriminação quando estamos desempregados. O RMI não nos valoriza de forma alguma [...], ele nos estigmatiza. Antes de qualquer coisa é preciso ter um *status*, um reconhecimento, um papel social e, claro, a possibilidade de agir e de viver dignamente. O RMI não conduz à emancipação. Felizmente ele existe, porque permite que as pessoas sobrevivam. Mas trata-se de uma faca de dois gumes [...]. Acho também que o RMI é uma estratégia encontrada pelo governo para se livrar da culpa e para manter as pessoas em uma situação de passividade [...], ou seja, os beneficiados pelo RMI não saem na rua para manifestar de uma maneira virulenta, eles se encontram em uma relação terapêutica com a assistência social e são despossuídos de seu livre-arbítrio, encontrando muitas dificuldades para sair dessa situação. Nós nos sentimos vítimas [...] Me sinto desrespeitada enquanto cidadã. A constituição prevê um trabalho para nós, mas somos julgados como parasitas, como preguiçosos. [Céline, Association Pro'Actif, 22 maio 2008, Grenoble]

Esse depoimento coloca em evidência a compreensão do RMI como política que não está em condições de auxiliar os indivíduos a construir sua cidadania nem de assegurar seus direitos. A relação terapêutica mencionada no depoimento acima é muito malvista pelas pessoas que recebem o RMI, pois elas se sentem esvaziadas de toda autonomia. Em lugar de falar de uma ampla gama de escolhas disponibilizadas por esse tipo de política social, é preciso destacar a ausência de alternativas que torna os beneficiários passivos, dependentes das ações realizadas pela assistência social. Nancy Fraser (1989, p. 174) coloca em questão esse envolvimento terapêutico ao argumentar que ele reduz as pessoas em situação de vulnerabilidade social a "casos particulares", cuja única função é assumir "uma postura de beneficiários potenciais de serviços predefinidos". Nesse caso, os beneficiários de políticas sociais permanecem indefinidamente à espera de auxílio, em vez de se engajar para determinar e negociar suas próprias necessidades e interesses.

As opções e as preferências determinadas pelo Estado, e não pelos próprios indivíduos, mostram que o governo disponibiliza um conjunto de procedimentos que deveriam ser suficientes às demandas preconcebidas dos cidadãos em estado de precariedade. Ao fazer isso, os atores administrativos também abrem a possibilidade de atestar a eficácia de suas ações e de sua forma de gerir as questões de interesse público. As "preferências e necessidades impostas" produzem um dano profundo nas pessoas desfavorecidas, pois elas têm uma tendência a acreditar em certo tipo de determinismo que as isola do bem-estar e do respeito coletivo. De acordo com Paulo Freire, os indivíduos em uma situação de opressão, seja ela de ordem material ou simbólica, são seres divididos entre vários extremos: "Entre seguir ordens ou fazer escolhas; entre espectadores ou atores; entre agir ou produzir a ilusão de agir em um contexto de opressão; entre falar ou se calar" (Freire, 1974, p. 27).

Alguns entrevistados franceses constatam que uma das principais dificuldades referentes à construção da cidadania é a ausência de mediação entre as autoridades políticas e os membros da sociedade, quer eles estejam ou não sendo beneficiados pelo RMI. Um entrevistado destacou, entretanto, que uma pessoa em situação de precariedade tem suas oportunidades de diálogo e de negociação dramaticamente reduzidas. Nesse sentido, o RMI coloca os indivíduos em uma condição destituída de poder e de autonomia política, ao limitar suas oportunidades de interpelar as autoridades responsáveis por atender às suas demandas e necessidades.

> O RMI é um direito, mas para demandar esse direito é preciso conhecer e também dominar uma linguagem específica. É preciso saber aonde ir, a quem perguntar, a quem se dirigir [...]. Saber como tomar a palavra diante do outro, aquele que está do outro lado do balcão [...]. É preciso escutar, ter argumentos e as pessoas não estão habituadas ao debate. Além disso, eu posso comparar as pessoas em situação de precariedade às crianças e aos prisioneiros, porque são categorias que não são representadas. E, se nós não temos um representante para negociar nossos interesses, não conseguimos participar [...]. Nas Caisses d'Allocations Familiales (CAF)[19] não temos o direito de dizer uma palavra. O cidadão permanece em uma posição de inferioridade. E como podemos fazer emergir o cidadão? É preciso fornecer-lhe os meios para que possa reivindicar seus direitos. O problema é que o desempregado e o cidadão destituído não se veem

---

19. Para obter informações sobre as CAFs, ver o *site* <http://www.caf.fr>.

como uma categoria. Eu não quero compaixão [...]. Sou como um menino de 11 anos ou como um prisioneiro [...]. Como imaginar a democracia sem uma relação entre os cidadãos e os responsáveis políticos? [Jacques, Pôle Iniciatives Emploi Grenoble Nord, 5 mar. 2008]

Para esse entrevistado, a participação política é assegurada primeiramente por um processo de tomada da palavra na esfera pública, na qual os cidadãos têm o direito de ter suas demandas inseridas no discurso de um representante responsável por estabelecer uma mediação entre os atores institucionais formais e os indivíduos em situação de precariedade. Essa ausência de relação política é um dos grandes problemas democráticos vividos pelos beneficiários de políticas públicas no Brasil e na França. De um lado, essas pessoas já possuem certo grau de inclusão política, uma vez que essas políticas lhes são dirigidas com a intenção de melhorar seu *status* social e sua condição de vida. De outro, elas são publicamente excluídas, ou seja, devem enfrentar vários obstáculos e dificuldades para participar de esferas públicas de apresentação e negociação de suas demandas e pontos de vista (Marques e Maia, 2007 e 2008; Bohman, 1997).

Dessa perspectiva, a exclusão pública estaria intimamente vinculada a uma "pobreza política" que explica como o não desenvolvimento das habilidades reflexivas, participativas e comunicativas pode levar a uma ausência de respeito e de reconhecimento que impede a conquista da autonomia do sujeito. A pobreza política é caracterizada por Bohman (1997) como a incapacidade de grupos e de cidadãos de participar eficazmente do processo democrático, isto é, de iniciar uma deliberação pública a respeito de suas preocupações, de influenciar o seu curso e fazer que seus argumentos sejam levados em consideração.

Defendo que o desenvolvimento da cidadania depende das relações que os indivíduos constroem nos contextos intersubjetivos e públicos, em especial no contexto do trabalho. Essas relações permitem que as pessoas coloquem em prática habilidades comunicativas e argumentativas consideradas essenciais à participação dos cidadãos nos processos democráticos de elaboração das políticas que lhes concernem.

O valor conferido ao trabalho

A dimensão da estima social coloca em destaque a existência de um quadro de orientação que serve como "sistema de referência para apreciar as características individuais, porque o valor social dessas características se mede pela contribuição que os sujeitos podem trazer para a realização de objetivos perseguidos pela sociedade" (Honneth, 2007, p. 148). Como mencionou um entrevistado que recebe o RMI, um indivíduo é avaliado de maneira negativa quando não traz benefícios e lucros para a sociedade.

O cidadão deve ser rentável. Eu não sou [...]. O RMI não valoriza o cidadão porque ele é uma marca do fracasso pessoal. Quando alguém lhe pergunta o que você faz na vida e você responde: "Eu recebo o RMI", não há muita coisa mais a dizer. [Marc, Association Gallo, 24 abr. 2008, Grenoble]

A estima social é descrita por Honneth como aquela que garante aos indivíduos certa proteção contra as experiências de humilhação e de depreciação que resultam, especialmente, de uma violência simbólica. Os recursos semânticos que gravitam em torno das noções de pobreza e de precariedade indicam, portanto, e de modo geral, os preconceitos que desvalorizam o *status* moral das pessoas que se encontram em uma situação de extrema fragilidade material. Assim, se os recursos semânticos disponíveis para avaliar o modo de vida de alguém têm conotação negativa, torna-se muito difícil perceber tal pessoa como digna de reconhecimento. Algumas entrevistadas brasileiras qualificaram a humilhação como uma forma de ausência de reconhecimento:

Eles dizem sempre que o povo brasileiro é preguiçoso, que os pobres são preguiçosos. Isso não é verdade. Na verdade, o povo está cansado de tanta palhaçada, porque o povo luta, arregaça as mangas e não consegue nada. Quando o governo cria uma ajuda nova, logo depois você vê a maior humilhação para conseguir essa ajuda e você se sente muito humilhada. [Sônia, NAF Leste, Oficina de Mulheres, 22 mar. 2006, Belo Horizonte]

Isso é uma humilhação. Eu cheguei no prédio da Assistência Social às 7 horas da manhã e só fui atendida às 3 horas da tarde. É uma coisa muito humilhante para ganhar só R$ 18. É por isso que muita gente nem procura. E, além de tudo, teve aquelas brigas, porque muita gente queria furar fila, e foi uma confusão geral. Depois disso a gente vê mostrar na televisão como se os pobres fossem marginais, um lixo, um zero à esquerda. [Cibele, Cras Norte, Espaço Esperança, 12 abr. 2006, Campinas]

Essas experiências de desmoralização são danosas não somente para a autonomia, mas também para a identidade dos beneficiários de políticas sociais. Todavia, os elementos negativos associados à experiência da precariedade podem ser recusados ou renegociados por meio de uma avaliação crítica ou de um questionamento coletivo. Resistir à degradação moral e à estigmatização ligada ao *status* de "beneficiário" é algo que deve ser construído coletivamente, mediante a busca de reconhecimento empreendida em diferentes contextos de interação e sociabilidade.

O universo do trabalho, segundo Lallement (2007, p. 72), revela amplamente as tensões ligadas ao reconhecimento. Ter emprego é definido pelos beneficiários do RMI e do Programa Bolsa Família como a condição principal de sua independência e integridade. Essa compreensão do emprego nos remete à divisão dos cidadãos entre aqueles que trabalham e contribuem para o "bem público" e aqueles que nada podem oferecer à sociedade. Para Voirol (2005), as atividades dos atores sociais são julgadas de maneira intersubjetiva em função de sua capacidade de cumprir objetivos considerados dignos de valor. Segundo ele, a parcela de atividades socialmente instituídas como "dignas de estima entre as múltiplas práticas dos atores sociais se traduz em formas de valorização ou de desvalorização relativas a uma ordem de hierarquias simbólicas e de classificações instituídas" (2005, p. 113). Estar desempregado significa não só estar fora de uma condição valorizada, mas também fora de qualquer contexto no qual exista a possibilidade de ser avaliado com relação às qualidades específicas por intermédio das quais um indivíduo se distingue dos outros.

> O RMI me ajudou quando cheguei à França. Não é fácil para um estrangeiro [...]. Mas não quero depender do RMI para sempre. Acho que é preciso encontrar um trabalho. Aqui no Fournil é legal. Trabalhamos em equipe. Eles são muito bons. Antes eu ficava em casa e cuidava do meu filho. Eu nunca tinha falado francês antes de trabalhar no Fournil. Eles me ajudaram a encontrar um curso para aprender o francês. É por isso que quando a gente trabalha tudo muda. Eu posso conversar com as pessoas e eu vejo que sou capaz de fazer coisas que pensava serem difíceis ou mesmo impossíveis [...]. [Sophie, Le Fournil, 11 abr. 2008, Grenoble]

O desejo de ser alguém, de ser útil e estimável está intimamente associado ao desejo de ter um emprego, de saber se expressar em público, de ser considerado interlocutor de um diálogo e de contribuir para a vida comunitária. A percepção do próprio valor deve enfrentar o desafio colocado pelo desprezo que "diminui os indivíduos, de modo que eles não se encontram mais em condição de manifestar seu valor e se transformam em seres tão negligenciados que eles mesmos se fazem invisíveis, anulados enquanto sujeitos" (Roulleau-Berger, 2007, p. 140).

> Acho que é muito bom a gente fazer curso, ter alguma coisa para fazer, porque eu me acostumei a não ter nada para fazer, mas acho que devo procurar alguma coisa para mim [...], para ser alguém um dia. Quer dizer, eu sou alguém, mas queria ser mais um pouco. Não muito, mas mais um pouco eu queria, sim. [Irene, Cras Nilópolis, Recanto da Alegria, 19 jul. 2006, Campinas]

> Antes da Bolsa Família eu não falava nada. Ficava em casa. Desde que comecei a participar do curso de artesanato, aprendi a dialogar, a tomar a palavra. Agora eu saio, encontro as outras mulheres [...]. Conversamos sobre vários assuntos, ensinamos coisas aos outros e trocamos conhecimento. [Sílvia, Cras Sul, Campo Belo, 13 jul. 2006, Campinas]

O reconhecimento também diz respeito à confirmação pública do valor social de um indivíduo. O trabalho é citado pelos entrevistados como fonte de oportunidades para vencer os obstáculos que os impedem de ser valorizados socialmente. O reconhecimento das competências particulares depende do que as pessoas podem oferecer aos projetos coletivos de determinada comunidade. É por essas razões que a negação do reconhecimento reforça um pano de fundo moral baseado em estereótipos cristalizados e responsáveis por conservar uma "partilha do sensível"[20] (Rancière, 2000) que mantém os cidadãos destituídos fora de tudo que é da ordem da criatividade e da inovação.

> Como beneficiários do RMI somos considerados simples executantes de tarefas [...], não há necessidade de ser criativo, imaginativo ou de ter muitas competências. Somos um subproduto. Fatalmente você acaba se desvalorizando. [Céline, Association Pro'actif, 22 maio 2008, Grenoble]

Para que a estima social opere a favor da autonomia, a relação que uma pessoa estabelece com as outras deve ser construída sobre suas potencialidades singulares e não sobre o reforço de relações de desigualdade que somente acentuam o sentimento de "impotência e incapacidade" alimentado pelas pessoas pobres. Os cidadãos em condição de precariedade temem assumir o risco imposto pela busca de sua autonomia pública. Ao mesmo tempo que afirmam o desejo de ser livres e emancipadas, elas o deixam em suspenso porque temem tornar-se sujeitos de sua própria história. A conquista da autonomia requer uma grande responsabilidade, ou seja, o compromisso assumido consigo mesmo e com os outros de se tornar o autor de seu próprio destino.

Considerações finais

No contexto brasileiro, a conquista da autonomia e da cidadania pelas pessoas em condição de precariedade econômica, social e política encontra graves dilemas. Os espaços de desenvolvimento das ações sociais ligadas ao Programa Bolsa Família (realização de cursos, palestras, reuniões de apoio, encontros recreativos ou de acompanhamento etc.) são mantidos pelas municipalidades, que não têm os mesmos meios de oferecer aos beneficiários as alternativas para melhorar suas condições de vida. Porém,

---

20. Segundo Rancière, o lugar acordado aos indivíduos na sociedade obedece a um quadro sensível de distribuição da palavra, dos espaços de visibilidade e das atividades. A "partilha do sensível" é uma "distribuição de maneiras de ser e das ocupações no espaço do possível" (2000, p. 66).

os diálogos que as pessoas estabelecem nesses espaços nos revelaram não só as possibilidades transformadoras que as interações comunicativas podem promover, como também a importância do papel do Estado em auxiliar a constituição da autonomia pública dessas pessoas. A pesquisa desenvolvida mostra que as esferas municipais de diálogo se entrelaçam com as esferas rotineiras e privadas de conversação, a fim de permitir a formação de uma rede ampliada e periférica de troca de argumentos e pontos de vista acerca de necessidades e suas alternativas de atendimento.

Foi possível observar que na França as instituições estatais ligadas à assistência social também promovem espaços de conversação e de encontro nos quais indivíduos desfavorecidos podem construir, a longo prazo, sua autonomia e seu engajamento cívico. Para conquistar a integridade e o respeito dos outros, os beneficiários do RMI (e também do Programa Bolsa Família) devem alcançar o *status* de cidadãos moralmente iguais e responsáveis. Não é a soma em dinheiro que lhes é garantida o fator que mais estimula esse processo, mas sim a reconstrução de vínculos afetivos, sociais e políticos, por meio das interações comunicativas que se estabelecem quando essas pessoas se reúnem para discutir a propósito das normas e dos direitos que se referem a seus interesses e suas necessidades.

A autonomia é uma construção processual e relacional que requer não só a ação de falar, mas, sobretudo, a instauração, pelo diálogo, de contextos comunicativos que revelem aos indivíduos que eles podem se constituir em interlocutores, em parceiros das argumentações que acontecem nas esferas públicas que formam um processo deliberativo. É justamente a sua inserção nesse processo que lhes abre a possibilidade de participar paritariamente das discussões políticas que definem políticas de redistribuição e de reconhecimento. Segundo Fraser (2003; 2005), a construção de uma paridade participativa entre os indivíduos marginalizados e aqueles considerados competentes para a comunicação na esfera pública deve satisfazer duas condições principais. A primeira seria uma "condição objetiva", capaz de assegurar aos participantes de uma discussão igual distribuição de recursos materiais a fim de que eles possam ter acesso a oportunidades de interação com os outros como "parceiros discursivos" (2003, p. 36). Por sua vez, a segunda condição, chamada por Fraser de "condição intersubjetiva", seria destinada a estabelecer igual respeito entre todos os participantes, ao lhes assegurar a possibilidade de obter estima social. Para a autora, a redistribuição é tão necessária quanto o reconhecimento social para a construção da autonomia.

Os beneficiários brasileiros e franceses que participaram das entrevistas destacaram os numerosos benefícios trazidos pela troca intersubjetiva que acontece nos espaços de conversação e de encontro mantidos pelas associações e pelas estruturas ligadas à assistência social (NAFs e Cras). Pudemos assim perceber que a comunicação e a capacidade de "dizer o sofrimento" são instrumentos centrais de emancipação. Expressar a própria condição diante do outro como problema define uma relação, um contexto e uma necessária busca de entendimento e alternativas de solução, o que permite também redefinir a maneira como cidadãos desfavorecidos percebem a si mesmos e o ambiente social e político em que se inserem.

Referências

AFONSO, M. L. "Metodologia de trabalho com famílias e comunidades nos Núcleos de Apoio à Família". *Pensar BH – Políticas Sociais*, Belo Horizonte, set.-nov. 2005, p. 17-21.

ASTIER, I. *Revenu minimum et souci d'insertion*. Paris: Desclée de Brouwer, 1997.

BOHMAN, J. "Deliberative democracy and effective social freedom: capabilities, resources, and opportunities". In: BOHMAN, J.; REHG, W. (orgs.). *Deliberative democracy: essays on reason and politics*. Cambridge: MIT Press, 1997, p. 321-48.

CAILLÉ, Alain. "Présentation". *Revue du Mauss*, Paris, n. 23 (De la reconnaissance: don, identité et estime de soi), 2004, p. 5-28.

_____. "Reconnaissance et sociologie". In: CAILLÉ, A. (org.). *La quête de reconnaissance: nouveau phénomène social total*. Paris: La Découverte, 2007, p. 185-208.

CASTEL, R. *Les métamorphoses de la question sociale. Une chronique du salariat*. Paris: Gallimard, 1999.

FRASER, Nancy. "Struggle over needs: outline of a socialist-feminist critical theory of late capitalist political culture". In: FRASER, N. *Unruly practices: power, discourse, and gender in contemporary social theory*. Minneapolis: University of Minnesota Press, 1989, p. 161-87.

_____. "Social justice in the age of identity politics: redistribution, recognition, and participation". In: FRASER, N.; HONNETH, A. *Redistribution or recognition? A political-philosophical exchange*. Londres: Verso, 2003, p. 7-109.

_____. *Qu'est-ce que la justice sociale ? Reconnaissance et redistribution*. Paris: La Découverte, 2005.

FREIRE, P. *Pedagogia do oprimido*. 2. ed. Rio de Janeiro: Paz e Terra, 1974.

HABERMAS, J. *Théorie de l'agir communicationnel – Pour une critique de la raison fonctionnaliste*. Paris: Fayard Poitiers, 1987, t. 2.

_____. *Droit et démocratie: entre faits et normes*. Paris: Gallimard, 1997.

HELD, D. *Modelos de democracia*. Belo Horizonte: Paideia, 1987.

HONNETH, A. "Invisibilité: sur l'épistémologie de la reconnaissance". *Réseaux*, Paris, n. 129-30, 2005, p. 41-7.

_____. *La société du mépris: vers une nouvelle Théorie critique*. Paris: La Découverte, 2006.

_____. *La lutte pour la reconnaissance*. Paris: Les Éditions du Cerf, 2007.

LALLEMENT, M. "Qualités du travail et critique de la reconnaissance". In: CAILLÉ, A. (org.). *La quête de reconnaissance: nouveau phénomène social total*. Paris: La Découverte, 2007, p. 71-88.

LE BLANC, G. *Vies ordinaires, vies précaires*. Paris: Éditions du Seuil, 2007.

LELIÈVRE, Michèle; NAUZE-FICHET, Emmanuelle (orgs.). *RMI, l'état des lieux – 1988-2008*. Paris: La Découverte, 2008.

MARQUES, A. C. S. "A construção da autonomia individual e política: um desafio para as beneficiárias do Bolsa Família". *Pensar BH – Política Social*, Belo Horizonte, n. 18, 2007, p. 43-5.

MARQUES, A. C. S.; MAIA, R. "Dimensões da autonomia no combate à pobreza: o programa Bolsa Família sob a perspectiva das beneficiárias". *Serviço Social e Sociedade*, São Paulo, v. 92, 2007, p. 58-85.

_____. "A conversação sobre temas políticos em contextos interativos do cotidiano". *Política & Sociedade*, Florianópolis, v. 7, n. 12, 2008.

MENDONÇA, R. F. *Reconhecimento e deliberação: as lutas das pessoas atingidas pela hanseníase em diferentes âmbitos interacionais*. 2009. Tese (Doutorado) – Departamento de Comunicação Social da Faculdade de Filosofia e Ciências Humanas da Universidade Federal de Minas Gerais, Belo Horizonte.

PAUGAM, S. *La disqualification sociale: essai sur la nouvelle pauvreté*. Paris: PUF, 1993a.

_____. *La société française et ses pauvres: l'expérience du RMI*. Paris: PUF, 1993b.

RANCIÈRE, J. *Le partage du sensible, esthétique et politique*. Paris: La Fabrique, 2000.

RICOEUR, P. *Parcours de la reconnaissance. Trois études*. Paris: Gallimard, 2005.

ROULLEAU-BERGER, L. "Grammaires de la reconnaissance, individuation et ordres sociétaux". In: CAILLÉ, A. (org.). *La quête de reconnaissance: nouveau phénomène social total*. Paris: La Découverte, 2007, p. 135-48.

SPIVAK, G. C. *Pode o subalterno falar?* Belo Horizonte: Editora da UFMG, 2010.

VOIROL, O. "Les luttes pour la visibilité – Esquisse d'une problématique". *Réseaux*, Paris, n. 129-30, 2005, p. 91-121.

WARREN, M. *Democracy and association*. Princeton/Nova Jersey: Princeton University Press, 2001.

7 MOVIMENTOS SOCIAIS, CIDADANIA E O DIREITO À COMUNICAÇÃO COMUNITÁRIA NAS POLÍTICAS PÚBLICAS[1]

Cicilia M. Krohling Peruzzo

Falar sobre movimentos sociais tem sido um desafio. Dependendo dos receptores, pode-se deparar tanto com acirrado ceticismo como com alta receptividade. Neste trabalho, situamos brevemente os conceitos de cidadania e de movimentos sociais, com base em pesquisa bibliográfica. Em seguida, traçamos o caminho da dialética na tentativa de discutir brevemente as relações entre o passado e o presente na práxis dos movimentos sociais, e também as inter-relações entre movimentos sociais, cidadania e comunicação. Não é tarefa fácil para dar conta em poucas páginas, razão pela qual entendemos essa abordagem apenas como apontamentos que procuram aproximar esses temas tão complexos que têm vida própria e estão cheios de história.

Uma palavra sobre cidadania e movimentos sociais

A cidadania, à luz dos conceitos de Marshall (1967), constitui-se na efetivação dos direitos da pessoa nas dimensões civil, política e social. São direitos que garantem, respectivamente, a liberdade individual de ir e vir, de propriedade, de expressão etc.; a liberdade de associação, de reunião, de organização e de participação política; e o acesso à saúde, educação, ao trabalho, entre outros.

Como mostra Liszt Vieira (2000, p. 22-3), os direitos civis, conquistados no século XVIII, e os políticos, reconhecidos no século XIX, são direitos de primeira geração, enquanto os direitos sociais, uma conquista do século XX, correspondem a uma segunda geração de direitos. Mas, ainda na segunda metade do século XX, foram reconhecidos

---

1. Trabalho apresentado no V Colóquio Brasil-Espanha, promovido pela Sociedade Brasileira de Estudos Interdisciplinares da Comunicação (Intercom) e realizado na Faculdade de Comunicação da Universidade de Brasília, em 29 de agosto de 2008.

COMUNICAÇÃO E POLÍTICA **149**

também os direitos de terceira geração, que têm como titular não o indivíduo, mas os grupos humanos em suas diferenças, como uma nação da qual fazem parte minorias étnicas, mulheres, crianças etc. Durante o mesmo século XX despontaram também os direitos de quarta geração, relativos à bioética, que tentam impedir a destruição da vida e pretendem regular a criação de formas de vida em laboratório.

Os direitos de terceira geração são explicados por Norberto Bobbio (1992, p. 69) como um processo de passagem da concepção da pessoa genérica (relativa ao ser humano) para a pessoa específica, tomada na diversidade de seu *status* social com base em critérios como sexo, idade, condições físicas. Em outras palavras, dizem respeito às diferenças entre homem e mulher, ou à especificidade do idoso em relação ao adulto, ou à do doente mental e assim por diante.

Como se pode observar, o *status* da cidadania se modifica, pois ela é construída ao longo da história e é, portanto, histórica. Ela avança em sua qualidade, já que os direitos se aperfeiçoam ou são ampliados. A percepção do que vem a ser um direito – da pessoa, de grupos humanos, dos animais etc. – varia no tempo e no espaço, tendendo a avançar em qualidade de acordo com o grau de organização e da força mobilizadora da sociedade civil para forçar sua legitimação e consecução por parte do poder do Estado, do Legislativo e do capital.

A história mundial da cidadania[2] demonstra que seus saltos qualitativos só ocorrem mediante pressão coletiva. Nenhum poder, seja ele do capital, do legislador ou do Executivo, concede avanços de benefícios aos pobres ou desprovidos da possibilidade de desfrutar de condições adequadas para a realização plena dos direitos humanos se não houver demonstração inequívoca de sua capacidade de articulação, consciência e resistência política. É exatamente pela percepção clara dessas condições que os movimentos sociais surgem, se ampliam e se ressignificam constantemente.

Hoje em dia as lutas sociais apresentam dimensões que podem ser novas em algumas realidades, mas já se legitimaram em outros lugares. O Estatuto da Criança e do Adolescente e o Estatuto do Idoso no Brasil, por exemplo, se efetivaram como documentos jurídicos em 1990 e em 2003, respectivamente, ao passo que, como mostra Bobbio (1992, p. 69), cartas relativas ao direito às diferenças (entre homem e mulher, do idoso, do doente mental etc.) foram promulgadas internacionalmente desde o início da segunda metade do século XX[3]. Enfim, a força que arregimenta as mudanças na qua-

---

2. Ver Pinsky e Pinsky, 2003.
3. Exemplificando: Convenção sobre os Direitos Políticos da Mulher (adotada por ocasião da VII Sessão da Assembleia Geral das Nações Unidas em 1953), Declaração da Criança (adotada pela Assembleia das Nações Unidas em 1959), Declaração dos Direitos dos Deficientes Físicos (pro-

lidade da cidadania vem da sociedade civil e tem relação direta com a consciência do "direito a ter direitos"[4].

Como disseram Marx e Engels, em *A ideologia alemã* (1976), as ideias das classes dominantes são as ideias dominantes em determinados períodos históricos. Elas perduram enquanto são aceitas e reproduzidas e, portanto, não questionadas. Sempre há um movimento de mudança, um sonho de ampliação dos direitos, a utopia de democratizar a cidadania. No Brasil a cidadania existe, mas não para todos. A escravidão foi aceita durante séculos. Somente mediante a pressão de forças contrárias unidas é que ela foi se tornando insustentável. Atualmente há o desejo de outras conquistas e, passados 120 anos da Abolição, o movimento para garantir o direito à educação se fortalece, destacando-se o acesso do negro à universidade por meio de cotas, como uma forma de ressarcimento da dívida social do Estado e da sociedade que não asseguraram os direitos fundamentais da pessoa a toda uma etnia, que é motivo de importantes demandas sociais.

Se o princípio constitucional da educação como direito de todos não é respeitado, em algum momento ele passa a ser reivindicado. Veja-se o exemplo do Movimento dos Sem Universidade (MSU) – sem distinção de condição social ou étnica – que pressiona pela igualdade de acesso ao ensino de nível superior. As ideias das classes detentoras do poder econômico, político, cultural e jurídico não conseguem se eternizar e percebe-se que as próprias contradições de um modo de organização social discriminatório engendram a mudança. Graças às forças contrárias, em um movimento de negação – ou antítese – ao *status quo*, os direitos de cidadania são ampliados.

Os movimentos sociais populares, identificados como forças organizadas, conscientes e dispostas a lutar, são artífices de primeira ordem no processo de transformação social, embora um conjunto de fatores (liberdade, consciência, união) e de atores (pessoas, igrejas, representações políticas, organizações) se some para que as mudanças se concretizem.

A comunicação nos movimentos sociais

Movimentos sociais populares são articulações da sociedade civil constituídas por segmentos da população que se reconhecem como portadores de direitos ainda não

---

clamada pela Assembleia Geral das Nações Unidas em 1971) e os Direitos dos Anciãos (propostos pela I Assembleia Mundial para tratar do assunto realizada em 1982, em Viena, e acolhidos pela ONU no mesmo ano).

4. Expressão usada por Liszt Vieira (2000).

efetivados na prática. Organizam-se na própria dinâmica de ação e tendem a se institucionalizar como forma de consolidação e legitimação social.

Há várias categorias deles que, geralmente, são construídas com base na instituição que os apoia ou os abriga (igreja, partido, sindicato, escola etc.), nas características da natureza humana (sexo, idade, raça e cor – como o movimento de mulheres, dos índios, dos negros, dos homossexuais, das crianças), em determinados problemas sociais (movimentos de transporte, moradia, saúde, lazer, ecológicos, pacifistas, defesa dos animais, entre outros). São frequentes também os movimentos construídos em função das conjunturas políticas de uma nação (a exemplo de insurreições políticas, revoltas, motins, revoluções etc.), assim como os surgidos de ideologias – apesar de a ideologia perpassar qualquer movimento –, tais como o anarquismo e o marxismo, que geram fluxos e refluxos conforme as conjunturas (Gohn, 2004, p. 268-71). Outras classificações de movimentos sociais são destacadas por David Aberle (*apud* Gohn, 2004, p. 267), que ressalta as iniciativas dos transformadores, dos reformistas, dos redentores e dos alternativos.

Manuel Castells (2000, v. 2, p. 23-4) enfatiza que as identidades (necessárias na articulação dos movimentos sociais) organizam significados e podem ser classificadas como legitimadoras (introduzidas pelas instituições dominantes no intuito de manter a dominação), de resistência (criadas por atores que se sentem ameaçados pela estrutura de dominação, as gangues por exemplo) e de projeto (forjadas por atores para construir uma nova identidade capaz de redefinir sua posição na sociedade e transformar a estrutura social).

Neste texto tomamos como base apenas os movimentos sociais populares (das classes subalternas) que se caracterizam como transformadores e construtores de identidades de projeto. Com as devidas redefinições políticas características de um período histórico que restabelece as regras democráticas, com o aperfeiçoamento da práxis dos movimentos e a criação de novos, bem como com o crescimento de organizações não governamentais (ONGs) que por vezes acabam assumindo funções antes exercidas por movimentos sociais, o Brasil segue gestando suas forças políticas que se dividem em frentes combativas de caráter político-contestador e aquelas mais preocupadas em encaminhar soluções diante das violações dos direitos de cidadania e/ou participar das arenas de negociação normatizadas, tais como os conselhos setoriais. Existe, assim, uma diversidade de movimentos que engloba desde o Movimento dos Trabalhadores Rurais Sem Terra (MST), que desfruta de grande visibilidade pública, a outros como o Movimento Nacional dos Direitos Humanos (MNDH), a Articulação de Mulheres Brasileiras (AMB) e as dezenas de organizações de mulheres, o Movimento Nacional do Direito à Moradia (MNDM) e suas ramificações em vários estados brasileiros, as várias articulações do movimento ecológico, além das centenas de outros grupos e ONGs de base social que desenvolvem trabalho socioeducativo visando resolver problemas concretos de segmentos sociais que sofrem as consequências do desrespeito aos direitos fundamentais.

O significado dessas manifestações no âmbito da sociedade civil pode ser percebido mundialmente se for dedicada atenção à mobilização internacional em torno do Fórum Social Mundial (FSM), cujo lema é "Um outro mundo é possível" e que propõe um desenvolvimento que tenha o ser humano como força motivadora e destinatária de seus resultados. O número de pessoas e de entidades que se reúnem anualmente desde 2001 a cada nova edição do fórum para discutir e apresentar propostas alternativas de vida em sociedade indica sua importância como espaço político ampliado de debate. Nos últimos anos, o quadro participativo é o seguinte: o FSM de 2005 reuniu cerca de 155 mil participantes e 6.588 organizações de mais de 156 países em Porto Alegre (Brasil)[5]. Em 2006, o FSM foi policêntrico: aconteceu em Caracas (Venezuela), Karachi (Paquistão) e Bamako (Mali) e reuniu ao todo cerca de 98 mil pessoas. Em 2007, em sua sétima edição, aconteceu na cidade de Nairóbi, capital do Quênia, com a participação de 75 mil pessoas representantes de milhares de organizações sociais vindas de mais de 100 países[6]. Em 2008, o FSM foi descentralizado. Houve uma semana de mobilização e de ação global marcada por um dia de visibilidade mundial em 26 de janeiro de 2008. Organizações, redes, movimentos sociais e coletivos de todas as partes do planeta foram convidados a planejar ações, encontros, reuniões, marchas e outras atividades realizadas nos níveis local (aldeias, zonas rurais, centros urbanos), regional e nacional (Processo FSM, 2008)[7].

O FSM provocou o surgimento de fóruns correlatos pelo mundo, como o Fórum Social das Américas, o Fórum Social Brasileiro, o Fórum Social Alemão, o Fórum Social de Los Angeles, o Fórum Social Catalão, o Fórum Social do Mercosul, o Fórum Social da Tríplice Fronteira, o Fórum Social Mundial das Migrações, o Fórum Social da Zona Sul de São Paulo, e muitos outros. Entre os aspectos inovadores do FSM destacamos o fato de que se constitui não como instância burocrática, mas como articulação social em formato de rede.

---

5. Ver: <http://www.forumsocialmundial.org.br>.
6. Idem.
7. Até outubro de 2007, mais de 1.600 organizações e indivíduos de todo o mundo já haviam assinado o compromisso de organizar atividades na semana de mobilização, tendo como origem diversos países do mundo (Boletim FSM, 2007). Funcionaram também os fóruns temáticos, locais e regionais.

Trata-se de espaço para interlocução e troca de conhecimentos e até como fonte de inspiração para planos e modos de intervenção na realidade. O evento constitui-se em uma grande arena de debates a partir de painéis, mesas-redondas e conferências, mas é, principalmente, tomado por atividades autogestionárias. Para a efetivação de tais atividades, as próprias organizações da sociedade civil se inscrevem, custeiam suas despesas, relatam suas experiências e colocam-nas em discussão, o que resulta na explicitação de ampla diversidade de lutas realizadas com o objetivo último de construir a justiça social.

Diferentemente do que às vezes se pensa, há um processo de mobilização social de proporções imensas. A mídia praticamente não divulga o fenômeno do FSM nem as mobilizações internas nos países, tampouco os fóruns temáticos e regionais, e, quando o faz, trata-os de forma tão parcial e fragmentada que impede sua compreensão integral.

A comunicação faz parte dos processos de mobilização dos movimentos sociais em toda a história e em conformidade com os recursos disponíveis em cada época. O FSM, por exemplo, tem grandes proporções porque soube usar a internet como canal de comunicação. Os movimentos sociais específicos também se ajustam às condições dadas para poder se comunicar. No Brasil, tais movimentos sempre usaram meios próprios de comunicação, até pelo cerceamento à sua liberdade de expressão por meio da grande mídia. O processo que vai do panfleto ao jornalzinho e dele ao *blog* e ao *website* na internet, do megafone ao alto-falante e dele à rádio comunitária, do *slide* ao vídeo e dele às chamadas tevês livres[8] e aos canais comunitários da televisão a cabo[9] evidencia o exercício concreto do direito à comunicação como mecanismo facilitador das lutas pela conquista de direitos de cidadania.

Nessa dinâmica, o empoderamento de processos comunicacionais autônomos tem sido percebido como uma necessidade de canais de expressão na dinâmica de mobilização e organização popular. Mesmo sob o controle e o poder de coação do regime mili-

---

8. As tevês livres funcionam como transmissões televisivas na frequência VHF (Very High Frequency) de aproximadamente 150 watts, que atingem comunidades específicas. Não está regulamentada em lei, portanto são transmissões clandestinas. Entram no ar em caráter ocasional, até pelos riscos decorrentes de sua ilegalidade. Operam para resistir às novas formas de dominação e criar novos espaços de comunicabilidade e de interação. O objetivo é trazer à tona uma programação diferente e inovadora, autossuficiente e sem fins lucrativos. É, enfim, uma boa forma de resistir ao monopólio das telecomunicações. Ver mais em: <http://tvlivre.org/>.

9. Ressalvando que a passagem de um meio "artesanal" de comunicação para outro de alto desenvolvimento tecnológico não significa a superação do uso das formas mais simples e antigas. Pelo contrário, a coexistência de ambas persiste nesta primeira década do século XXI.

tar brasileiro[10] em sua fase de declínio e correndo todos os riscos decorrentes da conjuntura política de então – o estado de exceção e seus mecanismos de repressão –, os movimentos sociais e outras organizações progressistas ousaram criar meios alternativos para se comunicar. Exerceram, e continuam a exercer, o direito de comunicar-se na prática, tanto usando meios alternativos como maneira de escapar ao controle e à repressão policial, como enfrentando dispositivos legais contrários e impeditivos, como é o caso da radiodifusão comunitária. Quando ainda não havia lei de rádio comunitária, usava-se o alto-falante e, posteriormente, entrava-se no ar na forma de rádio livre. Diante do fechamento de um grande número de emissoras comunitárias, algumas entraram na Justiça para garantir o direito constitucional à liberdade de expressão e obtiveram liminares favoráveis.

No nível teórico-político, a questão das políticas públicas democráticas de comunicação foi muito discutida na América Latina[11] e demais países do então chamado "Terceiro Mundo" nos anos 1970 e 1980, precedida pelo chamamento da Organização das Nações Unidas para a Educação, Ciência e Cultura (Unesco) ainda nos anos 1960. As motivações para tanto estavam nas condições de controle dos fluxos internacionais de informação, insertos em uma ordem econômica internacional favorável aos países centrais. Por meio das agências de notícias e da exportação de produtos da indústria cultural, além da inversão direta de recursos em meios de comunicação da América Latina, difundiam-se a visão de mundo e o modo de vida dos Estados Unidos e de países europeus, o que caracterizava uma forma de dominação cultural[12], ao mesmo tempo que se impedia a circulação mundial da informação proveniente de fontes latinas, africanas e asiáticas e até mesmo entre os países dessas regiões. No interior dessas discussões surgiu a proposta de uma comunicação horizontal[13], ou seja, comunitária, participativa e democrática, e realizada mediante o envolvimento ativo das pessoas como emissoras e receptoras de mensagens, como forma de contemplar outras perspectivas do direito à comunicação que não apenas o acesso à informação.

Em nível internacional se apregoou a formação da Nova Ordem Mundial da Informação e Comunicação (Nomic). A Unesco chegou a criar a *Comissão Internacional para o Estudo dos Problemas da Comunicação*, coordenada por Sean MacBride. O resultado dos

---

10. Vigente entre 1964 e 1985.
11. Primeira Conferência Intergovernamental sobre Políticas de Comunicação na América Latina, realizada na Costa Rica, em julho de 1976.
12. Ver Reyes Matta (1980); Beltrán (1981; 1982) e Wertheim (1979).
13. Recomendamos a leitura de Reyes Matta (1977), Shiller (1978) e Beltrán (1991; 1982), entre outras obras.

trabalhos da Comissão foi apresentado no *Informe MacBride* ou *Um mundo, muitas vozes*[14], em fevereiro de 1980.

Nos anos recentes, a questão do direito à comunicação volta à cena[15] e reafirma os preceitos legais, historicamente conquistados, que garantem o acesso à informação e o direito à liberdade de opinião, criação e expressão. Ao mesmo tempo, são enfatizadas novas perspectivas, dentre as quais podemos destacar a contestação do desrespeito às minorias e aos direitos humanos pela mídia[16], a defesa dos direitos culturais e do acesso das pessoas também aos meios de comunicação de tecnologia avançada.

Do nosso ponto de vista, no momento atual ocorre a explicitação do direito de acesso do cidadão e de suas organizações populares representativas ao poder de comunicar, o que abrange também, dessa forma, o acesso aos canais de comunicação massivos e eletrônicos na condição de emissores de conteúdos próprios e de gestores autônomos de meios a serviço das "comunidades" e movimentos populares. No passado, os movimentos sociais se contentavam – ou melhor, eram obrigados a se contentar – com meios artesanais e de baixo alcance de comunicação (jornalzinho, panfleto, megafone, alto-falante). Hoje o que se quer é assegurar o acesso a meios mais modernos, eficazes e capazes de atingir um público mais amplo simultaneamente. A demanda é por agregar as possibilidades comunicativas que as novas tecnologias de informação e comunicação (NTIC) oferecem sem desprezar as formas mais tradicionais que continuam em uso de norte a sul do país.

Parece-nos que se trata de processo indicativo de um movimento correlato àquele que identifica a passagem da cidadania de uma fase à outra, conferindo maior comple-

---

14. Documento publicado no Brasil pela Editora da Fundação Getúlio Vargas, em 1983, sob o título "Um mundo e muitas vozes: comunicação e informação em nossa época".

15. Assim como nos anos 1980 e 1990 a academia abriu espaços para o debate das formas horizontais e alternativas de comunicação, neste momento o debate volta a despertar interesses. As palavras de ordem hoje passam a ser "direito à comunicação", "comunicação comunitária" e "mídia alternativa", possivelmente pelo fenômeno social que representam: essas modalidades de comunicação estão em todos os lugares e em uma variedade de formatos jamais vista.

16. Ver ações civis impetradas na Justiça, por meio do Ministério Público Federal, contra a violação de direitos humanos pela televisão, cujas decisões determinaram punições tais como o pagamento de multas, retirada de programas do ar e a garantia do direito de resposta. Como exemplo, destacamos o programa "Tardes quentes", da Rede TV, apresentado por João Kleber, que exibia quadros que violavam os direitos humanos, em especial dos homossexuais. A Justiça determinou, entre outros aspectos, que no lugar desse programa fosse exibida programação com 30 horas de duração produzida pelas organizações envolvidas na Ação Civil Pública. Em consequência disso, programas denominados "Direitos de resposta", com uma hora de duração, foram veiculados durante 30 dias. Ver: <http://www.intervozes.org.br/destaque-4>.

xidade à proteção da dignidade dos indivíduos. Ou seja, o direito de comunicar[17] é colocado como direito de terceira geração, pois se desloca da noção de direito do indivíduo para a de direito coletivo: um direito de grupos humanos, dos movimentos coletivos e das diversas formas de organização social de interesse público, respeitadas as diferenças[18] em todos os sentidos, sejam elas de gênero, raça, idade, fé, cultura e assim por diante. E, ao mesmo tempo, não se perde de vista o direito de acesso à informação e à partilha do uso dos canais de expressão como constituintes dos direitos de cidadania, os quais remetem à dimensão civil (liberdade de opinião, de crença etc.) – também direitos de primeira geração – e à dimensão social (acesso a bens, como legado do patrimônio histórico e cultural) e, por sua vez, relacionam-se aos direitos de segunda geração, de acordo com os conceitos anteriormente explicitados.

Colocar a comunicação como um direito humano (de terceira geração) representa um avanço na concepção de cidadania, visto que ela sempre fica meio imperceptível nas dimensões clássicas da cidadania. Fazê-lo significa ir além da noção tradicional de direitos civis, políticos e sociais e dar-lhe distinção apontando, ousaríamos dizer, para os direitos comunicacionais, ou para a dimensão comunicacional da cidadania, o que inclui os direitos do universo da cultura. Estes já estão embutidos nos direitos civis, políticos e sociais, mas quem sabe possam vir a ser fortalecidos se ganharem tratamento distinto quando pensados a partir da noção de desdobramento das "gerações de direitos", diante do papel central que os meios de comunicação, baseados nas NTICs, têm na sociedade contemporânea. Perante isso, cabe-nos perguntar se os direitos comunicacionais não estão inspirando uma nova geração de direitos. Poderia surgir, assim, uma quinta geração de direitos, uma vez que a quarta já é atribuída ao universo da bioética, a qual também inclui aspectos dos direitos humanos à comunicação.

A educomunicação comunitária necessária

A comunicação comunitária, uma das formas de exercitar o direito à comunicação, é uma das denominações para a comunicação popular, participativa, horizontal ou alternativa, entre outras expressões usadas para se referir ao processo comunicativo levado a efeito por movimentos sociais populares e organizações sem fins lucrativos da sociedade civil. Esse tipo de comunicação ocorre no bojo de uma práxis de atores coletivos

---

17. Ver Peruzzo (2005).
18. A aprovação pela Unesco, no dia 20 de outubro de 2005, da Declaração Universal sobre a Diversidade Cultural representa a legitimação mundial do reconhecimento dos direitos de terceira geração.

que se articulam para provocar a mobilização social e realizar ações concretas com vistas à melhoria da consciência política e das condições de existência das populações empobrecidas. Portanto, entende-se a comunicação comunitária como aquela desenvolvida de forma democrática por grupos populares em comunidades, bairros, espaços *online* etc., segundo seus interesses, necessidades e capacidades. É feita pela e para a comunidade (Peruzzo, 2008a, p. 2).

Sua origem remonta à ação dos movimentos populares típicos dos anos 1970, que perpassam as décadas seguintes, transformando-se, portanto, em ações características do processo de reação ao controle político, às condições degradantes de vida e ao desrespeito aos direitos humanos que foram se instaurando no país ao longo do tempo. Não devemos, nesta reflexão, menosprezar o fato de que nas primeiras décadas do século passado também existiram jornais e outros meios de comunicação alternativa a serviço dos interesses dos trabalhadores[19]. Trata-se, pois, de uma comunicação vinculada às lutas mais amplas de segmentos populacionais organizados, a qual tem a finalidade de contribuir para solucionar problemas que afetam o dia a dia das pessoas e de ampliar os direitos de cidadania (Peruzzo, 2008a, p. 2). É feita de forma propositiva e sem medir esforços, com os recursos disponíveis e conforme as necessidades e a realidade de cada situação.

A comunicação comunitária se configura em uma grande variedade de feições, tais como a presencial (comunicação interpessoal, grupal), impressa (panfleto, boletim, fanzine, jornalzinho, cartaz, faixas), sonora (carro e bicicleta de som, alto-falante, rádio comunitária), audiovisual (vídeo, TV de rua[20], canal comunitário na televisão a cabo) e *online* (*blogs*, *websites*, comunidades virtuais, redes, *e-zines*, emissoras comunitárias na internet). Está repleta de distorções e, simultaneamente, de virtudes. De maneira geral, convém dizermos que as distorções têm relação com o jogo de interesses distintos que movem a criação de um meio comunitário de comunicação. Há aqueles de caráter mobilizador e educativo que visam prestar serviços comunitários para melhorar a qualidade de vida de segmentos da população. Outros se movem por interesses comerciais, pois há quem se aproprie de meios comunitários, especialmente do rádio, como forma de arrecadar dinheiro. Há também os interesses de caráter religioso e os de cunho personalista e/ou político-eleitoral.

---

19.   Ver Peruzzo, 2004.

20.   Os programas da TV de rua são realizações em vídeo produzidas com a participação da população e transmitidas em espaços públicos abertos (praças e ruas) ou fechados (postos de saúde, creches, escolas, centros comunitários, associações de bairro, sindicatos, ginásios esportivos, hospitais etc.) destinados à recepção coletiva.

Outras distorções ocorrem em virtude da falta de recursos financeiros, de práticas autoritárias de lideranças, uso político eleitoral, falta de preparação adequada para o manuseio da comunicação etc. No segmento das experiências que se pautam pelo interesse público, o campo das virtudes é amplo. O meio comunitário contribui para melhorar as condições de vida e de conhecimento das pessoas por meio da conscientização e promoção dos direitos humanos. Esse meio também favorece o exercício da cidadania ao abrir espaço para difundir a voz do cidadão e possibilitar que este participe ativamente das demais fases do processo comunicativo, como dos próprios planos de geração de conteúdos e da gestão do meio.

Em relação ao processo educativo, as pessoas operam sistemas de comunicação comunitários mesmo sem formação específica. Aprendem na prática, uns com os outros, recebem ajuda esporádica de aliados e às vezes até têm a oportunidade de participar de cursos de curta ou longa duração. Contudo, o exercício de atividades de comunicação comunitária poderia ser melhorado, em alguns casos, se houvesse a possibilidade de formação específica para tal fim, ou seja, que leve o indivíduo a respeitar a dinâmica e a lógica da comunicação comunitária, e não para conduzir os comunicadores populares aos padrões da mídia comercial de grande porte.

Na verdade, é importante a preparação das pessoas para o uso das técnicas e tecnologias de comunicação. Há necessidade de "alfabetizar" para o uso das linguagens audiovisuais, da imprensa e as digitais que necessitam do domínio das técnicas de diagramação de jornal, manuseio de computador, da criação de *blogs*, operação de filmadoras, entre outros usos. Por conseguinte, no jogo da necessidade de adquirir competências, agrega-se um "novo" direito, o do acesso ao conhecimento técnico e especializado em comunicação.

Dessa maneira, o exercício do direito à comunicação comunitária já se entrelaça aos modos de educação informal (processada no dia a dia e mediante as práticas no âmbito da comunicação) e aos não formais (participação em treinamentos, oficinas propiciadas por instituições) que ocorrem no contexto das lutas sociais e possibilitam rico processo de educomunicação. Mas resta a demanda para repensar a educação formal. Até quando a escola vai garantir somente a alfabetização da escrita e a leitura textual? Na perspectiva de assegurar o direito à educação deve-se levar em conta que os meios de comunicação, informalmente, também educam, mas praticam linguagens diferentes. Assim, além de saber lê-los, interpretá-los, dominar os seus códigos, é preciso saber manusear os modos como operam. Entre as melhores formas de conhecer o funcionamento dos meios de comunicação como um todo, seu poder de influência e as possibilidades de manipulação das mensagens, destacam-se a práxis da mídia, ou seja, a execução de projetos concretos de comunicação, e a reflexão sobre eles.

Comunicação comunitária nas propostas de políticas de comunicação

O debate sobre as políticas democráticas de comunicação no Brasil só teve ressonância em fóruns específicos da área da comunicação e em alguns movimentos sociais mais expressivos em termos de organização e perspectiva político-ideológica de esquerda. Nesse universo, o ponto alto do movimento pela democratização da comunicação foi a criação do Fórum Nacional pela Democratização da Comunicação (FNDC) e, mais recentemente, do Intervozes (Coletivo Brasil de Democratização da Comunicação). Mas, como mostramos anteriormente, em outro âmbito, o da práxis dos movimentos sociais e "comunidades", a democratização da comunicação vem sendo exercitada na prática ao longo da história.

Por outro lado, a preocupação central do debate em torno das políticas públicas de comunicação está nos mecanismos estruturais e no funcionamento dos grandes meios de comunicação de massa, uma vez que são regulamentados (ou não fiscalizados) a fim de favorecer e garantir integralmente os interesses do capital e dos grupos econômicos e políticos que os representam. As questões da comunicação comunitária aparecem tangencialmente ou nem aparecem. Os questionamentos mais frequentes por parte das forças progressistas referem-se ao sistema de concessão de canais de rádio e de televisão, à opção do governo brasileiro por determinado padrão de televisão digital, à concentração da propriedade da mídia nas mãos de grandes grupos econômicos, ao seu uso como mercadoria rentável e à manipulação de conteúdos, sempre em favor de interesses econômicos, políticos e ideológicos das classes dominantes.

Como dissemos em outro texto (Peruzzo, 2008b), a comunicação popular, alternativa e comunitária traçou caminhos paralelos, provavelmente porque seu patamar de atuação, pelo menos em um primeiro momento, não alcançava os sistemas de transmissão massivos então preponderantes. Seu ponto forte era a comunicação dirigida efetivada por intermédio das relações presenciais, do jornalzinho, do panfleto, do cartaz, do megafone, do alto-falante de baixo alcance e, posteriormente, do videocassete. Em uma segunda fase, apesar de alcançar os meios massivos, a comunicação comunitária ainda costuma ser vista como algo menor e sem importância no contexto das comunicações. Por outro lado, não dependia de regulamentação, já que seu caráter alternativo estava justamente na criação de meios de expressão próprios e independentes. Como os estudos das políticas nacionais de comunicação privilegiam questões de regulamentação e regulação do setor midiático de grande porte, bem como as relações de poder e a estrutura do mercado, configuram-se como outro motivo para o menosprezo à comunicação comunitária.

Esse quadro só começou a mudar com o avanço da comunicação comunitária, expresso na conquista de leis para as rádios comunitárias (1998) e dos canais de uso gratuito na TV a cabo (1995)[21], dentre eles o canal comunitário. Não podemos dizer que não houve abertura para a inclusão dessa modalidade de comunicação, mas é fato que o acesso sempre foi tímido e restrito àqueles indivíduos que têm alguma passagem relevante no setor. Dentro das exceções, Brittos e Benevenuto (2006) reconhecem a progressiva ampliação do uso de canais comunitários ao analisarem o modelo de regulamentação que prioriza a liberdade de atuação do capital e ao identificarem os setores não hegemônicos que se organizam em torno da comunicação alternativa.

Desprestigiado pelas forças em torno do FNDC, o segmento comunitário tomou a direção no encaminhamento de suas reivindicações por meio da Associação Brasileira de Radiodifusão Comunitária (Abraço), mais tarde da Associação Brasileira de Canais Comunitários (ABCcom) e de aliados diretos como o Ministério Público, alguns representantes do Poder Judiciário e outros, visando à modificação de leis, à garantia do direito de voltar a operar rádios comunitárias fechadas pela Polícia Federal e pela Agência Nacional de Telecomunicações (Anatel), à devolução de equipamentos apreendidos, ao relaxamento de prisões e processos criminais de radialistas comunitários, como os que envolvem a formulação de políticas que assegurem seus interesses.

Se não há uma política nacional de comunicação que garanta a democracia midiática, embora haja uma regulação implícita que a impede, já que os mecanismos legais favorecem o sistema concentrador ora em operação, também não existe uma política que beneficie o setor comunitário. Entre as evidências da falta de uma política específica para o setor comunitário, podemos destacar: as restrições da Lei (nº 9.612/98) de radiodifusão comunitária, a repressão e o fechamento de emissoras – apesar do trabalho em prol do desenvolvimento comunitário promovido por elas –, a morosidade no processo de autorização das emissoras por decisões do próprio Ministério das Comunicações, além da inexistência de um fundo público de recursos que possa viabilizar o funcionamento de emissoras de rádio e dos canais comunitários de televisão (regidos pela Lei nº 8.977/95).

Felizmente, a comunicação comunitária não depende de políticas governamentais para funcionar. Opera apesar dos rigorosos limites legais, encontra suas próprias saídas para custear as despesas, mas cumpre a função básica de informar, educar, mobilizar e, no caso do rádio, divertir e pluralizar as vozes da população. Quer manter a autonomia

---

21. No caso específico dos canais comunitários, o Fórum Nacional pela Democratização da Comunicação (FNDC), especialmente na pessoa de Daniel Herz, teve papel importantíssimo. Participou dos embates nos bastidores do Parlamento Nacional na época da criação da lei de TV a cabo (8.977/95) que incluiu a obrigatoriedade de as operadoras disponibilizarem seis canais de uso gratuito, sendo um deles o comunitário.

e reivindica, em última instância, o direito de exercitar a liberdade de expressão. As reivindicações do setor de rádio, por exemplo, se fazem no sentido de eliminar as restrições legais (limite de um quilômetro para irradiação, restrição a um único canal, impedimento de formar redes etc.) e de impedir a perseguição política (fechamento de emissoras, instauração de processos criminais contra lideranças, apreensão de equipamentos, por exemplo).

A comunicação comunitária e alternativa na atualidade

A comunicação comunitária e alternativa, entendida como comunicação dos movimentos sociais, pensada em sentido geral – ou seja, como não restrita a movimentos populares específicos, mas englobando aquelas manifestações de organizações correlatas ou de outros atores coletivos atuantes no mesmo universo de preocupações e tendências políticas e ideológicas –, reposiciona-se na sociedade brasileira cumprindo importante papel na democratização da comunicação e da sociedade. Esse reposicionamento pode ser encarado de múltiplas dimensões, como veremos a seguir.

A primeira dimensão está no seu próprio processo de reanimação a partir da incorporação de novos formatos em relação ao padrão preponderante nos anos 1970 e 1980. Incorporam-se formatos inovadores de meios de comunicação favorecidos pelo desenvolvimento tecnológico. É o caso de *blogs*, jornais *online*, *websites* informativos e colaborativos na internet que servem como canais de expressão para a comunicação comunitária e alternativa e passam a ser usados para as mais diferentes manifestações públicas. Há rádios comunitárias ampliando seu leque de atuação como webrádios, *websites* colaborativos que instituem novas redes alternativas e participativas de comunicação. O *blog* se populariza e passa a ser apropriado por grupos populares.

A segunda dimensão está na conquista de leis garantidoras da possibilidade de uso de meios massivos de comunicação, como o rádio de baixa potência e a televisão. No que se refere ao rádio, calcula-se que há aproximadamente 15 mil emissoras comunitárias no país. Somente a minoria – cerca de três mil – tem autorização do Ministério das Comunicações para operar, apesar de a maioria haver entrado com processo reivindicando a legalização. Trata-se de uma discrepância de ordem política e operacional que não cabe aprofundar nos limites deste texto. Ressaltamos, contudo, que as rádios comunitárias vêm sendo tratadas mais como uma questão de polícia do que de política pelo governo e por instâncias civis, a exemplo da Agência Nacional de Telecomunicações (Anatel) e das grandes empresas de comunicação. Em outro prisma, é necessário reconhecer que o segmento da radiodifusão comunitária é controverso. Além das emissoras de fato comunitárias há aquelas que se apropriam do espectro para outras finalidades (comerciais, proselitismo religioso, político-eleitorais), como já dissemos.

A televisão comunitária surgiu na década de 1990 no formato de canal comunitário na TV a cabo, pois antes existia apenas a TV de rua (tevê livre). Há cerca de 80 deles em funcionamento em capitais e em cidades de menor porte. O canal comunitário está entre os sete canais de uso gratuito garantidos pela lei de TV a cabo de 1995 e por dispositivos legais posteriores. Legalizados e funcionando em âmbito municipal, esses veículos são geridos por Associações de Usuários (a maioria) de forma autogestionária, além de partilharem a grade de programação entre as entidades associadas. Apesar das distorções e dificuldades operacionais, as tevês comunitárias estão instituindo um novo tipo de emissora pública, na medida em que são centradas e controladas por entidades sem fins lucrativos da sociedade civil e não sofrem ingerência do poder público.

Outra dimensão do reposicionamento da sociedade civil na democratização da comunicação pode ser percebido na reafirmação das lutas pela construção da cidadania, dado que esse tipo de comunicação tem em comum, de forma institucionalizada ou não, o interesse em ampliar o respeito aos direitos humanos e o estabelecimento da justiça social. Uma quarta dimensão aparece, assim, na confluência de perspectiva política, na linha explicitada no item anterior e, ao mesmo tempo, no respeito à diversidade. Diferentes atores e modos de produção da comunicação, em lugares diversos, realizam atividades visando ao bem comum e, dessa forma, vão se complementando como agentes de transformação, mesmo que não haja articulação funcional.

A quinta dimensão se revela na maior explicitação desses aspectos de apropriação da comunicação e da mídia nos movimentos sociais, ou na presença mais clara da preocupação com a incorporação de canais massivos e digitais. Ela é indicada pelo aumento recente da mídia alternativa e comunitária, pela ressonância social mais efetiva da questão do direito à comunicação e pelo maior interesse em olhar criticamente o conteúdo dos meios de comunicação, especialmente a programação da televisão. O surgimento de um maior número de observatórios de mídia e de comunicação que se propõem a monitorar criticamente a grande mídia e/ou a interferir nas políticas públicas de comunicação, bem como a criação do movimento Ética na TV e da campanha "Quem apoia a baixaria é contra a cidadania", também parece ser sintomático desse movimento.

Considerações finais

Cidadania é um processo histórico que depende da força organizadora e mobilizadora das pessoas e das articulações e organizações sociais por elas criadas. Ela se baseia em dois princípios fundamentais: igualdade e liberdade. Portanto, igualdade de acesso da população aos meios de comunicação – desde os mais elementares até aqueles bastante sofisticados que o contínuo desenvolvimento tecnológico possibilita – e liberdade no uso desses canais de comunicação, segundo as necessidades dos grupos humanos, contribuem para o avanço da qualidade da cidadania. A qualidade da cidadania se realiza, logo, não apenas pela oportunidade de participação na comunicação, mas essencialmente porque ela potencializa a ação cidadã na busca da ampliação dos demais direitos de cidadania. Como destaca Pedro Demo (1988), a cidadania é construída.

Um meio de comunicação não serve somente para difundir conteúdos, mobilizar e conscientizar. A participação ativa do cidadão na feitura da comunicação, ou seja, na criação, sistematização e difusão de conteúdos, e nos demais mecanismos inerentes ao processo comunicativo também é educativa porque possibilita à pessoa sentir-se sujeito. Ela se desenvolve intelectualmente. Aprende a compreender melhor o mundo e se sente capaz de interferir no seu entorno e na sociedade como um todo, visando assegurar o respeito aos direitos humanos não apenas de si própria, mas dos seus semelhantes.

Nesse aspecto, lembramos Paulo Freire, que já alertava para a importância de a pessoa, especialmente o pobre e oprimido, recuperar a palavra e agir como cidadão ativo. Pois bem, essa palavra, além de recuperada, merece ser difundida não apenas na distância que a voz humana naturalmente alcança, mas por meio da voz prolongada e conduzida por vias telerradioeletrônicas.

Para terminar, destacamos que a cidadania se sustenta, entre outros aspectos, em quatro pilares: a pessoa, os direitos humanos, a sociedade[22] e a comunicação. Todos estão continuamente em construção em um processo múltiplo de interferência. O ser humano é um ser em construção, assim como a sociedade. Os direitos humanos historicamente se ampliam. A sociedade é um processo em construção. A comunicação está em construção e pode ser democratizada a fim de contribuir para a constituição cada vez mais ampliada da própria cidadania. Ela não está dada nem completa. A cidadania avança na medida da consciência da prerrogativa a se ter o direito à comunicação e da capacidade de ação e articulação daqueles a quem ela se destina.

Referências

BELTRÁN, L. R. "Adeus a Aristóteles". *Comunicação & Sociedade: revista do Programa de Pós-graduação em Comunicação Social.* São Bernardo do Campo, Umesp, n. 6, set. 1981, p. 5-35.

---

22. Entendendo no seu interior o Estado.

BELTRÁN, L. R.; CORDONA, E. F. de. *Comunicação dominada: os Estados Unidos e os meios de comunicação da América Latina*. Rio de Janeiro: Paz e Terra, 1982.

BOBBIO, N. *A era dos direitos*. 4. reimp. Rio de Janeiro: Campus, 1992.

BOLETIM FSM, 2007. Fórum Social Mundial. Porto Alegre: FSM, 5 out. 2007. [Recebido por *e-mail*].

BRITTOS, V.; BENEVENUTO, A. "Comunicação dominante e alternativa: notas para uma análise a partir da economia política". *Comunicação e Sociedade: revista do Programa de Pós-graduação em Comunicação Social*. São Bernardo do Campo, Umesp, n. 45, 1º sem. 2006, p. 117-34.

CASTELLS, M. *A era da informação: economia, sociedade e cultura – Poder da identidade*. 2. ed. Rio de Janeiro: Paz e Terra, 2000, v. 2.

DEMO, P. *Participação é conquista*. São Paulo: Cortez, 1988.

DESTAQUE. Intervozes. 2007. São Paulo. Disponível em:<http://www.intervozes.org.br/destaque-4>. Acesso em: 26 jun. 2008.

GOHN, M. da G. *Teorias dos movimentos sociais: paradigmas clássicos e contemporâneos*. 4. ed. São Paulo: Loyola, 2004.

MACBRIDE, S. *Un solo mundo, voces múltiples*. México: Fondo de Cultura Económica, 1987. Disponível em: <http://unesdoc.unesco.org/images/0004/000400/040066sb.pdf>. Acesso em: 27 jan. 2008.

MARSHALL, J. F. *Cidadania, classe social e status*. Rio de Janeiro: Zahar, 1967.

MARX, K.; ENGELS, F. *A ideologia alemã I*. 3. ed. Lisboa: Presença; São Paulo: Martins Fontes, 1976.

PERUZZO, C. M. K. *Comunicação nos movimentos populares: a participação na construção da cidadania*. 4. ed. Petrópolis: Vozes, 2004.

_____. "Direito à comunicação comunitária, participação popular e cidadania". *Revista Latinoamericana de Ciencias de la Comunicación*. São Paulo, Alaic, ano 2, n. 3, jul.-dez. 2005, p. 18-41.

_____. "Conceitos de comunicação popular, alternativa e comunitária revisitados e as reelaborações no setor". *Palabra Clave: revista da Faculdad de Comunicación*. Chía-Cundinamarca/Colombia, Universidad de la Sabana, v. 11, n. 2, dez. 2008a, p. 367-79.

_____. "O lugar da comunicação comunitária nas políticas de comunicação no Brasil". In: Encontro da Compós (GT Economia Política e Políticas de Comunicação), XVII, 3 a 6 jun. 2008, São Paulo. *Anais...* São Paulo: 2008b, p. 1-15.

PINSKY, J.; PINSKY, C. B. (orgs.). *História da cidadania*. São Paulo: Contexto, 2003.

PROCESSO FSM 2008. Chamada para um Dia de Mobilização e Ação Global. Fórum Social Mundial. Porto Alegre: FSM, [s/d.]. Disponível em: <http://www.forumsocialmundial.org.br/dinamic.php?pagina=chamada2008>. Acesso em: 29 jun. 2008.

REYES MATTA, F. "From right to praxis: a model of communication with active social participation". In: Seminar on International Communications and Third World Participation, 5-8 set. 1977, Amsterdã, Holanda. *Anais...* Amsterdã, 1977, p. 1-15.

_____. *A informação na nova ordem internacional*. Rio de Janeiro: Paz e Terra, 1980.

SHILLER, H. *O império norte-americano das comunicações*. Petrópolis: Vozes, 1978.

VIEIRA, L. *Cidadania e globalização*. 4. ed. Rio de Janeiro: Record, 2000.

WERTHEIM, J. (org.). *Meios de comunicação: realidade e mito*. São Paulo: Nacional, 1979.

8 O DEBATE SOBRE A POLÍTICA DE COTAS RACIAIS NO DISCURSO JORNALÍSTICO

Ilídio Medina Pereira

As democracias contemporâneas, principalmente as de história mais recente e em países com grandes desigualdades sociais, têm falhado em assegurar um dos princípios básicos presente em todas as constituições: a igualdade de direitos a todos os seus cidadãos. Em outras palavras, têm falhado no dever de assegurar a própria cidadania. Nesse contexto, as ações afirmativas levadas a efeito em países onde existem movimentos sociais organizados e regimes democráticos estáveis visam compensar grupos que, por condições históricas, se encontram em uma situação de exclusão da possibilidade do exercício de direitos garantidos na Constituição.

No Brasil, o debate sobre ações afirmativas entrou, definitivamente, na pauta das questões de redemocratização nacional com a III Conferência Mundial de Combate ao Racismo, Discriminação Racial, Xenofobia e Intolerância Correlata, ocorrida em 2001, em Durban, na África do Sul. Embora as pró-ações afirmativas tenham raízes no protesto do movimento negro, foi nessa conferência que o Brasil reconheceu oficialmente a existência de discriminação contra negros e comprometeu-se a instituir ações específicas no intuito de propiciar maior acesso dos negros ao ensino superior. Implantadas com o objetivo de enfrentar desigualdades existentes no país, medidas dessa natureza não são novidade, uma vez que políticas sociais em prol de mulheres, pessoas idosas ou jovens e portadores de necessidades especiais já existiam e não causavam maiores surpresas ou resistências. Entretanto, a política que beneficia os negros, ou seja, a que é baseada em função de raça ou cor, tem despertado forte interesse e dividido opiniões.

Sem legislação nacional ou política assentada por parte do governo federal, a política que reserva vagas para negros[1] nas universidades tem gerado um debate acirrado

---

1. Apesar de a política de cotas abarcar tanto alunos negros quanto alunos provenientes de escolas públicas, dentro da nossa proposta interessa estudar apenas as cotas raciais.

entre vários setores da sociedade brasileira (Sales, 2008). Polêmico, esse tema envolve questões cruciais para a sociedade brasileira, tais como as relações entre universidade e sociedade, a formação da elite brasileira, as mazelas do passado escravocrata, a distribuição de renda e, talvez a mais importante, pensar o projeto brasileiro como nação.

Nesse debate, a mídia acaba tendo papel fundamental, já que seus discursos, com base na articulação de outros discursos presentes na sociedade, desempenham funções importantes na configuração e reconfiguração do espaço social, atribuindo valores que organizam as relações presentes na sociedade. No vasto universo midiático, voltamos nossa atenção para o jornalismo pelo fato de este constituir um espaço privilegiado de legitimação e consolidação do real.

Neste artigo, verificaremos como o jornalismo – com todas as suas peculiaridades – tem participado do debate sobre as cotas raciais. Para tanto, tomando o caminho da linguagem, propomos averiguar, mediante a análise do discurso, quais sentidos foram construídos e as principais vozes que apareceram nas notícias veiculadas no *Portal G1* e na *Folha OnLine* durante os anos de 2008 e 2009, mostrando comparativamente como esses veículos trataram o tema.

À luz dessas primeiras impressões, este trabalho está estruturado da seguinte forma: no primeiro momento, abordamos o universo das ações afirmativas em que a política de cotas é apenas uma das modalidades e, na sequência, apresentamos os principais discursos de reação a essa política. No item seguinte, tratamos o jornalismo como espaço de produção de sentidos. O processo de escolha dos veículos e de como foi construído o *corpus* de análise constitui o próximo tópico. A análise dos sentidos e das vozes vem logo a seguir. Finalizando, tecemos mais algumas considerações.

Do direito a igualdade às ações afirmativas: as cotas nas universidades

Segundo o sociólogo Edward Telles (2003), as políticas do Brasil que procuram combater o racismo podem ser divididas em dois grupos: legislação antirracismo e ação afirmativa. No primeiro caso, as pessoas podem recorrer à lei após terem sofrido discriminação. Apesar de existirem desde 1951, só em 1988, com a nova Constituição, é que surgiram leis mais eficazes. No segundo caso, busca-se prevenir a discriminação e contribuir para o estabelecimento de uma justiça reparatória. Por isso, as políticas de ação afirmativa incluem uma ampla série de mecanismos que visam criar oportunidades iguais e reduzir o racismo. As ações afirmativas podem utilizar cotas numéricas ou outras medidas, como pontos de bonificação.

As políticas de ação afirmativa representaram uma mudança drástica na postura do Estado, que passou a levar em conta em suas decisões fatores como raça, cor, sexo e origem nacional. Historicamente, a noção de igualdade como princípio jurídico de primeira grandeza nos documentos constitucionais, segundo Gomes (2003), emerge após as experiências revolucionárias dos Estados Unidos e da França, no final do século XVIII. Concebido com a finalidade de abolir os privilégios típicos dos regimes antigos e acabar com as distinções baseadas na linhagem e na rígida e imutável hierarquização, o conceito de igualdade – que veio dar sustentação jurídica ao Estado Moderno – estabelece que a lei deve ser igual para todos, sem distinção de qualquer espécie.

Paulatinamente, porém, a concepção de uma igualdade puramente formal começou a ser questionada quando se constatou que a igualdade de direitos não era, por si só, suficiente para tornar acessíveis aos socialmente desfavorecidos as oportunidades de que gozavam os indivíduos socialmente privilegiados. Assim, segundo Dray (1999), em vez de igualdade de oportunidades, importava falar em "igualdade de condições". Da transição da ultrapassada noção de igualdade "formal" ao novo conceito de igualdade substancial surge a ideia de "igualdade de oportunidade".

É nesse contexto que surgem as políticas sociais de apoio e de promoção de determinados grupos socialmente fragilizados. A essas políticas sociais, que são tentativas de concretização da igualdade substancial ou material, dá-se a denominação de "ações afirmativas" ou "ações ou discriminações positivas", na terminologia do direito europeu. Originário dos Estados Unidos, no início da década de 1960, o termo "ação afirmativa" surgiu no contexto dos movimentos dos direitos civis, especialmente os denominados "movimentos negros", que exigiam do Estado, além de leis antissegregacionistas, uma postura ativa para melhorar as condições da população negra. Assim, o Estado abandona a posição de neutralidade e passa a atuar efetivamente no sentido de proporcionar a seus cidadãos igualdade jurídica e social (Gomes, 2003).

Ainda de acordo com a interpretação de Gomes (2003), além da "concretização do ideal da igualdade de oportunidades", outro objetivo é o de induzir transformações culturais, pedagógicas e psicológicas nas sociedades em que tais ações são aplicadas, visto que elas têm caráter de exemplaridade. As ações afirmativas ainda visam eliminar as persistentes consequências da discriminação, que tendem a se perpetuar, como também abolir as "barreiras invisíveis" que impedem o desenvolvimento de determinados grupos discriminados, como os negros e as mulheres. O autor também chama a atenção para o fato de que, por meio das ações afirmativas, é possível implementar certa diversidade dos grupos minoritários em diversos setores, tanto públicos quanto privados. Um último objetivo relevante da prática dessas ações seria o de criar "personalidades emblemáticas" que servirão de exemplo e incentivo para as gerações mais jovens.

A discussão acerca da implantação de medidas de ações afirmativas torna-se complexa quando são levantados critérios étnicos para sua definição. No caso das cotas raciais em universidades brasileiras, há uma posição que argumenta que o mito da democracia racial deve ser desmascarado, por não representar a realidade e por servir, aliado ao ideal da miscigenação, para dissimular o racismo existente na sociedade brasileira. Essa corrente considera a política de cotas raciais necessária para combater as desigualdades daí decorrentes.

Outra tendência defende que, apesar da existência do racismo no Brasil, a democracia racial é um ideal a ser alcançado, razão pela qual o país não deveria abrir mão da sua identidade mestiça, a qual evitou a segregação formal e os resultados nefastos dela decorrentes. Também se considera que a política de cotas pode ser vista como instrumento que contribui para a instalação do ódio racial, por separar a sociedade em dois grupos, negros e brancos.

Os impulsionadores da ação afirmativa têm associado sua defesa à difícil situação de desigualdade socioeconômica que atinge a população negra no Brasil. Segundo os últimos dados do Censo Demográfico do IBGE[2], os negros aparecem fortemente representados nos indicadores de pobreza e analfabetismo e sub-representados em dados como educação. Entre os pobres e indigentes, os negros representam 63,6% dos pobres brasileiros e 68,8% dos indigentes. Os dados são também bastante reveladores da situação de desigualdade racial na universidade, mostrando que, na população de 25 anos ou mais – da qual 56,5% das pessoas são consideradas brancas e 42,3% são indígenas e pessoas pardas ou pretas –, verifica-se, dentre os que concluíram o ensino superior, que 83% eram brancos, enquanto apenas 14,4% pertenciam aos demais grupos. Esses estudos mostram, ademais, que a universidade pública brasileira ainda é muito elitista, começando por seu modo de acesso, o exame vestibular, que constitui um "filtro" pelo qual poucos conseguem passar, principalmente no que se refere aos cursos de maior prestígio social.

Tais dados estatísticos e os apresentados pelas vozes que se manifestam favoráveis a essa política são frequentemente contrastados com argumentos que fazem referência a questões de cunho legal e filosófico, indo desde os grandes empecilhos históricos, devido à construção social e política do país, a problemas identificados na estrutura e na dinâmica interna das universidades. São argumentos que afirmam que a política de cotas raciais é inconstitucional e alteraria a identidade brasileira de país mestiço (Sales, 2008).

O jornalismo como espaço de produção de sentidos

O jornalismo é um lugar de circulação e de produção de sentidos, pois a notícia está permanentemente definindo e redefinindo, construindo e reconstruindo fenôme-

---

2.   Dados do Censo 2000 do Instituto Brasileiro de Geografia e Estatística (IBGE).

nos sociais. Nossa posição filia-se à teoria construcionista, a qual, em oposição às visões ligadas ao paradigma positivista, defende que a notícia ajuda a construir a realidade. Isso se justifica pelo fato de a notícia – produto final do jornalismo – se materializar na linguagem e pela concepção de que a linguagem nunca é neutra. Nesse contexto, as notícias resultam de processos complexos de interação social, envolvendo agentes, nomeadamente os jornalistas e as suas fontes de informação (jornalistas e sociedade) e os membros da comunidade profissional (Traquina, 2004). Toda linguagem é dialógica, e esse dialogismo pode ser pensado tanto entre discursos quanto entre sujeitos (Brait, 1997).

Considerar o jornalismo resultado da interação entre sujeitos – da intersubjetividade – implica dizer que ele é produzido não apenas pelo sujeito que fala, mas também pelo sujeito que lê. Consequentemente, ele é opaco, já que se abre para diversas possibilidades de interpretação. Assumir tal pressuposto no campo do jornalismo significa reconhecer que o teor objetivo permanece apenas no campo da boa intenção do jornalista. O ideal da objetividade sugere que os fatos possam ser separados das opiniões ou juízos de valores e os jornalistas consigam um distanciamento dos acontecimentos do mundo real, cujo significado e verdade eles transmitem ao público por intermédio de uma linguagem neutra. Nesse sentido, o equilíbrio e a busca de imparcialidade funcionam mais como um recurso discursivo de autoapresentação positiva do que como possibilidade concreta.

Segundo Benetti (2005), essas características exigem que, sempre que se fazem estudos de discurso sobre o campo jornalístico, levem-se em consideração suas regras como campo e suas características como gênero, evitando que os resultados sejam equivocados, distorcidos ou mesmo inválidos.

A escolha dos veículos e a construção do *corpus*

Para estudar as fontes de informação e os sentidos construídos sobre as cotas nas universidades públicas brasileiras, fizemos uma busca com as palavras "cotas" e "universidade" nos *sites* da *Folha OnLine* e do *Portal G1*. Foram escolhidas todas as notícias publicadas de janeiro de 2008 a dezembro de 2009 cujos títulos faziam referência às cotas nas universidades, contabilizando um período de dois anos. Esses anos foram escolhidos porque coincidem com a saída dos primeiros cotistas formados em universidades federais[3].

---

3. Embora a Uerj tenha sido a primeira a implantar o sistema de cotas em 2002, a UnB foi a primeira universidade federal a fazer isso no ano de 2004.

Como o projeto de lei que reserva cotas nas universidades inclui os negros e os egressos de escolas públicas, faz-se necessária uma ressalva. Em função da nossa proposta de trabalho, decidimos que analisaríamos apenas os textos que, no seu conteúdo, fizessem referência a cotas para negros ou, caso não fizessem essa referência específica, tratassem de discussões gerais sobre cotas nas quais a questão racial estivesse presente. Assim, os textos que abordaram apenas as cotas para os egressos de escolas públicas ou outros tipos de cotas, nomeadamente cotas para filhos de bombeiros e de policiais mortos em serviço, ficaram fora da análise.

A escolha do *Portal G1* deve-se ao fato de ele trazer notícias de vários veículos de jornalismo de referência, segundo o próprio *site*, como *Globo News*, *O Globo*, *Diário de S. Paulo*, entre outros. A *Folha OnLine* foi escolhida por ser, segundo o *site*, "o primeiro jornal em tempo real em língua portuguesa", o que aumenta a possibilidade de seu conteúdo abranger maior variedade de temas, acontecimentos e pontos de vista. Na busca realizada no dia 12 de abril de 2010, considerando os requisitos mencionados, tivemos acesso a 95 matérias: 74 veiculadas no *Portal G1*, sendo 28 publicadas no ano de 2008 e 45 em 2009; e 29 matérias publicadas na *Folha OnLine*, sendo 14 em 2008 e 7 em 2009. São essas 95 matérias que formam nosso *corpus* de análise.

Para Manta (1997), a entrada de jornais e revistas na internet inaugura um novo veículo de comunicação que reúne características de todas as outras mídias e tem como suporte as redes mundiais de computadores. Nesse âmbito, o jornalismo digital representa uma revolução no modelo de produção e de distribuição de notícias. Com isso, nota-se que, enquanto no jornal impresso a localização da matéria indica sua relevância, no jornal digital ela é distribuída separadamente em páginas eletrônicas ou agrupada por editoria. Ainda sobre a questão temporal, Franciscatto (2004) acrescenta que a atualização dos conteúdos rompe a periodicidade diária e pode ser aplicada em intervalos de tempo bastante reduzidos, praticamente de forma contínua. Em consequência, esse tipo de jornalismo pressupõe um leitor em constante interação com a máquina, atualizando-se à medida que as informações são também atualizadas no decorrer do dia. Esse uso instantâneo da informação disponibilizada na internet constitui o alto grau de efemeridade da notícia, justamente pela maneira como ocorre o processo de atualização dos informes. Assim, por vezes, um mesmo assunto acrescido de um ou outro aspecto torna a informação anterior já velha (Da Silva, 2006).

A esse respeito, Franciscatto (2004) argumenta que a produção de notícias em tempo real, sob um ritmo de articulação contínua, é um dilema particularmente difícil para jornalistas, pois esse modelo impõe às novas redações jornalísticas uma produção que se baseia na disponibilização de um maior número de notícias para dar ideia de continuidade de fluxo. Logo, compete ao jornalista multiplicar a sua produção, mesmo ao custo de fragmentar a notícia em diversos relatos sucessivos.

Principais sentidos construídos no *Portal G1* e na *Folha OnLine*

Para compreender os sentidos produzidos pelo discurso dos portais *G1* e *Folha OnLine* quando abordam a política de cotas para negros, utilizamos alguns conceitos da análise de discurso francesa que viabilizam o trabalho. De acordo com Maingueneau (2002), o analista de discurso supõe que um sentido oculto deve ser captado, o qual, sem uma técnica apropriada, permanece inacessível. Entretanto, como lembra Pêcheux (1997), o analista de discurso não pretende se instituir como especialista da interpretação, dominando o sentido dos textos; apenas pretende construir procedimentos que exponham o olhar-leitor a níveis opacos à ação estratégica de um sujeito. O desafio crucial, portanto, é o de construir interpretações, sem jamais neutralizá-las, seja por meio de uma minúcia qualquer de um discurso sobre o discurso, seja no espaço lógico estabilizado com pretensão universal.

A análise inicia-se com o próprio texto para chegar à sua exterioridade e à sua anterioridade constitutivas, e o primeiro passo para a compreensão dos sentidos presentes – foco deste artigo – é identificar as formações discursivas (FDs), regiões de sentidos em que se busca reunir todas as marcas textuais que convergem para um sentido nuclear estabelecido na observação do *corpus*. As formações discursivas tomam corpo a partir do movimento de paráfrase, por meio do qual o texto reitera um mesmo sentido ao longo de diferentes sequências discursivas (SDs), as quais, por sua vez, são trechos arbitrariamente recortados pelo analista em função de sua pretensão de pesquisa, da operacionalidade metodológica e da relevância de conteúdo analítico (Benetti e Rocha, 2007).

A política de cotas é inconstitucional e discriminatória

Na análise feita nos dois jornais eletrônicos, constatamos que, tanto no *Portal G1* como na *Folha OnLine*, o discurso predominante é o que vê a política de cotas raciais nas universidades como ato inconstitucional, por violar o princípio básico da igualdade previsto na Constituição. Essa formação discursiva que se posiciona contra essa política aparece em 30% das notícias do *Portal G1* e em 27% das notícias da *Folha OnLine*, mostrando uma aproximação na porcentagem desse argumento nos dois veículos. Vejamos um fragmento da *Folha OnLine* (21 jan. 2008), segundo o qual, "na decisão, o magistrado sustentou que 'a discriminação imposta pelo sistema de cotas' fere 'o princípio da igualdade assegurado na Constituição'".

Segundo esse argumento, ao privilegiar uma parcela da população, no caso os negros, a política de cotas acaba sendo discriminatória porque deixa de lado o princípio do mérito: "'No meu entendimento, é flagrantemente inconstitucional e logicamente que vamos buscar o Supremo Tribunal Federal para que a corte máxima do nosso país se pronuncie. No ensino superior tem que prevalecer o mérito da pessoa', afirmou o deputado estadual Flavio Bolsonaro" (*Portal G1*, 18 nov. 2009).

A política de cotas supera as desigualdades reparando dívida histórica

Contrariando o argumento anterior e posicionando-se favoravelmente às cotas, o discurso que defende que essa política é necessária para reparar a dívida histórica com os negros aparece em segundo lugar em ambos os jornais. Suas porcentagens são muito semelhantes nos dois portais – 25% no *G1* e 23% no *Folha OnLine* –, e esse argumento coaduna com a concepção de igualdade de oportunidade em vez da restrita noção de igualdade formal. Percebemos esse argumento na justificativa do desembargador Sérgio Cavalieri Filho ao votar contra uma liminar que propunha suspender a lei estadual que estabelece cotas em universidades públicas no Rio de Janeiro: "A política 'de ação afirmativa tem por finalidade a igualdade formal e material'" (*Portal G1*, 25 maio 2009).

Nesse contexto, a política compensatória aparece como uma forma de o Estado superar as desigualdades históricas, criando condições para a construção de uma democracia real para todos.

> "Nós precisamos discriminar hoje sim, mas discriminar positivamente. Discriminar para consertar. Porque, se a gente tratar o negro igualmente, a gente não vai mudar essa realidade", afirma o professor William Douglas, do Educafro. (*Portal G1*, 18 mar. 2009)

> "Se os pobres hoje não acessam a universidade, os pobres negros menos ainda, porque foram discriminados durante séculos no Brasil", argumenta o estudante Ismael Cardoso, do Ubes. (*Portal G1*, 11 mar. 2009)

A política de cotas aumenta o racismo separando negros e brancos

O discurso segundo o qual a política de cotas raciais aumenta o racismo separando negros e brancos é o terceiro em números absolutos no *Portal G1*, com 18% das ocorrências, e o quarto em números absolutos na *Folha OnLine*, com 11,5%. No *Portal G1* é o terceiro discurso em números absolutos e o segundo argumento que se posiciona contra a política de cotas raciais. Na *Folha OnLine*, antes deste – como veremos mais adiante –, aparece o discurso que defende o investimento no ensino básico e propõe cotas sociais como alternativa às cotas raciais.

Este discurso que vê nas cotas raciais a possibilidade de acirrar o racismo prega que elas acabam tendo uma finalidade contrária ao que se propõem: em vez de integrar os negros, provocariam a divisão entre brancos e negros: "Isso é uma prova de que essa lei, que foi feita para democratizar o acesso, tem na verdade uma outra finalidade: de dividir o Brasil em brancos e negros [...]" (*Folha OnLine*, 14 jun. 2009).

> "Se nós hoje não conhecemos o ódio racial, conflito racial, se nós hoje somos inclinados à mistura, à aceitação, à tolerância, ao gosto pela mestiçagem, pode ser que amanhã não sejamos mais por conta de escolhas equivocadas que estamos fazendo agora", disse o historiador e professor da Universidade Estadual do Rio de Janeiro (Uerj) José Roberto Pinto de Góes. (*Portal G1*, 1º abr. 2009)

Investimento no ensino básico e cotas sociais como alternativas

Como foi mencionado, o discurso que propõe investir no ensino básico e criar cotas sociais como alternativa aparece em terceiro lugar na *Folha OnLine*, totalizando 15,4% das matérias, e em quarto lugar no *Portal G1*, representando 13% das matérias localizadas. Esse posicionamento contrário às cotas raciais alega que, com melhores escolas públicas e com um ensino de boa qualidade, necessariamente se atinge a integração de todas as parcelas da população, não havendo necessidade de reservar vagas para os negros.

> O coordenador do Movimento Negro Socialista, José Carlos Miranda, é contra as cotas. "Se nós conseguirmos equiparar essas escolas com as escolas privadas de boa qualidade, com certeza as universidades estarão muito mais coloridas: negros, pobres, todos poderão ter acesso e não precisamos de criar nenhuma discriminação, como são essas leis raciais, que só vão dividir o povo brasileiro." (*Portal G1*, 26 maio 2009)

Esse discurso, apesar de ser contrário as cotas raciais, é favorável às cotas sociais, argumentando que a pouca presença de negros nas universidades é uma questão social e não racial: "'O que faz com que os negros não entrem na universidade não é o racismo, mas o fato de terem estudado em escolas ruins, de periferia, escolas de pobres', completou a antropóloga Yvone Maggie" (*Portal G1*, 19 maio 2008). Ou, ainda, como se pode ver em fragmento da *Folha OnLine* (11 mar. 2009);

O sociólogo Demétrio Magnoli, especialista em educação, faz um alerta. "É preciso tirar a raça da lei. Cotas para escolas públicas é um remendo inevitável que deveria existir por um tempo curto, enquanto o país faz um grande esforço para melhorar o nível das escolas públicas, que é o que interessa. Mas isso se pode aceitar: cota para escolas públicas, raça não."

A procura dos negros pela universidade após a implantação das cotas

Por esta fala aparecem as sequências discursivas que avaliam a adesão dos negros às universidades públicas depois de implantada a política de cotas. Essa formação discursiva aparece em 9% das notícias do *Portal G1*, ficando em quinto lugar em números absolutos e em sétimo lugar na *Folha OnLine*, com 3,9% das sequências discursivas.

Nesse ponto, sobre o aumento do número de negros nas universidades – principal finalidade da política de cotas raciais –, há um discurso que afirma que essa política tem atingido sua finalidade. Porém, por outro lado, outro discurso diz que tem havido pouca demanda para as vagas raciais.

O documento afirma que nos últimos cinco anos houve um ingresso de estudantes negros no ensino superior "maior do que jamais foi alcançado no século XX" e que a política de cotas é coerente com os acordos internacionais de superação do racismo. (*Portal G1*, 13 maio 2008)

A oferta, no entanto, tem sido pouco (ou nada) aproveitada no que se refere às cotas raciais. Dentre as 43 opções de cursos da instituição, 19 não tiveram sequer um candidato negro inscrito no último vestibular da instituição. Outras 18 graduações, incluindo engenharia civil e economia, tiveram concorrência de apenas um candidato por vaga. (*Portal G1*, 11 ago. 2009)

Vários motivos podem explicar essa baixa demanda dos negros às vagas nas universidades públicas.

A Sub-reitora de Graduação, Lená Medeiros, diz que há vários motivos para explicar a baixa procura: dificuldade de conteúdo, de pagar os custos de alimentação, transporte e material escolar. A Uerj dá uma bolsa inicial de R$ 190 mensais aos cotistas. Esse valor vai ser reajustado este ano. (*Portal G1*, 25 abr. 2008)

Dificuldade de definir os beneficiados pela política de cotas

A dificuldade de definir os beneficiados pela política de cotas é o discurso que aparece em sexto lugar em números absolutos nos dois jornais, correspondendo a 4% das notícias do *Portal G1* e a 7,7% na *Folha OnLine*. Para avaliar quem pode fazer o vestibular como cotista, a maioria das universidades forma uma banca em que se faz um julgamento mediante foto e entrevista. Nessa formação discursiva, aparecem principalmente sequências que revelam divergências entre as universidades e possíveis cotistas. Um exemplo é o caso de uma estudante a quem foi negado o pedido de entrar na universidade pelo sistema de cotas raciais, enquanto sua irmã conseguiu entrar por esse mesmo sistema.

> Ana Paula, de 19 anos, entrou para o curso de direito noturno, dentro do universo de cotas para negros. Ana Caroline, de 17, para o curso de comunicação social, mas na categoria universal, já que seu pedido para ingressar nas cotas foi recusado. A situação não despertaria maior interesse se não fosse por um detalhe: Ana Paula e Ana Caroline são irmãs [...]. A mãe das jovens disse que irá entrar com uma ação contra a universidade por danos morais e também recorrer ao Ministério Público (MP) para garantir às duas filhas o direito às cotas. (*Portal G1*, 11 fev. 2008)

Afora essa questão do fenótipo, outros fatores têm sido levados em consideração pelas universidades para admitir estudantes pelo sistema de cotas raciais.

> Com base na entrevista, a matrícula de Tatiana foi cancelada menos de um mês após o início das aulas. Segundo o pró-reitor, Jorge Cunha, só a origem familiar não seria suficiente para qualificar a estudante no sistema de cotas [...]. "É preciso o autorreconhecimento, eu devo me sentir negro e devo sentir os efeitos dessa condição numa sociedade, numa cultura. Ela não se sente mais ou menos negra ou parda do que qualquer outro parente seu e diz que nunca usou a categoria de parda ou negra em outra situação que não a inscrição para o vestibular." (*Portal G1*, 13 abr. 2009)

Bom desempenho dos cotistas

O discurso que faz referência ao bom desempenho dos cotistas é um aspecto positivo para os defensores dessa política pública. É nessa formação discursiva que encontramos a maior diferença entre os dois veículos, já que ela aparece em 11,5% do total das sequências discursivas da *Folha OnLine* e em apenas 1% das sequências do *Portal G1*. Ao defender a política de cotas raciais, o ministro da Secretaria Especial de Políticas de Promoção da Igualdade Racial Edson Santos afirmou:

> "Temos pesquisas feitas por instituições sérias como a Universidade de Brasília que mostram que o desempenho escolar dos alunos cotistas é igual ou superior aos dos demais alunos. Há uma certa deficiência na área de exatas, mas que são resolvidas pelas monitorias." (*Portal G1*, 2 abr. 2009)

As vozes no discurso sobre cotas raciais no *Portal G1* e na *Folha Online*

O discurso jornalístico é, idealmente, composto por diversas vozes, nomeadamente o jornalista, as fontes, a empresa, as cartas assinadas dos leitores. Como visto anteriormente, ele é fruto do trabalho de interação entre os diversos sujeitos insertos no processo. Apesar de ser constitutivamente dialógico, o efeito produzido não é necessariamente o de polifonia. A partir da perspectiva de Ducrot (1987), sem polifonia, o texto é falsamente plural. Assim, para identificar o caráter monofônico ou polifônico do discurso, o autor faz a distinção entre enunciadores e locutores. Locutor é o sujeito que fala e pode ser identificado como o responsável, ao menos de imediato, pelo enunciado. Como exemplos de locutores, podemos citar o jornalista que assina a matéria, o leitor que assina uma carta, a fonte citada de forma explícita etc.

O estudo dos enunciadores é um trabalho mais complexo porque, como pontua Ducrot (1987), pode acontecer de o sentido do enunciado trazer à tona vozes que não são as do locutor, mas de enunciadores, cuja declaração expressa seu ponto de vista e sua posição, mas não necessariamente suas palavras. Benetti (2007) cita o exemplo de uma reportagem na qual são ouvidas quatro fontes. Em princípio, teríamos cinco locutores: o jornalista (L1) e as fontes (L2, L3, L4 e L5). Aparentemente, é um texto polifônico. No entanto, é preciso, depois de identificados os locutores, ir às perspectivas de enunciação. Se todas as fontes enunciarem sob a mesma perspectiva, apenas complementando uma às outras, podemos dizer que configuram um único enunciado. Nesse caso, estaríamos perante um texto falsamente polifônico que, apesar da diversidade de vozes, na verdade é monofônico, uma vez que constituído por um único enunciador (E1). Para a autora, o enunciador deve ser identificado na análise das vozes, como a *perspectiva a partir da qual*[4] o enunciador enuncia.

De acordo com os princípios da prática jornalística, o jornalismo deve ouvir todas as partes envolvidas para poder representar a diversidade de pensamento. É mostrando a pluralidade de perspectivas de enunciação, portanto, que o jornalismo pode efetivamente fazer o seu papel de representar a complexa diversidade social.

Por intermédio da análise das fontes, percebe-se o quanto é polêmica a política de cotas raciais no Brasil. Sem legislação federal que a regulamente, constata-se uma significativa presença de fontes ligadas à Justiça. Como mostra a Tabela 1, processos jurídicos contra e a favor das cotas raciais, provenientes de várias instâncias, fizeram que a categoria que denominamos de Justiça[5] ficasse em primeiro lugar ao somarmos as fon-

---

4. Grifo da autora

5. Denominamos de Justiça as vozes de procuradores, desembargadores, STF, advogados e juízes.

tes do *Portal G1* e da *Folha OnLine*, com 38% do total. Essa categoria é a que mais aparece no *Portal G1*, com 19,5% das fontes, e a terceira na *Folha OnLine*, com 12,1%.

Enquanto isso, transitando pelas instâncias do Legislativo, a lei das cotas é alvo de discussão de senadores e deputados. Essa categoria que denominamos de Legislativo[6] ficou em segundo lugar no *Portal G1*, com 18,8%, e com 4,9% na *Folha OnLine*. Apesar de aparecer bem timidamente nas notícias deste, ficou em segundo lugar na soma geral dos dois veículos, com 16,1%. A predominância de fontes ligadas ao Legislativo e à Justiça termina por mostrar que, ainda que sem uma lei definitiva, a Justiça procura dar resposta aos processos que vão aparecendo.

Chama a atenção na *Folha OnLine* a predominância de alunos que são ouvidos nesse debate. Assim, a categoria dos estudantes ficou em primeiro lugar nesse veículo, com 24% das fontes escutadas, o que sinaliza uma maior abertura por parte da *Folha OnLine* para outros interessados no debate. Já no *Portal G1*, a categoria dos estudantes aparece em quarto lugar, representando 13% das fontes.

Com presença tímida na *Folha OnLine* (7,3%), mas aparecendo de forma expressiva no *Portal G1* (14,1%), os movimentos sociais organizados[7] desempenham um papel no debate sobre a política de cotas. Percebe-se que essa categoria teve quase o dobro de presença no *Portal G1* em relação à obtida na *Folha OnLine*, sendo importante destacar que todos os movimentos que aparecem neste veículo posicionam-se contra as cotas raciais, enquanto no *Portal G1* se constata um empate entre o movimento favorável às cotas, representado pela Educafro, e os outros movimentos que se posicionam contrários às cotas.

Como podemos também constatar, a presença de fontes da universidade, pela figura de reitores, pró-reitores e outros representantes, foi decisiva para que a categoria universidade ficasse em quarto lugar na soma dos dois veículos, com 15,2% das fontes, sendo 12,3% no *Portal G1* e 9,8% na *Folha OnLine*. Alimentam a presença dessa fonte o significativo número de ações movidas contra as universidades e o fato de essas instituições precisarem responder a elas.

Os acadêmicos têm participado de forma consistente desse debate, totalizando 10,4% do total das fontes, sendo 9,4% do *Portal G1* e 14,6% da *Folha OnLine*. Principalmente sociólogos e antropólogos aparecem, em geral fazendo referência à formação da identidade brasileira.

---

6. Denominamos de Legislativo as vozes de senadores e deputados.

7. Nas notícias aparecem os seguintes movimentos organizados: ONG Educafro, Movimento Negro Socialista, Associação Cultural de Negritude e Ação Popular, Núcleo de Estudos Afro-brasileiros (Neab), Movimento Nação Mestiça, Mulheres Negras, Fórum Afro da Amazônia e Movimento Pardo Mestiço.

Tabela 1 Fontes dos textos sobre política de cotas no *Portal G1* e na *Folha OnLine*

Fontes	Portal G1		Folha OnLine		Total	
	Valor absoluto	percentual (%)	Valor absoluto	percentual (%)	Valor absoluto	percentual (%)
Justiça	33	19,4,5%	5	12,1%	38	18%
a) Procuradores	14		1			
b) Desembargadores	12		0			
c) STF	4		0			
d) Advogados	2		2			
e) Juízes	1		2			
Legislativo	32	18,8%	2		34	16,1%
a) Senadores	17		2			
b) Deputados	15		0			
Movimentos sociais organizados	24	14,1%	3	7,3%	27	12,8%
a) ONG Educafro	12		1			
b) Movimento Negro Socialista	6		0			
c) Associação Cultural Negritude	1		0			
d) Núcleo de Estudos Afro-brasileiros (Neab)	1		0			
e) Movimento Nação Mestiça	1		0			
f) Mulheres Negras	1		0			
g) Fórum Afro da Amazônia	1		1			
h) Movimento Pardo Mestiço	1		1			
Estudantes	22	13%	10	24,3%	32	15,2%
Universidades	21	12,3%	4	9,8%	25	11,8%
Acadêmicos/Professores	16	9,4%	6	14,6%	22	10,4%
Ministros	9	5,2%	2	4,9%	11	5,2%
Pais de alunos	4	2,3%	0	0%	4	1,9%
Movimentos estudantis	2	1,2%	1	2,44%	3	1,4%
Sindicato das escolas particulares	2	1,2%	0	0%	2	0,95%
Secretaria de Ensino Superior	1	0,6%	0	0%	1	0,5%
Secretaria de Ciência e Tecnologia do RJ	1	0,6%	1	2,44%	2	0,95%
Secretaria Estadual do RJ	1	0,6%	1	2,44%	2	0.95%
Governador	1	0,6%	1	0%	2	0,95%
Sindicalista	1	0%	0	0%	1	0,5%
Bispos	0	0%	1	2,44%	1	0,5%
Pedagogos	0	0%	1	2,44%	1	0,5%
IBGE	0	0%	1	2,44%	1	0,5%
Confenan	0	0%	1	2,44%	1	0,5%
Seppir	0	0%	1	2,44%	1	0,5%
Presidente da República	0		1	2,44%	1	0,5%
Total	170	100%	41	100%	211	100%

No quadro geral das fontes (Tabela 2), podemos observar que predominam fontes oficiais[8], somando 119 presenças, o que equivale a 56,4% contra os 43,6% das fontes não oficiais, com 92 presenças. Apesar de pequena, essa presença das fontes não oficiais mostra o equilíbrio entre elas e as fontes oficiais, sobretudo na *Folha OnLine*, em que há praticamente um empate técnico entre os 51,3% das fontes não oficiais (21 presenças) e os 48,7% das oficiais (20 presenças). Contribuiu para esse cenário a boa presença de estudantes nas fontes não oficiais.

Tabela 2   Fontes oficiais e não oficias sobre cotas no *Portal G1* e na *Folha Online*

Fontes	Portal G1		Folha OnLine		Total	
	Valor absoluto	percentual (%)	Valor absoluto	percentual (%)	Valor absoluto	percentual (%)
Oficiais	99	58%	20	48,7%	119	56,4%
Não oficiais	71	42%	21	51,3%	92	43,6%
Total	170	100%	41	100%	211	100%

Já no *Portal G1*, temos uma situação inversa, com a predominância – embora sutil – de fontes oficiais, com 58% (o equivalente a 99 presenças) contra os 42% das não oficiais (71 presenças).

Considerações finais

A proposta neste artigo foi verificar os principais sentidos construídos e as principais fontes que aparecem nos noticiários eletrônicos *Folha OnLine* e *G1*, quando abordam a apolítica de cotas raciais nas universidades públicas brasileiras. Escolhemos o ano da formatura da primeira turma de alunos que prestou vestibular pelo sistema de cotas, 2008, por uma universidade federal, a Unb, e o ano seguinte, 2009, para averiguar como este tema polêmico tem sido debatido nesses veículos.

A análise revelou que, tanto no *Portal G1* quanto na *Folha OnLine*, predomina o discurso que vê as cotas como um ato inconstitucional, pela alegação de que elas ferem a Constituição ao provocar a discriminação em benefício dos negros, deixando de lado o princípio do mérito.

---

8.   Para verificar o movimento de legitimidade de determinadas fontes e o silenciamento de outras, classificamos as fontes em oficiais – fontes mantidas pelo Estado, por instituições e organizações governamentais – e não oficiais – fontes desvinculadas de relação de poder (Darde, 2006).

Outro argumento utilizado pelos que se posicionam contra as cotas é que essa política tende a provocar a separação entre brancos e negros, acirrando o racismo ao ir de encontro à formação brasileira de país mestiço. Esse discurso aparece com mais veemência nas matérias do *Portal G1* do que na *Folha OnLine*. Negando as cotas raciais, esse posicionamento defende o investimento no ensino básico como forma de criar um ensino de qualidade e, consequentemente, provocar a integração de todos sem distinção de raça, admitindo, no máximo, a implantação de cotas sociais em um primeiro momento. A porcentagem desse argumento foi quase igual nos dois veículos.

Coaduna com o posicionamento contrário às cotas o argumento que mostra dificuldades na definição dos beneficiados com essa política, levando em conta o dado de que a mestiçagem dificulta a identificação de quem é negro.

No lado oposto da discussão, surge o argumento que defende que as cotas raciais são necessárias porque objetivam superar as desigualdades entre brancos e negros, argumento esse amplamente demonstrado nas pesquisas. As cotas seriam uma forma de compensar os negros pelas injustiças cometidas ao longo dos séculos. Em ambos os veículos pesquisados, esse raciocínio aparece em porcentagem muito parecida. Outra alegação utilizada pelos favoráveis às cotas é a de que os cotistas têm tido um bom desempenho, contrariando a ideia anterior de que elas baixariam o nível das universidades.

Um ponto que chama a atenção nesta pesquisa relaciona-se com o aproveitamento ou não dessa política por parte dos negros, ou seja, com a demanda pelas vagas. Constatamos uma corrente de opinião afirmando que essa política fez aumentar significativamente o número de negros nas universidades como jamais visto. Por outro lado, outra defende que as vagas destinadas aos negros têm tido pouca demanda.

A análise das vozes conforma-se ao principal argumento presente nesta pesquisa, segundo o qual a política de cotas raciais é inconstitucional. Assim, as fontes ligadas à Justiça, ao Legislativo e às universidades acabam por dominar o debate.

Outras vozes significativas são as dos estudantes, principalmente na *Folha OnLine*, e as dos acadêmicos, que aparecem dando pareceres sobre essa política.

Referências

BENETTI, M. "Jornalismo e análise do discurso: método para estudo das vozes". In: Encontro Nacional de Pesquisadores em Jornalismo, III, 2005, Florianópolis, *Anais...* Florianópolis: SBPJOR, 2005, p. 23-36.

_____. "Análise do discurso em jornalismo: estudos de vozes e sentidos". In: BENETTI, M.; LAGO, C. (orgs.). *Metodologia de pesquisa em jornalismo*. Petrópolis: Vozes, 2007, p. 107-22.

BENETTI, M.; ROCHA, P. "Jornalismo e modelos de mulher: a construção de sentidos das narradoras de TPM". *Contracampo* (UFF), n. 16, 2007, p. 49-70.

BRAIT, B. "Bakhtin e a natureza constitutivamente dialógica da linguagem". In: BRAIT, B. *Bakhtin, dialogismo e construção de sentido*. Campinas: Editora da Unicamp, 1997, p. 91-104.

DA SILVA, G. "Linguagem e textualização da polêmica sobre as cotas nas universidades públicas: o texto informativo *online*". Texto publicado nos Anais do *XI Simpósio Nacional de Letras e Linguística/I Simpósio Internacional de Letras e Linguística* (Silel) 2006, p. 1-16.

DARDE, V. "Imprensa e aids: estudo das vozes no discurso jornalístico". In: Anais do *IV Encontro Nacional de Pesquisadores em Jornalismo*, Porto Alegre, 2006.

DRAY, G. *O princípio da igualdade no direito do trabalho*. Coimbra: Almedina, 1999.

DUCROT, O. *O dizer e o dito*. Campinas: Pontes, 1987.

FRANCISCATTO, C. "As novas configurações do jornalismo no suporte on-line". *Revista de Economía Política de las Tecnologías de la Información y Comunicación*, v. I, n. 3, 2004.

GOMES, J. "O debate constitucional sobre as ações afirmativas". In: LOBATO, F.; SANTOS, R. *Ações afirmativas contra desigualdades raciais*. Rio de Janeiro: DP&A, 2003, p. 15-57.

MAINGUENEAU, D. *Análise de textos de comunicação*. São Paulo: Cortez, 2002.

MANTA, A. "Guia do jornalismo na internet". 1997. Disponível em: <http://www.facom.ufba.br/pesq/cyber/manta/guia/index.html>. Acesso em: 4 set. 2008.

PÊCHEUX, M. *Semântica e discurso: uma crítica à afirmação do óbvio*. Campinas: Editora da Unicamp, 1997.

SALES, Sandra Regina. "Acordos e tensões: o debate sobre políticas de ação afirmativa na universidade brasileira". In: MANCEBO, D.; SILVA JR., J. R.; OLIVEIRA, J. F. (orgs.). *Reformas e política: educação superior e pós-graduação no Brasil*. Campinas: Alínea, 2008, p. 117-33.

TELLES, Edward. *Racismo à brasileira: uma nova perspectiva sociológica*. Rio de Janeiro: Relume Dumará/Fundação Ford, 2003.

TRAQUINA, N. *Teorias do jornalismo: porque as notícias são como são*. Florianópolis: Insular, 2004.

9 WEBJORNALISMO PARTICIPATIVO E O RESGATE DO DEBATE PÚBLICO

CLARA CASTELLANO

A partir do final do século XX, o jornalismo, tal como era conhecido, passou a sofrer grandes transformações. A perda de confiança nos meios de comunicação tradicionais, desde os anos 1980, fez surgir um movimento em busca de um novo tipo de jornalismo que, apoiado nas novas tecnologias da comunicação, pregava um maior comprometimento da notícia com o debate público e um maior desprendimento pelos interesses comerciais. Surgia, portanto, uma posição otimista em relação à internet e à possibilidade de uma mídia mais democratizada, como se verifica na fala de um dos fundadores dessa nova prática: "O jornalismo pode e deve ter um papel no reforço de cidadania, melhorando o debate público e revendo a vida pública" (Rosen, 1994, p. 13).

Desse momento em diante, o uso da internet para a divulgação de notícias foi se intensificando e se aprimorando em seus objetivos democratizantes. A princípio, tratava-se de uma simples transposição dos modelos do jornalismo impresso para a internet, com pouquíssimos recursos para a interação. Com o passar do tempo, porém, foram sendo introduzidas algumas novidades nesse modelo, como produtos de material exclusivo para rede e a utilização de *links*, até que se culminasse na interatividade total da web 2.0, conceito que "se refere às páginas web cuja importância se deve principalmente à participação dos usuários" (Briggs, 2007, p. 27). Nesse novo jornalismo, rompe-se a tradicional barreira comunicacional entre emissor e receptor da mensagem para introduzir a ideia de que o leitor pode ser também um coautor das notícias, um conceito expresso na máxima de Oh Yeon-ho, criador do *site* pioneiro na área *Ohmy News*, pela qual "todo cidadão é um repórter".

Várias denominações existem hoje na teoria da comunicação para designar esse modelo de jornalismo interativo: jornalismo cívico, jornalismo 2.0, jornalismo cidadão, entre outras. Neste artigo, usaremos a designação de webjornalismo participativo, que traduz um conceito mais amplo e se define como "práticas desenvolvidas em seções ou na totalidade de um periódico noticioso na web, onde a fronteira entre produção e leitura de notícias não pode ser claramente demarcada ou não existe" (Primo e Trässel, 2006, p. 10). O objetivo que se estabelece aqui é o de analisar as razões e os acontecimentos históricos que desembocaram nos projetos de webjornalismo participativo, assim como fazer um balanço de alguns posicionamentos favoráveis e contrários à nova prática.

Vale ressaltar, por fim, que se adotará uma postura ponderada em relação aos prós e contras advindos do nascimento desse novo jornalismo. Como apontam Primo e Trässel (2006, p. 3), é preciso que se deixem de lado posições messiânicas e afoitas, ou seja, tanto aquelas que decretam a morte do jornalismo profissional quanto as que somente se dedicam à demarcação do espaço profissional: "Tanto o radicalismo otimista, que vê nas tecnologias digitais de cooperação a garantia de uma pseudodemocracia universal, quanto o extremismo corporativista, que enxerga nos noticiários participativos uma ameaça à profissão ou aos cursos de jornalismo, revelam suas limitações e baixo poder heurístico". Apesar de válida, a discussão corporativista sobre o futuro da profissão não pode ofuscar a verdadeira análise que se deve levantar quando se fala de webjornalismo participativo, que é aquela que diz respeito ao seu impacto social.

A configuração de um jornalismo colaborativo

A descrença nas formas tradicionais de jornalismo, ao que tudo indica, começou nas duas décadas finais do século XX, como comentamos. Segundo Traquina (2003), o ano que representou um estopim para a revisão do modelo jornalístico foi o de 1988, quando a cobertura jornalística das eleições presidenciais norte-americanas gerou uma frustração generalizada com os tradicionais veículos midiáticos. A maioria das notícias veiculadas, na época, resumia-se à publicidade negativa que buscava chamar a atenção para polêmicas em torno de questões secundárias e superficiais e, assim, deslocar o foco daquilo que os leitores consideravam temas substanciais.

Teve então início um descontentamento por parte do público e dos críticos, que passaram a considerar a imprensa em crise e não servindo mais a interesses públicos. No mesmo ano, o jornal *Colombus Ledger-Enquirer*, da Geórgia, abandonou a postura de observador desligado para adotar a de participante ativo, buscando o que considerava ser o bem da comunidade. Para isso, o jornal convocou os eleitores a participar, realizando encontros e enquetes que discutiam os problemas locais.

Além dessa primeira experiência, Traquina (2003) destaca ainda outros veículos que surgiram nos Estados Unidos com o objetivo de instaurar um jornalismo mais comprometido com a comunidade, como o *Wichita Eagle* e o *Charlotte Observer*. Entretanto, eles ainda não representavam a inovação do webjornalismo, com sua abertura para que os usuários confeccionem as notícias, muito embora já apontassem para uma maior flexibilidade, preocupados com a consulta constante aos leitores, os quais passaram a influenciar na decisão da "agenda" noticiosa.

Merrit (1995) lembra que o descontentamento com o jornalismo norte-americano é um sintoma que pode ser observado principalmente após o caso Watergate. Segundo ele, a partir desse episódio os jornalistas passaram a se posicionar contra o governo; interessava "atacá-lo" de todas as formas, e não mais somente vigiá-lo. Assim, uma relação que anteriormente era simbiótica (jornalismo e governo) tornou-se de guerra, excessivamente negativista, o que ocasionou aumento considerável do descrédito perante os jornalistas.

Esse primeiro movimento por um jornalismo mais aberto à participação cidadã, que entendesse os problemas reais da comunidade e atuasse de maneira ativa, contudo, ainda apresentava muitas restrições. Não se abandonara o formato tradicional dos jornais, que não permite uma participação simultânea e relega a ela uma aparência residual, mediante enquetes e consultas, porém com pouca interferência no conteúdo da notícia. O surgimento de um jornalismo colaborativo de fato só foi possível com o desenvolvimento das novas tecnologias digitais. Ainda assim, a princípio, se verificava apenas uma transposição para a internet dos modelos jornalísticos existentes no papel. Foi com a criação dos novos *softwares* da chamada web 2.0 que o usuário verdadeiramente ativo passou a figurar. Nas palavras de Briggs (2007, p. 28), os novos *softwares* caracterizam-se pela "comunicação aberta, controle descentralizado, liberdade para combinar e recompartilhar conteúdo". O modelo anterior, conhecido como web 1.0, exigia a presença de um editor que controlasse e determinasse o que seria publicado, já o 2.0, ainda de acordo com Briggs (2007, p. 28), "não apenas permite que 'muitos outros' comentem e colaborem com o conteúdo publicado, como também permite que os usuários coloquem, eles mesmos, matéria original".

A nova configuração da internet veio acompanhada de um novo discurso, que situa o conhecimento longe da ótica do mercado, como um bem coletivo que precisa ser compartilhado a fim de favorecer a livre circulação de informações. Uma posição que é, mais uma vez, uma flagrante demonstração da insatisfação diante da mídia tradicional que, com suas grandes corporações, se comprometia com interesses claramente comerciais, cometendo erros flagrantes. Ademais, a nova forma de se comunicar na web também foi favorecida pela ampliação do acesso à internet, pela diminuição dos custos desse acesso, pela instalação de pontos gratuitos pelas prefeituras ou organizações não governamentais, assim como pela propagação da conexão sem fio (Wi-Fi). A popularização das máquinas digitais portáteis, sejam convencionais ou acopladas a aparelhos celulares, também facilitou o registro e envio de fotos e vídeos, instantaneamente, por qualquer cidadão, mesmo que não seja repórter.

Um jornalismo aberto à contribuição dos cidadãos

A tecnologia, efetivamente, foi primordial para que se desenvolvessem as novas formas de jornalismo participativo, mas o mais importante para o presente artigo, que, como vimos, busca analisar o impacto social dessa nova prática, é o sentido político que tal movimento adquiriu. Ele passou a ser símbolo e instrumento, como salientam Primo e Trässel (2006), de resistência e ativismo. Alguns exemplos locais são emblemáticos e merecem ser explicitados aqui, como as manifestações de denúncia da manipulação midiática em torno dos atentados de 11 de março em Madri, ou ainda a parcialidade da mídia, durante os anos 1990, na Coreia do Sul, que levou à criação do primeiro *site* de jornalismo participativo do mundo, o *Ohmy News*.

No começo dos anos 1980, após um sangrento confronto, tinha início, com um golpe militar, a ditadura na Coreia do Sul, calando uma geração inteira de estudantes. A censura instaurada e a falta de acesso a informações não oficiais foram, gradativamente, gerando na população um desejo de expressar livremente suas opiniões e de conquistar autonomia civil. A redemocratização, nos anos 1990, não significou, entretanto, uma maior democratização das informações. Com 80% da imprensa dominada por três empresas de inspiração conservadora, ligadas ao partido do poder, as notícias continuaram sendo tendenciosas e ocultando informações que pudessem prejudicar o governo, como ocorria no período ditatorial.

A mídia, atrelada às informações oficiais, fazia que o serviço do jornalista se resumisse em copiar *releases* e notas enviadas por assessores governamentais. Dessa maneira, havia uma total ausência de debate público na mídia, levando ao que Kim e Lee (2005) defenderam como "perda de intelectualidade", com discussões fúteis sobre temas superficiais como fofocas sobre personalidades, por exemplo.

Tal déficit do jornalismo tradicional levou Oh Yeon-ho, jornalista de 54 anos, a encabeçar o primeiro projeto de jornalismo participativo com uma página exclusiva na web. Brambrilla (s/d, p. 5) esclarece que "a ideia central era construir um noticiário on-line cujo diferencial dissesse respeito à abertura do acesso e da produção de informação, no sentido de encontrar paridade ou ao menos pluralidade suficiente entre notícias produzidas por veículos conservadores e progressistas". Estabelecendo que "todo cidadão é um repórter", Oh Yeon-ho inaugurava um estilo de jornalismo nunca visto. Por meio de um cadastro prévio, cada habitante do país poderia mandar informações locais ao *site*, como problemas que não apareciam nos jornais tradicionais, e então uma equipe de editores fazia a checagem e publicação das notícias.

Fica claro, portanto – como já indicaram Primo e Trässel (2006) –, que as demandas pelo webjornalismo participativo assomam sempre que há um bloqueio de acesso à informação por parte do poder, levando os grupos sociais a formar seus próprios canais de expressão. A manipulação de informações, por parte das autoridades, a respeito da série de atentados que se iniciou com o 11 de setembro, em Nova York – seguido pelo 7 de julho, em Londres, e pelo 11 de março em Madri –, é um exemplo claro de como os cidadãos encontraram meios alternativos para divulgar informações obtidas com máquinas portáteis e relatos de pessoas que estavam próximas ao fato. No caso espanhol, a divulgação de informações enganosas representou o caso mais gritante da manipulação midiática e governamental.

Os atentados em Madri ocorreram alguns dias antes das eleições presidenciais, levando o então presidente e candidato à reeleição José María Aznar, do Partido Populista (PP), a enxergar no episódio uma oportunidade de melhorar sua imagem e a de seu partido. O governo passou a sustentar que a autoria dos atos terroristas era do grupo separatista basco ETA, ao qual o PP opunha-se frontalmente. Apoiado pelas redes de televisão, Aznar insistiu nessa versão mentirosa dos fatos, com o intuito de gerar uma reação nacionalista e favorável a seu partido por parte da população, além de tentar afastar qualquer repulsa ao recente apoio militar que a Espanha oferecera aos Estados Unidos na guerra contra o Iraque. Todavia, como demonstra o documentário *Multitudes Online* (editado pelo jornalista espanhol Victor Sampedro, da Universidad Rey Juan Carlos), o eleitorado não só não aceitou essa versão duvidosa, como saiu às ruas de Madri, Barcelona, Valência e outras cidades protestando e exigindo a verdade. Por fim, descobriu-se que, como se suspeitava, os atentados eram de autoria do grupo terrorista Al Qaeda, o que acarretou a derrota do favorito Aznar nas eleições, bem como a retirada das tropas espanholas do Iraque. A internet e suas redes sociais foram importantes aliados para que as manifestações ocorressem, favorecidas pela rapidez e amplitude dessa tecnologia. Ademais, muitas informações obtidas pelos cidadãos-repórteres, nos locais dos atentados, puderam ser compartilhadas, desmentindo informações oficiais. Após o episódio, iniciou-se uma valorização do uso desse canal pelos espanhóis, sendo criados alguns *sites* de webjornalismo participativo, como o Bottup.

Apesar da clara relevância social desses novos movimentos do jornalismo, muitas críticas e questionamentos são feitos a respeito de sua validade em relação ao jornalismo tradicional. Em recente livro, o jornalista Andrew Keen (2009, p. 19) ataca veementemente todas as tentativas de jornalismo participativo, afirmando que "a democratização, apesar da sua elevada idealização, está solapando a verdade, azedando o discurso cívico e depreciando a *expertise*, a experiência e o talento". Assim, se presenciaria o que Keen (2009, p. 32) denomina de um culto ao amadorismo, pois na web, "em que todo mundo tem voz, as palavras do sábio não contam mais que os balbucios de um tolo", ou seja, para ele a formação técnica e profissional não teria mais peso. O que se assistiria no mundo da web 2.0 seria uma proliferação de opiniões descomprometidas, uma avalanche de informações que não acrescentariam em nada, a não ser para minar a autoridade dos especialistas.

Nesse contexto, o jornalismo cidadão, segundo Keen (2009), nada mais faria que desinformar, transformando opiniões vulgares em fatos, boatos em reportagens e palpites em informação. Isso porque, além de os jornalistas amadores não possuírem a formação necessária que lhes transmita os valores de ética, objetividade e verificação tão caros à profissão, eles não possuem os mesmos recursos financeiros e de influência dos grandes jornais para investigar e divulgar notícias confiáveis. Keen afirma ainda que Dan Gillmor (2005), ao dizer que o real valor do jornalismo cidadão é tratar mercados de nicho de que o jornalismo profissional não dá conta, se esquece de que, na verdade, o que se verifica são conversas amadoras, trocando boatos sobre assuntos fúteis, sem grande relevância. Dessa maneira, enquanto os jornalistas profissionais são presos e processados por falar a verdade, os amadores expressam sem censura tudo que pensam, sem a menor responsabilidade sobre as consequências do que dizem.

Por fim, Keen (2009) argumenta que o jornalismo amador banaliza e corrompe o debate sério na sociedade, degenerando a democracia sob o que chama de "ditadura das massas e do boato". O webjornalismo participativo levaria a uma nação digitalmente fragmentada e incapaz de um debate informado. Na internet, defende o mesmo autor, as informações são tendenciosas, panfletárias e não apegadas à veracidade, somando-se a isso o fato de os usuários buscarem somente as informações publicadas em *sites* e *blogs* com os quais compartilham do mesmo ponto de vista, prejudicando a discussão.

Ora, se é verdade que o webjornalismo participativo abre espaço para a interferência de cidadãos comuns, não jornalistas e não especialistas, por outro lado é prematuro pensar que ele trará a extinção da profissionalização e especialização. Mais equivocado ainda é afirmar que o movimento surgiu com a finalidade de provocar uma exaltação dos "amadores" e acabar com os profissionais especialistas. Fazê-lo seria ignorar que, na realidade, ele surgiu como uma reação de descontentamento a algumas lacunas e erros cometidos pelo jornalismo tradicional. O webjornalismo participativo não quer destruir os jornais e revistas, nem os profissionais da área, mas sim suprir necessidades sociais a que o jornalismo tradicional não mais atende. O que se defende não é, como afirma Keen (2009), a valorização de um "amadorismo", o ataque a uma formação profissionalizante. O que se quer é nada mais que a volta do debate público, fundamental para a democracia, que é e deve ser praticado por cidadãos críticos e ativos, os quais não dependem de nenhuma formação profissional específica para atuar, pelo contrário.

Como argumenta Lasch (1995), ao longo do tempo os jornais passaram por transformações de cunho tecnicista, adquirindo um caráter mais profissional. A princípio, acreditava-se que essas mudanças iriam trazer, por um lado, um número maior de pessoal treinado com constante atualização de suas habilidades e, ao mesmo tempo, um público esclarecido capaz de acompanhar os problemas e fazer análises balizadas. Porém, o resultado foi exatamente o oposto, já que, em vez de aumentar a capacidade cognitiva das pessoas, as inovações por que passaram os meios de comunicação acabaram por deixar um público cada vez menos interado a respeito de assuntos de interesse público. Segundo Lasch, isso ocorre porque há atualmente excessivo número de informações, sem que elas sejam colocadas em prática por via da argumentação, a qual ajuda a fixar os conteúdos. Dessa maneira, fica claro que para Lasch é o debate público, e não a informação, o fundamento da democracia.

Assim, diferentemente de Keen, Lasch defende de modo contundente a participação dos cidadãos comuns no debate público, e ainda se preocupa em especificar qual seria o papel da imprensa nesse contexto. Segundo ele, a imprensa deveria servir como um amplificador da palavra falada, suplantando-a pela palavra escrita. Logo, ela não deve considerar somente a função de informar, mas também a de promover a discussão, baseando-se na tradição oral para promover aquilo que nas pequenas comunidades de outrora era imprescindível para a construção democrática: a possibilidade de que todos participem dos debates públicos. Havia muito que a imprensa tradicional não assumia esse papel, todavia. Baseada em um discurso de objetividade extrema, ela não incita o debate e muito menos a participação.

A argumentação de Lasch demonstra assim que um debate sério não se constrói apenas com a opinião de especialistas, nem somente com base na quantidade de informações "objetivas" que podemos obter. Ele ocorre quando há uma clara abertura para que todos os cidadãos participem, e sua seriedade se mede pela intenção de levantar assuntos de interesse público que busquem o bem comum e uma maior democratização. Lasch argumenta ainda que não são as informações que devem pautar os debates públicos; em vez disso, são estes que pautam a nossa busca por informações, na medida em que é a partir da exposição de nossas ideias e argumentos a terceiros que verificamos o quanto sabemos e o quanto precisamos saber, buscando informações que supram as nossas debilidades a respeito de determinados assuntos. Nesse sentido, os especialistas continuarão existindo e sendo requisitados.

COMUNICAÇÃO E POLÍTICA **189**

É claro que o posicionamento cético em relação à postura ética dos não jornalistas não é exclusividade de Keen, e muitos outros jornalistas, escritores e mesmo cidadãos de outras áreas de atuação levantam as mesmas dúvidas, subtraindo o crédito do "repórter cidadão" por não possuir conhecimento formal nem respaldo de alguma instituição conhecida para realizar seu trabalho. Muitos acreditam que os usuários que participam dessas páginas da web construindo informações o fazem, frequentemente, com a intenção panfletária de defesa de seus grupos políticos, religiosos ou culturais, publicando notícias tendenciosas e falsas. Seguramente, em uma rede aberta aos usuários, com infinitas possibilidades de comunicação e acesso, esse tipo de "publicidade" existe, e há um grande número de informações infundadas circulando. Todavia, esse fato, por si só, não é suficiente para desacreditar todo o webjornalismo participativo.

A verdade é que as grandes empresas midiáticas de jornalismo formal também não se encontram isentas de má-fé nem de falhas. Como exemplificam Primo e Trässel (2006, p. 6), dois acontecimentos recentes podem confirmar essa afirmação:

> Vale recordar apenas dois exemplos recentes desse problema que envolveram instituições reconhecidas internacionalmente: a publicação de diversas matérias forjadas pelo repórter Jason Blair, do *New York Times*, e a divulgação pelo âncora Dan Rather, da CBS, de documentos falsos. Neste último caso, a falha foi descoberta devido à participação de "leigos" e seus blogs. No radicalismo daquelas críticas, deixa-se de perguntar o que o webjornalismo participativo pode oferecer à sociedade.

É importante ainda observar que a dimensão de um erro, em um jornal, é muito maior que o erro cometido no espaço da web 2.0, pois os grandes jornais não possuem o ritmo instantâneo que a internet permite. Neles, uma errata só pode ser divulgada, o mais brevemente possível, no dia seguinte à publicação da primeira informação ou, então, no próximo mês ou semana. Quando a notícia inicial é declarada equivocada, ela já adquiriu contornos de verdade e o "estrago" que provocou se tornou difícil de remediar. Além disso, o espaço reservado na web para qualquer errata ou contestação por parte de outros usuários é do mesmo tamanho que a publicação original, no mesmo local e dividindo o mesmo espaço. O processo de correção é também descentralizado, permitindo a participação ativa de todos os usuários. E, em última hipótese, dependendo do conteúdo noticiado, a informação pode facilmente ser retirada da rede.

Além de também estar sujeitos a falhas, os jornais formalizados estão submetidos a interesses econômicos das empresas e corporações a que pertencem e influenciam, de maneira ainda mais corrosiva, o posicionamento tendencioso em suas publicações. Como argumenta Barber (2003), a mídia, no mundo todo, está dominada por poucos grupos que detêm a maioria das publicações e transmissões, vendendo uma única imagem e estilo de vida. Essa imagem está comprometida com o lucro, com a garantia do funcionamento e a manutenção do *status quo* do mundo capitalista, em que as pessoas são estimuladas a ser consumidores passivos e a não formular um pensamento crítico, o qual seria fundamental à democracia. Os jornais impressos se esquecem da tradição argumentativa que apresentavam e passam a utilizar-se da linguagem televisiva, rápida, objetiva e desestimuladora do debate, que vende a passividade compatível ao lucro. As vozes vinculadas, portanto, pelos meios de comunicação tradicionais são aquelas comprometidas com o ponto de vista dominante, sobrando pouco espaço para as minorias. Assim, segundo Barber (2003, p. 164), "quando as palavras se subordinam a imagens cujos produtores estão comprometidos com o lucro, é bem pouco provável que a democracia seja beneficiária".

Por fim, é verdade que as páginas da web que se dedicam a produzir e incentivar o jornalismo participativo, por maiores e conhecidas que sejam, não possuem os mesmos recursos financeiros que os conglomerados comunicacionais. A cobertura de grandes acontecimentos, de abrangência global, como guerras, por sua vez, exige aparatos e recursos custosos, tornando-se inviável para os *sites* de jornalismo cidadão. Essa limitação, contudo, não desmerece as experiências de webjornalismo participativo, pois elas querem, justamente, ir contra a mídia tradicional que só se apega a grandes temas e ignora questões hiperlocais. Conforme exemplificam Primo e Trässel (2006, p. 8), uma dona de casa americana de Watertown, subúrbio de Boston, criou o *webblog* H2otown a partir da sua insatisfação com a escassa cobertura que o principal jornal da região dedicava a seu vilarejo. O projeto, que inicialmente era pequeno, já consegue noticiar satisfatoriamente os fatos locais, suprindo "o vácuo deixado pela mídia empresarial, para a qual noticiar eventos 'menores' em vilarejos é antieconômico" e sanando deficiências deixadas pelo jornalismo tradicional.

Considerações finais

Ao tentar elucidar os motivos e implicações do surgimento do webjornalismo participativo, não se pode ignorar a importância que as inovações tecnológicas tiveram no processo, favorecendo a interação no processo noticioso, aumentando o espaço, a facilidade e a rapidez da atuação dos usuários na feitura e transformação das notícias. Apesar de se admitir que a alteração do canal repercute de maneira sistêmica sobre o processo comunicacional, no entanto, não se deve cair nas tentações de anunciar um determinismo tecnológico, desvinculando os condicionamentos sociais, econômicos e políticos. Como aponta Traquina (2003), o meio *também* é (além de outras coisas) a mensagem, o que se distancia das formulações deterministas de McLuhan (1996), para o qual, o "meio é a mensagem".

O mais importante ao se estudar o webjornalismo participativo é entender as suas motivações políticas e sociais, ou seja, a sua tentativa de suprir as lacunas deixadas pelo jornalismo tradicional em favor de uma vida pública efetiva, com debate intenso entre todos os seus cidadãos. Como afirma Merrit (1995), o jornalismo tem de demonstrar uma relação simbiótica com a democracia, transformando-se em força fundamental para a revitalização da vida pública. Assim, deve assumir um papel que vá além das notícias, deve incitar a discussão, a qual se tornou esquecida com a profissionalização e especialização do jornalismo.

Não se trata de levantar bandeiras a favor da extinção do jornalismo tradicional e de seus profissionais, mas de observar o que o novo movimento pode oferecer à sociedade e à democracia – contribuições difíceis de ser alcançadas com a mídia obcecada pela procura do lucro. O jornalismo tradicional não precisa deixar de existir se souber se aproveitar das mudanças surgidas na web para também se reconfigurar, tentando tornar sua prática mais crítica e aberta à influência dos cidadãos que, mais do que nunca, devem ser os verdadeiros vigias do chamado "Quarto Poder" e devem participar diretamente dele. Algumas empresas já notaram essa necessidade, criando meios híbridos na web, com notícias e interatividade, caso das páginas da BBC e da CNN. A nova mídia seguirá, portanto, outro caminho, desligada da separação entre emissor e receptor, que refletia a mesma contradição entre dominantes e dominados. Ela provavelmente permitirá que se compartilhe o poder de comunicação com o consumidor, sendo interativa e não somente reativa.

Referências

BARBER, Benjamin R. *Jihad versus McMundo*. Rio de Janeiro: Record, 2003.

BRAMBILLA, Ana Maria. *Jornalismo online em OhmyNews*. s/d. Disponível em: <http://culturaderede.pbworks.com/f/genealogia_do_ohmynews.pdf>. Acesso em: 3 ago. 2009.

BRIGGS, Mark. *Jornalismo 2.0: como sobreviver e prosperar*. Trad. Carlos Castilho e Sonia Guimarães. Maryland: Knight Center for Journalism in the Americas, 2007.

GILLMOR, Dan. *Nós, os media*. Lisboa: Presença, 2005.

KEEN, Andrew. *O culto do amador*. Rio de Janeiro: Zahar, 2009.

KIM, Won-yong; LEE, Jae-won. "The disciplinary direction and structure of journalism and media education". *Bodhi: an Interdisciplinary Journal*, Kathmandu University, Nepal, v. 2, n. 1, 2005, p. 1-14.

LASCH, Christopher. *A rebelião das elites e a traição da democracia*. Rio de Janeiro: Ediouro, 1995.

McLUHAN, Marshall. *Os meios de comunicação como extensões do homem*. São Paulo: Cultrix, 1996.

MERRIT, Davis. *Public journalism and public life: why telling the news is not enough*. Hillsdale: Laurence Erlbaum Associates, 1995.

PRIMO, Alex; TRÄSSEL, Marcelo Ruschel. "Webjornalismo participativo e a produção aberta de notícias". In: VIII Congresso Latino-americano de Pesquisadores da Comunicação, 2006, São Leopoldo. Anais, 2006, p. 1-19. Disponível em: <http://www6.ufrgs.br/limc/participativo/pdf/webjornal.pdf>.

ROSEN, Jay. "Public journalism: first principles". In: ROSEN, Jay; MERRITT, Davis Merrit (orgs.). *Public journalism: theory and practice*. Dayton: Kettering Foundation, 1994, p. 6-18.

TRAQUINA, Nelson. *O estudo do jornalismo no século XX*. São Leopoldo: Unisinos, 2003.

10 A ESCOLHA DO PADRÃO DA TV DIGITAL NO BRASIL: ENTRAVES PARA O ESTABELECIMENTO DE UMA ESFERA PÚBLICA PLURAL

Diólia Graziano

A TV digital pode ser considerada o mais importante avanço na tecnologia deste meio, desde que ele foi criado há mais de um século, ao dar aos consumidores, teoricamente, uma maior possibilidade de escolha entre uma grande diversidade ofertada de conteúdo e ao tornar a experiência de recepção mais interativa. O presente capítulo objetiva fazer o resgate e a análise do processo de estabelecimento do SBTVD – Sistema Brasileiro de TV Digital.

Muito já foi dito acerca da falta de um debate além do viés técnico-operacional que permeou a discussão do tema, bem como das possibilidades em diversos níveis de interatividade supostamente disponibilizados pela TV digital. Contudo, poucas discussões abordam a representatividade e o acesso aos meios de comunicação ofertados pelas três opções que se fizeram presentes na implantação da TV digital no Brasil (o modelo norte-americano, o modelo japonês e o modelo europeu). Sob esse aspecto, pretende-se avaliar como essa ausência de debates relegou o aspecto da engenharia das telecomunicações públicas a segundo plano e privilegiou as justificativas apresentadas para a escolha realizada. Interessa-me verificar, nessas possibilidades tecnológicas, as potencialidades de cada uma das opções para o estabelecimento de uma esfera pública plural, tendo como parâmetro o acesso democrático aos meios de comunicação. Considero importante indicar os principais entraves para o estabelecimento no Brasil de uma esfera pública capaz de articular diferentes perspectivas, atores e espaços de discussão.

O artigo pretende inicialmente situar o momento global das transformações midiáticas digitais, analisar o contexto de instauração da proposta de instalação do sinal digital no Brasil, os principais atores das negociações e os argumentos em pauta. Especial destaque será dado à participação do cidadão comum nesse processo. Caracterizarei, em seguida, a ausência de formação de esferas públicas de discussão e debate no contexto brasileiro e os motivos que conduziram à não realização de discussões mais amplas na sociedade. Em segundo lugar, procuro explicitar algumas diferenças entre o sistema analógico e o digital, enfatizando, neste último, o processo de múltiplos canais e suas possibilidades sociais.

A informação global convertida em um código binário

A tecnologia digital efetua atualmente uma verdadeira revolução na forma como se estruturam e se conectam fluxos de informação, afirmando uma tendência que aponta para a total conversão desta forma em um código binário (composto pelos algarismos zero e um), fato que acarreta a disseminação da chamada "revolução silenciosa", que adentra nossa vida cotidiana e reconfigura nossas experiências sem que nos apercebamos. Longe de se estabilizar, tal mudança tecnológica deve se acelerar, seja na propagação das informações e no acúmulo do conhecimento, seja, como afirma Zuffo (2003), na densificação da rede de comunicações, na sua interoperatividade e no crescimento da enorme capacidade de processamento dos *chips*[1].

Os recursos de processamento digital de som e imagem e o lugar central ocupado pelos meios tecnológicos de produção, reprodução e informação audiovisuais têm um importante papel e crescente influência no cotidiano de nossa sociedade, transformando-se em verdadeiros catalisadores de nossa afetividade e posicionamento diante do mundo e dos fatos em geral. Como reflexo desse quadro, o ramo das comunicações e do entretenimento adquire relevância econômica cada vez maior, considerando-se sua função na mediação de negócios e fomento das atividades produtivas, e na oferta direta de produtos e serviços ao público consumidor.

O sistema analógico de radiodifusão televisivo existe há mais de 60 anos, período em que houve a migração da TV de preto e branco para a TV em cores, exigindo dos telespectadores a aquisição de novos televisores e, das empresas de radiodifusão, a aquisição de novos transmissores e equipamentos de pré e pós-produção. Hoje, a indústria passa por uma profunda transição, migrando da TV convencional para a tecnologia

---

1. Em 1965 não havia nenhuma previsão real sobre o futuro do *hardware*, quando o então presidente da Intel, Gordon E. Moore, fez sua profecia, segundo a qual o número de transistores dos *chips* teria um aumento de 100%, pelo mesmo custo, a cada período de 18 meses. Essa profecia tornou-se realidade e ganhou o nome de Lei de Moore, servindo de parâmetro para uma elevada gama de dispositivos digitais além de CPUs. Na verdade, qualquer *chip* está ligado à lei de Moore, até mesmo o CCD (*charge-coupled device*, ou dispositivo de carga acoplada, um sensor para captação de imagens) de câmeras fotográficas digitais. Tal padrão continua até hoje e não se espera sua obsolescência até, no mínimo, 2015.

digital. Dado o processo de convergência tecnológica, diferentes países têm desenvolvido alternativas de implantação da digitalização.

No Brasil, houve repercussão quando, em 2003, foi publicado o Decreto presidencial nº 4.901 (transcrito a seguir), anunciando o desenvolvimento de um sistema nacional de TV digital, caracterizado como inovador, ousado e comprometido com políticas públicas voltadas às necessidades do país, em vez da continuidade dos padrões de TV digital existentes. A proposta para a TV digital brasileira previa um sistema nacional, aberto e com capacidade de oferecer transmissão digital terrestre aberta, livre e gratuita; que fortalecesse a economia, a pesquisa e as indústrias nacionais; que tivesse implantação de baixo custo e viabilizasse a inclusão digital mediante a interatividade total[2].

Para que possamos abordar com maior profundidade o processo de desenvolvimento do SBTVD, faz-se necessária a compreensão da diferença entre a TV analógica, a TV digital, a HDTV e a TV a cabo. Além disso, é preciso explorar também as singularidades dos conceitos de modelo, sistema e padrão.

A televisão digitalizada

O que caracteriza a transmissão analógica é o fato de a informação a ser reproduzida em um ponto de destino específico passar pelo processo de transmissão em ondas de 6 milhões de oscilações por segundo, ou 6 Mhz, sem o emprego de técnicas de compressão e codificação da mensagem. Consistindo, por consequência, em uma comunicação suscetível a ruídos, distorções e interferências, pela qual é difícil a reprodução exata da informação, pois sempre ocorre, em menor ou maior grau, uma perda de qualidade no destino final.

O conceito de alta definição (*high definition*, ou HD) refere-se a uma melhor qualidade de imagem e som, à maior nitidez e à eliminação de distorções, como o chuvisco e os contornos indefinidos nas imagens visualizadas em uma tela panorâmica. Contudo, é importante ressaltar que, ainda que busque uma melhor qualidade para a imagem, a TV digital não é sinônimo de alta definição, na medida em que suas produções, se são obrigatoriamente realizadas em câmeras digitais, não necessariamente são feitas em alta definição. Já a HDTV, definida pela conquista da perfeição audiovisual do ponto de vista técnico de qualidade da imagem, é mais eficaz do que a TV digital. Esta, por

---

2. Decreto nº 4.901, de 26 de novembro de 2003. Institui o Sistema Brasileiro de Televisão Digital – SBTVD. Disponível em: <http://www.cultura.gov.br/site/wp-content/uploads/2007/10/decreto-4901.pdf>. Acesso em: 10 set. 2010.

sua vez, precedida tecnologicamente pela HDTV, possibilita a convergência entre diferentes meios de comunicação eletrônicos, como radiodifusão, telefonia, transmissão de dados e acesso à internet.

Em outras palavras, enquanto na HDTV a preocupação maior é com a alta definição, na TV digital a transmissão diz respeito tanto à qualidade da imagem e do som quanto à oferta de possíveis serviços interativos e à multiprogramação, já que a compressão e a codificação do sinal digital permitem o envio de uma maior quantidade de *bits* de informação por espaço de tempo do que a modulação em sinais analógicos. O surgimento, nos anos 1990, do Motion Picture Experts Group (MPEG) revolucionou o desenvolvimento da TV digital e de alta definição, pois resolveu o problema de compactação de grande volume de informações (imagens em particular) em um curto feixe de *bits*.

No entanto, é preciso considerar que o perfil da TV digital no Brasil (alta definição) dificultou o acesso às inovações de várias camadas da população sem recursos para a aquisição de televisores digitais. Por outro lado, se a opção brasileira foi pela alta qualidade audiovisual, é necessário salientar as outras possibilidades permitidas pela digitalização da televisão:

- A multiplicação técnica dos canais disponíveis;
- O incremento da qualidade técnica das transmissões;
- A possibilidade de combinar telefonia com televisão para transformar o televisor com *set-top-box* em terminal de acesso à internet;
- A possibilidade de enlaçar os serviços de internet aos programas televisivos, ou seja, de personalizar os programas produzidos para um público massivo.

A implantação da TV digital no Brasil consiste na digitalização da transmissão do sinal aberto (terrestre) de televisão. As operadoras de TV a cabo já digitalizaram seus sinais muito antes do SBTVD. No caso da TV digital, para a compreensão do planejamento ou do organograma que contém as etapas e a definição das premissas a fim de configurar o escopo do projeto, é fundamental a diferenciação conceitual entre modelo, sistema e padrão de TV digital. O modelo de TV digital expressa a visão a longo prazo do que se pretende com a implantação da tecnologia. Ele incorpora o conjunto de políticas públicas e o modelo de negócios, definindo as condições para que se estabeleça qual o melhor sistema e, respectivamente, seja feita a escolha do padrão. Por sua vez, o sistema de TV digital é o conjunto que abrange a infraestrutura e os atores envolvidos no modelo definido, os quais podem ser as concessionárias, as redes de radiodifusão, as produtoras, as empresas de serviços, ONGs, ou indústrias de eletrônicos. Depois de estabelecidos o modelo e o sistema, têm-se os subsídios necessários para a compreensão do padrão de TV digital, ou seja, um amplo conjunto de definições e minuciosas especificações técnicas necessárias para a correta implantação do sistema a partir do modelo definido.

Com a definição do modelo de TV digital seria possível estabelecer o sistema para, na sequência, escolher o melhor padrão para as necessidades brasileiras. São três os principais sistemas internacionais existentes e cada um deles é formado por um conjunto de padrões, podendo os sistemas ter padrões existentes em comum. Os três são capazes de contemplar a alta definição, oferecendo uma resolução até seis vezes maior que a analógica, ou programações múltiplas, em que até quatro programas são transmitidos simultaneamente pelo mesmo canal de televisão (Squirra e Fechine, 2009).

Tendo como ponto de partida a distinção entre o serviço de televisão e a plataforma de telecomunicações, as plataformas disponíveis para a transmissão terrestre de radiodifusão são o ATSC (norte-americano), o DVB (europeu) e o ISDB (japonês). Na área de serviços, é a televisão que, ao utilizar a tecnologia digital, pode se estruturar em diferentes modelos de negócios e suportar diferentes *softwares*.

O Ginga é o *middleware* brasileiro. A finalidade do *middleware*, ou camada do meio, é oferecer suporte-padrão a todas as aplicações que serão feitas acima dele e, ao mesmo tempo, facilitar a portabilidade das aplicações, permitindo que sejam executadas em qualquer receptor digital (*settup-box*). As propostas interativas só são viabilizadas por meio desse *software* de intermediação. Como o *middleware* que deverá ser adotado pelos equipamentos receptores ainda não está inserto nos atuais receptores disponíveis no mercado, estes não apresentam interatividade.

É importante esclarecer que os padrões inicialmente colocados em discussão para o processo da digitalização da televisão brasileira referiram-se às plataformas, ou padrões de *middleware* para TV digital, já que os três principais sistemas existentes de TV digital adotaram diferentes padrões de *middleware* em seus receptores digitais.

Apesar de o início oficial da TV digital no Brasil haver sido em dezembro de 2007, as discussões a seu respeito começaram em meados da década de 1990, sempre envolvendo os padrões internacionais e os aspectos tecnológicos. Tais embates não se aprofundaram, no entanto, em questões sobre as finalidades da tecnologia ou sobre o conteúdo a ser veiculado por ela.

O teste realizado com os três padrões internacionais

De 1998 a 2000, uma comissão composta pela Sociedade de Engenharia de Televisão (SET), pelo Centro de Desenvolvimento e Pesquisa em Telecomunicações (CPqD), pela Associação Brasileira de Emissoras de Rádio e Televisão (Abert) e pela Universidade Mackenzie (da qual, coincidentemente, o então vice-presidente da República, Marco Maciel, era reitor) ficou responsável pela realização de testes comparativos entre os padrões ATSC (norte-americano, de 1993), DVB (europeu, de 1993) e ISDB (japonês, de 1999). Nesse processo, as empresas tiveram a oportunidade de se credenciar para realizar as experiências com os padrões existentes. No ano 2000, os dados acerca dos testes foram disponibilizados à sociedade por meio das consultas públicas. A maioria das contribuições foi genérica, evidenciando a necessidade de produzir estudos mais aprofundados sobre o assunto.

Segundo Cruz (2009), se a decisão fosse estritamente tecnológica, o governo não teria demorado a oferecer subsídios para escolher e implantar o padrão japonês desde 2000, apontado pelos testes como aquele de melhor desempenho em vários quesitos analisados. O modelo japonês é, por exemplo, o que transmite mais informação dentro da mesma banda, o que apresenta maior mobilidade e flexibilidade, e permite a compressão do sinal. Todavia, se levados em consideração fatores econômicos e industriais, a tecnologia japonesa deixa de ser a mais vantajosa, sendo a mais cara do ponto de vista do consumidor, enquanto a europeia se revela a mais barata. Do ponto de vista das exportações, o ATSC seria o melhor padrão, pois os Estados Unidos não têm mais uma indústria local de televisores, importando os aparelhos do México e da Ásia[3]. A decisão, afirma o autor, não foi tomada na época porque as emissoras enfrentavam uma crise financeira que as impedia de investir na digitalização.

A escolha do finalista

O Brasil adotou como padrão a ser implantado no território nacional o modelo japonês e as justificativas oferecidas pelo governo para a decisão tomada sobre o sistema brasileiro não parecem ter levado em conta as considerações do relatório do CPqD solicitado pelo próprio governo. Cruz (2009) acrescenta que, em janeiro de 2006, havia um consenso de todas as empresas em torno do padrão japonês (ISDB-T), pois ele permitiria que as emissoras efetuassem transmissões para celulares (mobilidade), mantendo o modelo de negócios atual. A ameaça das operadoras de telecomunicações fez que as redes se juntassem em torno da campanha "TV aberta: 100% Brasil, 100% grátis", ressaltando a importância da TV aberta para se contrapor à possibilidade de as operadoras criarem serviços pagos na plataforma.

---

3.   CPqD. "Modelo de referência: sistema brasileiro de televisão digital terrestre". Funttel – Projeto Sistema Brasileiro de Televisão Digital, OS 40539, Campinas, 13 fev. 2006.

Por esse e outros motivos que veremos a seguir, o processo de escolha do padrão digital a ser implantado no Brasil foi nebuloso e, na maior parte do tempo, não permitiu a instauração de um debate ampliado entre diferentes atores sociais, políticos e econômicos que demonstravam interesse em participar dessa definição. Nesse sentido, torna-se importante questionar se esse processo de escolha pode ser considerado potencialmente deliberativo e de representação real das partes envolvidas, tomando como base os trabalhos acadêmicos e matérias jornalísticas publicadas na época.

Os conceitos de democracia deliberativa e esfera pública

A instauração de processos deliberativos nas práticas políticas de instituições e setores sociais brasileiros é algo muito recente. Entretanto, Leonardo Avritzer, ao prefaciar a obra organizada por Marques (2009), afirma que é possível observar uma guinada nas práticas democráticas de um conjunto diversificado de instituições políticas democráticas contemporâneas, no sentido da adoção de práticas deliberativas. Um exemplo de tentativa de desenvolvimento da democracia participativa seria o Orçamento Participativo (OP), que tem o intuito de produzir uma decisão coletiva a respeito do destino de parte dos recursos públicos, por intermédio de reuniões comunitárias abertas a atores do sistema administrativo, especialistas e cidadãos comuns. O processo participativo do OP conta com várias etapas. Primeiro são coletadas propostas, depois são votadas e estabelecidas as prioridades que, finalmente, são encaminhadas ao governo para que a solicitação seja atendida mediante investimento público. Avritzer atesta ainda a existência de um consenso acerca de uma virada da teoria democrática na direção da democracia deliberativa, refletindo-se tal guinada nas obras dos principais teóricos contemporâneos da democracia, que adotam o conceito de "deliberação pública" para se referir a uma forma dialógica de resolução de problemas de interesse coletivo nas sociedades contemporâneas. A deliberação é entendida como um processo argumentativo, como um "intercâmbio de razões feito em público" (Maia, 2004) para promover o entendimento e a justificação das razões apresentadas nesse processo.

Ainda para Maia, as concepções deliberativas da democracia baseiam-se no princípio de que as decisões que afetam a coletividade devem ser o resultado de uma deliberação livre e razoável entre cidadãos considerados moral e politicamente iguais. No escopo da democracia deliberativa, é possível examinar as estruturas simbólicas e discursivas que acompanham o embate entre as fronteiras da visibilidade e do segredo no campo dos *media*, procurando observar, também no processo de criação do SBTVD, a complexa relação entre os atores das instâncias formais do sistema político e aqueles da sociedade civil, bem como entre a política e a cultura.

Em sua obra *Transformação estrutural da esfera pública*, de 1962, Jürgen Habermas conceituou essa esfera no contexto da ascensão da burguesia nos séculos XVII e XVIII, quando também teve início a circulação massiva de jornais e periódicos. O acesso aos textos jornalísticos de opinião e as reuniões realizadas por nobres em bares e cafés para a leitura das principais notícias foram elementos que contribuíram para a promoção de uma esfera de discussão idealizada, criada também a partir da formação de grupos de leitura e círculos literários na Inglaterra, França e Alemanha. O sujeito dessa esfera pública é o público crítico, que se reunia face a face para, de maneira reflexiva, igual e racional, construir a opinião pública como resultado da força do melhor argumento. Posteriormente, a transformação da imprensa de opinião em imprensa comercial abalou as estruturas da esfera pública e uma opinião pública que era fruto do debate entre cidadãos foi substituída pelo consenso fabricado em torno dos interesses de organizações e partidos políticos que, movidos pelo lucro e pelo prestígio, competem entre si pela legitimidade popular.

Ao longo das décadas que se seguiram à de 1960, o pensamento habermasiano acerca do papel da mídia na formação da esfera pública foi por ele amplamente revisto. Em *Direito e democracia* (2003), por exemplo, o autor afirma que, se por um lado os meios de comunicação fazem parte de uma indústria cultural voltada para a promoção de interesses privados, por outro a esfera pública não existiria sem a presença da mídia, pois é ela que recolhe, organiza e difunde as múltiplas perspectivas e discursos sociais que alimentam a construção da opinião pública. No processo de deliberação, os participantes selecionam os temas, as contribuições, as informações e os argumentos, sobretudo aqueles dispostos na mídia, a fim de utilizar aqueles que são importantes para os processos decisórios. Na deliberação, a teoria do discurso habermasiana considera os processos de formação de opinião dependentes do conflito, da negociação e da justificação. Essa perspectiva se contrapõe à teoria da escolha racional, que apregoa que os processos decisórios devem ser influenciados apenas pelas motivações individuais e decisões de atores isolados.

SBTVD e a tentativa de formação de esferas públicas de discussão

No contexto das ideias habermasianas, a própria esfera pública se apresenta como o âmbito no qual o setor público contrapõe-se ao privado. Muitas vezes, a esfera de produção da opinião pública aparece como fruto da tensão entre o poder público e as demandas da sociedade civil, acirrada pela visibilidade garantida pela imprensa. Para que se promova a esfera pública, as decisões sobre normas e leis que abrangem a coletividade devem passar por uma deliberação que englobe todos os potenciais envolvidos (Habermas, 1987).

Caberia ao governo considerar, na condução da implantação da TV digital no Brasil, possibilidades democráticas do ponto de vista do acesso aos meios de comunicação, dando oportunidade a que grupos minoritários se expressassem e promovessem a ampliação da esfera pública de discussão dos problemas sociais, além da melhoria da qualidade técnica das imagens.

Os estudos acadêmicos de Maia e Castro (2006) e do Grupo de Estudos sobre a Construção Democrática (1998-1999) abordam a experiência recente do país no processo de criação de esferas públicas, de sua visibilidade garantida pelas ações da mídia e do papel desta em assegurar a articulação entre os vários domínios do debate. As dificuldades de constituição da esfera pública no contexto brasileiro originam-se nas particularidades da experiência histórica brasileira. Uma primeira dificuldade está ligada à indistinção entre o público e o privado, advinda de uma concepção oligárquica de política, na qual prevalecem os interesses privados. Outra dificuldade refere-se à centralidade do domínio rural na gênese da nossa formação social, tendo o modelo da autoridade paterna e do senhor das terras sido transferido para o domínio público, gerando um Estado que ainda não rompeu com o modelo de família patriarcal, na qual os homens se relacionam publicamente como se estivessem no contexto privado (Costa, 1997).

Dentro do contexto histórico brasileiro, podemos ainda ressaltar que importantes dilemas da formação de nosso espaço público precisam ser pensados, assim como as múltiplas dimensões da ação política e a possibilidade de construção de novos arranjos institucionais que alterem as condições dadas. Na análise dos entraves para a estruturação de uma esfera pública brasileira, Maria Célia Paoli (1995) argumenta que a construção democrática no Brasil tem entre suas condições essenciais a necessidade de constituição de um domínio público, dadas a indistinção entre o público e o privado, a incapacidade de fazer valer a igualdade jurídica formal, a forte hierarquia de privilégios e lugares sociais, a dificuldade de indiscriminação entre o arbítrio e a transgressão, a espantosa violência utilizada para impedir a reinvenção coletiva e o vínculo aparentemente pouco necessário entre as capacidades coletivas de julgar, querer e agir nos momentos fortes de expressão política.

A experiência recente de criação de esferas públicas e de sua visibilidade se conforma pela emergência cada vez mais radical de um espaço de publicização e de produção de visibilidade marcado pela presença dos traços característicos da ação da mídia. Os modos operatórios da mídia, presentes no processo de construção democrática, são relevantes para a compreensão dos dilemas atuais da formação do espaço público.

Durante o embate que se constituiu em torno da escolha da tecnologia internacional que seria implantada no Brasil, outros ministérios, além do Ministério da

Comunicação, manifestaram opiniões contraditórias sobre a tecnologia preferida pelo governo. Somente Hélio Costa foi consistente em sua posição. O então ministro do Desenvolvimento Luiz Fernando Furlan indicava preferência pelo padrão europeu, por motivos industriais e de comércio exterior. Em Santos (2006a), encontramos uma referência à preocupação dos empresários de que a não adoção de um dos três sistemas disponíveis no mercado e o consequente desenvolvimento de um sistema nacional de TV digital deixassem o país isolado do ponto de vista tecnológico. Outro exemplo oferecido foi o da adoção brasileira da tecnologia TDMA na telefonia celular, devido ao baixo custo dos aparelhos, o que viabilizou amplo acesso da população, mas foi uma opção que se mostrou equivocada, em virtude do crescimento da tecnologia GSM, mais eficiente para as necessidades da sociedade.

Os atores envolvidos

O Sistema Brasileiro de Televisão Digital (SBTVD) foi criado pelo primeiro ministro das Comunicações do governo Luiz Inácio Lula da Silva, Miro Teixeira. Na época, o governo foi criticado porque a proposta beneficiaria empresários que apoiaram Lula em sua campanha, conforme comenta Cruz (2006) e complementa Santos (2006a, p. 118): "Desde a sua publicação, o decreto nº 4.901/2003 tem sido alvo de polêmicas, dadas as suas características particulares, expostas nos documentos oficiais".

O decreto presidencial de 26 de novembro de 2003 também criava grupos intimamente relacionados aos órgãos públicos e hierarquicamente distribuídos, vinculados à Presidência da República. Entre eles, podemos citar:

- O Comitê de Desenvolvimento: presidido pelo Ministério das Comunicações e integrado pela Casa Civil, pela Secretaria de Comunicação de Governo e Gestão Estratégica da Presidência da República e pelos Ministérios da Ciência e Tecnologia, Cultura, Desenvolvimento, Indústria e Comércio Exterior, Educação, Fazenda, Planejamento, Orçamento e Gestão, e Relações Exteriores;
- O Comitê Consultivo: presidido pelo Ministério das Comunicações e integrado por representantes de entidades que desenvolvem atividades relacionadas à tecnologia de TV digital;
- O Grupo Gestor: além dos ministérios que fazem parte do Comitê de Desenvolvimento, abarcava representantes do Instituto Nacional de Tecnologia da Informação (ITI), ligado à Casa Civil, e da Agência Nacional de Telecomunicações (Anatel).

Com Eunício Oliveira como ministro, no lugar de Miro, o governo foi aos poucos se distanciando do projeto original de criar um padrão próprio, e os grupos estrangeiros, que outrora negociavam com o governo Fernando Henrique, passaram então a cortejar novamente o governo, a partir de 2004. A ideia desses grupos seria apoiar o trabalho dos grupos de pesquisa brasileiros para que seu sistema servisse de base àquele a ser adotado no Brasil. Conforme lembra Cruz (2006), a União Europeia chegou a fechar um acordo com a administração federal para pesquisas conjuntas em TV e inclusão digitais (Ramon e Puliti, 2003).

Segundo Santos (2006b), até o momento da assinatura do decreto a respeito do padrão de TV digital no país aconteceram inúmeras reuniões e eventos entre os atores do SBTVD e, apesar dos posicionamentos contrários e da aparente burocracia envolvendo o processo, de 2003 a 2005 as conduções indicavam sinais de evolução e continuidade. Já Cruz (2006) anexa em sua tese de doutorado documentação comprovando que os integrantes do Comitê Consultivo foram pouco ouvidos, chegando mesmo a ser excluídos, especialmente os ligados à indústria.

A sociedade acadêmica teve papel destacado, uma vez que a Financiadora de Estudos e Projetos (Finep) elaborou termos de chamada pública e aproximadamente 80 instituições foram selecionadas para participar do projeto, representando um dos pontos interessantes do processo. Esse quadro indicou o desimpedimento do governo em receber contribuições tecnológicas advindas da academia, capazes de firmar o Brasil como produtor e exportador de tecnologia de ponta. Aqui, porém, encontramos outra anomalia, pois dias após sua posse Hélio Costa afirmou que, apesar dos estudos feitos por diversas universidades, o Brasil deveria escolher um padrão dentro dos existentes e trabalhar com adaptações para atender às características e aos interesses brasileiros. Isso ocasionou um desgaste na relação com o Comitê Consultivo, culminando na formação de um grupo de trabalho *ad hoc* composto de emissoras de televisão e alguns consórcios de pesquisas, deixando as indústrias e os pesquisadores da Finep de lado.

Nesse contexto, ressaltamos a manifestação de movimentos sociais, como o coletivo Intervozes, que publicou o documento "Carta aberta à sociedade brasileira: a quem interessam as propostas de Hélio Costa?", bem como a entrega, por várias entidades, da carta aberta ao Congresso Nacional e à Presidência da República, com o título "TV digital: um debate que precisa de audiência"[4].

Quanto ao envolvimento da sociedade civil, houve um processo de visibilidade a respeito do tema devido ao aumento do número de publicações, matérias, reportagens

---

4. Disponível em: <http://www2.metodista.br/unesco/jbcc/jbcc_mensal/jbcc275/jbcc_documentos_tv.htm>. Último acesso em: 26 jun. 2010.

e manifestações sobre o esvaziamento da discussão pública, como a publicação, em novembro de 2005, do informativo Intervozes – "TV digital, saiba por que você precisa participar deste debate" – em encarte inserto na revista *Caros amigos*[5].

A participação da sociedade na discussão sobre a TV digital

Ainda que tenha sido realizado um breve resgate dos conceitos técnicos inerentes ao tema dos encaminhamentos sobre a digitalização da TV no Brasil, nosso foco neste artigo são os entraves à formação do debate em torno desse processo. Procurei estabelecer uma abordagem que não se limitasse ao viés tecnológico, mas englobasse também discussões políticas e sociais, como aquelas referentes ao marco regulatório e aos desdobramentos que o processo traria à sociedade. Cabe destacar que, embora a lógica de um processo dessa magnitude devesse obrigatoriamente levar em consideração uma ampla troca de ideias com os atores envolvidos, no caso brasileiro as indicações ministeriais foram no sentido de que as decisões seriam tomadas e de que o debate deveria acontecer em outro momento. Um exemplo disso seria novamente a publicação do coletivo Intervozes – "TV digital: princípios e propostas para uma transição baseada no interesse público"[6] – denunciando a falta de informações para a sociedade sobre os encaminhamentos da TVD no Brasil e sobre o SBTVD.

Um documento produzido pelo CPqD (2006) indicou o DVB como o sistema mais adequado às particularidades do Brasil[7]. Além disso, sabe-se que a Europa não priorizou a alta definição, pois o objetivo do modelo europeu seria aumentar as opções e o número de programas e conteúdos televisivos ao telespectador. Como veremos adiante este seria um cenário interessante do ponto de vista social.

Praticamente ao mesmo tempo que se tornaram públicas as informações sobre o modelo de referência, que indicava o DVB, padrão europeu, como a melhor opção, o ministro Hélio Costa afirmou na revista *Veja*, em fevereiro de 2006, que o governo brasileiro havia escolhido o padrão ISDB, japonês, para a sua TV, tendo como foco a alta definição. Porém, assim que o documento foi difundido, e como resultado das manifestações de desapreço pela condução dada ao assunto, a Câmara dos Deputados instau-

---

5. Disponível em: <http://www.cefuria.org.br/doc/tvdigitalintervozes.pdf>. Último acesso em: 26 jun. 2010.
6. Disponível em: <http://www.intervozes.org.br/publicacoes/documentos/TVDigital.pdf>. Último acesso em: 26/6/10.
7. CPqD. Centro de Desenvolvimento de Pesquisa em Telecomunicações (Brasil). Modelo de referência Sistema Brasileiro de TV Digital. 2006. Disponível em: <http://www.intervozes.org.br/digital/docs/documento0_cpqd.html>. Acesso em: 27 fev. 2010.

rou uma Comissão Geral para analisar a TV digital. Assim, o tema ganhou maior visibilidade e começaram manifestações na internet, como a lista "Por um sistema brasileiro de TV digital de interesse público", e comunidades no Orkut tais como: "Eu quero discutir TV digital", "TV digital padrão brasileiro", "TV digital modelo Brasil 2006", "Por uma TV digital democrática", entre outras. Ao mesmo tempo que se erigiram esforços em prol do padrão japonês, foi ocultado o fato de que, se no Brasil o negócio televisivo é bastante lucrativo, ocupando o país as cabeceiras no *ranking* internacional de investimentos publicitários, no modelo de negócios japonês da TV as inserções publicitárias são proibidas (Santos, 2006a).

Deliberação, esfera pública e SBTVD

É possível afirmar, com apoio de Marques (2009), que a democracia deliberativa possui quatro elementos principais: a superação de uma concepção gregária de democracia centrada no voto; a racionalidade política associada à ideia de mudança e justificação de preferências por meio do debate na esfera pública; o princípio de inclusão; e, por último, a ideia de complementaridade entre o debate e a ação institucional baseada na hipótese de que as preferências dos indivíduos, se amplamente discutidas, implicam a procura de instituições capazes de efetivá-las.

Maia (2004) indaga a respeito da potência da visibilidade midiática para criar espaços generalizados de discussão, na forma de debates públicos, por meio da interpenetração de fluxos comunicativos variados. É sob esse enfoque que abordarei as questões expostas a seguir.

Na era analógica, as redes de TV usavam toda a frequência de 6 MHz para transmitir sua programação. Com o sinal digital comprimido em *bits*, sobra espaço para enviar mais dados. Como esse espaço poderia ser usado e quais atores se beneficiariam ou não com a digitalização informacional audiovisual? Temos aí três opções:

Opção 1 – Cenário incremental: Transmissão de imagens em alta definição agregada à transmissão de imagens em baixa definição para celulares. Em tal cenário, somente as atuais redes ganhariam. As empresas de telefonia perderiam, pois não haveria interatividade nem cobrança com a TV aberta no celular. Não haveria espaço para novos *players*. A TV paga ficaria ameaçada com a TV aberta de melhor qualidade. Não haveria espaço nesta para canais públicos e comunitários.

Opção 2 – Cenário diferenciado: Quatro canais seriam providenciados para a mesma rede de TV. Ou um canal de alta definição combinado com transmissão de baixa resolução para veículos e celulares. É importante notar que a baixa resolução seria muito superior à TV analógica. As atuais redes ganhariam com a interatividade, bem como as empresas de telefonia. Novamente não haveria espaço para novos *players*, tampouco para novos canais públicos e comunitários, assim como a TV paga teria de lidar com a TV aberta de melhor qualidade.

Opção 3 – Cenário de convergência: Quatro canais de diferentes redes de TV, podendo também ser ocupados por outros serviços de telecomunicações, como a banda larga. Excetuando as atuais redes que perderiam frequência, audiência e receita, todos os demais atores ganhariam; portanto, do ponto de vista democrático, seria o melhor cenário. As empresas telefônicas ganhariam com novos serviços e interatividade. Com mais espaço disponível, se abriria a oportunidade para novos *players* e produtores independentes, bem como minorias sociais poderiam ter acesso aos meios de comunicação, fazendo-se ouvir, sentindo-se representadas e aumentando as oportunidades de deliberação e as chances de constituição de uma esfera pública. Tal cenário seria o melhor para a sociedade, tendo em vista que indivíduos e grupos se beneficiariam com a possibilidade de ampliação do espaço público.

O cenário escolhido pelo nosso governo foi o segundo. No presente texto não é minha intenção discorrer sobre o debate acerca da interatividade e suas possibilidades. Quer porque tal análise constitui-se complexa na abordagem dos diversos graus de interatividade e repercussões sociais, quer porque já existem trabalhos de altíssimo nível sobre o tema, como o de Santos (2006a; 2006b) e outros autores que se dedicam ao assunto, como Valdecir Becker (2007), André Lemos (2009) e Alex Primo (2010).

Como se não bastasse a existência em vão de uma opção democrática e de potencial representatividade social, o debate sobre o DVB (ou sobre uma suposta produção totalmente nacional) durante o processo de definição, ao envolver a falta de isenção de alguns atores na condução das discussões, promoveu a desinformação da sociedade quanto ao assunto. Esta ficou à mercê da opinião de determinados públicos, amplamente difundida pelos meios de comunicação, envolvendo governo, representação de classes e movimentos sociais, o que gerou uma visão fragmentada do processo. A participação da sociedade ficou comprometida e ocorreu apenas mediante a representatividade que, por sua vez, também tinha interesses particulares envolvidos.

Verificamos que houve de fato o envolvimento da academia e de uma pequena parcela da sociedade civil[8], pois, como observa Santos (2006a, p. 151), "se no debate da TV Digital no país participaram apenas alguns segmentos corporativos dessa socieda-

---

8.   Sociedade civil são todas as instituições organizadas, juridicamente ou não, que auxiliam na organização social do Estado. Logo, não são apenas os movimentos sociais que a integram, mas também representantes de classe, inclusive dos meios radiodifusores, que representam interesses populares.

de, o mesmo passou a ser um debate de corporações e não um debate entre os indivíduos ou grupos organizados que os representam".

Informações errôneas como a de uma suposta fábrica de semicondutores a ser doada pelos japoneses caso escolhêssemos seu modelo, que chegou a ser publicada no jornal *Folha de S.Paulo*, e a campanha dos radiodifusores estampada em jornais e veiculada na TV, que afirmava que somente o sistema ISDB seria capaz de garantir a qualidade do sinal, a alta definição, a mobilidade e a interatividade, coadunam com o total desconhecimento das pessoas sobre o significado da digitalização da televisão.

Os discursos públicos midiatizados referentes ao tema chegavam aos indivíduos procurando esclarecer e "traduzir" as informações, devido à ênfase na tecnicidade do assunto. Não se exclui do debate o fato de que a escolha de um padrão internacional estaria intimamente relacionada à política externa em sua forma macro, lembrando que, por exemplo, no caso da Europa, encontramos severas barreiras à entrada de nossos produtos agrícolas e que, em algum grau, a clara percepção dessa natureza tenha interferido na decisão final. O que se questiona é a falta de transparência no processo.

Pinto (2005, p. 229), filósofo brasileiro da tecnologia, reitera a importância da compreensão da tecnologia, principalmente em uma época de grandes mudanças tecnológicas nos processos de comunicação, em que grupos econômicos de interesses diversos agem agressivamente na defesa habilidosa de seus argumentos "técnicos" para melhor definição dos parâmetros de acesso público à comunicação:

> As presentes condições sociais possibilitam a utilização das discussões sobre a técnica, suas relações com a ciência e o papel desempenhado na vida dos homens, para fins nitidamente ideológicos, de que os autores desse gênero literário não suspeitam ou, se sabem, tem interesse em ocultar ciosamente. A consciência crítica, que elabora a verdadeira teoria da técnica, não surgirá por esforço isolado ou unilateral dos pensadores de ofício. [...] Mas, considerando a hipótese moralmente melhor, é inevitável magnificarem até um grau de cômico exagero a importância dos maquinismos com que lidam, especialmente se eletrônicos ou automatizados, dos métodos que utilizam, das organizações onde estão inseridos, dos planejamentos econômicos e sociais arquitetados, e chegarem a conclusões a seguir projetadas sobre a realidade quase sempre pretendendo impô-las à sociedade, num intuito já então iniludivelmente político.

No mesmo veio, inserimos a estratégia das emissoras de televisão de se unir pelo bem comercial comum e veicular anúncios para supostamente informar a sociedade a respeito das vantagens de um padrão tecnológico que garantiria a gratuidade de acesso a algo que, ironicamente, não era gratuito, pois sempre foi pago indiretamente pelos consumidores, pela publicidade ou por investimentos governamentais. Ações midiáticas como essa criam e reforçam junto aos indivíduos a visão de que o debate técnico, ainda que excludente, se faz necessário.

Vimos que a teoria deliberativa apregoa que os processos decisórios não devem ser influenciados apenas pelas motivações individuais e decisões de atores isolados, o que se verificou que não ocorreu no processo de escolha da TVD no Brasil, durante o qual o ministro Hélio Costa, *aberto representante do setor de radiodifusão*, desconsiderou os resultados do estudo encomendado pelo próprio governo ao CPqD, já que não iam ao encontro de sua vontade.

O que se nota é o processo de especialização dos sistemas que faz que a política, ancorada no aparelho do Estado, se torne independente, autorreferenciada, com códigos próprios, extraindo de si mesma tudo de que necessita em termos de legitimação, tal como ocorreu, e que, apesar da falta de representatividade popular e da existência de um movimento que justificou no mínimo uma discussão mais ampla, tudo foi decidido e tratado no âmbito das leis, da legalidade e dos "bastidores", restando aos cidadãos comuns – como público produtor de opiniões – apenas o lamento, o esforço acadêmico de denúncia de tal isonomia, a preocupação com a viabilização das ações combinadas, mesas-redondas e associações de coordenação de todos os tipos, surgidas nas áreas cinzentas situadas entre Estado e sociedade.

De acordo com Ethevaldo Siqueira (2006), a escolha do padrão japonês (ISDB) de TV digital já estava definida muito antes da análise e da comparação com seus competidores – os padrões norte-americano (ATSC) e europeu (DVB). Ele afirma que em vez de comportar-se com a isenção e independência de um juiz nessa concorrência internacional, o ministro das Comunicações Hélio Costa manifestou em diversas oportunidades ao longo do processo de escolha sua preferência pessoal pelo padrão japonês. Noutras ocasiões, o ministro afirmava que o ISDB seria o único que corresponderia às exigências do Brasil, ao atender aos requisitos de alta definição, mobilidade, multiprogramação e interatividade. "A preferência do ministro coincidiu sempre com a preferência das emissoras de televisão" (Siqueira *apud* Cruz, 2008, p. 9).

Em sua pesquisa Santos (2006a, p. 216) detecta vários argumentos que tendem a expressar um determinismo tecnológico revolucionário social e o não reconhecimento do outro como cidadão capaz de entendimento e cooperação. Isso ficava mais evidente, segundo a autora, nas informações obtidas na SET e emissoras, em que se enfatizava que o debate fosse deixado para "técnicos" e a sociedade participasse de forma passiva e sem atropelar o processo, ou ainda quando pesquisadores afirmavam que falta preparo para qualificar a opinião da sociedade.

O que se percebe, à luz das reflexões teóricas sobre o assunto, seria uma esfera pública midiatizada, com empresas de comunicação sugerindo decisões para seus indecisos e desinformados consumidores, haja vista as declarações de Hélio Costa e a ação conjunta das emissoras em defesa do padrão japonês.

A análise hoje distanciada do processo de estabelecimento do SBTVD evidencia a força de opinião de pequenos públicos, os quais poderiam, contudo, ser vistos como grandes se considerado seu poder econômico. É também possível perceber a dificuldade em implantar com sucesso um debate que não interesse a algumas das subdivisões da sociedade. A maioria dos cidadãos comuns esteve dele alijada, e muitos sequer imaginam o que envolveu uma decisão desse porte.

Podemos destacar aqui que os movimentos que ocorreram nas comunidades do Orkut, os abaixo-assinados e cartas abertas ao público clamando por um maior debate, indicando claramente o problema de integração da sociedade, seriam caracterizados como manifestações do "mundo da vida" (Habermas, 1987 e 2003), que abrange a rede de ações comunicativas, interações de coletividades, associações e organizações, a totalidade de relações interpessoais ordenadas legitimamente.

> O mundo da vida aparece como um reservatório de um conhecimento tido como dado, de convicções sólidas das quais os participantes em comunicação se servem em processos cooperativos de interpretação. Ele é representado por um estoque de modelos interpretativos transmitidos culturalmente e organizados linguisticamente. Esse estoque de conhecimento abastece os indivíduos com convicções de fundo comuns que são vistas como já dadas; é a partir delas que os contextos para a interação intersubjetiva tomam forma, processos nos quais aqueles envolvidos utilizam definições preexistentes da situação ou negociam novas. (Habermas, 1987, p. 124)

É no pano de fundo do "mundo da vida" que percebemos a integração insuficiente do sistema, os interesses feridos, as identidades ameaçadas.

A proposta do SBTVD previa o oferecimento de ferramentas tecnológicas de comunicação que seriam utilizadas em políticas públicas contrárias ao modelo vigente de radiodifusão, ferindo tais políticas regulamentações setoriais e não se sustentando. Embora a maioria das reivindicações da sociedade civil estivesse contemplada pelas propostas do Decreto nº 4.901/2003, seria necessária a alteração na regulamentação, envolvendo obrigatoriamente o poder Executivo e o Congresso Nacional, o que seria extremamente árduo.

Enquanto os difusores defenderam o padrão ISDB com alta definição, a fim de viabilizar a manutenção do modelo de negócios, as empresas de telecomunicações defenderam o padrão DVB, pretendendo a quebra de monopólio da produção de conteúdo, o que significaria aumento de sua renda. Ao final, tanto um lado quanto o outro buscaram vantagens majoritariamente econômicas e não técnicas, como proclamaram no debate. Nessa celeuma, o padrão norte-americano foi deixado de lado, voltando esporadicamente à cena somente para evidenciar sua existência.

Apesar da defesa, por parte das entidades representativas da sociedade civil, da abertura de discussões e da reivindicação da democratização dos canais, se possível com subsídio para produção de conteúdo, não se conseguiu alcançar a visibilidade necessária para que fossem consideradas, pois não interessou a segmentos da comunicação tornar públicos sua opinião e anseios.

O que interessou nesse debate foi exatamente o que não foi dito sobre ele, como a respeito dos seguintes pontos:

- A melhor política industrial que permitisse maximizar as exportações;
- A proposta chinesa de desenvolvimento conjunto com o Brasil, a Rússia e a Índia de um protocolo de televisão alternativo;
- A discussão sobre qual seria o modelo de negócios que decidiria o nível de interatividade do canal de retorno e se este retorno utilizaria como suporte o telefone ou a frequência obtida com a outorga de canais;
- A produção de conteúdo, como se ela não fizesse parte da digitalização;
- O fato de que, no fundo, o imbróglio esteve relacionado com o transporte de conteúdo, com os radiodifusores tentando evitar que as empresas de telecomunicação pudessem vir a produzir e distribuir conteúdo;
- A voz dos representantes da sociedade civil, que buscaram democratizar a comunicação, viabilizar a produção independente de conteúdos e obter concessões de canais que permitiriam tornar pública a opinião daqueles que eles que representavam;
- O dado de que qualquer das situações em jogo depararia com problemas na legislação, que não permitia às empresas de telecomunicação operar como radiodifusão, nem mais de uma concessão a um mesmo beneficiário em um mesmo local, inviabilizando a multiprogramação e trazendo o risco de perda da concessão em caso de mau uso, já que tal espectro adicional deveria ser um bem público;
- A premente necessidade da revisão das leis que regem os setores da radiodifusão e das telecomunicações como reflexo da convergência tecnológica, que posteriormente recaiu na proposta do PL nº 29 de 2007[9].

---

9.   O PL nº 29/2007 versou sobre a entrada das empresas de telefonia no mercado de produção audiovisual. Aprovado na Câmara Federal em junho de 2010, seguiu nesse mesmo ano para o Senado. Muito polêmico, contemplou grande parte da pesquisa de mestrado da autora.

- O aspecto de que vários dos encaminhamentos dados pelo ministro Hélio Costa desrespeitaram sucessivas vezes o decreto presidencial, sobretudo quando desmereceu as pesquisas nacionais e se posicionou favorável às emissoras;
- O fato de que o padrão japonês, mais caro, reproduziria o modelo vigente na sociedade, em que classes socioeconômicas mais altas já tinham acesso à TV digital interativa por satélite;
- O dado de que o decreto que instituiu o SBTVD sequer cita a alta definição;
- A indicação, sujeita às emissoras, de que o modelo de negócios para TVD seria decidido após a escolha do padrão não atendia ao primeiro item do decreto presidencial que apregoava a promoção da diversidade cultural no país;
- O acesso ao conversor, que não garante acesso à TV digital, sendo necessária a aquisição de um televisor digital;
- Os avanços obtidos com as pesquisas nacionais que atendiam aos indicativos do decreto presidencial e apresentavam nível de qualidade compatível aos padrões que disputavam entre si a escolha brasileira e iam além, permitindo a recepção móvel, tida como exclusiva do sistema japonês;
- O aspecto de que, mesmo que se optasse pela transmissão *standard*, a qualidade da imagem já seria muito melhor do que a da TV analógica. A multiprogramação não inviabilizaria uma melhor transmissão.

A digitalização só se tornará convergente quando ocorrerem alterações legais que se traduzam em efetiva democratização. O que temos após a discussão técnica parece ser a implantação de um modelo de comunicação cada vez mais ligado ao comércio, inviabilizando a inclusão social. Tal estagnação abre espaço para o surgimento de alternativas de transmissão, como a IPTV, que é a TV por IP, na qual a televisão, a internet e a telefonia são entregues ao usuário por apenas um operador, fornecendo lucros significativos às operadoras e em tese beneficiando cada vez mais o usuário[10]. A ausência do debate, como se pode ver, tende a trazer vantagem para as empresas de telefonia.

Considerações finais

A política da desinformação e a ausência de discussão interessam somente a poucos atores sociais. Sem discussão, a opinião torna-se pública mas discutível, uma vez que produzida apenas para a concordância geral. Uma opinião fabricada nos "bastido-

---

10. Em minha dissertação de mestrado, defendida em 2010 na Faculdade Cásper Líbero, trabalhei com o tema, estudando as *Possibilidades comunicacionais, tecnológicas e mercado da IPTV no Brasil.*

res" do sistema administrativo não permite discordância e expressa juízos de valor que podem não condizer com a verdade, exatamente por ser uma opinião isolada e difundida como válida pela esfera pública midiatizada. No estudo dos processos comunicacionais de atos políticos, o conceito de esfera pública e de participação cívica tornam-se importantes, pois é a partir das perspectivas fornecidas pelos meios de comunicação que a sociedade agrega elementos capazes de fornecer uma visão mais ampla e diversificada da realidade.

A voz do público, como sujeitos coletivos, não se fez ouvir na sociedade e no debate sobre a TV digital predominou uma opinião midiatizada, comprometida e alinhada com o mercado. Houve falta de isenção na condução do debate e a "opinião pública" no processo de digitalização midiática brasileiro foi a opinião do público controlador dos *media*, uma oligarquia comunicacional desinteressada na alteração de seus tradicionais métodos de ganho de capital.

A análise da comunicação na vida contemporânea carece de estudos relevantes no campo da comunicação e da sociologia política para a compreensão dos processos de constituição do espaço público no Brasil. Os espaços de debate atualmente existentes pouco incorporam a discussão dos aspectos relacionados à atuação dos *media*, partindo do princípio de que comunicação por eles desenvolvida seria um apêndice, agregado, do processo de configuração do social. A comunicação na contemporaneidade tornou-se um espaço socioeconômico e cultural, uma dimensão nova e essencial da sociabilidade contemporânea.

Não sendo mais definida como simples meio técnico envolvido em uma teia de relações sociais, a comunicação passou a ser concebida como uma forma de relação social que permeia a configuração do social e participa dela. Alguns dos nossos dilemas de constituição do espaço público têm uma fundamental dimensão midiática: a mídia tenta dar conta da tarefa de conferir visibilidade a processos deliberativos nascentes em nossa sociedade, mas ainda está amarrada a padrões conservadores e autoritários.

A análise integral do processo que levou à criação do SBTVD desde seu início, no governo de Fernando Henrique Cardoso, exemplifica como em nossa cultura política ainda há uma predominância dos interesses privados das elites nas estruturas estatais, existindo o domínio público subsumido ao domínio estatal, ou seja, tomando seu lugar. As experiências de constituição do espaço público não devem apenas questionar a exclusão política, mas também ser instrumentos promissores na luta contra a exclusão social. A construção da esfera pública será constitutiva do aprofundamento democrático à medida que sua formação tornar os mecanismos de decisão política permeáveis à influência dos setores da sociedade civil, que geralmente têm sido mantidos à margem desses processos.

Referências

BECKER, Valdecir. "Convergência tecnológica e a interatividade na televisão". *Comunicação & Sociedade*, São Paulo, v. 48, 2007, p. 63-82.

CASTRO, Maria Céres P. S. "Dilemas para a constituição do espaço público brasileiro: controvérsias midiáticas". In: MAIA, R.; CASTRO, M. C. P. (orgs.). *Mídia, esfera pública e identidades coletivas*. Belo Horizonte: Editora da UFMG, 2006, p. 139-52.

COSTA, Sérgio. "Contextos da construção do espaço público no Brasil". *Novos Estudos Cebrap*, São Paulo, n. 47, mar. 1997, p. 179-92.

CRUZ, Renato. *Fora da caixa: o processo de decisão sobre o sistema de TV digital no Brasil*. 2006. Tese (Doutorado) – Escola de Comunicações e Artes da Universidade de São Paulo, São Paulo, 2006. Disponível em: <http://poseca.incubadora.fapesp.br/portal/bdtd/2006/2006-do-cruz_renato.pdf>. Acesso em: 30 jul. 2009.

_____. *TV digital no Brasil*. São Paulo: Senac, 2008.

GRUPO DE ESTUDOS SOBRE A CONSTRUÇÃO DEMOCRÁTICA. "Esfera pública e democracia no Brasil". *Revista Ideias*, v. 5, n. 2, v. 6, n. 1, 1998-1999, p. 43-74.

HABERMAS, Jürgen. *Mudança estrutural da esfera pública*. Rio de Janeiro: Tempo Brasileiro, 1984.

_____. *Direito e democracia: entre faticidade e validade*. Rio de Janeiro: Tempo Brasileiro, 2003.

_____. *The theory of communicative action vol. II – Lifeworld and system: a critique of functionalism reason*. Boston: Beacon Press, 1987.

LEMOS, André. "Infraestrutura para a cultura digital". In: SAVAZONI, Rodrigo; COHN, Sergio (orgs.). *Cultura digital. Br*. Rio de Janeiro: Azougue, 2009, v. 1, p. 134-51.

MAIA, Rousiley Celi Moreira. "Dos dilemas da visibilidade midiática para a deliberação política". In: *Mídia.br, livro do XII Compós*. Porto Alegre: Sulina, 2004.

MARQUES, Ângela Cristina Salgueiro (org.). *A deliberação pública e suas dimensões sociais políticas e comunicativas: textos fundamentais*. Belo Horizonte: Autêntica, 2009.

PAOLI, Maria Célia. "Movimentos sociais no Brasil: em busca de um estatuto político". In: HELMANN, Michaela (org.). *Movimentos sociais e democracia no Brasil*. São Paulo: Marco Zero, 1995.

PINTO, A.V. *O conceito de tecnologia*. São Paulo: Contraponto, 2005.

PRIMO, Alex. "Crítica da cultura da convergência: participação ou cooptação". In: DUARTE, Elizabeth Bastos; CASTRO, Maria Lília Dias de. (orgs.). *Convergências midiáticas: produção ficcional – RBS TV*. Porto Alegre: Sulina, 2010, p. 21-32.

RAMON, Jander; PULITI, Paula. "Sistema de TV digital brasileiro vai superar os outros, diz Miro". *O Estado de S. Paulo*, "Economia", São Paulo, 19 jul. 2003, p. B6.

SANTOS, Adriana Cristina Omena dos. *A digitalização da TV no Brasil: a sociedade civil organizada e a opinião pública a respeito do Sistema Brasileiro de TV Digital – SBTVD*. Tese (Doutorado) – Escola de Comunicação e Artes, Universidade de São Paulo, São Paulo, 2006a.

_____. "Governo, sociedade civil e a (des)informação sobre TV Digital no Brasil: o SBTVD". In: *UNIrevista*, São Leopoldo, v. 1, n. 3, jul. 2006b, p. 1-14.

SIQUEIRA, Ethevaldo. "Por que Hélio Costa quer o padrão japonês". *O Estado de S. Paulo*, 5 fev. 2006.

SQUIRRA, Sebastião; FECHINE, Yvana (orgs.). *Televisão digital: desafios para a comunicação*. Porto Alegre: Sulina, 2009.

ZUFFO, João Antônio. *A sociedade e a economia no novo milênio: os empregos e as empresas no turbulento alvorecer do século XXI, livro 1: A tecnologia e a infossociedade*. Barueri: Manole, 2003.

11 O PAPEL DA COOPERAÇÃO HUMANA NO PROCESSO DE DELIBERAÇÃO *ONLINE*

RENATA BARBOSA MALVA

A deliberação pública é um tema que, nas últimas décadas, tem sido muito estudado por pesquisadores das áreas de comunicação, sociologia e ciências políticas, os quais desejam entender como se organiza, na prática, uma sociedade democrática, voltada aos interesses comuns de cidadãos que têm projetos diferenciados e, apesar disso, se importam com questões consideradas relevantes para uma coletividade (Marques, 2009).

É geralmente considerada um instrumento de construção da cidadania, pois instaura uma dinâmica interlocutiva em que diferentes atores podem argumentar e discutir assuntos de interesse de todos face a face. Com o avanço da tecnologia e o surgimento das comunidades virtuais, os princípios normativos que caracterizam a deliberação e foram estabelecidos por Habermas (1997) foram adaptados ao contexto virtual a fim de revelar se a internet pode oferecer condições de abrigar esferas públicas deliberativas (Marques, 2010; Graham, 2009).

Atualmente, é possível afirmar que processos de deliberação pública ultrapassam barreiras de tempo e espaço, dando lugar, talvez, a diálogos mais participativos, inclusivos e de maior publicidade. Mas a deliberação *online* ainda encontra dificuldades para ser empiricamente verificada e analisada. Pesquisas empíricas (Dahlberg, 2001; Witschge, 2002) revelam que manter os participantes motivados para cooperar em busca de um melhor entendimento e da solução de problemas comuns não é algo que se possa encontrar com muita frequência nos espaços discursivos da rede. A maioria das interações se dissolve em pouco tempo e os participantes não conseguem manter sua continuidade. Alguns autores, como, por exemplo, Jodi Dean (2003), atrelam essa falha à falta de credibilidade da plataforma utilizada, à falta de motivação na cooperação ou até mesmo à ausência dos princípios normativos habermasianos: igualdade, transparência e publicidade, inclusão de todos os envolvidos, racionalidade e reciprocidade.

Este capítulo pretende discutir a cooperação humana como fonte alimentadora da deliberação pública *online*. Por meio de uma reflexão teórica, busca-se identificar o motivo pelo qual esse tipo de deliberação depende de uma ação comunicativa voltada para a cooperação e para a busca de entendimento a fim de manter os participantes sempre abertos ao diálogo, ainda que discordem uns dos outros. Partindo da teoria de deliberação pública habermasiana, argumento ser possível apreender a deliberação *online* a partir do engajamento cooperativo de sujeitos que desejam formular um entendimento coletivo acerca de um problema ou questão. Observando os princípios que regem a esfera pública de Habermas, pode-se verificar que, apesar de o autor não incluir a internet em suas reflexões sobre o conceito, é possível identificá-la como uma rede plural e articulada de várias esferas públicas.

A esfera pública e a deliberação pública

Para refletirmos a respeito do processo de deliberação pública é preciso primeiramente explicitar algumas das características do espaço dialógico considerado propício para seu desenvolvimento: a esfera pública. Na verdade, a esfera pública não deve ser entendida como algo que precede a deliberação. Muito pelo contrário, aquela só se forma com base em uma situação deliberativa. Habermas, em 1962, afirmava a origem burguesa da esfera pública, da qual faziam parte apenas o público masculino da elite: homens letrados que se reuniam em bares e cafés a fim de discutir notícias publicadas em jornais e periódicos. A imprensa, em sua origem política e literária, era elemento fundamental na configuração e manutenção dos debates que davam origem à esfera pública burguesa.

Mas quando os jornais passaram a ser estruturados como empresas lucrativas e concentradas nas mãos de poucos, tratando majoritariamente de interesses privados, tornaram-se a parte central de um empreendimento capitalista e, portanto, uma ameaça letal para a esfera pública. Habermas, fortemente influenciado pelas ideias adornianas, anuncia, em *Mudança estrutural da esfera pública* (1984, p. 241), que a opinião pública se transformava em um consenso fabricado.

> Perante a esfera pública ampliada, os próprios debates são estilizados em um show. A publicidade perde sua função crítica em favor da função demonstrativa: mesmo os argumentos são pervertidos em símbolos aos quais não se pode, por sua vez, responder com argumentos, mas apenas com identificações.

Já em 1987, em *Teoria da ação comunicativa*, Habermas afirmou ser errônea sua ideia de que a esfera pública estava desaparecendo das sociedades pós-liberais. Ele reconheceu que suas concepções sobre a mídia haviam sofrido influência do conceito de indústria cultural de Adorno, mas que, após ter conhecimento de várias pesquisas que apontavam os efeitos limitados dos meios e a ação crítica dos receptores, era necessário rever sua afirmação de que a deliberação estava condenada. Habermas admitiu que os receptores são críticos e que não há como pensar a esfera pública na sociedade contemporânea sem uma reflexão sobre os conteúdos transmitidos pela mídia. Além disso, em alguns trechos de sua obra recente, reconheceu a importância da mídia no processo deliberativo. "A produção atual de Habermas define o espaço dos *media* como essencial ao fortalecimento e à manutenção das estruturas deliberativas" (Marques, 2008, p. 25).

Trinta anos após a publicação de *Mudança estrutural da esfera pública* e após ter sido criticado por várias autoras feministas, o filósofo reconheceu que havia excluído as mulheres e os plebeus da ação deliberativa e do processo de formação de esferas públicas, pois não havia considerado o progresso no ensino e a maior facilidade informacional.

Assim, em 1989, Habermas apresentou em um Congresso o texto "Further reflections on the public sphere" [Reflexões posteriores sobre a esfera pública] – publicado em 1992 em uma coletânea organizada por Craig Calhoun –, assumindo estar sua teoria sobre o declínio da esfera pública defasada, com muitas lacunas e desconsiderar a existência de outras esferas de debate vinculadas à esfera pública burguesa: "É incorreto falar de uma esfera pública singular, mesmo assumindo certa homogeneidade do público burguês. É preciso admitir uma coexistência de esferas públicas concorrentes e apreender a dinâmica daqueles processos de comunicação que são excluídos da esfera pública dominante" (1992, p. 425).

As razões para a deficiência de suas antigas análises foram, principalmente, o fato de haver atrelado suas afirmações à teoria da indústria cultural adorniana, a indiferença em relação ao fato de os cidadãos estarem mais críticos devido à expansão da educação e a negligência aos resultados apresentados por estudos de cultura política. Nas palavras do autor (Habermas, 1992, p. 438):

> O meu diagnóstico ao desenvolvimento linear de um público politicamente ativo para um público recluso em uma privacidade perversa, de um "público que debate cultura para um consumidor de cultura", é demasiadamente simplista. Neste momento eu era por demais pessimista diante do poder de resistência e, sobretudo, do potencial crítico de um público de massa pluralista, internamente diferenciado. Os determinismos presentes nas abordagens de classe estavam apenas começando a ser desafiados pelos estudos dos usos culturais que tais públicos fazem das formas simbólicas.

Em seu livro *Direito e democracia* (1997), Habermas reformulou sua teoria sobre a esfera pública, explicitando com maior clareza seus principais aspectos. De modo geral, ele afirma que a esfera pública é o resultado de um processo de discussão voltado para o esclarecimento e a produção de um acordo em torno de questões que são de interesse de todos, usando a linguagem crítica para buscar o entendimento recíproco.

> A esfera pública pode ser descrita como uma rede adequada para a comunicação de conteúdos, tomada de posição e opiniões; nela os fluxos comunicacionais são filtrados e sintetizados, a ponto de se condensar em opiniões públicas enfeixadas em termos específicos. (p. 92)

Na esfera pública o agir deve ser orientado para o entendimento e, portanto, deve haver reflexão antes de qualquer resposta. Essa esfera só passa a existir a partir do momento em que os atores sociais envolvidos em um diálogo relatam problemas que atinjam um público mais amplo e, se possível, a esfera parlamentar.

"Ela é o lugar de origem do poder comunicativo, que surge quando os participantes não se restringem a observar-se mutuamente, alimentando-se da liberdade comunicativa que uns concedem aos outros" (Habermas, 1997, p. 93).

Habermas argumenta que os meios de comunicação, em vez de destruírem as esferas públicas e o debate, possibilitam que a comunicação se desligue da condição espaço-tempo, auxiliando na difusão dos conteúdos e informações e dando a elas ampla mobilização, tornando-as mais compreensíveis, estimulando a atenção e a inclusão dos participantes. Logo, a esfera pública, para ele, deixa de ser pensada apenas como uma interação face a face, passando a integrar "a presença virtual de leitores situados em lugares distantes, ouvintes e telespectadores, o que é possível por intermédio da mídia, que opera a passagem da estrutura espacial das interações simples para a generalização da esfera pública" (1997, p. 93).

Em um artigo originalmente publicado em 2006, Habermas atribui aos *media* o papel de filtro no sistema político deliberativo. Dividiu o sistema político em três partes principais: a) deliberações estruturadas ao centro (ou no topo); b) deliberações informais, ou conversações cotidianas na periferia (ou na base); c) os *media* intermediando, como um filtro, a comunicação entre eles. Assim, na base estariam os cidadãos comuns e, no topo, a elite responsável pelas tomadas de decisão. Nesse sentido, a teoria deliberativa habermasiana consegue articular os diferentes discursos políticos públicos, sejam eles discursos institucionais ou conversações cívicas entre cidadãos. Destarte, existem dois protagonistas sem os quais a esfera pública política não poderia funcionar: os *media* (jornalistas principalmente) e os políticos, que ocupam o espaço central do sistema e são tanto coautores quanto receptores das opiniões públicas (Marques, 2008). É dessa forma que funciona o sistema desenvolvido pelo filósofo alemão, por meio do qual os cidadãos levantam questões e problemas que são de interesse comum (poder comunicativo) e a elite fica responsável pelo processo de tomada de decisões (poder administrativo).

Com esse esquema elaborado por Habermas, a mídia daria visibilidade aos que não tinham poder de voz. "A visibilidade garantida pelos *media* certamente faz sair da opacidade vários atores, suas demandas e proposições" (Marques, 2009, p. 23), permitindo a construção e ampliação de arenas de debates e enriquecendo a deliberação pública.

Para que haja a deliberação, os participantes devem antes entrar em comum acordo sobre as regras e os princípios normativos que regerão o andamento do processo deliberativo. Isso não significa que as regras permanecerão as mesmas ao longo das interações, pois elas podem ser questionadas, a qualquer momento, por um participante que não se sente contemplado pelo modo como as decisões foram tomadas. Entre os princípios normativos que guiam tanto a deliberação quanto a formação de uma esfera pública, pode-se destacar (Marques, 2010):

- Paridade de *status* e igualdade: todos têm o direito de se manifestar independentemente de seu *status*, vencendo então o melhor argumento;
- Transparência e publicidade: deve haver argumentos, regras e premissas acessíveis e entendíveis a todos;
- Inclusão de todos os envolvidos: é preciso ouvir e justificar mutuamente todos os argumentos para só então poder dizer se são válidos ou não;
- Racionalidade: a capacidade do participante de transformar uma questão que atinge a ele em outra que atinja a todos. Os argumentos devem ser construídos de forma que sejam aceitáveis por todos e possam ser desafiados e justificados;
- Reciprocidade: os participantes devem ter a capacidade de adotar o ponto de vista de outros participantes e responder-lhes.

A deliberação não é unicamente uma busca por soluções para um problema específico de uma instituição em que seus autores debatem reflexiva e racionalmente face a face, mas é também um processo que utiliza a reflexividade para auxiliar os cidadãos a construir um entendimento e um raciocínio melhor sobre determinada questão que seja de interesse de todos (Habermas, 1997; Marques, 2009).

Para argumentar a favor da deliberação pública, Bohman (2009) contrapõe esse modelo democrático ao modelo procedimental e ao modelo do pré-comprometimento. Ele afirma que os procedimentos em torno dos quais se articula o modelo procedimental são necessários para estabelecer regras para o processo deliberativo. Contudo, sozinhos eles pouco dizem do processo concreto da deliberação: como ela ocorre, como uma razão se torna aceitável, como os participantes interagem, como as assimetrias são superadas, ou como uma deliberação torna-se bem-sucedida.

Segundo Bohman (2009), a deliberação só alcança sucesso quando os participantes reconhecem que precisam contribuir para o encaminhamento da solução e influenciá-lo, mesmo que discordem dela. Os atores cooperam na deliberação porque esperam que suas contribuições possam ser incorporadas na decisão de um modo que lhes seja favorável (ou que ao menos não lhes prejudique). Já o modelo do pré-compromisso descreve a racionalidade do processo comunicativo (a troca argumentativa baseada em razões) como algo governado por constrangimentos irrevogáveis (direitos constitucionais), o que significa que poderíamos abrir mão do debate sobre questões polêmicas e controversas, comprometendo-nos com um conjunto de regras vinculatórias e uma agenda pública definida. Mas isso seria desconsiderar a necessidade de ajustes entre a prática concreta e as normas. Em suma, esses dois modelos pressupõem uma igualdade de crenças e desejos, tornando-se impróprios para o processo de debate político.

Bohman, portanto, argumenta contra os modelos procedimental e de pré-compromisso, por julgá-los menos inclusivos e participativos. Para que esses tipos de democracia atingissem níveis ideais de engajamento e envolvimento cívico, algumas regras deveriam ser quebradas. Seria praticamente impossível, talvez até utópico, o sucesso de um procedimento deliberativo em uma sociedade democrática que se deixe guiar exclusivamente por procedimentos e por compromissos previamente estabelecidos.

A visão ideal de deliberação do autor parte do diálogo. Bohman (2009, p. 32) propõe uma democracia dialógica, com a participação racional de todos os afetados pelo problema em questão.

> Em vez dos modelos procedimental e de pré-compromisso, argumento a favor de uma abordagem da deliberação baseada no diálogo, pois é somente no diálogo com os outros – falando com eles, respondendo a eles e considerando seus pontos de vista – que as muitas e diversas capacidades para a deliberação são exercidas conjuntamente. O diálogo é possível mesmo com aqueles de quem discordamos e com aqueles que não estão literalmente presentes entre nós.

O autor analisa a deliberação no sentido interpessoal, um processo que diz respeito à formação da razão pública, isto é, um processo de deliberação em que todos os participantes acham a solução aceitável, de forma não coerciva, sem nenhum tipo de constrangimento.

Outro fator que chama a atenção deste autor é a publicidade da deliberação. Ele argumenta que a publicidade pode ser favorável ao processo, pois abre um leque maior de opiniões alternativas possíveis. Mas argumenta também que nem sempre as decisões públicas irão necessariamente ser melhores que as não públicas, sobretudo quando a comunidade está se baseando em erros e preconceitos. Portanto, não necessariamente as decisões públicas chegarão a uma solução adequada para a sociedade.

> Considere o quão avesso ao risco é o público em comparação com os especialistas. Mesmo que decisões tomadas pelo público não sejam sempre confiáveis quanto as decisões que seriam tomadas por seus membros mais bem informados, a deliberação pública poderia ainda assim ser defendida positivamente em outros termos: poderíamos simplesmente argumentar que ela é constitutiva da autonomia dos cidadãos. (Bohman, 2009, p. 35)

Além disso, quando o debate é constituído em um fórum público, a qualidade dos argumentos parece também se aperfeiçoar, pois a opinião de um ator social tende a se formar com base em todas as perspectivas relevantes e a excluir menos, até mesmo as opiniões dissonantes.

Portanto, para Bohman (2009, p. 36), deliberação pública é "um processo dialógico de troca de razões com o propósito de solucionar problemáticas que não podem ser resolvidas sem coordenação e cooperação interpessoais".

Esfera pública e deliberação pública *online*: novos processos midiáticos

Há hoje um debate entre pesquisadores sobre a possibilidade de avaliar certos ambientes do ciberespaço a partir dos conceitos que definem a esfera pública habermasiana. Jodi Dean (2003) afirma que a internet não pode ser considerada uma esfera pública e que o termo mais indicado para caracterizá-la seria "rede". Para ela, a internet é uma rede interconectada que permite a inclusão e expressão de todos, mas ainda não é uma esfera pública. Isso porque os espaços dialógicos da rede em sua maioria não respeitam os princípios normativos estabelecidos por Habermas para a construção de uma esfera pública. Na internet deveria haver uma maior igualdade de oportunidades, riqueza de conhecimento e informação, mais acesso e comunicação, mas ela demonstra uma menor oportunidade política nas transações *online*: "Todos estão incluídos (os ignorantes, os bem informados, os não autorizados), há muita igualdade, maior inclusão de perspectivas, muitas opiniões e ideias diferentes" (Dean, 2003, p. 101), o que acarretaria mais uma Torre de Babel do que uma busca racional por entendimento.

Classificar a internet como esfera pública seria errado para Dean porque ela é um espaço em que os problemas sociais são simultaneamente expressos e esquecidos, uma rede em conflito e de conflito que permite ligação entre os sujeitos, mas muitas vezes não permite o debate em condições de igualdade e paridade.

Para a autora, ainda, a internet não é uma esfera pública por ser um espaço de formação de redes, de levantamento de questões e de circulação de fluxos de comunicação que transformam temas em problemas. De acordo com Dean, enquanto a esfera pública valoriza a igualdade, a web valoriza a hegemonia. O fato de valorizar a igualdade não significa que todo mundo tem uma vida igual ou o mesmo ponto de vista. A determinação prioriza a capacidade de agir diante de uma grande quantidade de informação despolitizadora. Por fim, a racionalidade enfatiza competências particulares, ao passo que a credibilidade enfatiza a multiplicidade de produção de conhecimento. Aquele que tem a credibilidade tem o poder de levar conhecimento aos demais e tem maior poder de articulação. Portanto, para Dean, apesar de a internet apresentar espaços com características de esfera pública, não pode ser considerada de fato como tal.

Segundo Zizi Papacharissi (2002), confunde-se muito espaço público com esfera pública na internet. A web disponibiliza um espaço em que pode haver troca de informações, debates, aproximação de pessoas de diferentes partes do mundo, mas torna o discurso político fragmentado.

O espaço público é caracterizado por promover a visibilidade de opiniões e de indivíduos, enquanto a esfera pública é caracterizada por promover a discussão e a democracia. Apesar de permitir acessibilidade, inclusão e oportunidade de expressão, a internet não garante instantaneamente uma esfera pública igualitária, justa e representativa. Para isso é necessário que haja democracia, pois nem toda informação disponível na rede é democrática.

O fato de um sujeito estar participando de discussões políticas via web não garante que ele esteja contribuindo para a construção de uma esfera pública democrática cuja finalidade é promover o bem coletivo. Aqueles que realmente têm acesso à esfera pública nem sempre estão preocupados com assuntos políticos que se referem à promoção de aspectos coletivamente vistos como positivos. Além disso, em sua maioria, os discursos nos espaços públicos são mais emocionais do que racionais. Ao lado da participação, precisa-se então avaliar o conteúdo, a diversidade e o impacto da discussão política *online* para caracterizá-la como esfera pública.

Para Papacharissi, desse modo, a web apresenta um espaço público, mas não constitui uma esfera pública. O verdadeiro valor da esfera virtual está no fato de ela abranger uma expectativa, sonhos e esperança sobre o que ela pode ser. E ao fato de que possibilitou às pessoas que não tinham como discutir política *offline* deliberar *online*.

Já para James Bohman (2004), para a internet ser considerada uma esfera pública, ela precisa ser um fórum no qual os participantes possam expressar suas opiniões e obter uma resposta dos demais sobre esse mesmo ponto de vista, dando suas opiniões e respeitando as alheias, manifestando seu compromisso de liberdade e igualdade entre os outros participantes, dentro das normas e regularização assumidas pelo fórum.

Habermas pouco menciona a internet em suas produções acadêmicas. Uma de suas raras menções à possibilidade de uma esfera pública se constituir na internet encontra-se em uma nota de rodapé no seu texto "Comunicação política na sociedade mediática: o impacto da teoria normativa na pesquisa empírica" (2008, p. 13) com os seguintes dizeres:

> Permitam-me fazer um comentário a respeito da internet, que atua como um contrapeso em relação às aparentes deficiências que se fundamentam no caráter neutro e assimétrico das emissões mediáticas, reintroduzindo elementos deliberativos na comunicação eletrônica. A internet certamente reativou as ações cívicas de um público igualitário de escritores e leitores. Contudo, a comunicação mediada por computador por meio da internet pode demandar méritos *democráticos* inequívocos somente para um contexto especial: ela pode desafiar a censura imposta por regimes autoritários que tentam controlar e reprimir a opinião pública. No contexto de regimes liberais, o crescimento de milhões de salas de bate-papo (*chat rooms*) fragmentadas ao redor do mundo tende, contudo, a uma fragmentação de amplas audiências de massa, porém politicamente focadas, em um grande número de públicos isolados e voltados para uma única questão. Mediante esferas públicas nacionais estabelecidas, os debates *online* entre os utilizadores da web promovem uma comunicação política somente quando novos grupos se cristalizam em torno de pontos focais sobre a qualidade da imprensa, por exemplo, jornais e revistas políticas.

O argumento desenvolvido por Habermas é questionável, pois ele excluiu fóruns abertos que apresentam processos deliberativos não só para contestar a imprensa, mas também para discutir questões de interesse comum na sociedade, e têm características e princípios normativos que regem a deliberação (igualdade, publicidade, reciprocidade, reflexividade, *accountability* – prestação de contas –, autonomia, ausência de coerção e respeito mútuo).

Para Rousiley Maia (2008, p. 284), a internet é capaz de alimentar esferas públicas de discussão a partir do momento em que determinadas arquiteturas e interfaces admitem o debate expandido no tempo, permitindo a retomada de perspectivas, a contraposição de argumentos e a justificação recíproca de pontos de vista.

> O potencial da internet para expandir os fóruns conversacionais faz emergir inevitavelmente o problema do acesso. Em termos ideais, a aproximação das condições de universalidade do discurso significa, em primeiro lugar, que não pode haver barreiras excluindo certas pessoas ou grupos do debate. Supõe idealmente a inclusão de todos aqueles potencialmente concernidos ou afetados.

Lemos (2009) apresenta uma visão mais otimista sobre a deliberação *online*. O autor divide os *media* em mídias de massa (mídias de informação) e os de função pós-massiva (mídias de comunicação, de diálogo, de conversação). Define como mídias de massa a televisão, os veículos impressos, o rádio e até mesmo a internet como fonte de informação. Mídias pós-massivas, por sua vez, seriam as redes telemáticas e as novas tecnologias digitais, como o Youtube, o Orkut, o Facebook, o Flickr, o Twitter, os *blogs* entre outros, que permitem uma conversação aberta e livre, fundamental para a ação política.

No primeiro caso, a conversação se dá apenas após o consumo da informação, enquanto no segundo ela começa na produção e nas trocas informacionais. Estaríamos vivendo então uma reconfiguração cultural, econômica e política ainda sem contornos definidos: "[...] as funções pós-massivas, por serem mais conversacionais do que informacionais, podem resgatar algo da ação política, do debate, do convencimento e da persuasão, outrora desestimulados pela cultura de massa" (Lemos, 2009, p. 12).

Para que haja uma ação política efetiva é necessário participação, colaboração e conversação entre os participantes de um processo comunicativo. Mas mesmo assim não se garante a sua efetividade, pois é preciso que na conversação ocorra a troca reflexiva de argumentos, ainda que distintos; ou seja, é preciso haver um debate.

> Pode-se assim, como hipótese, pensar no ciberespaço como uma nova esfera pública de conversação onde o "mundo da vida"[1] amplia o capital social, recriando formas comunitárias, identitárias (público), ampliando a participação política. (Lemos, 2009, p. 27)

Portanto, a deliberação pode ocorrer virtualmente, mas há a necessidade de conhecer algumas características da deliberação *online*, que a diferenciam da deliberação face a face: a troca de turno entre pelo menos dois participantes, os silêncios e as lacunas (presentes em uma comunicação frequentemente assíncrona), as falas simultâneas, as regras conversacionais e a coerência conversacional (conexão entre falas adjacentes).

As características diferenciais apresentadas pela comunicação mediada pelo computador (CMC) são principalmente o privilégio do anonimato, o distanciamento físico

---

1. "O mundo da vida é estruturado por tradições culturais e ordens institucionais, assim como pelas identidades que se originam dos processos de socialização. Por essa razão, o mundo da vida não se constitui em uma organização à qual os indivíduos possam pertencer enquanto membros, nem uma associação em que os membros se juntam, nem um coletivo composto por participantes individuais. Em vez disso, as práticas comunicativas cotidianas em que o mundo da vida se centra são alimentadas por intermédio de uma interação entre a reprodução cultural, a integração social e a socialização" (Habermas, 2003, p. 143).

entre os participantes, a continuidade da discussão (qualquer participante pode acessar a qualquer momento e dar continuidade à discussão), a predominância do texto e a dificuldade dos interagentes em discutir por meio textual e negociação de turnos.

Outro fator importante que dificulta a análise da deliberação *online* é que nem sempre as postagens seguem uma ordem cronológica correta. Uma pessoa pode, por exemplo, responder a outra pessoa após outras três mensagens serem postadas, podendo assim se perder o fio da discussão. Essa assincronia favorece o acesso em momentos diferentes. Já nos *chats* a conversação é síncrona, isto é, há uma resposta em tempo real (Marques, 2010).

A presença marcante de trocas que se prolongam no tempo – uma pessoa pode entrar e responder a outra pessoa três dias depois – permite, contudo, que os participantes mantenham uma conversação "rasa" a respeito de múltiplas temáticas sem que uma reflexão aprofundada seja articulada em um tópico específico de discussão. Uma maneira que os interagentes encontram para manter um fio de discussão é dirigir-se uns aos outros pelo apelido. Não raro, alguns espaços de troca discursiva já trazem a possibilidade de um interagente responder a seu interlocutor citando um trecho do comentário anteriormente postado. Assim, os participantes sabem a quem está endereçada aquela resposta (Recuero, 2009; Marques, 2010).

> Razões formadas desse modo são mais propensas a resultar em decisões que todos podem considerar legítimas em um sentido especial: mesmo se não há nenhuma unanimidade, os cidadãos concordam suficientemente para continuar a cooperar na deliberação. (Bohman, 2009, p. 34)

A deliberação *online*, assim como a face a face, só ocorre se, nesse ambiente, os cidadãos são capazes de argumentar, de entender os argumentos de outros participantes, de aceitá-los e de responder a eles livremente.

Cooperação e deliberação *online*

A deliberação e a cooperação são complementares, uma vez que a base do processo deliberativo é a busca cooperativa de entendimento mútuo acerca de um problema de interesse coletivo. Bohman (2009, p. 36) afirma que a "deliberação pública baseada na cooperação e não no modelo procedimental oferece uma base epistêmica e moral para a participação democrática nas sociedades complexas".

A deliberação *online* encontra algumas dificuldades para se manter ativa nas comunidades virtuais. Bohman argumenta que o ato de cooperar face a face é mais prático e usual do que pela mediação do computador, pois a participação presencial facilita o cumprimento dos princípios normativos propostos por Habermas, principalmente a reciprocidade. Afirma também que os regimes procedimental e de pré-compromisso são menos motivacionais à cooperação que o regime dialógico, que é menos engessado e possibilita maior adaptabilidade. As reflexões de Bohman a respeito da cooperação estão voltadas para o esforço que os interlocutores fazem para, na prática dialógica, estabelecer uma compreensão comum de algo que os aflige em igual medida.

Sobre a cooperação, Axelrod (1984) comenta que não será cobrando a participação do outro no processo deliberativo que os demais participantes irão cooperar para o entendimento e/ou resolução de um problema. Eles precisam entender e perceber que o compromisso que assumem com o ato de deliberar é necessário e decisivo, e que seguindo as normas e princípios propostos previamente pelos participantes conseguirão de fato participar da elaboração da solução daquele determinado problema.

Para Mendonça (2009, p. 509), a cooperação tem maior efeito no processo deliberativo ao atuar em conjunto com a reciprocidade: "Tais noções são tratadas de maneira sobreposta por se considerar que ambas refletem a mesma ideia no interior do modelo deliberacionista".

O objetivo aqui não é que os atores abram mão de seus interesses, mas cooperem uns com os outros reciprocamente, respeitando-os na medida em que os validem como interlocutores e respondam a eles.

> O *co-operar* deliberativo requer apenas, portanto, que interlocutores se reconheçam como tais e produzam seus argumentos considerando a existência dos outros. Tal consideração depende, em suma, de três dimensões: 1) ouvir o outro; 2) responder a ele; 3) levar em conta seus argumentos e perspectivas quando da elaboração de contra-argumentos. (Mendonça, 2009, p. 514)

A deliberação *online* ocorre principalmente em fóruns e comunidades virtuais, como o Orkut e o Facebook, por exemplo, espaços que permitem o compartilhamento de informações e reúnem pessoas com interesses comuns.

As comunidades virtuais têm se caracterizado por transferir, de modo reduzido e mediante ferramentas tecnológicas mediadas por computadores conectados em redes, algumas características que fundamentam esse tipo de relacionamento social tradicional em todas as culturas humanas. Assim, as comunidades virtuais também reúnem grupos de pessoas que têm interesses em comum e encontram na possibilidade da comunicação *online* um espaço para compartilhar ideias, experiências, valores, crenças etc. (Lima Junior, 2008, p. 115).

Segundo Lemos (2009), as mídias pós-massivas facilitam o ato de cooperar, sobretudo por ser inclusivas e abertas ao diálogo. Mas é preciso destacar que a cooperação não elimina o dissenso e o conflito. O mais importante é ter em mente que a cooperação deliberativa requer que os participantes do debate se vejam como parceiros igualmente relevantes e moralmente dignos de respeito, tendo seus pontos de vista considerados e encampados pelo processo deliberativo. Isso implica colocar-se no lugar do outro, olhar para o problema em discussão a partir de seu ponto de vista e assumir uma postura cooperativa que busque ultrapassar diferenças e incorporar a experiência alheia à experiência própria.

Considerações finais

Apesar de muitos autores ainda relutarem em admitir a internet como esfera pública, a deliberação *online* ocorre em diferentes espaços de comunicação na rede.

As comunidades virtuais estão cada vez mais ganhando espaço e credibilidade, sendo possível encontrar espaços nessas comunidades que cumprem vários dos princípios normativos que caracterizam e regem a esfera pública. Mas, ainda assim, há uma dificuldade de manter a deliberação *online* ativa.

Como Dean (2003) argumenta, o que falta para a internet é a igual inclusão de todos no processo comunicacional, pois, seguindo os princípios normativos habermasianos, de nada adianta ela ser aberta à participação se não é inclusiva de fato.

Mas como Bohman (2009), Maia (2008) e Lemos (2009) contextualizam, a internet possui todos os requisitos para ser considerada uma esfera pública, dentro de suas condições e limites, sendo capaz de atender a padrões normativos como reciprocidade, cooperação, reflexividade e uso racional da linguagem.

O que falta para a deliberação pública se concretizar por via *online* são motivações para que os interlocutores do processo deliberativo cooperem de modo significativo. Para isso, é necessário que o modelo teórico de análise seja menos engessado, dando espaço à flexibilidade. O modelo deliberativo, por exemplo, para ser aplicado *online*, precisaria levar em conta modos alternativos de comunicação, como o convencimento estratégico, a narrativa, o testemunho e a retórica, considerados por Habermas avessos à racionalidade comunicativa.

Outro tipo de motivação à participação é a prática do *netweaving*, que significa aprender ao articular e animar as redes, definindo sempre campanhas e metas, dando retorno aos participantes, disponibilizando amplamente as informações e estimulando sempre a conexão P2P (*peer-to-peer*), isto é, a troca de informações entre pessoas (Franco, 2008). Portanto, se bem estimulada, a cooperação ocorre, facilitando os processos deliberativos *online*.

Referências

AXELROD, Robert. *The evolution of cooperation*. Nova York: Basic Books, 1984.

BOHMAN, James. "Expanding dialogue: the internet, the public sphere and prospects for transnational democracy". *The Sociological Review*, Keele, n. 52, 2004, p. 131-55.

_____. "O que é deliberação pública? Uma abordagem dialógica". In: MARQUES, Ângela Cristina Salgueiro (org. e trad.). *A deliberação pública e suas dimensões sociais, políticas e comunicativas: textos fundamentais*. Belo Horizonte: Autêntica, 2009, p. 31-84.

DAHLBERG, Lincoln. "The internet and democratic discourse: exploring the prospects of online deliberative foruns extending the public sphere". *Information, Communication & Society*, Londres, v. 4, 2001, p. 615-33.

DEAN, Jodi. "Why the net is not a public sphere". *Constellations*, Nova York, v. 10, n. 1, 2003, p. 95-112.

FRANCO, Augusto de. "Para fazer netweaving". 2008. Disponível em: <http://augustodefranco.locaweb.com.br/cartas_comments.php?id=260_0_2_0_C>. Acesso em: 22 nov. 2010.

GRAHAM, Todd. "Needles in a haystack: a new approach for identifying and assessing political talk in nonpolitical discussion forums". *Javnost-the public*, v. 15, n. 2, 2008, p. 17-36.

HABERMAS, Jürgen. *Mudança estrutural da esfera pública*. Rio de Janeiro: Tempo Brasileiro, 1984, p. 213-73.

_____. *The theory of communicative action*: v. II: Lifeworld and system: a critic of functionalist reason. Boston: Beacon Press, 1987.

_____. "Further reflections on the public sphere". In: CALHOUN, Craig (org.). *Habermas and the public sphere*. Massachusetts: Massachusetts Institute of Technology, 1992, p. 421-61.

_____. "O papel da sociedade civil e da esfera pública política". In: HABERMAS, Jürgen. *Direito e democracia: entre factividade e validade*, v. 2. Rio de Janeiro: Tempo Brasileiro, 1997, p. 57-121.

_____. *Racionalidade e comunicação*. Lisboa: Edições 70, 2003.

_____. "Comunicação política na sociedade mediática: o impacto da teoria normativa na pesquisa empírica". *Líbero*, São Paulo, ano XI, n. 21, 2008, p. 9-22.

LEMOS, André. "Nova esfera conversacional". In: MARQUES, Ângela *et al. Esfera pública, redes e jornalismo*. Rio de Janeiro: E-papers, 2009, p. 9-30.

LIMA JUNIOR, Walter Teixeira. "Fatores estruturantes das comunidades virtuais pioneiras nas redes sociais". *Líbero*, São Paulo, ano XI, n. 22, 2008, p. 109-15.

MAIA, Rousiley. "Democracia e a internet como esfera pública virtual: aproximação às condições da deliberação". In: GOMES, W.; MAIA, R. *Comunicação e democracia – Problemas e perspectivas*. São Paulo: Paulus, 2008, p. 277-92.

MARQUES, Ângela Cristina Salgueiro. "Os meios de comunicação na esfera pública: novas perspectivas para articulações entre diferentes arenas e atores". *Líbero*, São Paulo, ano XI, n. 12, 2008, p. 23-36.

_____. "As interseções entre o processo comunicativo e a deliberação pública". In: MARQUES, Ângela Cristina Salgueiro (org. e trad.). *A deliberação pública e suas dimensões sociais, políticas e comunicativas: textos fundamentais*. Belo Horizonte: Autêntica, 2009, p. 11-27.

_____. "A deliberação online como uma das dimensões políticas da comunicação mediada por computador: reflexões teórico-metodológicas". In: Congresso Brasileiro de Ciências da Comunicação – Intercom, XXXIII, São Paulo. *Anais...* São Paulo, Intercom e UCS, 2010, p. 1-15.

MENDONÇA, Ricardo Fabrino. "A cooperação na deliberação pública: um estudo de caso sobre o referendo da proibição da comercialização de armas de fogo no Brasil". *Revista de Ciências Sociais*, Rio de Janeiro, v. 52, n. 2, 2009, p. 507-42.

PAPACHARISSI, Zizi. "The virtual sphere: the internet as a public sphere". *New media & society*, Chicago, v. 4, n. 1, 2002, p. 9-27.

RECUERO, Raquel. "Diga-me com quem falas e dir-te-ei quem és: a conversação mediada pelo computador e as redes sociais na internet". *Famecos*, Porto Alegre, n. 38, 2009, p. 118-28.

WITSCHGE, Tamara. "Online deliberation: possibilities of the internet for deliberative democracy". Texto apresentado no Colóquio "Euricom Colloquium Electronic Networks & Democratic Engagement", realizado em outubro de 2002 na cidade de Nijmegen, Holanda.

PARTE III

CAPITAL SOCIAL: ASPECTOS TEÓRICOS E ANALÍTICOS

12 CAPITAL SOCIAL E EMPODERAMENTO COMO CONSTRUTORES DE CIDADANIA PLENA EM SOCIEDADES EM DESENVOLVIMENTO

MARCELLO BAQUERO E RUTE V. A. BAQUERO

Atualmente, constata-se nas sociedades latino-americanas uma percepção progressiva por parte dos atores sociais de sua crescente fragilidade para enfrentar desafios de caráter econômico e social. Não é somente a carência de recursos materiais que desafia esses países, mas também a inadequação e a ineficiência das instituições políticas, as quais condicionam o destino e a produtividade desses recursos. Tal situação viabiliza a criação de um campo político que se materializa no antagonismo permanente entre governantes e governados, produzindo uma cultura política de desconfiança, individualista, fragmentada e ambivalente.

Nesse contexto, torna-se imperativo pensar em dispositivos que contribuam para o desenvolvimento da cooperação e da ação coletiva. Com efeito, na perspectiva da consolidação democrática, os cientistas políticos (Kolankewics, 1998, p. 428) têm sido chamados a responder à pergunta de por que as eleições livres e a existência do pluralismo partidário ocorrem, concomitantemente, a um declínio da satisfação com a democracia e ao aumento dos níveis de pobreza e exclusão social[1]. À diferença de épocas anteriores, neste milênio que adentramos foram identificados problemas que deverão ser enfrentados por todos os governos, a saber: a pobreza, a miséria, a exclusão social, a deterioração do meio ambiente e, sobretudo, a habilidade das comunidades em conviver umas com as outras (Dasgupta e Serageldin, 1999).

Neste trabalho propomos uma discussão a respeito das possibilidades do capital social e do empoderamento, como dispositivos, de promover uma cidadania mais efi-

---

1. No final do século XX foram contabilizados 1 bilhão e 300 milhões de pessoas que carecem de condições mínimas de vida e encontram-se na pobreza extrema, com menos de um dólar por dia; três bilhões estão na pobreza de subsistência, com dois dólares por dia; 1 bilhão e 300 milhões de pessoas não têm água potável; três bilhões não têm instalações sanitárias básicas e dois bilhões não recebem eletricidade (Kliksberg, 2000).

ciente e uma participação de maior protagonismo, com o objetivo de gerar estabilidade e legitimidade política.

Um elemento que tem incidido de modo negativo na governabilidade das nações latino-americanas, comprometendo a legitimidade dos governos popularmente eleitos, são os baixos níveis de participação política dos cidadãos. Há uma crescente convergência de opiniões sobre a necessidade de uma participação mais autônoma da sociedade. As perspectivas tradicionais que enfatizam unicamente a dimensão formal e procedimentalista da democracia (Dahl, 1971; Sartori, 1994; Schumpeter, 1984) não conseguem explicar por que, a despeito da institucionalização da poliarquia, persistem graves problemas de caráter material (saúde, educação, moradia, transporte e segurança) nas sociedades latino-americanas. Soluções de caráter meramente formal, embora importantes, têm se revelado insuficientes, na medida em que não levam em conta peculiaridades da realidade dessa região, que não se enquadra em modelos importados e naturalizados. Isso se aplica especialmente à engenharia institucional que tem prevalecido, nos últimos anos, e distorcido a compreensão do processo de democratização latino-americano. As instituições são construídas por pessoas com base nos seus valores e suas crenças. A compreensão de como essas crenças são estruturadas e a sua mobilização por meio dos dispositivos de capital social e empoderamento são desafios que as ciências sociais enfrentam atualmente.

Desse modo, embora não se possam desconsiderar os avanços significativos alcançados na dimensão poliárquica (Dahl, 1971) na América Latina – apresentados no Relatório do Programa das Nações Unidas para o Desenvolvimento (Pnud) de 2004, o qual indica que os índices objetivos da democracia (reforma econômica, índice de desenvolvimento eleitoral e crescimento do PIB) têm avançado –, quando se examinam os indicadores sociais (pobreza, indigência, coeficiente de Gini e desemprego urbano) os resultados não são alentadores. De maneira geral, essas dimensões têm estagnado ou piorado no período de 1983 a 2003. No que diz respeito ao crescimento econômico na América Latina, as últimas décadas mostram que ele tem sido moderado e instável, constituindo-se em um problema crônico da região, cujas manifestações recentes têm sido mais notórias e perniciosas do que no passado (Alonso, 2007).

Nessas circunstâncias, e do ponto de vista da cultura política, não surpreende a existência de uma incongruência entre avanços formais da democracia, estagnação social e predisposições e percepções negativas dos cidadãos sobre a democracia e suas instituições, produzindo um processo de desengajamento cívico (Putnam e Goss, 2002), deslegitimação democrática (Sanchez-Parga, 2001; Silva, 2004) e democracia inercial (Baquero, 2007). O teorema que deriva dessa análise é o de que, quando a magnitude da desigualdade social e econômica é elevada, compromete-se a solidez democrática, mantendo-se uma condição de permanente instabilidade.

Da mesma forma que a teoria econômica identifica a acumulação de capital físico e humano e o progresso tecnológico como os principais fatores de crescimento econômico e desenvolvimento democrático, a perspectiva institucional da ciência política sugere que boas instituições e leis eficientes produzem sistemas democráticos plenos. Essa postulação, também conhecida como a teoria da transição, pressupõe que a liberdade do mercado promove regimes democráticos, que, por sua vez, contribuem para o bem-estar econômico (Lynn, 1996). Nessa perspectiva, a participação política é de caráter formal e procedimental, sendo o voto o aspecto central. Não se incentivam, portanto, outras modalidades de participação mais direta. Essa afirmação pode ser compreendida em parte pela perspectiva institucionalista de Dahl (2008, p. 21), a qual sugere que "as instituições políticas são necessárias para que um sistema político se qualifique como uma democracia". A democracia a que Dahl se refere é de natureza minimalista.

Na tentativa de compreender esse paradoxo, e com base em uma perspectiva poliárquica mais ampliada, O'Donnell (1998) argumenta que a cidadania de baixa intensidade que se observa na América Latina deriva da permanência da pobreza, da elevada concentração de renda e de outras formas de discriminação que, de uma forma ou de outra, produzem relações sociais autoritárias. Tais elementos desafiam as interpretações ortodoxas e predominantes na ciência política, sinalizando a necessidade de refletir a respeito de outras explicações que identifiquem os fatores que determinam o fortalecimento de uma democracia no seu sentido maximalista.

Nesse ponto de vista, presume-se que as experiências negativas que as pessoas têm ou tiveram com instituições políticas formais construíram a matriz sobre a qual se institucionalizou o pensamento da maioria dos cidadãos excluídos das políticas públicas, pelo qual sua condição material seria natural, ou, como Freire (1970) argumenta, internalizou-se a figura do dominador mediante um pensamento mágico que os faz acreditar que merecem estar nessa situação.

O fato é que a evolução democrática na América Latina revela uma situação de erosão de valores tais como a solidariedade, a amizade, a confiança recíproca e nas instituições políticas e a participação, essenciais na construção de uma sociedade socialmente democrática. Estaria em andamento a institucionalização de um vazio social marcado pela anomia, pela indiferença, pela intolerância e pelo desencanto dos latino--americanos com o atual estado de deterioração social, política, ética e econômica. Tal situação gera dúvidas e incertezas sobre a possibilidade de se consolidar uma democracia equitativa e socialmente orientada, no futuro, na região. Em outras palavras, estaríamos diante de uma situação de elevados déficits de capital social e de empoderamento popular emancipatório, na qual as expectativas geradas pelo processo de redemocratização têm sido frustradas, produzindo cidadãos resignados e, ao mesmo tempo, hostis para com a política.

Capital social e empoderamento têm assumido papel central nos debates contemporâneos sobre a construção de uma nova cidadania na América Latina, principalmente pelo fato de que tanto as teorias institucionais como a neoliberal têm se revelado insuficientes na resolução dos problemas relativos à pobreza e à miséria. A realidade mostra que não existe uma relação linear entre o funcionamento formal da democracia e a democratização da sociedade, seja ela definida em termos de igualdade social e participação, controle cidadão ou expansão de direitos individuais e coletivos. Por outro lado, a existência de um sistema democrático não se constitui, necessariamente, em uma garantia de que os atores e as práticas políticas serão democráticos.

Existe ampla evidência de que o modelo neoliberal tem se revelado perverso, ao acentuar a exclusão social e agravar problemas estruturais que se refletem no desemprego crônico, na desconfiança e desencanto com a política e na situação de incerteza dos cidadãos sobre o seu futuro. Esses aspectos captados em várias pesquisas de opinião pública no espectro da América Latina (Baquero, 2000) têm desfigurado as identidades coletivas tradicionais (família e grupos comunitários), não propiciando, em seu lugar, o surgimento de novas identidades agregadoras e dando lugar ao estabelecimento de relações sociais pautadas pelo individualismo, pela fragmentação do tecido social, por uma orientação de insatisfação com a ordem das coisas e pelo aparecimento de organizações paraestatais, que questionam e desafiam a ordem social (por exemplo, o narcotráfico).

Como fruto desses questionamentos que ocorrem em nível global, vários autores têm reavaliado o conceito e a prática da democracia representativa e proposto que ela seja analisada considerando-se critérios de igualdade social e divisão igualitária dos bens sociais entre os cidadãos. O surgimento de novos movimentos sociais, a tecnologização do processo eleitoral e a importância de uma participação mais direta deram origem, por exemplo, às reflexões sobre a democracia participativa (Pateman, 1992; Macpherson, 1978), a democracia radical (Mouffe, 1996) e a democracia deliberativa (Habermas, 1987).

É importante salientar que, apesar da sofisticação teórica desses tipos de democracia que centram suas preocupações no ser humano, elas são de difícil aplicação em virtude de aspectos práticos (pressuposto de igualdade de condições objetivas para deliberar e de igualdade de escolaridade, e a própria dificuldade técnica de reunir um grande número de pessoas em uma mesa para deliberar) e de aspectos institucionais (partidos e parlamento não são vistos como confiáveis). Portanto, apesar dos avanços significativos de natureza teórica em relação a formas alternativas de democracia, a ligação entre Estado e sociedade continua confusa e limitada. É imperativo, para fortalecer a democracia na sua dimensão substantiva, ir além da moldura formal e buscar outras modalidades de ingerência cidadã que viabilizem concretamente o fortalecimento da democracia[2].

Os conceitos de capital social e de empoderamento podem proporcionar novos caminhos na direção de pensar mecanismos que potencializem a capacidade participativa da sociedade.

Capital social

Nas últimas três décadas uma ampla evidência tem se acumulado nas ciências sociais a respeito do papel central que o capital social desempenha nas atividades econômicas e no bem-estar dos seres humanos. O conceito de capital social não somente tem sido utilizado nos modelos ortodoxos de crescimento, mas sobretudo como uma variável capaz de fazer diferença na qualidade de vida e nos níveis de exclusão social e pobreza em países ou comunidades locais.

Uma afirmação consensualmente aceita nas ciências sociais é a de que o capital social pode ser entendido como um aforismo comum que se refere *"não ao que você sabe"*, mas *"a quem você conhece"*. Não é raro que, durante épocas de precariedade social, seja aos amigos e aos familiares a quem as pessoas recorrem, pois eles constituem uma rede de segurança. Nesse sentido, do ponto de vista micro, pode-se afirmar que a ideia básica de capital social diz respeito aos amigos, à família, aos colegas de trabalho, os quais se constituem em recurso essencial durante uma crise. Fruto dessas relações em nível micro se estabelecem redes que são beneficiárias para os membros dessas comunidades, produzindo, direta ou indiretamente, um bem-estar coletivo.

Na perspectiva macro, o capital social pode ser considerado um recurso social que deriva de um sistema baseado na confiança e no compartilhamento de normas e valores (Grootaert e Narayan, 2000). Knack e Keefer (1997), com base em estudo sobre capital social e bem-estar, argumentam que em sociedades com elevados índices de confiança entre as pessoas estas são menos dependentes das instituições formais para gerar consensos básicos. Os mecanismos que emergem desse tipo de relação e senso de comunidade são resultado de três fatores: (1) o compartilhamento de informações entre os membros de uma rede facilita a difusão de inovações. Igualmente, uma atividade associacional elevada pode reduzir informações equivocadas e, portanto, reduzir os

---

2. Os indicadores convencionais de desenvolvimento democrático têm sido definidos em termos de: comparecimento às urnas; urbanização; expectativa de vida; avanços educacionais; produto interno bruto; desenvolvimento econômico; eleições livres; competição partidária; liberdade de imprensa; e liberdade e cumprimento de liberdades civis (Bollen, 1993).

custos de transação. Nessa direção o capital social pode facilitar o fluxo da informação entre quem pede crédito emprestado e quem o concede no mercado de crédito; (2) a solidariedade e reciprocidade podem reduzir comportamentos oportunistas. De acordo com Ostrom (1994), as ações cooperativas dentro de uma comunidade local desempenham um papel importante no gerenciamento da propriedade comum e a fim de evitar, ou pelo menos reduzir, a exploração excessiva; (3) as atitudes compartilhadas e o senso de pertencer a uma comunidade facilitam a ação coletiva (Putnam, 1996a). Ferroni *et al.* (2008), por sua vez, argumentam que o capital social está positivamente relacionado não somente com o crescimento econômico, mas com a qualidade de políticas de desenvolvimento e estabilidade política.

Além desses benefícios, três ideias principais subjazem ao capital social: (1) a de que ele gera ganhos positivos para os membros de um grupo; (2) a de que tais ganhos são alcançados por meio da confiança generalizada, das normas e valores e seus efeitos nas expectativas e no comportamento; (3) a noção de que a confiança mútua, as normas e valores surgem com características informais de organização, com base em redes sociais e associações.

O estudo do capital social, portanto, diz respeito a um processo que se assenta na constituição de redes que geram resultados positivos, por intermédio de normas e confiança, e no reconhecimento de que, se encontrarmos formas que promovam a confiança, podemos melhorar os intercâmbios sociais. Há basicamente duas maneiras por meio das quais podemos alcançar esses objetivos: (1) por instituições formais e (2) por relações interpessoais (comunicação face a face sobre oportunidades e interações que beneficiem as duas partes).

Em países pobres existem muitas situações nas quais o Estado poderia, teoricamente, intervir para proporcionar um bem público; porém, onde é incapaz de fazê-lo porque sua capacidade de tributar e se organizar é limitada, a ação coletiva pode servir como sua substituta. No entanto, como não pode depender do poder coercitivo do Estado (habilidade de tributar e regular contratos), a ação coletiva é mais difícil de ser catalisada, exigindo dois ingredientes fundamentais: confiança e liderança.

Perante essa situação, observa-se uma preocupação globalizada sobre como viabilizar, no contexto contemporâneo, o bem comum. A tentativa de resgatar esse conceito em uma dimensão de materialidade é diferente da forma normativa como foi problematizado antigamente. A esse respeito, Vasquez (2000) sugere que duas perspectivas teóricas podem ser identificadas na discussão de como alcançar o bem comum. Uma delas se dá pelo exercício da virtude cívica dos cidadãos, e a outra por um desenho institucional. Na primeira perspectiva, o cidadão virtuoso é feliz somente quando age em nome da comunidade. Maquiavel, por exemplo, argumentava não haver conflito entre a esfera pública e a esfera privada, pois os cidadãos eram conscientes da importância de viver coletivamente. Atribui-se a Maquiavel a recuperação do conceito do *virtus* (que significa energia e é utilizado para descrever o *ethos* patriótico dos guerreiros romanos), a devoção à coletividade, o patriotismo e a autoridade do governo justo. Não por acaso se credita a Maquiavel uma das maiores transformações científicas no estudo da política: a superação do misticismo, da autoridade divina e do poder eclesiástico celestial. Na sua formulação teórica do Estado, a dimensão das virtudes cívicas se constitui em recurso essencial para o bom funcionamento da nação.

Na mesma direção, em outro momento da história, Tocqueville apontava para o sucesso da democracia na América como fruto da capacidade de convivência comunitária. O envolvimento dos cidadãos na comunidade, segundo o historiador, levaria ao desenvolvimento da capacidade de situar os interesses coletivos acima dos interesses individuais. A prevalência destes seria danosa para o bom funcionamento da democracia e comprometeria os ideais republicanos.

Na perspectiva do desenho institucional, Dahl (1971), Sartori (1996) e Huntington (1968) partem da premissa de que o estabelecimento de instituições formais, com vistas a controlar o abuso do poder, é essencial para alcançar o bem comum. Desse modo, mesmo que as instituições se orientem no sentido de práticas corrosivas da democracia, o sistema de pesos e contrapesos da democracia representativa, segundo seus defensores, possibilitaria o realinhamento dessas posturas para práticas mais eticamente orientadas e, consequentemente, a desconfiança nas instituições não seria tão grave assim. As instituições formais seriam suficientes, independentemente da virtude cívica, para alcançar o bem comum.

A maior parte da bibliografia que sublinha a dimensão política institucional sugere que os interesses da sociedade devem ser alcançados dentro dos marcos do processo democrático representativo (O'Donnell e Schmitter, 1986; Diamond, 1994), na medida em que o desenvolvimento da sociedade civil não seria suficiente para a consolidação da democracia. Entretanto, a experiência histórica da maioria dos países tem mostrado que essa separação entre perspectivas está longe de refletir o que realmente acontece nas sociedades contemporâneas.

Para tomarmos um exemplo das diferenças entre o mundo real e o mundo teórico, podemos constatar que um ponto comum entre estatistas e neoliberais é a ideia de que o associativismo da sociedade civil não contribui, necessariamente, para um impacto econômico positivo. Por um lado, os estatistas temem que uma sociedade civil bem organizada possa pressionar o Estado com reivindicações excessivas, as quais, em razão da capacidade limitada do Estado, dificilmente poderiam ter resposta. Huntington (1968), há três décadas, já argumentava que uma sociedade civil agitada se constitui em uma ameaça às instituições políticas já frágeis que poderia levar, no extremo, à ingovernabilidade, em consequência das demandas fracionadas e contraditórias que emanam da base da sociedade civil. Na perspectiva neoliberal, a mobilização social também é vista com restrições, pois se considera que amplas mobilizações em nada contribuem para o desenvolvimento econômico de um país e, ao contrário, interferem no processo de crescimento econômico, distorcendo os incentivos e impedindo a inovação (Olson, 1982). Cabe apontar que essa argumentação não é nova nem recente, pois, na perspectiva liberal democrática tradicional, John Stuart Mill já alertava para o fato de que o cidadão passivo é preferido pelo governo de um ou de poucos, enquanto o cidadão ativo é desejado pelo governo da maioria. Governantes irresponsáveis, segundo ele, estimulam muito mais a aquiescência e subordinação da cidadania do que uma população ativa. Nesse sentido, a dimensão institucional tende a colocar a participação popular na política em plano secundário.

Negar a importância de instituições reguladoras das relações sociais seria ingênuo. Contudo, ignorar o papel que a sociedade civil desempenha na geração e manutenção da governabilidade, no mundo real, por intermédio da credibilidade e da obediência civil e, por conseguinte, da legitimidade, as quais, por sua vez, emanam da confiança que os cidadãos depositam nas instituições e nos seus governantes, também seria ingênuo. Sabe-se, atualmente, que a chave para o desenvolvimento democrático se encontra na qualidade da ligação entre Estado e sociedade e vai além do processo eleitoral, do qual o voto é o principal indicador. Há um consenso contemporâneo de que um elemento essencial da democracia na virada do milênio implica o reativamento do povo, solicitando uma cidadania ativa e participante, já que, sem esse ingrediente, ela se mantém estagnada, contestada, diluindo-se e dando lugar ao surgimento de formas negativas de ingerência política ou à institucionalização de um senso de anomia generalizada. Em síntese, os cidadãos perdem a confiança nas instituições e nos políticos. É a forma como essa confiança pode ser restabelecida que tem despertado o interesse da comunidade acadêmica nos últimos anos. Na última década, particularmente, verifica-se um esforço intelectual multidisciplinar no sentido de reavaliar os supostos efeitos negativos da capacidade de associação da sociedade civil[3].

O conceito de *capital social* surge como a ponte entre o mundo teórico e o mundo real, tendo em vista que proporciona um conjunto de recursos inerentes às relações sociais, tornando possível alcançar determinados objetivos que não seriam possíveis na sua

---

3. O Banco Mundial criou em 1997 um conselho cuja tarefa era a de ajudar a identificar e formular os problemas sociais que provavelmente caracterizariam o novo milênio, e sinalizar várias direções nas quais se poderia progredir por meio de uma compreensão mais aprofundada.

ausência. De fato, o conceito não é novo, pois a produção de bens e serviços é uma característica inevitável de todas as sociedades. Porém, o que torna a sociedade moderna distinta é a predominância, tanto no mercado quanto no âmbito estatal, do capital social, na forma de organizações burocráticas impessoais que atuam dentro dos marcos jurídicos. Segundo Rose (1998), embora redes informais possam complementar ou até substituir eventualmente organizações burocráticas formais nas sociedades modernas, elas são menos importantes do que nas chamadas sociedades antimodernas. A precariedade da relação Estado-sociedade, em tais sociedades, aponta para a necessidade de incorporar formas alternativas de representação política à margem dos canais convencionais. Nesse contexto, atualmente é difícil pensar em outro conceito acadêmico que tenha se institucionalizado no vocabulário do discurso social tão rápido quanto o de capital social.

O pressuposto essencial e comum a diferentes definições sobre capital social é o de que ele é gerado por redes de confiança que proporcionam o elemento de previsibilidade, o qual está ausente nos sistemas políticos, em virtude de seu baixo estoque de racionalidade formal. Nas palavras de Durkheim (1985), "a confiança gera cooperação, a qual, por sua vez, alimenta a confiança". O argumento central da teoria do capital social sustenta que a participação em associações voluntárias gera normas de cooperação e confiança entre seus membros e que essas normas são exatamente aquelas exigidas para a participação política. Um estudo que proporcionou evidência empírica a respeito do capital social é o de Verba *et al.* (1995), em que os autores fazem uma análise sobre como as habilidades e outros recursos obtidos pelos sujeitos como resultado de pertencer ou ser filiados a organizações seriam determinantes importantes da participação política. A sua ausência, em contrapartida, impactaria negativamente nas perspectivas econômicas e sociais das pessoas, na medida em que elas não têm acesso a modelos de comportamento positivo ou recursos sociais e informações essenciais para a mobilidade social vertical na sociedade.

Assim, no modelo de capital social, os baixos níveis de participação política nos grandes centros urbanos poderiam ser explicados pela existência de redes sociais frágeis. O argumento implícito está claro: o aumento de capital social nas comunidades geraria maior participação política.

Contemporaneamente, constata-se que, em um nível mais amplo, a ausência de capital social tem levado a que o Estado, cada vez mais, se distancie do cidadão comum. Ao mesmo tempo, os avanços tecnológicos e a globalização dos mercados têm reestruturado a economia em modalidades que envolvem conexões complexas com o governo. Segundo Hunter (2000), a dimensão moral, de acordo com a ética protestante, tem se desintegrado em inúmeras particularidades éticas, raciais, racionais e religiosas, congregadas por uma ideologia individualista e consumista. As elites culturais se distinguem, e de fato são definidas, pelo distanciamento do que sobrou das crenças, valores, arranjos sociais e aspirações da sociedade moderna.

Esse distanciamento constitui um ponto fundamental da bibliografia sobre capital social, qual seja, o de como gerar ou regenerar a confiança social por intermédio do capital social. O consenso implícito é o de que o capital social é importante por permitir que as pessoas trabalhem em conjunto, resolvendo os problemas da ação coletiva. O modelo que predomina na bibliografia a esse respeito defende a lógica da socialização, postulando que, em virtude da interação com outros, os membros de associações voluntárias são socializados para padrões que valorizam o social e o democrático. Nesse ângulo de visão, as associações voluntárias funcionam como um aprendizado para a democracia na forma como Tocqueville visualizava.

Putnam (1996a), por sua vez, defende a ideia de que há uma relação causal entre pertencer a associações e confiança. Desse modo, a noção de capital social tem que ver com a geração de confiança entre os indivíduos, a qual emerge de interações frequentes. A participação em associações seria o elemento catalisador desse tipo de confiança. Embora a participação dos cidadãos se dê no sentido de se apropriar de um bem privado (reunião da associação de moradores para arrecadar recursos para a construção de um parque, por exemplo), a consequência dessa participação poderia possibilitar o desenvolvimento de confiança entre eles, gerando uma consciência da importância da participação na fiscalização da aplicação de recursos. Apesar de a evidência empírica que relaciona a confiança adquirida em associações e a confiança em uma dimensão mais ampla ser ambígua, não se pode deixar de reconhecer que a experiência derivada dessa participação em âmbitos restritos, se complementada com iniciativas externas vindas de grupos mais organizados, mobilizados e orientados para a valorização do coletivo (movimentos sociais, ONGs, partidos políticos, associações culturais e esportivas), pode gerar predisposições positivas em relação à eficácia política do cidadão.

Em tal contexto, a geração ou o resgate do capital social possibilitaria uma revitalização democrática. A esse respeito, Inglehart (1997) argumenta que o capital social (confiança) desempenha um papel fundamental na cooperação econômica e política. Na sua avaliação, o capital social não somente se expande de uma situação para outra, mas se estende de forma ampla, criando instituições representativas em larga escala, tais como partidos políticos, os quais possibilitam o bom e eficiente funcionamento da democracia. Já existem evidências empíricas que mostram uma associação positiva entre capital social e qualidade do governo (Putnam, 1996b; Schleifer e Vishny, 1998), bem como na influência do desenvolvimento econômico (Knack e Keefer, 1997) e, ainda, no fortalecimento de estruturas corporativas (La Porta *et al.*, 1997) e no desempenho acadêmico de estudantes (Yongmin, 1999).

A noção de que pessoas que participam em organizações sociais desenvolvem hábitos participativos na política não é recente, a novidade é que já existem algumas evidências empíricas a esse respeito. O diferencial da teoria do capital social no envolvimento político dos cidadãos é que o fato de as pessoas fazerem parte de organizações sociais possibilita a socialização de normas participativas, promovendo, dessa maneira, valores democráticos. O capital social também surgiria do sentimento de as pessoas pertencerem a determinada comunidade. Pessoas ou famílias que compartilham desse sentimento estariam mais propensas a se envolver em atividades políticas.

Empoderamento

Uma das questões mais discutidas no contexto contemporâneo latino-americano refere-se à sua saúde democrática. As preocupações envolvem a existência ou não de um fortalecimento dos processos e instituições democráticos; e a questão de esse fortalecimento, ao se materializar em procedimentos (Sartori, 1996; Dahl, 1971), ser suficiente para a institucionalização de uma democracia mais substantiva e orientada socialmente.

A realidade sugere que continua a existir um descompasso entre a necessidade de garantir a governabilidade e a representação política, e a participação cidadã no controle e na fiscalização do governo. De fato, muitas vezes essas duas dimensões têm sido consideradas incompatíveis. No presente, todavia, sabe-se que esses dois processos não são mutuamente excludentes. Logo, a menos que se institucionalizem os meios de participação e controle popular, as novas e frágeis democracias podem cessar de ser democráticas.

Essa situação que parece caracterizar a América Latina se agrava em virtude da cristalização de um fenômeno universal do século passado que, segundo alguns autores (Drucker, 1993), é a futilidade da política para os cidadãos. Trata-se de uma avaliação bem pertinente ao contexto latino-americano, em que se constata que, se é possível avaliar os países em termos de aprofundamento democrático social, seu desempenho não pode ser considerado satisfatório. Segundo Binder (2000, p. 1), a situação no nosso continente é paradoxal e difícil de acreditar. Para ele,

> não é fácil fazê-lo quando ela convive em tranquilidade – e, às vezes, sem sequer deixar-se perturbar – com situações de desigualdade, exclusão e pobreza que pouco tiveram a ver com a igualdade, a liberdade e a dignidade dos seres humanos, e menos ainda com a pretensão de generalidade da lei. O mais difícil, contudo, é argumentar a favor dessa situação.[4]

---

4.   Tradução livre dos autores.

Continua a existir, outrossim, uma assimetria entre os direitos formalmente definidos e a prática cotidiana nos nossos países. No cotidiano, os setores sociais parecem ter se acostumado a um estado de subordinação, no qual predomina a hierarquia social e em que a relação com o Estado continua a se dar, preponderantemente, em termos de clientelismo e paternalismo, em lugar de uma prática de direitos e obrigações (Jelin, 1996).

Tal falta de credibilidade democrática não pode mais ser explicada por fatores meramente institucionais (estruturas de poder tradicionais), sendo necessário avaliar como se dá o processo de formação sociopolítica da cidadania, bem como a composição cultural do cidadão. A esse respeito, Kliksberg (2000, p. 76) tem argumentado que:

> [...] existem múltiplos aspectos na cultura de cada povo que podem favorecer o seu desenvolvimento econômico e social. É preciso descobri-los, potencializá-los e apoiar-se neles, e fazer isso com sinceridade significa rever a agenda do desenvolvimento de maneira que, no final, obtenhamos um resultado mais eficaz, essencial e que, até agora, tem ignorado amplamente os aspectos acima mencionados.[5]

As limitações das abordagens teóricas ortodoxas mistificaram a dimensão cultural na construção democrática de um país. Assim, a compreensão da dinâmica política foi sempre incompleta. Nessa dimensão, por exemplo, de acordo com Cruz (1999, p. 2), as identidades fragmentadas se fortalecem em culturas que negligenciam o cidadão, inibindo, dessa forma, mesmo que minimamente, a igualdade recíproca, a qual é um corolário de um sentimento universal de pertencer a um corpo cívico.

Na tentativa de visualizar uma sociedade civil forte no contexto latino-americano é necessário, preliminarmente, reconhecer que os padrões elitistas dessas sociedades privilegiam determinadas identidades (minoritárias) em detrimento de outras (mais coletivas) majoritárias, gerando a exclusão de camadas significativas do povo que não veem no Estado uma estrutura representativa de seus interesses. É necessário, portanto, resgatar o conceito de cidadania com o objetivo de enfrentar o desafio de construir culturas políticas caracterizadas pela igualdade mínima entre os cidadãos. Tal desafio, nas condições atuais da América Latina, poderia ser alcançado pelo processo de empoderamento emancipatório.

O termo "empoderamento" assume diferentes significados em diversos contextos socioculturais e políticos. Concebido como processo e resultado de determinadas ações, guarda estreita relação com o sistema de valores locais, apresentando valor intrínseco.

---

5. Tradução livre dos autores.

Apresenta também valor instrumental, tanto em nível individual quanto coletivo, podendo incidir em ações de natureza econômica, social ou política.

Em geral, dada sua complexidade, o empoderamento tem sido definido mais pela ausência de alguns de seus indicadores, referindo-se à alienação, à impotência e ao desamparo de indivíduos e grupos. No entanto, uma análise dos aspectos comuns às definições revela que elas abordam dimensões como alcance de poder e controle sobre decisões e recursos que determinam a qualidade de vida de cada um (Narayan, 2002). Tais dimensões podem ser traduzidas em nível individual, organizacional ou comunitário.

É uma construção individual quando se refere às variáveis comportamentais; em nível organizacional, quando se refere à mobilização participativa de recursos e oportunidades em determinada organização; em nível comunitário, quando a estrutura das mudanças sociais e a estrutura sociopolítica estão em foco (Baquero e Baquero, 2007).

O empoderamento psicológico diz respeito ao nível individual de análise. Trata-se de uma autoemancipação que se funda em uma compreensão individualista de empoderamento, a qual enfatiza a dimensão psicossocial. A ênfase é no aumento do poder individual, medido em termos do aumento no nível de autoestima, de autoafirmação e de autoconfiança das pessoas.

Empoderamento organizacional, por sua vez, é uma abordagem do processo de trabalho que objetiva a delegação do poder de decisão à autonomia e à participação dos funcionários na administração das empresas (Baquero, 2006). Empoderar, nesse caso, significa obter o comprometimento dos empregados em contribuir para as decisões estratégicas, com vistas a aumentar o nível de produtividade da empresa (Cunningham e Hyman, 1999).

O empoderamento comunitário, ainda segundo Rute Baquero (2006), por sua vez, se direciona ao desenvolvimento da capacitação de grupos desfavorecidos para a articulação de interesses e a participação comunitária, visando à conquista plena dos direitos da cidadania, à defesa desses direitos e a influenciar as ações do Estado.

Outra concepção de *empowerment*, no entanto, é proposta por Paulo Freire – o empoderamento de classe social. Na perspectiva freiriana, não há destaque à dimensão individual do empoderamento. O autor não acredita na autoliberação; para Freire e Shor (1986), a libertação é um ato social.

Em diálogo com Ira Shor, em *Medo e ousadia – O cotidiano do professor*, Freire (1986, p. 135) argumenta que:

> Mesmo quando você se sente individualmente mais livre [...] se você não é capaz de usar sua liberdade recente para ajudar os outros a se libertarem através da transformação da sociedade então você só está exercitando uma atitude individualista no sentido do *empowerment* ou da liberdade.

Ainda que o autor reconheça a importância do empoderamento individual, fundado em uma percepção crítica sobre a realidade social, ressalta que a questão que se coloca é "a favor de quem e contra quem eles usam sua nova liberdade na aprendizagem e como é que essa se relaciona com os outros esforços para transformar a sociedade" (Freire e Shor, 1986, p. 136).

Nesse sentido, não seria suficiente a dimensão do crescimento pessoal do sujeito, pois este necessita se engajar na produção do bem comum. Trata-se de desenvolver a competência para um agir político e para atuar sobre os fatores que incidem sobre a qualidade de sua vida.

Nas palavras de Freire e Shor (1986, p. 138):

> A questão do *empowerment* da classe social envolve a questão de como a classe trabalhadora, através de suas próprias experiências, na sua própria construção de cultura, se empenha na obtenção do poder político. [...] Indica um processo político das classes dominadas que buscam a própria liberdade da dominação, um longo processo histórico de que a educação é uma frente de luta.

Nessa perspectiva, conforme Baquero (2006, p. 76), o empoderamento, como processo e resultado, pode ser concebido como emergindo de um processo de ação social no qual os indivíduos tomam posse da própria vida pela interação com outros indivíduos, gerando pensamento crítico sobre a realidade, favorecendo a construção da capacidade pessoal e social e questionando as relações sociais de poder.

Do ponto de vista coletivo, o empoderamento é chave para: (a) a qualidade de vida e a dignidade humana; (b) a boa governança; (c) o crescimento em favor da população marginalizada; (d) a efetividade dos projetos e a melhor prestação de serviços (Narayan, 2002).

Empoderamento, como categoria, perpassa noções de democracia, direitos humanos e participação, mas não se limita a elas. É mais do que trabalhar em nível conceitual, envolve o agir, implicando processos de reflexão sobre a ação, visando a uma tomada de consciência a respeito de fatores de diferentes ordens – econômica, política e cultural – que conformam a realidade, incidindo sobre o sujeito.

A dimensão empírica do capital social e do empoderamento

Para avaliar empiricamente as bases de empoderamento e de capital social, desde a perspectiva do cidadão, utilizamos dados de pesquisa *survey* em três cidades latino-americanas, Porto Alegre, Montevidéu e Santiago do Chile, mediante a aplicação de

500 questionários em cada cidade. Os dados aqui analisados se referem aos índices de potencial de capital social e de empoderamento, construídos a partir das respostas dos entrevistados a questões propostas no questionário. As tabelas a seguir apresentam dados comparativos das respostas nas cidades investigadas no que diz respeito ao potencial de capital social e empoderamento.

Tabela 1   Índice de potencial de capital social

	Porto Alegre	Montevidéu	Santiago do Chile
Baixo	5,9%	46,1%	49,6%
Médio	91,7%	46,3%	44,0%
Alto	–	7,6%	6,4%

Fonte: Núcleo de Pesquisas sobre a América Latina, 2005.

O índice de potencial de capital social foi elaborado incorporando três dimensões de capital social: *binding, bonding* e *linking*. Em outras palavras, interessava-nos examinar: (1) se os entrevistados mostravam predisposições para participar de ações cooperativas; (2) se já participaram de alguma ação de natureza coletiva em sua comunidade; (3) se já se envolveram em atividades de natureza cooperativa, em níveis mais amplos, com outras comunidades. Tal preocupação deveu-se à importância de identificar se estava em formação um círculo vicioso de construção de capital social, o qual passa pela interação do sujeito com outras instâncias de cooperação. Acreditávamos que, examinando dessa forma o conceito de capital social, poderíamos avaliar os constrangimentos que existem nas conexões entre os grupos ou entre comunidades e destes com o Estado, pois entendemos que o capital social necessita ser observado em uma dimensão sinérgica.

Dados da Tabela 1 sinalizam para a existência de baixos e médios índices de potencial de capital social nas três capitais latino-americanas. Enquanto Santiago do Chile (50%) e Montevidéu (43%) estão no mesmo patamar na categoria baixo índice de potencial de capital social, Porto Alegre mostra um índice inferior de potencial capital social (6%). No entanto, as variações são significativas na categoria intermediária, em que Porto Alegre praticamente mostra o dobro de potencial de capital social, em comparação com as outras duas cidades. É possível que essa variação seja fruto da experiência com o Orçamento Participativo, por mais de duas décadas na capital gaúcha. Por outro lado, chama a atenção o fato de que Porto Alegre não mostrou elevados índices de potencial de capital social, comparativamente com as outras cidades, na categoria alto índice de potencial de capital social.

Quanto ao potencial de empoderamento, trabalhamos inicialmente com duas questões sobre eficácia política, requisito básico da categoria empoderamento. A primeira pergunta proposta foi a seguinte: "Para o Sr.(a.), a opinião da maioria das pessoas é levada em conta no país?" Dados sobre essa questão estão apresentados na Tabela 2.

Tabela 2 "Para você, a opinião da maioria das pessoas é levada em conta no país?"

	Porto Alegre	Montevidéu	Santiago do Chile
Sim	19,2%	46,6%	17,9%
Não	79%	48,2%	80,6%

Fonte: Núcleo de Pesquisas sobre a América Latina, 2005.

Uma análise da Tabela 2 revela uma oscilação significativa entre porto-alegrenses e cidadãos de Santiago, por um lado, e os entrevistados de Montevidéu, por outro. Enquanto o padrão atitudinal – não ser considerada, no país, a opinião da maioria das pessoas – é semelhante para as duas primeiras cidades (79% e 80% respectivamente), em Montevidéu cai para quase 50%, identificando-se uma maior eficácia política nesta do que nas outras cidades. No caso das outras cidades estudadas, os dados apontam para um sentimento generalizado, por parte da população, de descaso do governo. Tal sentimento é consistente com os índices de desconfiança e desinteresse das pessoas na política, previamente discutidos. Em virtude dessas opiniões a respeito do governo, consideramos fundamental a manifestação das pessoas acerca de quem consideram como responsáveis pela resolução dos problemas do país. Para examinar sua percepção, a seguinte pergunta foi proposta aos entrevistados: "Para resolver os problemas do país, o que considera melhor?" O posicionamento em relação a esta questão poderia sinalizar uma predisposição latente de se envolver na política.

Tabela 3 "O que você considera melhor para a resolução dos problemas do país?"

	Porto Alegre	Montevidéu	Santiago do Chile
Um líder forte	34,3%	28,2%	31%
A participação da população	65,7%	69,4%	66,8%

Fonte: Núcleo de Pesquisas sobre a América Latina, 2005.

A despeito do sentimento de maior eficácia política da população de Montevidéu, os dados da Tabela 3 mostram que os entrevistados das três cidades pesquisadas compartilham da opinião de que é mediante a participação das pessoas (na média 66%) que os problemas do país poderão ser resolvidos. Ao mesmo tempo, na categoria "ser necessário um líder forte" as porcentagens também são similares (na média 32%).

Em síntese, a leitura dos dados sugere que existe uma percepção, por parte dos cidadãos latino-americanos, a respeito da importância de ser levada em conta a opinião das pessoas no processo de tomada de decisões e definição de políticas públicas que os afetam diretamente. A análise dos dados sinaliza para a existência de uma sociedade uruguaia relativamente balanceada, na qual a promoção dos valores cívicos positivos está um pouco acima das outras cidades examinadas. Contudo, de forma geral, à semelhança das outras capitais, parece ter uma estrutura frágil e um impacto limitado na sociedade como um todo. Essa fragilidade sugere que existem poucos incentivos para a participação dos cidadãos.

Igualmente, os dados sinalizam que o processo de empoderamento deve incluir não apenas predisposições dos cidadãos em participar, mas o compromisso de efetivamente se envolver em atividades de natureza formal e informal. Assim, foi construído o índice de potencial de empoderamento, por meio de perguntas atitudinais e comportamentais (ver Anexo metodológico). Os resultados estão na Tabela 4.

Tabela 4 Índice de potencial de empoderamento

	Porto Alegre*	Montevidéu	Santiago do Chile
Baixo	25,5%	17,9%	45,9%
Médio	49,9%	40,9%	41,4%
Alto	24,6%	41,3%	12,7%

Fonte: Núcleo de Pesquisas sobre a América Latina, 2005.

* O tamanho da amostra foi o seguinte: Porto Alegre (nº 501); Montevidéu (nº 492); Santiago do Chile (nº 497).

Na Tabela 4 constata-se que é Montevidéu a cidade com mais potencial de empoderamento (41,3%), já Porto Alegre apresenta um índice intermediário (49,9%) e Santiago do Chile, o menor índice (45,9%). Quais as implicações desses resultados?

Se o sucesso de uma nação que adere aos princípios democráticos e os valoriza, produzindo estabilidade e igualdade social, depende do compromisso dos seus cidadãos em se engajar em atividades que promovam o bem coletivo, sejam elas no campo formal ou informal, compreendendo que sua participação é fundamental, então a credibilidade e legitimidade do governo estão mais próximas de se materializar. Se, ao contrário, as instituições políticas não conseguem promover a participação pública, a legitimidade do regime é episódica.

Nesse contexto, o que caracteriza a legitimidade de um sistema político democrático, além do sufrágio universal, é a garantia de direitos de liberdade, pluralidade de pensamento, livre competição, o princípio da maioria e, atualmente, a capacidade de um regime em reconhecer e saber lidar com as novas formas de participação política que têm emergido, autônoma e espontaneamente, dos setores excluídos. Se essas condições estão ausentes, o resultado é a proliferação de conflitos sociais e, consequentemente, a (des)institucionalização das instituições de mediação política, promovendo, ao mesmo tempo, o desempoderamento das pessoas, configurando-se os sistemas políticos como meras democracias eleitorais. Cidadãos, nessa situação, estão propensos a avaliar a sua situação econômica, sua qualidade de vida e seu bem-estar em termos materiais e não pós-materialistas (Inglehart, 1997).

Considerações finais

No encaminhamento da conclusão deste trabalho, é necessário reconhecer que a questão da alteridade, ou seja, da aceitação do outro, como alternativa humana de igualdade na diferença não teve sucesso na América Latina. Pelo contrário, se impôs o paradigma do homem ocidental para a cultura. Assim, a base de desigualdade na América Latina pôde ser desvendada. O indígena, o negro, o mestiço, embora existissem, de fato, existem em uma relação de inferioridade, de desigualdade e de dominação (Anaya, 2000).

Dessa forma, a relação de alteridade, apesar de aceita na medida em que sinalizava diferenças, não se fundamentou em princípios de igualdade e liberdade, mas na subordinação e dependência. Calderon (2000) identifica nessa direção três tipos de cultura da desigualdade: (1) a ligada à origem; (2) a ligada a um padrão clientelístico-patrimonialista; (3) e a cultura da desigualdade ligada a uma concepção neoliberal.

A cultura da desigualdade ligada à origem encontra suas raízes na exclusão daquele que é considerado inferior por pertencer a uma cultura diferente, bem como por ser explorado economicamente. Efetivamente, as distintas culturas da desigualdade existentes na América Latina se explicam e reforçam, em grande parte, por um padrão patriarcal de origem colonial.

Na cultura da desigualdade ligada a um padrão clientelístico-patrimonialista, direitos políticos sociais foram concedidos aos cidadãos propiciando um sentimento de integração e de pertença. No entanto, a tentativa de construir uma comunidade nacional desde o Estado não possibilitou a construção de uma comunidade política, cultural ou social muito diferenciada, favorecendo aqueles que, paternalisticamente, apoiavam esses regimes populistas. Esse tipo de cultura dependia da fragilidade dos partidos políticos na sua capacidade de mediação e representação da população. Institucionalizou-se, portanto, o clientelismo burocrático. A cultura decorrente dessa relação entre Estado e sociedade propiciou o surgimento de uma cultura da desconfiança que, ao considerar o *outro* como inimigo, tentava cooptá-lo ou destruí-lo. Os governos populistas, assim, apesar dos esforços para gerar mais direitos, não conseguiram estabelecer um reconhecimento pleno da diversidade, promovendo a permanência da desigualdade social.

Na cultura da desigualdade ligada a uma concepção neoliberal, o mercado subordina o Estado, a sociedade, os partidos e a própria democracia, sem, todavia, conseguir integrar ou incluir os cidadãos em virtude do seu dinamismo perverso. A igualdade de oportunidades está marcadamente ausente na medida em que transforma os cidadãos em consumidores. Logo, a lógica do mercado faz que as pessoas se comportem de forma egoísta em uma orientação comportamental do "salve-se quem puder". Essa lógica evidentemente fragiliza os laços sociais e compromete o conceito de cidadania.

O comprometimento da cidadania em um sentido de desigualdade de tratamento leva a uma crise de representação e de credibilidade, produzindo um sentimento de anomia nos cidadãos, que se distanciam cada vez mais da esfera política por considerá-la imoral e antiética. Nesse cenário, as instituições de mediação política, principalmente os partidos políticos, deixam de ser (se é que alguma vez foram) pontos de referência de identidades coletivas para ser vistos como instrumentos a serviço de uma casta que monopoliza o poder em uma orientação patrimonialista. A fragmentação da cultura política, nesse sentido, é inevitável e a possibilidade de resgatar o cidadão para uma dimensão mais participativa deve ser buscada fora das instituições tradicionais convencionais. É nesse ponto que as associações podem vir a desempenhar esse papel.

É, por conseguinte, imprescindível resgatar essa dimensão histórica para entender a permanente existência de déficits de capital social, particularmente entre Estado e sociedade. A síndrome de inferioridade que caracterizou os grupos excluídos na América Latina tem sido agravada pelos acontecimentos contemporâneos decorrentes do processo de globalização.

A realidade latino-americana contemporânea se caracteriza por uma situação em que as sociedades têm sucumbido às leis de mercado possibilitadas pela globalização. A consequência tem sido o desaparecimento das aspirações coletivas, tendo em vista que a realidade social e histórica que projetava possibilidades de realização de um mundo melhor, de uma sociedade mais justa e humana, tem sido superada e substituída pelos imperativos do mercado.

O desafio que se coloca, portanto, é como desenhar uma América Latina diferente no futuro, na qual os sujeitos sociais apareçam como cidadãos ativos e participantes da sociedade civil, no marco de uma realidade suscetível de ser configurada, que exige mudanças.

O desafio se complica quando se leva em conta o passado da região, que se caracteriza por uma realidade histórica de pobreza, marginalidade social, desigualdade, injustiça, miséria, fome e atitudes antidemocráticas. Embora as organizações formais sejam parte integral das atividades do cotidiano dos latino-americanos, da economia e da sociedade, elas não atuam de maneira eficiente como nos países desenvolvidos, nos quais as regras contratualistas são obedecidas. Pelo contrário, o que se observa é a manutenção de práticas que privilegiam o suborno, o clientelismo e a quebra das leis convencionais por procedimentos clientelísticos e patrimonialistas. Essas características levaram Rose (1998) a classificar tais sistemas políticos como antimodernos. Assim, para pensar em um futuro diferente para essas sociedades é vital o desenvolvimento de práticas alternativas que questionem o conhecimento estabelecido que, muitas vezes, leva a explicações ingênuas e normativas que nada têm que ver com as suas realidades[6]. Um caminho para superar essa situação é a possibilidade de estabelecer uma nova práxis de ação política da sociedade como um todo, na construção de uma verdadeira democracia social, na qual se criem bases igualitárias de ascensão social e a satisfação das necessidades materiais mínimas (educação, saúde, habitação, transporte).

A viabilização dessa democracia desejada implica, no entanto, a participação da sociedade como um todo, exigindo que os cidadãos se reconheçam entre si como participantes iguais, com os mesmos direitos e obrigações políticas para construir a ordem desejada. Alcançar um consenso é difícil; todavia, qualquer institucionalização estável requer algum consenso.

É aqui que entram em jogo os conceitos e a utilidade prática do capital social e do empoderamento. Como é difícil gerar um consenso, principalmente sobre o processo de tomada de decisões que afeta a todos em uma sociedade, é necessário que exista, pelo menos, uma base consistente de confiança e reconhecimento da autoridade pública como representante legítimo das reivindicações do povo. A história da

---

6.   O livro de Muhammad Yunus, *O banqueiro dos pobres* (2000), mostra como esse objetivo pode ser alcançado.

América Latina mostra que a exclusão dos grupos majoritários do processo decisório tem contribuído para a institucionalização de uma memória coletiva que potencializa atitudes e comportamentos de desvalorização das coletividades e da democracia. O autoritarismo, mesmo em um contexto de democracia procedimental, é uma consequência natural.

O resultado na América Latina, no contexto da globalização, é a prevalência de sociedades e cidadãos com orientações democráticas frágeis e contraditórias que colocam um ponto de interrogação sobre a possibilidade de construir um futuro melhor. O descompasso que se verifica é o de que o desenvolvimento científico, as novas tecnologias, os processos econômicos e os câmbios sociais estão criando imperativos irredutíveis a que a política está obrigada a obedecer. A força do necessário aumenta constantemente, enquanto a capacidade política e cultural da sociedade diminui.

Uma forma de reverter tal processo é o desenvolvimento de mecanismos de inclusão da sociedade civil no processo de tomada de decisões, o que envolve uma prática política de natureza empoderadora que vai além dos canais convencionais de política institucionalizada.

É necessário agregar aos estudos institucionalistas, aos estudos de estratégias de atores políticos e aos estudos de condicionantes econômicos estudos da cultura política que possibilitem compreender a dinâmica das relações sociais dos cidadãos comuns. A interação entre Estado e sociedade necessita ser mais transparente, mais efetiva e, sobretudo, mais praticada. O capital social nesse nível intermediário é absolutamente essencial para a construção de uma democracia fundamentada na confiança e na lealdade recíproca. Da mesma forma, o empoderamento cidadão de natureza emancipatória pode contribuir para a articulação de interesses, visando à conquista e à defesa de direitos da cidadania, bem como objetivando influenciar ações do Estado.

Quando as pessoas não se sentem seguras do que está por vir e, ao contrário, internalizam uma dimensão de incerteza, a tendência natural é a institucionalização do individualismo e a proteção de interesses privados. A coletividade desaparece ou assume lugar secundário para as pessoas. Ninguém investe tempo e energia em uma ordem sem perspectivas. A América Latina se encontra nesta encruzilhada em que os avanços tecnológicos disparam e os avanços sociais e econômicos de bem-estar estagnam ou até diminuem. É preciso, portanto, sincronizar essas temporalidades distintas de tal forma que possibilitem um futuro compartilhado pela sociedade. Estados de crise moral e ética e convulsões sociais como as que testemunhamos na América Latina requerem invenções sociais e tecnológicas para resolver os problemas. Em nossa opinião, os conceitos de capital social e empoderamento podem ser essa invenção, possibilitando uma sincronia consistente entre Estado, instituições, sociedade e cidadãos.

Anexo metodológico

Questões utilizadas na construção do índice de potencial de capital social

- Costuma participar de associações comunitárias, religiosas, sindicatos, conselhos populares, ONGs, Orçamento Participativo?
- Considera importante a sua participação na política para resolver os problemas do país?
- A colaboração entre as pessoas pode contribuir para melhorar a situação do país?
- Nos últimos anos tentou resolver algum problema local do bairro/comunidade junto com outras pessoas?
- Poderia contar, caso viajasse, com vizinhos para cuidar de sua casa/filhos?
- Se um projeto da comunidade não lhe beneficia diretamente, mas pode beneficiar outras pessoas do seu bairro, contribuiria para esse projeto?

Questões utilizadas na construção do índice de potencial de empoderamento

- Interessa-se por política?
- Mantém-se informado sobre assuntos políticos?
- Conversa sobre política com familiares?
- Com que frequência fala dos problemas do país com amigos?
- Em relação ao funcionamento da democracia: está satisfeito, mais ou menos satisfeito, ou está insatisfeito?
- Quanto às leis, obedece a elas por (1) crer nas instituições ou (2) por obrigação?

Para ser incluído na escala, o entrevistado tinha de responder no mínimo a 90% das questões.

Referências

ALONSO, Antonio J. "Desigualdad, instituciones y progreso: un debate – Entre la historia y el presente". *Revista de la Cepal*, Santiago/Chile, n. 23, p. 63-84, dez. 2007.

ANAYA, Mario M. "El orden deseado para América Latina". *Latinoamérica Anuario Estudios Latinoamericanos*, México, n. 31, 2000.

BAQUERO, Marcello. *A vulnerabilidade dos partidos políticos e a crise da democracia na América Latina*. Porto Alegre: Editora da UFRGS, 2000.

_____. *Democracia e desigualdades na América Latina: novas perspectivas*. Porto Alegre: Editora da UFRGS, 2007.

BAQUERO, Marcello; BAQUERO, Rute. "Capital social e empoderamento no desenvolvimento social: um estudo com jovens". *Sociedade em debate*, Pelotas, v. 12, n. 3, jul.-dez. 2007, p. 47-64.

BAQUERO, Rute. "Empoderamento: questões conceituais e metodológicas". *Redes*, Santa Cruz do Sul, v. 1, 2006, p. 77-94.

BINDER, Alberto. "Entre la democracia y la exclusión: la lucha por la legalidad en una sociedad desigual". *Instituto Interamericano de Gobernabilidad*, Paper n. 36, Buenos Aires, 2000.

BOLLEN, Kenneth. "Liberal democracy: validity and method factors in cross-national measures". *American Journal of Political Science*, v. 4, n. 37, 1993, p. 1207-30.

CALDERON, Fernando G. "Potenciar la sociedad para fortalecer el desarrollo: una perspectiva crítica del desarrollo humano desde la experiencia latinoamericana". *Instituto Internacional de Governabilidad*, Biblioteca de Ideas, Colección de papers, Buenos Aires, 2000, p. 1-25.

CRUZ, Consuelo. "Neither gentleman nor citizens: first world models and third wave products". *Institute of Latin America and Iberian Studies*, Universidade de Columbia, Working Papers, n. 48, 1999, p. 1-13.

CUNNINGHAM, I.; HYMAN, J. "The poverty of empowerment? A critical case study". *Personal Review*, v. 28, n. 3, 1999, p. 192-207.

DAHL, Robert. *Polyarchy*. New Haven: Yale University Press, 1971.

_____. *La igualdad política*. Buenos Aires: Fondo de Cultura Económica de Argentina, 2008.

DASGUPTA, Partha; SERAGELDIN, Ismail (eds.). *Social capital: a multifaceted perspective*. Washington: World Bank, 1999.

DIAMOND, Larry. "Toward democratic consolidation". *Journal of Democracy*, Washington, v. 3, n. 5, 1994, p. 4-17.

DRUCKER, Peter. *Sociedade pós-capitalista*. São Paulo: Pioneira, 1993.

DURKHEIM, Emile. *La división del trabajo social*. Barcelona: Planeta-Agostini [1. ed. 1893], 1985.

FERRONI, M.; MATEO, M.; PAYNE, M. *Development under conditions of inequality and distrust – Social cohesion in Latin America*. Washington: International Food Policy Research Institute, 2008.

FREIRE, Paulo. *Pedagogia do oprimido*. Rio de Janeiro: Paz e Terra, 1970.

FREIRE, P.; SHOR, I. *Medo e ousadia – O cotidiano do professor*. Rio de Janeiro: Paz e Terra, 1986.

GROOTAERT, C.; NARAYAN, Deepa. *Local level institutions working paper 9: local institutions, poverty and household welfare in Bolivia*. Washington: World Bank, Social Development Department, 2000.

HABERMAS, J. *Teoría de la acción comunicativa*. Madri: Taurus, 1987.

HUNTER, Davidson J. "Bowling with the social capital scientists: Robert Putnam survey America". *The Weekly Standard*, v. 5, ago.-set. 2000.

HUNTINGTON, Samuel. *Political order in changing societies*. New Haven: Yale University Press, 1968.

INGLEHART, Ronald. *Modernization and postmodernization: cultural, economic and political change in 41 societies*. Princeton: Princeton University Press, 1997.

JELIN, Elizabeth. "Citizenship revisited. Solidarity, responsibility, and rights". In: JELIN, Elizabeth; HERSHBERG, Eric. *Constructing democracy: human rights, citizenship, and society in Latin America*. Boulder: Westview Press, 1996.

KLIKSBERG, Bernardo. "Capital social y cultura: claves olvidadas del desarrollo". *Instituto Internacional de Gobernabilidad. Paper nº 19, 2000*. Disponível em: <http://www.iigov.org>. Acesso em: 13 jun. 2010.

KNACK, S.; KEEFER, P. "Does social capital need on economy pay off? A cross-country investigation". *Quarterly Journal of Economics*, Oxford, n. 12, 1997, p. 1251-88.

KOLANKEWICS, George. "Social capital and social change". *British Journal of Sociology*, Londres, v. 47, n. 3, set. 1998, p. 427-41.

LA PORTA, R.; LOPEZ-DE-SILANES, F.; SHEIFER, A.; VISHNY, R. "Trust in large organizations". *American Economic Review Papers and Proceedings*, Pittsburgh, v. 87, 1997, p. 333-8.

LYNN K., Terry. "Dilemmas of democratization in Latin America". In: CAMP, Roderic. *Democracy and development in Latin America: patterns and cycles*. Delaware: Scholarly Resources Inc, 1996, p. 21-46.

MACPHERSON, C. B. *A democracia liberal: origens e evolução*. Rio de Janeiro: Zahar, 1978.

MAQUIAVEL, N. *Comentários sobre a primeira década de Tito Lívio*. Brasília: Editora da UnB, 1994.

MILL, John Stuart. *Considerações sobre o governo representativo*. Brasília: Editora da UnB, 1981.

MOUFFE, Chantal. *O preço da política*. Lisboa: Gradiva, 1996.

NARAYAN, Deepa. *Empoderamiento y reducción de la pobreza*. Libro de consulta. Bogotá: Banco Mundial/Alfa Omega, 2002.

O'DONNELL, Guillermo. "Poverty and inequality in Latin America: some political reflections". In: TOKMAN, Victor; O'DONNELL, Guillermo (orgs.). *Poverty and inequality in Latin America: issues and new challenges*. Notre Dame: University of Notre Dame Press, 1998, p. 49-74.

O'Donnell, Guillermo e Schmitter, Philippe. *Transitions from authoritarian rule: Tentative conclusions about uncertain democracies*. Baltimore: The John Hopkins University Press, 1986.

Olson, Mancur. *The rise and decline of nations: economic growth, stagflation and social rigidities*. New Haven: Yale University Press, 1982.

Ostrom, E. "Constituting social capital and collective action". *Journal of Theoretical Politics*, Texas, n. 6, 1994, p. 527-62.

Pateman, Carole. *Participação e teoria democrática*. Rio de Janeiro: Paz e Terra, 1992.

Programa das Nações Unidas para o Desenvolvimento – Pnud. "Hacia una democracia de ciudadanas y ciudadanos: un análisis integral sobre la democracia en 18 países de la región". *Informe La democracia en América Latina*, 2004. Disponível em: <http://democracia.undp.org/default.asp>. Acesso em: 12 out. 2004.

Putnam, Robert. *Comunidade e democracia. A experiência da Itália moderna*. Rio de Janeiro: Editora da FGV, 1996a.

_____. The strange disappearance of civic America. *The American Prospect*, Washington, v. 24, 1996b, p. 34-48.

Putnam, R.; Goss, A. "Introduction". In: Putnam, Robert (org.). *Democracies in flux. The evolution of social capital in contemporary societies*. Nova York: Oxford University Press, 2002.

Rose, Richard. "Getting things done in an anti-modern society: social capital networks in Russia". *Social Capital Initiative*. The World Bank, working paper, n. 6, 1998.

Sanchez-Parga, José. "Transformaciones del conflicto, decline de los movimientos sociales y teoría del desgobierno". *Ecuador Debate*, Quito, n. 53, ago. 2001, p. 19-39.

Sartori, G. *A teoria da democracia revisitada: o debate contemporâneo*. v. 1. São Paulo: Ática, 1994.

_____. *Engenharia constitucional: como mudam as constituições*. Editora da UnB, 1996.

Schumpeter, Joseph. *Capitalismo, socialismo e democracia*. Rio de Janeiro: Zahar, 1984.

Shleifer, Andrei, Vilshny, Robert W. *The grabbing hand: government pathologies and their cures*. Cambridge, MA: Harvard University Press, 1998.

Silva, Patricio. "Doing politics in a despoliticized society: social change and political deactivation in Chile". *Bulletin of Latin American Research*, v. 23, n. 1, 2004, p. 63-78.

Tocqueville, Alexis. *A democracia na América*. São Paulo: Abril, 1989.

Vásquez, Francisco H. "Social capital and civic republicanism". *Working Paper n. 149*. Instituto Ivan March, Madri, 2000.

Verba, Sidney; Shhlozman, Kag L.; Brady, Henry. *Voice and equality*. Cambridge: Harvard University Press, 1995.

Yougmin, Sun. "The contextual effects of community social capital on academic performance". *Social Science Research*. v. 28, n. 4, dezembro 1999, p. 403-26.

Yunus, Muhammad. *O banqueiro dos pobres*. São Paulo: Ática, 2000.

13 CAPITAL SOCIAL, COMUNICAÇÃO PÚBLICA E DELIBERAÇÃO: A GESTAÇÃO DO CAPITAL COMUNICACIONAL PÚBLICO

GUILHERME FRÁGUAS NOBRE

O objetivo deste texto é buscar a articulação entre os conceitos de capital social, de comunicação pública e de deliberação. Na busca desse objetivo, lançou-se mão da noção de capital comunicacional (Nobre e Matos, 2009), capaz de fazer os conceitos assentar em uma matriz comum e mais ampla – e a partir da qual se propõe sejam aumentados e enriquecidos. Logo, o fato de que essa convergência acabe redundando na concepção de capital comunicacional público é relativamente incidental, já que esta é sua consequência lógica e natural. O capital comunicacional público é, portanto, a superação da visão de que o capital social se restringe à esfera relacional e aos ativos intangíveis, e de que a comunicação pública se restringe à esfera simbólica do setor governamental. A deliberação é compreendida como a face mais visível e sistematizada do capital comunicacional público.

O texto apresenta a seguinte estrutura: a primeira seção tratará do capital social, indicando as diferentes conjugações entre esfera pública e privada *versus* ativos tangíveis e intangíveis. A segunda seção apresentará a comunicação pública dos cinco setores sociais: o governo, as empresas, a sociedade civil organizada, a mídia e as universidades. A terceira seção introduzirá o capital comunicacional com suas cinco abordagens: a contábil, a de marketing, a gerencial, a simbólica e a relacional. A quarta seção proporá o conceito de capital comunicacional público, uma nova terminologia para a sinergia dos conceitos de capital social e de comunicação pública. A quinta seção tratará da deliberação em seus dois polos, o argumentativo e aquele voltado para a produção de decisões. A última seção traz a conclusão.

Capital social

Uma busca na internet retornará dois tipos principais de referência sobre capital social: em primeiro lugar, a de capital social como cotas de uma sociedade[1] mercantil limitada, isto é, uma empresa; em segundo lugar, a de capital social como um conceito da sociologia e da ciência política. A amplitude acerca do termo "social", assim, varia: privado ou público, societária ou societal?

Talvez ainda mais delicada seja a tarefa de referir as diferentes conotações do termo "capital" nesta expressão. Se é certo que pode significar apenas ativos tangíveis, como dinheiro, ações, imóveis, também é certo que pode se tratar de uma variada gama de ativos intangíveis, como respeito, reputação, influência, relacionamento, reconhecimento, comunicação, e outros afins.

Por conseguinte, a expressão "capital social" é um convite para considerar uma ampla e complexa teia de possibilidades conceituais, a qual não deve ser, contudo, indefinida. Esse é, aliás, nosso propósito aqui: apresentar o capital social em sua riqueza, mas delimitando-o em pelo menos suas linhas mais significativas. Afinal, mais "capital" ou mais "social"?

Esfera privada, ativos tangíveis: esta é talvez a combinação de mais fácil compreensão, pois envolve a iniciativa microssocial (uma ou poucas pessoas) na constituição e gestão de ativos quantitativamente mensuráveis e discerníveis. O melhor exemplo é a empresa privada com fins de lucro em regime de mercado livre. Na própria abertura da empresa é preciso figurar o "capital social", isto é, o *quantum* se investe na constituição da sociedade mercantil (aberta ou não); o *quantum* é dividido em cotas (limitadas ou não) a ser atribuídas aos respectivos sócios (anônimos ou não).

Esfera privada, ativos intangíveis: tem havido um movimento recente (bem desenvolvido) de consideração dos ativos intangíveis pelas empresas privadas de mercado. Esse fenômeno explica-se tanto pelo estágio atual do capitalismo, intensivo em inovação e criatividade, quanto pela necessidade de "recuperar" os investimentos feitos em marketing e comunicação. As empresas têm gasto mais com publicidade e relações públicas do que propriamente com fábricas e máquinas, mais com pesquisa e desenvolvimento do que com matéria-prima e mão de obra.

Esfera pública, ativos tangíveis: aqui entra a gestão da "coisa pública", no que ela tem de ativo tangível. Num polo há toda a captação dos recursos públicos, por intermédio de impostos e taxas, e no outro encontram-se a gestão e o uso (gasto ou investimento) desses ativos. Como se sabe, cabe normalmente ao poder Executivo arrecadar e administrar a máquina do Estado, e dele geralmente se exige uma prestação de contas completa,

---

1. Sempre que "sociedade" se referir à divisão por cotas numa associação empresarial, preferir-se-á o termo "societário". Sempre que se queira evocar a sociedade como o espaço comunitário onde vivemos, usar-se-á o termo "societal".

frequente e transparente. Tem-se tentado propor uma "gestão empresarial do Estado", mas certamente o Estado não é uma empresa nem distribui cotas de propriedade.

Esfera pública, ativos intangíveis: os políticos sabem a importância das imagens e dos símbolos para se eleger e se manter nos cargos, mas os ativos intangíveis na esfera pública não se restringem à propaganda eleitoral. Aliás, não se restringem nem às pessoas físicas em cargos públicos. Ativos intangíveis como confiança, reconhecimento e respeito são essenciais para as instituições públicas, seja ou não no período de eleição, e considere-se a comunicação política ou a comunicação pública. O Estado e os governos também investem em marketing e comunicação, e buscam igualmente um "retorno" para esse investimento.

De maneira simplificada, para além do indivíduo tomado em separado, "capital social" é toda associação de pessoas envolvendo ativos tangíveis e/ou intangíveis. Note-se que essa definição extremamente genérica considera associações de caráter privado e público, logo, com motivações e objetivos bem diferentes em função do acento desse caráter. Se os ativos tangíveis e intangíveis são hoje comuns às esferas pública e privada, o "espírito público" não precisa ser (ou não é).

É correto afirmar que tem havido uma convergência do público em direção ao privado (administração profissional do Estado, participação ativa dos cidadãos nas decisões – Orçamento Participativo) e do privado em direção ao público (responsabilidade social, *accountability*, governança corporativa). Mas isso não autoriza dizer que as esferas se misturaram a ponto de se tornar indiscerníveis. Mesmo que o Estado precise ser eficiente e eficaz, o conceito de lucro se adapta mal aqui.

Se é certo que toda associação de pessoas envolve assim algum "capital social", é também certo que não nos interessa tamanha generalidade. Vale lembrar que pode haver capital social elevado em associações criminosas, o chamado capital social negativo. Por isso propomos buscar entender capital social como "capital público". Neste texto, vamos restringir o escopo geralmente associado à terminologia, concentrando o foco no caráter "público" do termo "social".

Intenção

O caráter público exige que a intenção transcenda o societário (associação mercantil por cotas) em direção ao societal (convivência comunitária). Uma sociedade mercantil pode, sim, ter um caráter público, pois não é a antinomia público-privado que prevalece. Se a associação se institui e funciona com a intenção original de beneficiar uns em detrimento do todo, eis o problema. A questão nem é a persecução ou não de lucro. A questão é a intenção societal da associação.

Consciência

A consciência dessa dicotomia societário-societal pode ser tácita ou expressa, completa ou parcial, incentivada ou espontânea, elaborada ou rudimentar. Os cinco setores sociais (governo, empresas, ONGs, mídia, universidades) possuem graus diversos de conscientização sobre sua inserção e papel societal. Isso se dá horizontalmente, quando se compara setor com setor, e também verticalmente, quando se comparam diferentes instâncias do governo entre si, por exemplo.

Processo

Querer e saber migrar cada vez mais do societário para o societal está na base do "espírito público". Mas, dado que estamos falando de associações de pessoas, assumem relevância as questões da mobilização e do engajamento. Se a intenção e a consciência societais são distribuídas assimetricamente entre as pessoas, seria necessário mobilizar e engajar parte da sociedade. A questão passa a ser "quem" e "como" fazer isso.

Desenvolvimento

Mas há associações de pessoas que ignoram ou são refratárias ao caráter público. Cabe à comunicação pública informar aos primeiros, e às leis regular os segundos. Quando o caráter societário se sobrepõe ao societal, podem acontecer desastres, como a recente crise financeira mundial. Muito se tem dito, agora, sobre a importância de impor limites à esfera societária. Mas é preciso que todos participem ativamente da evolução desse desenvolvimento societal.

Objetivo

O objetivo do capital social tem de ser os ativos tangíveis e intangíveis de caráter público. Campanhas, ações, comportamentos, programas, projetos etc. que promovam o bem-estar das pessoas vivendo em sociedade, isto é, a melhora da qualidade de vida dos cidadãos. Uma convivência não isenta de divergência e conflito, mas respeitosa e pacífica. O "espírito público" do capital social pode integrar qualquer associação e deve permear todos os setores sociais.

Resultado

O valor público, o interesse público, a utilidade pública, a promoção e a defesa do que é público – eis os resultados que se esperam do capital social. Eis a definição que nos interessa de capital social; eis o viés de capital público buscado. Sempre que os ativos são tangíveis e quantificáveis, é relativamente fácil propor sua mensuração e acompanhar sua produtividade. Contudo, quando são intangíveis, fica difícil contabilizar e gerir a eficiência nos usos e a eficácia nos resultados.

Retomam-se as questões anteriores: mais "capital" ou mais "social", mais "tangível" ou mais "intangível", mais "público" ou mais "privado", mais "societário" ou mais "societal"? Agora já é possível afirmar que na expressão "capital social" não há prevalência de um conceito sobre o outro – a palavra "capital" tem a mesma importância da palavra "social", e isso se repete para as duplas "tangível"/"intangível" e "público"/"privado". A única exceção recai sobre a última dupla: o foco deve ser sempre o societal.

O capital social compreende todos os ativos tangíveis e intangíveis derivados de associações de pessoas, quer se reconheçam pertencentes à esfera pública ou privada, desde que sua motivação e objetivos sejam de caráter societal – e não exclusivamente societários. Redes sociais, associações de bairro, vizinhanças, empresas as mais diversas, corporações de mídia, órgãos governamentais, partidos políticos, ONGs, universidades, enfim, todos os setores e extratos sociais podem gerar capital social assim compreendido.

Tabela 1   Capital social como capital público de cada setor

Capital social	Intenção	Consciência	Processo	Desenvolvimento	Objetivo	Resultado
Setor I Governo	Bem comum	Alta	Lento e interno	Centrípeto	Bem-estar geral	Valor comum
Setor II Empresas	Revelar todos os *stakeholders*	Baixa	Rápido e externo	Centrípeto	Progresso material	Valor e preço
Setor III ONGs	Minorias e desamparados	Alta	Rápido e externo	Centrífugo	Progresso humano	Valor humano
Setor IV Mídias	Liberdade de expressão	Alta	Rápido e externo	Centrífugo	Informação	Valor simbólico
Setor V Universidades	Conhecimento e inovação	Média	Rápido e interno	Centrífugo	Saber	Valor técnico

Pode-se pensar em capital social do primeiro setor (governo), em capital social do segundo setor (empresas), em capital social do terceiro setor (associações civis sem finalidade de lucro), do quarto setor (mídia) e do quinto setor (universidades). Desde que prevaleça o espírito societal sobre o societário, de fato é secundário se os agentes são empresários ou políticos, pois, afinal, também há políticos corruptos e empresários escrupulosos.

Comunicação pública

A comunicação pública tem sido resumida à comunicação governamental, e isso é tão inexato quanto limitar a comunicação política à propaganda e as relações públicas aos eventos. Na medida em que propomos reter o caráter público do capital social, é importante nos voltarmos para a comunicação pública, afinal, na prática, não há rede de relações sociais sem comunicação, nem capital societal sem comunicação pública.

O esforço para definir com exatidão a expressão "comunicação pública" tem sido inversamente proporcional aos resultados: as pesquisas têm multiplicado (mais do que restringido) as definições e os conceitos. Contudo, Nobre (2008, p. 1) apresenta uma proposta que, a seu ver, teria o mérito de agregar muitas das possibilidades apresentadas por outros autores. Assim, a comunicação pública poderia ser definida como:

> [...] toda comunicação sobre bens, serviços, agentes, planos, políticas, ações, ideias, causas, atitudes e comportamentos públicos, no que têm de propriedade, uso, interesse, utilidade, relevância e prioridade públicos, para a garantia e a promoção das liberdades e direitos dos indivíduos vivendo em sociedade. Noutras palavras: toda comunicação sobre assuntos tornados ou tornáveis públicos, dado que tiveram, têm ou terão relação com a vida prática (ou conceitual) em sociedade, com o intuito de implantar e ampliar o exercício individual e coletivo da cidadania.

Vale notar a emergência de uma série de questões relevantes para a comunicação pública, como por exemplo: quais são seus agentes, onde vivem e onde se encontram entre si, como interagem, com quais intenções, com quais objetivos e, principalmente, com quais resultados? Como resposta à tendência de limitar a comunicação pública ao governo, é preciso dizer que os comunicadores públicos (agentes) permeiam todos os setores da sociedade.

Comunicação pública do primeiro setor (governo): como gestor da "coisa pública", isto é, da propriedade comum, e prestador de serviços comunitários, o governo é o agente mais visível da comunicação pública. É ele que, por lei, tem de comunicar planos, projetos e ações de interesse e utilidade pública – justamente como contrapartida da arrecadação de impostos. Como o braço administrativo do Estado, é o sopro que anima a *polis*.

Comunicação pública do segundo setor (empresas): responsabilidade social, *accountability*, governança corporativa e sustentabilidade ambiental são conceitos amplamente difundidos no ambiente de mercado que comungam alguns aspectos da comunicação pública. Quando as empresas se obrigam a respeitar todos os *stakeholders*, chamando-lhes a participar e a colaborar, e mantendo-os informados de forma proativa, há bastante da definição de comunicação pública aqui presente.

Comunicação pública do terceiro setor (sociedade civil): mais do que ocupar o terreno deixado vago por um Estado que se minimiza, a sociedade civil organizada tem tomado a frente para pensar e agir na comunidade. Embora uma ONG não seja propriamente uma propriedade pública, a verdade é que sua atuação privilegia (pelo menos teoricamente) a esfera da definição da comunicação pública – o societal. A ideia de cidadãos cooperando implica a de comunicadores públicos interagindo.

Comunicação pública do quarto setor (mídias): há algo de verdadeiro no *slogan* de alguns jornais quando dizem prestar um serviço público. O caráter público de um agente pode muito bem conviver com a busca de lucro, como é o caso de parte da mídia. Informar, discutir, analisar, debater, criticar, fiscalizar, divulgar, eis alguns dos serviços públicos prestados pela mídia como comunicadora pública, e todos os agentes deveriam copiá-la nisso.

Comunicação pública do quinto setor (universidades): geradora do conhecimento sistematizado e comprovável, a universidade pode contribuir efetivamente para a racionalização e a neutralidade do debate social. Seu papel de comunicadora pública dá-se de forma mediata (pelos quadros que forma) e imediata (pelos quadros que mantém). Para além da popularização da ciência, seu caráter público está em ultrapassar o político e o econômico para pensar e discutir o social.

Tabela 2 Ilustração da comunicação pública dos diversos setores

Comunicação pública	Setor I Governo	Setor II Empresas	Setor III ONGs	Setor IV Mídias	Setor V Universidades
Setor I Governo	Profissionalizar	Fomentar	Estruturar	Franquear	Autonomizar
Setor II Empresas	Cobrar	Repercutir	Cooperar	Tornar público	Conveniar
Setor III ONGs	Persuadir	Mobilizar	Promover a sinergia	Engajar	Dialogar
Setor IV Mídias	Fiscalizar	Informar	Divulgar	Debater	Explicar
Setor V Universidades	Criticar	Inovar	Dar credibilidade	Analisar	Refletir

Cada setor da sociedade atua como comunicador público perante os outros, mas também internamente. O governo faz, por exemplo, comunicação pública em relação às empresas, ONGs, mídias e universidades, e igualmente ao próprio governo. Na Tabela 2 procuramos ilustrar como a comunicação pública de cada setor pode ser resumida em um quadro geral no qual os setores interagem externa e internamente.

Eis o mosaico que corporifica a comunicação pública. Não basta que as mídias fiscalizem o governo e as universidades inovem junto com as empresas; o ideal é que todos os comunicadores públicos se fiscalizem uns aos outros, informem-se, debatam, mobilizem, engajem-se mutuamente. Que cobrem, cooperem, tornem público, reflitam, analisem interna e externamente. Se a busca por uma definição da comunicação pública pertence à esfera da ontologia, a Tabela 2 expressa sua deontologia – são os fundamentos de seu dever ser-fazer.

Há uma diversidade de outros aspectos que podem ser considerados, como, por exemplo: a) espaço – os agentes se encontram em casa, no ambiente de trabalho, na praça pública, em prédios do governo?; b) tempo – o encontro dos agentes é em tempo real ou em tempo diferido, é em tempo contínuo ou fracionado, é em tempo de relógio ou tempo lógico?; c) ambiente – o local de encontro é real ou virtual, ou seja, o encontro é mediado?; d) interlocutores – é único ou são múltiplos, possuem características heterogêneas ou homogêneas?; e) interlocução – é modal ou multimodal?; f) processo – é interativo e participativo?

Tais questões adquirem relevância na medida em que a comunicação pública costuma ser, por metonímia, reduzida a diálogo, conversa, debate, conferência, colóquio, apresentação, bate-papo, discussão etc. Ora, ela compõe-se de cada um e de todos esses aspectos, ainda que nem todo diálogo ou debate seja necessariamente comunicação pública. Se todos os setores são potencialmente comunicadores públicos e se a comunicação pública é estruturada segundo a Tabela 2, é o "espírito público" a pedra de toque para julgar o caráter público da comunicação.

> Contudo, há fatores invariáveis na comunicação pública que, assim mesmo, interferem em seu formato. São eles: o objeto, o público-alvo, a informação e o objetivo. O objeto da comunicação pública, isto é, seu motivo de ser, é o assunto público de interesse público. O público-alvo da comunicação pública é, a princípio, todo cidadão que vive em sociedade. A informação veiculada na comunicação pública, ou mensagem pública, deve informar, contextualizar, explicar, criticar, orientar. A forma da informação acaba refletindo em seu conteúdo, na medida em que exige análise, apresentação de alternativas, tradução, síntese e justificativa. Por fim, o objetivo da comunicação pública é único: promover o bem-estar dos indivíduos vivendo em sociedade. (Nobre, 2008, p. 3-4)

Apenas a partir desse ponto de vista passa a ser secundário o setor a que pertence o comunicador público, bem como os fatores relativos a espaço, tempo, ambiente etc.

Para nossos propósitos, primordiais na definição de comunicação pública são o objeto, o público-alvo, a informação e o objetivo conforme definidos; melhor, primordial é o "espírito público" de que eles estão imbuídos. Daí se deduz que pode haver comunicação pública em um bate-papo pela internet, ou em uma interação *offline* que envolva um empresário e um jornalista, por exemplo.

Logo, não importa a qual setor pertença o agente, pode haver comunicação pública nas esferas política, econômica, social, doméstica; isto é, ou na esfera pública ou na privada, dado que uma interpenetra a outra. Imagine-se uma interação qualquer (diálogo, conversa, debate etc.) entre quaisquer agentes de quaisquer setores, inspirada pelo mosaico da Tabela 2 e impregnada pelo "espírito público" aqui demonstrado (objeto, público-alvo, informação e objetivo) – eis a comunicação pública que nos interessa.

Capital comunicacional[2]

O capital humano, o capital intelectual, o capital relacional e o capital social têm sido objeto de múltiplas e diversificadas pesquisas. Contudo, a pesquisa sobre o capital comunicacional é ainda incipiente. Apenas há pouco tempo é que alguns pesquisadores têm se aventurado a abordar o assunto, propondo caminhos pioneiros para sua tematização e conceituação.

Normalmente, há três variações na língua inglesa para esta expressão: a) *communication capital* (no singular); b) *communicational capital*; c) *communications capital* (no plural). Preferimos adotar a expressão "capital comunicacional" como o tradutor comum a essas três variações. Visto, porém, que cada autor lança um olhar específico sobre o objeto, é necessário buscar um melhor entendimento dos conceitos propostos caso a caso; de preferência, coligindo-os e comparando-os criticamente.

Ainda é cedo para propor uma estrutura única e universal capaz de definir o capital comunicacional, dado que a pesquisa sobre o tema é recente e o número de estudiosos dedicados ao objeto está longe de ser satisfatório. Vale lembrar que estamos falando de um campo de pesquisa *em construção*.

Entretanto, já é possível notar algumas tendências em meio à diversidade de olhares e conceituações. Propomos que há pelo menos cinco possibilidades de abordagem para entender o capital comunicacional. É importante observar que algumas delas têm sido privilegiadas pela maioria dos autores, ao passo que outras são tratadas de forma ocasional e breve.

---

2. Seção baseada em Nobre e Matos (2009).

- *Abordagem contábil*: a comunicação é entendida como um ativo e, não importa se um ativo tangível ou intangível, alguém deve associar-lhe um preço ou valor, que precisa ser registrado no balanço financeiro.
- *Abordagem de marketing*: a comunicação é considerada uma (caixa de) ferramenta e também uma forma estratégica de pensamento, como uma engrenagem na lógica de mercado. Incluem-se aqui o *branding*, a publicidade, as relações públicas e as relações com a imprensa.
- *Abordagem gerencial*: a comunicação é encarada como um recurso organizacional administrável, pronto para ser utilizado no aperfeiçoamento de pessoal, produtos, serviços e processos, sempre no sentido de agregar maior valor ao negócio e aos *stakeholders*.
- *Abordagem simbólica*: a comunicação é, antes de tudo, um fluxo de símbolos e uma negociação de significados, uma questão-chave para situar as pessoas umas perante as outras (quanto aos aspectos político, econômico, social etc.).
- *Abordagem relacional*: a comunicação é compreendida como o canal pelo qual as pessoas estabelecem e desenvolvem relações entre si, o caminho para harmonizar interesses, coordenar as ações e, em consequência, obter respeito e tornar-se confiável.

Na abordagem contábil a comunicação é mais uma rubrica do balanço financeiro, e grande parte da discussão é justamente a definição das metodologias para apreender em cifras os fenômenos e ações comunicacionais. Quanto vale, em moeda corrente, esta ação ou aquele projeto de comunicação? Contadores e financistas costumam ser diretos quando exigem números precisos, até porque balanços financeiros completos e confiáveis são a base da orientação para investidores e acionistas.

A abordagem de marketing liga-se, antes, à instrumentalização das práticas e processos, esforçando-se para que a comunicação se concretize em ações planejadas e de efeitos mensuráveis. De uma perspectiva gerencial ampla, o marketing está para a comunicação como a engenharia está para a produção.

A abordagem gerencial é mais ampla que a abordagem anterior, dado que a área de marketing é apenas uma das que compõem uma instituição. Para a abordagem gerencial, a comunicação está no nível da produção, do financeiro, das vendas etc. – devendo cada área e setor contribuir para a geração de valor e aumento de lucro.

Na abordagem simbólica, o aspecto social acaba sendo uma consequência dos usos linguísticos, e a ênfase recai, digamos assim, na *política* e na *economia* desses usos simbólicos. Aqui, a comunicação pode ser entendida como lócus e *medium* de si mesma: arena a partir de onde tudo mais se define.

A abordagem relacional lida primordialmente com as questões de sociabilização e de convivência, sendo a comunicação o lócus e *medium* das interações. A ênfase é menos sobre o sistema linguístico ou simbólico, como na abordagem anterior, e mais sobre a rede de contatos pessoais.

Tabela 3 Abordagens do capital comunicacional

Abordagem	A comunicação é	O capital está	Expressão do valor
Contábil	Um ativo precificável	No balanço	Preço, quantidade e lucro
Marketing	Uma (caixa de) ferramenta	No mercado	Vendas e *marketshare*
Gerencial	Um recurso gerenciável	Na organização	Eficiência e produtividade
Simbólica	Símbolos e significados	Na linguagem	Convergência e compreensão
Relacional	Laços e pontes sociais	Nas pessoas	Engajamento e cooperação

Uma vez que a palavra "capital" é conjugada com a palavra "comunicação", sobressaem os aspectos financeiro-contábil-econômico-mercadológicos do objeto: o capital comunicacional terá sempre uma esfera de "valor" associado. A questão será perguntar: que tipo de valor, como representá-lo, valor para quem, qual quantidade de valor, quais os sentidos e a direção do valor (positivo ou negativo, ascendente ou descendente)?

Desse modo, tanto a comunicação assume uma instância de bem ou de serviço mercadológico quanto o capital assume uma instância de signo ou de símbolo comunicacional. A comunicação passa a ser abordada como ativo e como recurso, passível de receber um preço e de ser administrada; já o capital passa a ser abordado do ponto de vista subjetivo e humano, ressignificável e interpretável. Agora sobressaem os aspectos sígnico-simbólico-valorativo-intersubjetivos do objeto.

Capital comunicacional público

O capital social tem sido geralmente compreendido como uma série de ativos intangíveis derivados da rede de relacionamentos das pessoas. Ativos, por exemplo, como confiança, respeito, reconhecimento e reputação. Ou seja, de certa forma tem-se restringido o capital social aos ativos intangíveis derivados de uma abordagem relacional (ver as cinco possibilidades de abordagem para entender o capital comunicacional, p. 264-5). Mas não é necessário ser assim: é preciso considerar também os ativos tangíveis e todas as outras abordagens: a contábil, a de marketing, a gerencial e a simbólica.

Por outro lado, a comunicação pública tem sido geralmente compreendida como uma matriz simbólica restrita à esfera linguística. Isto é, costumamos pensar nela como as táticas e as estratégias de discurso de diferentes atores sociais. Também aqui é preciso ampliar o escopo e propor que ela seja igualmente entendida como ativo (tangível e intangível) no balanço, como (caixa de) ferramenta de mercado, como recurso (gerenciável) institucional e como laço e ponte social. Se entendermos "mercado" como arena genérica de trocas, e "balanço" como registro mensurável de acompanhamento, fica ainda mais fácil perceber aonde se quer chegar.

Eis por que as abordagens do capital comunicacional parecem ser suficientemente amplas para conter as linhas mais marcantes do capital social e da comunicação pública, indo além para sugerir que ambas se enriqueçam mutuamente. O que se propõe é que o capital social transcenda a "abordagem relacional" e a comunicação pública transcenda a "abordagem simbólica", e ambas compartilhem igualmente da fonte das outras abordagens propostas pelo capital comunicacional. Esse caminho de reflexão convida-nos a pensar no capital comunicacional da comunicação pública e do capital social.

É importante insistir na busca pela conjugação dos conceitos entre si, mantendo em mente o quanto o capital social e a comunicação pública têm a ganhar com a multiplicidade de abordagens do capital comunicacional. Por isso, invocamos dois textos que tratam dessa conjugação em momentos distintos. Matos (2008) lida justamente com as possíveis interações entre capital social e comunicação pública, enquanto Nobre e Matos (2009) vão se deter sobre as interações entre capital social e capital comunicacional. Para Matos (2008, p. 77-8),

> o capital social é produto de um tipo particular de comunicação: somente uma comunicação engajada com o interesse coletivo (na origem) e com o benefício público (como meta), que pressupõe o acesso, a participação, a negociação, a tomada de decisões universais e conjuntas (como regras processuais), e que impõe a abertura, a transparência, a visibilidade, a livre expressão, o respeito ao pluralismo e a interatividade (como normas deontológicas), é que pode gerar o capital social. Vale lembrar que estamos nos referindo à criação de um capital social que, justamente porque herda a carga genética da comunicação pública referida, haverá de estar diretamente ligado à busca de objetivos comuns que gerem benefício mútuo. Por seu turno, sem engajamento cívico, sem sentido de cooperação e participação generalizada, sem cultura associativa e expectativa de reciprocidade, sem confiança e solidariedade, mas, talvez principalmente, sem escolhas racionais como guia da governança, não é possível falar em comunicação pública. Logo, estamos de volta ao esquema circular: um mínimo de capital social é necessário à comunicação pública, e sem comunicação pública não há capital social.

Mais importante do que determinar a prevalência de um termo sobre outro (ou quem vem primeiro), vale notar que é a comunicação pública a base de geração do tipo de capital social antes referido neste trabalho – o capital em que o termo "social" está impregnado do "espírito público". É a comunicação pública a base de geração do capital societal. Sim, só se pode falar de comunicação pública em um ambiente previamente imbuído por uma cultura cívica, associativa, interativa e participativa, ou seja, em um ambiente onde haja algum nível de capital social. Se o termo "social" do capital se aproxima do termo "público" da comunicação, como interagem os termos "capital" e "comunicação"?

> Hartman e Lenk (2001) defendem que a comunicação pode potencializar o capital social e o cumprimento de metas negociais, sendo a comunicação (um ativo intangível) a contribuir para o capital social (outro ativo intangível) [...]. Mulholland (2005) também propõe combinar os estudos de comunicação com os de capital social [...]. Para ela [...] a "conversa no trabalho" poderia ser rebatizada como capital comunicacional. Jeffres *et al.* (2007) estudam o papel da comunicação no desenvolvimento do capital social: a comunicação interpessoal é vista como componente (interno) do capital social, e a comunicação mediada é vista como fator (externo) que afeta o capital social. [...] Luoma-Aho (2005) define o capital comunicacional como o "conhecimento de parte dos cidadãos, as estruturas de comunicação, e o clima comunicativo que, juntos, promovem o diálogo civil entre os cidadãos, as várias organizações e os oficiais (públicos)". [...] A autora parece ter se baseado em Viherä e Viukari (2003), para quem "as habilidades e a inclinação para participar dos assuntos públicos são uma forma de capital imaterial necessária para ativar o diálogo social – que aqui chamamos de capital comunicacional". (Nobre e Matos, 2009, p. 9-10)

Embora alguns autores não vejam diferença entre comunicação e capital social, outros parecem propor a antecedência da comunicação – que ajuda, desenvolve e catalisa o capital social. Mas se são os ativos (tangíveis e intangíveis) gerados pela comunicação dos agentes de todos os setores sociais (comunicação concebível como ativo-ferramenta-recurso-símbolo-relação) que definem o capital comunicacional, então, de fato, nele estão incluídos tanto o capital social quanto a comunicação pública. O conceito de capital comunicacional é mais geral, e não fica restrito às abordagens relacional e simbólica.

Daí se depreende que: a) o capital social é mais do que ativo intangível e deve estar além da esfera relacional; b) a comunicação pública deve ir além da esfera simbólica e precisa incluir também ativos tangíveis; c) a relação entre capital soci(et)al e comunicação pública nos remete necessariamente para o capital comunicacional (já que societal e público são sinônimos, restam os termos "capital" e "comunicação" a considerar); d) somos finalmente convidados a considerar o capital comunicacional soci(et)al ou o capital comunicacional público.

A intenção não é apresentar simplesmente um neologismo. Antes, é mostrar como as abordagens do capital comunicacional podem enriquecer os conceitos de capital social e de comunicação pública; um movimento que, agora sim, justificaria cunhar uma nova terminologia. Vejamos, pois, como ficaria a absorção dos ativos (tangíveis e intangíveis) gerados nos cinco setores sociais pelo esquema de abordagens do capital comunicacional. Isto é, vejamos como seriam o capital social e a comunicação pública nessa nova configuração.

A Tabela 4 induz a pensar o capital social dos cinco setores sociais não apenas na esfera relacional, e para além dos ativos intangíveis (embora estes talvez prevaleçam). A abordagem contábil pergunta se é possível quantificar os ativos sociais. A de marketing se é possível delimitar a vendabilidade e o *marketshare* dos ativos sociais. Já a pergunta a respeito da possibilidade de mostrar a eficiência e a produtividade dos ativos sociais constitui a abordagem gerencial. É possível evidenciar o efeito convergente e sinérgico dos ativos sociais? – eis a abordagem simbólica. É possível notar o quanto os ativos sociais emulam engajamento e cooperação? – eis, por sua vez, a abordagem relacional. Ativos sociais tangíveis e intangíveis, claro.

Tabela 4 As abordagens do capital comunicacional aplicadas aos cinco setores sociais

Capital comunicacional público	Governo	Empresas	ONGs	Mídias	Universidades
Abordagem contábil	Balanço público	Balanço corporativo	Balanço social	Balanço corporativo	Balanço social
Abordagem de marketing	Marketing público	Marketing tradicional	Marketing social	Marketing tradicional	Marketing (social)
Abordagem gerencial	Comunicação governamental	Relações públicas	Projetos sociais	Rotina jornalística	Relações públicas
Abordagem simbólica	Comunicação política	Publicidade e *branding*	Formação cidadã	Propaganda Linha editorial	Pesquisa
Abordagem relacional	Comunicação pública	Responsabilidade social	Redes sociais	Formador de opinião	Ensino e extensão

O mesmo pode ser dito em relação à comunicação pública, que não é apenas a abordagem simbólica que emana do governo (na Tabela 4, ver "Comunicação política").

Todos os setores podem constituir-se comunicadores públicos – não apenas o governo em sua abordagem relacional –, e a comunicação pública deve perpassar todas as abordagens do capital comunicacional. A comunicação pública pode ser: um ativo registrável no balanço?; uma (caixa de) ferramenta na arena de intercâmbios?; um recurso institucional gerenciável?; símbolos e significados multimodais?; laços e pontes entre as pessoas? – estas são as questões que cada setor social deve se colocar.

O capital comunicacional público emerge como a junção do "capital soci(et)al" e da "comunicação pública", em que público e societal se equivalem. O capital comunicacional soci(et)al vem para fundir os conceitos de capital social e comunicação pública, por si sós já emaranhados na literatura. E o que possibilita dar esse passo, propondo a nova terminologia, é outro conceito – o de capital comunicacional, ele mesmo já relacionado ao capital social e à comunicação pública. Define-se, pois, o capital comunicacional público como o "espírito público" tornado comunicação, pelo e para o social, criando valor tradutível em ativos tangíveis e intangíveis.

Deliberação

Avritzer (2000) apresenta duas ênfases diferentes para a deliberação: em uma delas a deliberação está ligada ao processo argumentativo que se desenvolve na esfera pública de discussão; na outra, abrange o processo de produção de decisões. Ele mesmo chama a atenção para o fato de que ambos os conceitos são faces de uma mesma moeda, já que argumentar (avaliar e discutir) e decidir (resolver e agir) são componentes da definição da palavra "deliberar". A ação que segue a uma decisão não necessita, contudo, interromper a interação, isto é, o trabalho cooperativo dos agentes; mas ela parece significar a suspensão (ainda que parcial e temporária) da esfera exclusivamente discursiva. Por outro lado, pode-se sempre evocar Austin (1990), para quem "falar é fazer", e parafraseá-lo quando "fazer é falar" também.

Marques (2009) compreende a deliberação como as práticas e os processos capazes de articular os diversos atores e arenas comunicativas. A autora também está interessada nas ênfases argumentativa e decisória, embora pareça se ater mais sobre a normatização (*ex-ante* ou *ex-post*) da democratização daquilo que, aqui, temos chamado por comunicação pública. Quer dizer, sobre a formalização (implícita e explícita) do pensar-fazer democrático na esfera comunicacional pública: no polo argumentativo, as normas e as regras para universalizar o acesso e a participação no debate público; no polo ligado à produção de decisões, as normas e as regras para garantir e fiscalizar a legitimidade e a representatividade das ações públicas.

Tanto em um quanto em outro polo, as normas e regras são para mobilizar e engajar as pessoas (cidadãos comunicadores) a interagir e a colaborar no falar e no fazer cívicos. Esse é um desafio de grande complexidade, dada a diversidade de identidades, necessidades, crenças, habilidades etc. das pessoas, e dada sua assimetria de conhecimento, informação, capacidade retórica, motivação, formação, entre outros aspectos. Tamanha diversidade e assimetria só podem redundar em tensão e conflito, e parte importante do xadrez deliberativo recai justamente nas normas e regras para a manutenção do respeito e da convivência pacíficos – a despeito do ambiente (para falar e fazer) potencialmente adverso.

Nesse sentido, é possível propor um olhar comunicacional sobre a deliberação pública e, reflexivamente, outro olhar deliberativo sobre a comunicação pública. O primeiro olhar estaria na interseção da comunicação política e da comunicação pública: os embates argumentativos nas diferentes esferas públicas com o intuito de, por intermédio da razão e da retórica (comoção), expor, explicar, justificar, analisar e, por fim, (con)vencer. O olhar deliberativo sobre a comunicação pública abordaria justamente a referida formalização do pensar-fazer democrático pelos cidadãos vivendo em sociedade.

> [...] o reconhecimento da Esfera Pública como diversidade de locais de expressão exige, por antecipação, a interiorização dos direitos do cidadão [...]. Por exemplo: como a capacidade do agente reconhecer-se como participante social, de elaborar uma posição própria e expressar-se de forma a valorizar a sua posição (e a de seu grupo de referência). Um cidadão que não acredita ter direito a se expressar, que não valoriza o que tem a dizer, e que se sente incapaz de comunicar isso adequadamente aos outros, dificilmente terá condições de integrar a rede social da comunicação pública. O que está na base dessa discussão é a elaboração de uma cultura (cívica e comunicacional) do que seja Público e do valor deste Público. Uma cultura que capacite os agentes a instituírem-se como comunicadores públicos na Esfera Pública. (Matos, 2007)

E é uma cultura cívica de base a responsável por gerar um capital humano capaz de elaborar cooperativamente todas essas normas e regras. É essa cultura cívica a origem dos cidadãos que vão deliberar (aparentemente de forma paradoxal) previamente sobre a estrutura e os processos das deliberações posteriores. Ou, dito de outra forma, que vão deliberar sobre as normas e regras de base que vão dar forma às normas e regras posteriores. A ideia é relativamente fácil de entender com um exemplo: instituir um parlamento e suas regras de funcionamento demanda, previamente, a proposição de uma série de normas e regras para nortear o debate que, depois, se materializará no próprio parlamento – com sede física e regras processuais.

O olhar deliberativo sobre a comunicação pública visa, portanto, estabelecer normas e regras para universalizar o acesso e a participação no debate de questões de interesse e relevância pública (esferas públicas reais e virtuais); garantir e fiscalizar a legitimidade e a representatividade das ações públicas (como jornalismo público e *accountability*); mobilizar e engajar os cidadãos para interagir e cooperar no falar-fazer societais (cultura de formação de comunicadores públicos); garantir a manutenção do respeito e da convivência pacíficos (máximas de Searle e comunidade ideal de discurso de Habermas).

Considerações finais

A gestação da terminologia "capital comunicacional público" é resultado de um duplo esforço: em primeiro lugar, da busca do viés comunicacional no capital social; em segundo lugar, da busca do viés de capital na comunicação pública. Nosso desafio foi tentar responder a algumas questões nada triviais, dentre as quais: os ativos sociais (tangíveis e intangíveis) são abordáveis pelo prisma da comunicação? A comunicação pública é abordável pelo prisma dos ativos (tangíveis e intangíveis)? E como pensar cada um dos cinco setores sociais agindo em ambas as direções e segundo as abordagens propostas pelo capital comunicacional?

Do ponto de vista do conceito de capital social, avançou-se no sentido de não restringi-lo a uma abordagem relacional geradora exclusivamente de ativos intangíveis pelo (depreende-se das entrelinhas) setor civil organizado. Do ponto de vista do conceito de comunicação pública, avançou-se no sentido de não restringi-la a uma abordagem simbólica (donde se depreende que os ativos são única e igualmente intangíveis) pelo setor governamental. No geral, o progresso foi propor outras abordagens e outros setores que, gerando ativos tangíveis e intangíveis concomitantemente, colaboraram para a fusão dos conceitos de capital social e comunicação pública.

O "espírito público" orientador dessa fusão leva a refletir sobre o significado de um ativo ser "social" e "(in)tangível". Por exemplo, como tornar tangível a comunicação de caráter público quando emanada por setores mais afeitos à esfera privada de propriedade e lucro? Ou, como tornar tangível o caráter comunicativo de ativos sociais intangíveis quando expressos de forma multimodal e/ou silenciosa – como o reconhecimento ou confiança expressos mediante gestos e olhares? Qual o sentido tangível das expressões "uma rede social comunica", ou "a comunidade trabalha sua resiliência"? O ponto central é: como qualificar *e* quantificar "público", "social", "comunicação" e "capital"?

Por outro lado, a convergência do olhar comunicacional da deliberação pública e do olhar deliberativo da comunicação pública ilustra, de certa forma, o movimento de construção do capital comunicacional: de determinado ângulo, toda a mobilização, engajamento e participação que estão na base do capital social; de outro, toda a interação, conversação e debate que também são sinônimos de comunicação pública. A deliberação seria, assim, a face mais visível e sistematizada do capital social e da comunicação pública, ainda que os conceitos não tenham de se restringir mutuamente. Ela assumiria, portanto, os ares de itinerário de constituição dos ativos sociais formadores do capital comunicacional – que mais tarde evoluirá para capital comunicacional público.

Por fim, é preciso pensar apropriadamente sobre o desdobramento do que se propõe. Afinal, parece sempre causar mal-estar quando a palavra "quantificar" vem associada a "comunicação" ou a "social". Os estudiosos dos ativos intangíveis têm criado índices para quantificá-los, como alternativa à sua mensuração estritamente monetária. De qualquer forma, é preciso romper com qualquer postura refratária à contabilização dos ativos intangíveis, aliás uma das obrigatórias abordagens apresentadas. Até porque "capital" e "ativo" evocam necessariamente atribuição de valores, e o qualificativo "intangível" não pode continuar servindo como álibi de *detour* para tal.

Referências

AUSTIN, J. L. *Quando dizer é fazer, palavras e ação*. Porto Alegre: Artes Médicas, 1990.

AVRITZER, L. "Teoria democrática e deliberação pública em Habermas e Rawls". Encontro Anual da ANPOCS, XXIV, 2000. Petrópolis. GT 19: Teoria Social. Disponível em: <http://bibliotecavirtual.clacso.org.ar/ar/libros/anpocs00/gt19/00gt1912.doc>. Acesso em: 18 maio 2011.

MARQUES, A. C. S. "As intersecções entre o processo comunicativo e a deliberação pública". In: MARQUES, A. C. S. (org.). *A deliberação pública e suas dimensões sociais, políticas e comunicativas*. Belo Horizonte: Autêntica, 2009, p. 13-28.

MATOS, H. "Comunicação pública, esfera pública e capital social". In: DUARTE, J. *Comunicação pública, estado, mercado e interesse público*. São Paulo: Atlas, 2007, p. 47-58.

_____. "Comunicação pública e capital social". In: JESUS, E.; SALOMÃO, M. (orgs.). *Interações plurais – A comunicação e o contemporâneo*. São Paulo: Annablume, 2008, p. 63-81.

NOBRE, G. F. *Comunicação pública*. São Paulo: Instituto Ciência-Tecnologia da Comunicação, 2008.

NOBRE, G. F.; MATOS, H. "Capital comunicacional". Texto apresentado no VIII Lusocom, Lisboa, 14-18 abr. 2009.

14 CAPITAL SOCIAL E O RECONHECIMENTO NA SAÚDE

MIRTA MARIA GONZAGA FERNANDES

A década de 1970 no Brasil é tida como uma das mais importantes em termos do despertar da sociedade para reivindicações de demandas reprimidas, evidenciadas nas mobilizações dos movimentos feministas, dos grupos étnicos raciais (índios e negros), dos homossexuais e travestis, bem como de outros movimentos sociais mais pontuais, como aqueles que atuam localmente em busca de melhorias para bairros e associações (Neves, 2007). É importante salientar que essas manifestações de resistência não se diferenciavam de maneira muito nítida no período da ditadura, uma vez que os questionamentos se articulavam em torno da contestação a um problema maior: a repressão militar. Com o enfraquecimento do governo ditatorial, os movimentos sociais passaram a se articular em torno de causas específicas e a elaborar demandas por reconhecimento de diferenças e de situações especiais vivenciadas por grupos distintos na sociedade, principais vetores daquilo que se pode chamar de *luta por dignidade* de alguns atores sociais.

Os discursos desses atores coletivos disseminavam a ideia de que era preciso repensar o país, mudando as relações de poder e tornando os arranjos institucionais e as relações sociais mais democráticas. A crise econômica e a ausência de liberdade democrática nos governos militares haviam propiciado o surgimento de demandas por melhores condições de vida e por maior respeito social, presentes nos discursos tanto de militantes de movimentos sociais quanto nos do chamado novo sindicalismo e nos movimentos identitários. Assim, se no período ditatorial os setores populares organizados se uniram em torno de um objetivo comum – enfrentar o governo militar –, com o fim da ditadura, passaram a se ver não mais de forma homogênea, ganhando contornos específicos, organizando-se em torno de interesses próprios e atuando em diferentes frentes de lutas contestatórias (Paoli e Telles, 2000).

COMUNICAÇÃO E POLÍTICA **273**

A necessidade de uma luta pelo reconhecimento dos indivíduos como portadores de direitos e agentes morais capazes de participar efetivamente na gestão democrática da sociedade marcou o posicionamento de distintos atores no processo de construção de espaços públicos voltados tanto para a promoção de um debate ampliado no interior da sociedade civil, a respeito de temas e interesses até então destituídos de visibilidade, quanto para a democratização da gestão estatal. A face cotidiana da política passou a ser privilegiada por meio da atuação de organizações recreativas, filantrópicas e assistenciais; de grupos de manifestação cultural, associações de defesa dos direitos humanos, ONGs e organizações que, a despeito de defender projetos e interesses distintos, tinham interesse em redefinir a relação com o Estado, estabelecendo fronteiras mais porosas e dialógicas (Costa, 1994).

Diante desse quadro apresentado, este trabalho busca evidenciar que a mobilização e participação da população nas discussões e no enfrentamento das políticas públicas de saúde, em um governo democrático ou não, mediante a representatividade nos movimentos sociais e nos conselhos de saúde, constituem um importante instrumento democrático gerador de capital social. Essa participação popular no apontamento, nas discussões e na solução dos problemas na área da saúde requer também demandas por reconhecimento de diferenças e de situações específicas de atuação desses grupos de atores sociais, por meio da modificação nas relações de poder entre governo e sociedade civil. Argumento que o capital social apresenta-se como fator determinante nas relações dos movimentos e conselhos de saúde com as instâncias de governo, no município de São Paulo, possibilitando a tais movimentos vias alternativas de reconhecimento social.

O Movimento de Saúde da Zona Leste de SP

É também na década de 1970 que surge o movimento social pela saúde na zona leste de São Paulo. Um pouco antes, em 1967, algumas mulheres do bairro do Jardim Nordeste, localizado nessa região de São Paulo, iniciaram sua participação nas atividades desenvolvidas pela Igreja Católica, com caráter assistencialista. Depois de algum tempo, esse grupo de mulheres acabou percebendo as limitações da atuação assistencialista na paróquia, que não correspondia aos seus interesses e objetivos, pois não repercutia em mudanças significativas em sua vida nem para os moradores da região. Nesse sentido, elas passaram a utilizar o espaço paroquial para discutir, analisar e ver de que forma poderiam reivindicar melhorias de infraestrutura em seus bairros, como luz, água encanada, condução, creches, lugar para vacinar seus filhos etc. Tal participação foi importante para o despertar daquelas mulheres para a importância da realidade do seu entorno e suas carências. Lendo, ouvindo e discutindo os principais assuntos de interesse local, elas passaram a se envolver em discussões públicas a respeito de suas necessidades concretas. Assim, mesmo sendo caracterizado como assistencialista, foi a partir da vivência desse trabalho paroquial que elas despertaram do individualismo para uma percepção mais ampla que abarcava interesses coletivos (Bógus, 1998).

Alguns anos depois, em 1976, um grupo de estudantes da Faculdade de Medicina da Universidade de São Paulo que morava nas proximidades da paróquia, querendo conhecer melhor as necessidades do povo daquela região no âmbito da saúde e iniciar um trabalho político, acabou entrando em contato com essas mulheres e organizando reuniões em suas casas (Bógus, 1998). A tarefa inicial dos estudantes era a de orientar a população sobre onde e de que maneira poderiam defender suas necessidades e os seus interesses coletivos, principalmente na área da saúde, conscientizando e fortalecendo o poder local daquela comunidade.

Nesse sentido, o Movimento de Saúde da Zona Leste (MSZL) foi se consolidando, as notícias foram se espalhando e em outros bairros da região formaram-se outros grupos de discussões para produção e acompanhamento de políticas públicas sobre saúde, com a ajuda desses atores – as lideranças do movimento e os estudantes (Bógus, 1998), constituindo comissões de saúde no Jardim Nordeste, e depois em São Mateus. Posteriormente se juntaram a essa comissão militantes de esquerda, além da própria pastoral da saúde.

O grupo de atores sociais partiu, portanto, da reivindicação da necessidade de infraestrutura, passando pela melhoria do acesso aos serviços de saúde, para a conquista pelos direitos e transformação social, dando início ao Movimento de Saúde da Zona Leste. O movimento reuniu esforços para pleitear a implantação de unidades de saúde (os chamados postos) mais próximas de seus bairros ou de suas comunidades e para equipá-las, reconhecendo a necessidade do fortalecimento e melhor organização entre seus membros.

Posteriormente, em 1977, já mais bem organizado, o Movimento de Saúde da Zona Leste de São Paulo chegava à Secretaria Estadual de Saúde com carreatas de ônibus lotados, levando suas reivindicações pela melhoria do sistema de saúde (Bógus, 1998) e dando o pontapé inicial para a implantação do Sistema Único de Saúde (SUS), que, anos mais tarde, em 1988, foi implementado no artigo 198 da Constituição Federal.

Em 1979, o MSZL elegeu o seu primeiro Conselho Popular de Saúde, na Unidade do Jardim Nordeste, com mais de oito mil votos da população, formalmente reconhecido pela Secretaria de Estado da Saúde (Bógus, 1998), com 100% de participação popular. No ano seguinte, com a ascensão do movimento, houve a implantação de dezenas de conselhos populares, tendo, na década de 1980, um grande número de participantes.

Dois anos depois após a promulgação da Constituição Brasileira surgiu a Lei nº 8.080, que criava o SUS. Logo em seguida foi implementada a Lei nº 8.142, que institucionalizava os conselhos de saúde, permitindo uma efetiva participação popular e controle social no país das políticas públicas de saúde, não somente pelos conselhos, como pelas conferências, nas três esferas de poder (nacional, estadual e municipal), com atribuições propositivas, deliberativas e fiscalizadoras.

Em 1989, na cidade de São Paulo, foram instituídos o Conselho Municipal de Saúde e os conselhos gestores locais, com caráter deliberativo e composição paritária perante a representação da população. De 1990 a 1992 aconteceram três conferências municipais de saúde, norteando as diretrizes para a ação da Secretaria Municipal de Saúde (Pólis, 2002).

A Constituição de 1988 possibilitou a emergência de experiências inovadoras de construção de espaços institucionais voltados para o diálogo entre membros do governo e da sociedade civil. Além dos conselhos de saúde, destacamos ainda os inúmeros conselhos de políticas públicas, conselhos temáticos, fóruns, câmaras setoriais, dentre outras experiências que demarcavam um novo tipo de relação entre o Estado e a sociedade civil, baseada no esforço de elaboração de espaços públicos de negociação e diálogo com atores do governo visando combater a hierarquização das relações sociais e a apropriação do público pelo privado (Pereira, 2000).

Desde então, passaram a surgir cidadãos mais participativos, engajados nas políticas públicas de saúde e confiantes em seus trabalhos. Houve assim a disseminação da cultura participativa baseada na igualdade, solidariedade, confiança e tolerância, criando fortes laços sociais entre as comunidades locais em São Paulo. Alguns dados aqui relatados pertencem a uma pesquisa sobre o Movimento Popular de Saúde da Zona Leste intitulada *Uma fotografia*, da qual fiz parte, que tem como parceria o Ministério da Saúde e a Organização Pan-americana de Saúde (Opas/OMS).

Capital social e participação cívica nas políticas públicas de saúde

Essa rede de participação cívica baseada na confiança, na solidariedade, na reciprocidade, na igualdade de participação e na tolerância, que se formou ao longo dos anos culminando no surgimento do Movimento de Saúde da Zona Leste na cidade de São Paulo e se bifurcando na formação de conselhos populares e gestores de saúde, constitui-se em uma poderosa fonte de capital social.

Segundo Matos (2009, p. 70), "o conceito de capital social está intimamente relacionado com as interações em redes de reciprocidade por meio de práticas comunicativas nas relações face a face". A autora (2009, p. 70) também enfatiza que "esse conjunto de trocas sociais guiadas pelas normas de confiança e reciprocidade pode contribuir para o desenvolvimento do capital social [...] e mais ainda, como resultado dessas relações comunicativas, é possível que sejam engendradas ações de engajamento físico", como é o caso aqui do MSZL e dos conselhos populares de saúde.

A fase de expansão do capital social nas relações entre os movimentos e os conselhos populares de saúde com a base governamental se deu sob forte pressão dos seus membros nas décadas de 1970 e 1980. O Movimento de Saúde da Zona Leste, por meio da atuação desse grupo de mulheres, teve na sua origem uma atuação voltada para a reivindicação de uma infraestrutura básica de prestação de saúde na região, como vimos: "Depois, expandiu-se até a reivindicação de espaços para influenciar, diretamente, na alocação dos recursos financeiros públicos na área da saúde e na escolha do modelo assistencial de prestação de serviços de saúde" (Bógus, 1998, p. 25). Nesse período houve grande dificuldade nas formas de interação nas relações do movimento com o poder público. A luta para chegar a um entendimento por intermédio das trocas comunicativas se efetiva com a participação popular, que se deu ao longo dos anos, desde o final da década de 1960, se consolidando na de 1980, com as conquistas ampliadas e o fortalecimento da organização popular mediante os conselhos de saúde, nas diversas regiões do país.

Segundo Bógus (1998), o Movimento de Saúde da Zona Leste sempre procurou manter um canal de interlocução com a população, independentemente da participação popular institucionalizada, no sentido de poder orientar sua atuação pelas demandas populares. A criação dos conselhos populares de saúde teve esse objetivo.

Com o surgimento do SUS a partir da Constituição Brasileira de 1988, esse movimento e os conselhos de saúde sentiram-se legalmente amparados, fortalecidos e com maior autonomia em suas lutas pela melhoria do sistema. O SUS acabou propiciando um fortalecimento do capital social na sociedade civil, capital esse que resultou da mobilização de uma ampla rede de engajamento cívico (conselhos formais e informais), abrindo os caminhos legais para que os militantes do movimento e conselheiros pudessem expor ao governo diferentes opiniões conflitantes, novos rumos aos interesses coletivos, voltando-se para a busca do entendimento na área da saúde.

Maria Celina D'Araujo (2003, p. 56) conceitua capital social como aquele recurso que aumenta dependendo da intensidade de seu uso, "no sentido de que praticar cooperação e confiança produz mais cooperação e confiança e, logo, mais prosperidade". Assim, o crescimento econômico vem acompanhado do social, ou seja, "as sociedades fortes em capital social não geram apenas mais riqueza: geram também sentimentos de igualdade, de justiça, de bem comum" (D'Araujo, 2003, p. 42). O ponto que aparece aqui como referência crucial nessa citação é justamente o crescimento do capital social associado aos sentimentos de igualdade, de justiça e de luta pelo bem comum, que tendia a se consolidar como conquista dos conselheiros e do Movimento de Saúde da Zona Leste, nas relações de interações com o governo até aquele momento.

Na década de 1990, ocorreu um declínio acentuado dos conselhos gestores de saúde, com a mudança nos governos de Paulo Maluf e Celso Pitta (1993-2000) e também devido à implantação do Plano de Assistência à Saúde (PAS), "dividindo o município em módulos assistenciais gerenciados por cooperativas privadas" (Pólis, 2004). Essa divisão tornou-se muito onerosa aos cofres públicos. Vale ressaltar que nesse período houve a "ausência de controle público sobre as atividades das cooperativas", pois o Conselho Municipal de Saúde "foi afastado de qualquer instância decisória envolvendo o PAS" e, no seu lugar, o governo Maluf acabou criando o Conselho de Gestão do PAS, com remuneração aos seus integrantes a cada reunião (Pólis, 2004). Assim, enquanto esse modelo de gestão não oferecia condições de participação, dificultando a operacionalização, a articulação e a unificação em torno da saúde, no que se refere ao controle social exercido pelos conselhos gestores, o Conselho Popular ganhava força com apoio do Movimento de Saúde da Zona Leste, da Pastoral da Saúde e de militantes políticos.

Podemos dizer que nesse momento a base do capital social (solidariedade, confiança, reciprocidade) nas relações entre o movimento de saúde e os conselheiros continuou forte, porém enfraquecida com respeito ao poder público, pois não havia sustentação dos conselhos institucionais, uma vez que o governo implantava um sistema (o PAS) de forma ditatorial e sem a concordância desses, gerando grandes conflitos.

Somente em 2001, com a troca de governo, é que houve a retomada das discussões em torno da saúde, entre as representatividades da população (movimentos e conselheiros) e o governo, em uma conjectura de modelo quase falida, com inúmeros problemas no sistema a ser pontuados e resolvidos com a nova gestão.

A posse da prefeita Marta Suplicy abriu a possibilidade para São Paulo recomeçar, depois de um atraso histórico, a implantação do SUS, alinhando-se, assim, à Política Nacional de Saúde construída desde 1988. A magnitude e a complexidade dos processos necessários de reorganização da SMS (Secretaria Municipal de Saúde), de reunião dos trabalhadores da saúde, de transição do sistema cooperativo (PAS), de reformulação do modelo de atenção à saúde e de *rearticulação da participação social* configuravam-se num dos maiores desafios da nova gestão. (Pólis, 2004)

A partir do dia 8 de fevereiro de 2002, com a aprovação da Lei Municipal nº 13.325, que instituiu os conselhos gestores das unidades de saúde (postos e hospitais) e os conselhos distritais, no governo petista de Marta Suplicy, voltou a crescer o número de conselhos e seus integrantes, em uma conjectura mais bem definida, agora por lei, para os seus integrantes. Os conselhos populares são informais e compostos em sua totalidade apenas por usuários, enquanto os conselhos gestores são institucionais, com 50% da representação formada por usuários, 25% por trabalhadores e 25% pela direção da unidade ou por gestores do sistema. Mesmo com a formalização institucional dos conselhos gestores, no governo de Marta os conselhos populares continuaram com toda força nas várias regiões da cidade, pois a eleição acontecia de forma democrática, por meio do voto popular, havendo uma urna volante e outra fixa em cada unidade (posto de saúde), cujo resultado era publicado no Diário Oficial do Município (DOM).

A eleição de cada conselho gestor nas unidades de saúde acontecia logo após a eleição do conselho popular, cabendo ao segmento dos usuários eleger os seus membros que seriam enviados do popular para o gestor, em reunião especialmente convocada para esse fim nas unidades de saúde.

Com um período tão prolongado de desconstrução da base do capital social (relações de confiança e reciprocidade, além do engajamento cívico em questões políticas) na área da saúde, com fortes abalos nas relações entre a sociedade civil organizada e o governo, nas gestões anteriores (Maluf e Pitta), e também com o enfraquecimento da capacidade organizativa da população nos conselhos gestores, a retomada se deu em um clima de muita euforia, com disputas acirradas para a eleição dos conselhos gestores e do Conselho Municipal de Saúde. Dessa maneira, o que vimos foi um recomeço com grande fortalecimento do capital social nessas relações, especialmente no tocante à reciprocidade, ao respeito mútuo, à confiança e igualdade de participação e ao aumento do associativismo no município de São Paulo.

Os conselhos gestores, conforme a Lei Municipal nº 13.325, foram instituídos "nas unidades vinculadas ao Sistema Único de Saúde do Município de São Paulo, com caráter permanente e deliberativo, destinados ao planejamento, avaliação, fiscalização e controle da execução das políticas e das ações de saúde, em sua área de abrangência".

Para ser membro do segmento usuário do Conselho Municipal de Saúde (CMS), principal instância de poder de decisão que tem como obrigação examinar e aprovar o plano de saúde, o orçamento e outros instrumentos de gestão, é necessário fazer parte de algum movimento ou entidade de saúde. Atualmente, uma das principais entidades que fazem essa articulação é a União dos Movimentos Populares de Saúde (UMPS), entidade legalmente registrada (1997), com seis vagas para essa indicação, destinando uma vaga para cada região (norte, sul, leste, sudeste, centro e oeste), portanto o Movimento de Saúde da Zona Leste tem apenas uma cadeira reservada para o CMS. O pré-requisito para o candidato a conselheiro do CMS é ser participante do movimento popular de saúde, ser muito atuante na região e fazer articulações com outros movimentos de saúde por São Paulo.

A institucionalização dos conselhos gestores de saúde acabou abrindo espaço para a discussão e implantação de novos conselhos gestores em outras áreas, como o Conselho dos Parques Municipais, o do Verde e Meio Ambiente, Habitação etc., envolvendo a participação popular no controle, ou seja, nos debates, nas deliberações, implementações e fiscalizações de políticas públicas. Além disso, a formação de conselhos nessas áreas constituiu um importante fator de geração de capital social.

No governo petista (2001 a 2004) também houve uma ampla abertura nas discussões democráticas envolvendo governo, funcionários do sistema e sociedade civil organizada. Para começar, o próprio governo propiciou mecanismos a essa abertura democrática, com a volta do Orçamento Participativo (OP), que levou à sensibilização sobre a importância e a necessidade da população em se organizar, convocando plenárias amplamente divulgadas nos diversos espaços públicos da cidade – exceto pela grande mídia –, por meio de faixas, boletins, panfletos, por distritos administrativos, para os debates coletivos acerca de melhoria em seus bairros, em todas as áreas como saúde, educação, social, transportes, cultura etc. Esse processo de iniciativa de organização da população para se engajar na disputa política pela melhoria do âmbito social, pela volta do OP, fez retomar com mais força o valor do capital social como elemento central da capacidade organizativa, participativa e associativa da população. O engajamento cívico dos cidadãos no OP com as instâncias de governo ocorreu como na saúde, isto é, de forma democrática, descentralizada e com as condicionantes que regem o capital social: confiança, respeito mútuo e reciprocidade.

O OP merece destaque por ter sido implantado na maior cidade do país e pelo "fato de a experiência não apenas ter tido continuidade, ao longo dos três primeiros anos de gestão, como também ter avançado a cada ano, seja tornando o ciclo mais complexo e sofisticado, seja ampliando as possibilidades de participação e o objeto da deliberação" (Pólis, 2004), em pouco tempo de experiência. Assim, o cidadão na cidade de São Paulo passou a se sentir mais valorizado e mais engajado em suas comunidades na formulação e apresentação de propostas para melhoria do seu bairro, elegendo delegados para acompanhar e fiscalizar as execuções deliberadas em assembleias.

Outra marca registrada importante do governo de Marta para o processo democrático, que facilitou as atuações, os entendimentos e as deliberações populares, foi a descentralização do sistema. Nesse sentido, houve a criação das 31 subprefeituras, com a instalação, em cada uma delas, de uma Coordenadoria de Saúde, bem como de coordenadorias de outras áreas, com o propósito de aproximar da população as instâncias de decisão do governo, com poderes de negociação que, na época, embora não tivessem conselhos institucionais (exceto a saúde), diminuíam a distância entre governo e população. Na área da saúde também houve a criação das autarquias hospitalares em cinco regiões estratégicas da cidade, comandando os hospitais da área de abrangência, com conselhos gestores instituídos, os chamados Conselhos Deliberativos e Fiscalizadores (Condefs).

As conferências municipais de saúde em São Paulo aconteciam praticamente todo ano e o governo acatava algumas deliberações dos delegados mediante negociações. As conferências tinham como resultado a aprovação de propostas pelos delegados, que serviam como diretrizes à Secretaria Municipal de Saúde para a implementação das políticas públicas da área.

No ano seguinte, ainda nesse governo, houve a convocação para sugestões, discussões e aprovação do Plano Diretor da cidade, em cada uma das 31 subprefeituras, com propostas em todas as áreas, inclusive a saúde. Nesse Plano Diretor, as propostas aprovadas deveriam vigorar por dez anos, envolvendo os diversos segmentos da sociedade civil, como conselheiros, engenheiros, arquitetos, comerciantes etc.

A participação popular voluntária durante esse governo na cidade de São Paulo (2001/2004) foi muito ampla, com discussões bastante acirradas. Houve um efetivo empoderamento dos cidadãos em um papel mais ativo na política, e a iniciativa popular acabou atingindo um alto grau de participação.

Até aqui vimos que uma cultura política mais participativa e democrática nos leva ao aumento e fortalecimento do capital social nas relações entre governo e cidadãos, pois o sistema democrático, para se fortalecer e funcionar de maneira equilibrada depende, em grande parte, do grau de confiança que os cidadãos depositam nas suas instituições, da solidariedade que os envolve e da reciprocidade para o empenho na ajuda de soluções de problemas de natureza coletiva (Baquero e Cremonese, 2006, p. 62).

Em 2005, com a eleição do governo José Serra (PSDB)/Gilberto Kassab (DEM)[1] houve o desmonte de tudo que o governo anterior havia feito. E de que forma? Pela volta à centralização do sistema, dificultando e, portanto, diminuindo a participação popular, abalando todos os alicerces do capital social em sua constituição e como mecanismo de associativismo.

Dada a vocação centralizadora do novo governo, as 31 coordenadorias de saúde foram transformadas em supervisões técnicas de saúde, cuja função ficou restrita a supervisionar tecnicamente os serviços e as áreas, como saúde e educação, desvinculadas das subprefeituras. Por um decreto o governo criou apenas cinco coordenadorias regio-

---

1.   Gilberto Kassab, vice-prefeito de Serra em 2005 e eleito prefeito em 2006, não é mais filiado ao DEM.

nais de saúde para São Paulo, a Coordenadoria Regional de Saúde Centro-oeste, a Leste, a Sudeste, a Sul e a Norte, em escala superior às supervisões, dificultando assim o contato mais direto com os usuários do SUS. As cinco autarquias foram reduzidas a duas: uma financeira e a outra hospitalar. O OP, como instrumento democrático e mecanismo de mobilização popular de engajamento cívico, foi extinto e no seu lugar ficou o fórum de participação popular, porém quase sem divulgação, portanto sem que a maioria da população fosse atingida. Com esse início de centralização tornou-se difícil a participação popular, fazendo que muitos integrantes desistissem da luta. Dessa forma, todas as iniciativas tomadas como abertura popular, sem maior divulgação ou apoio na infraestrutura, ficaram relegadas a pequenos grupos.

A 13ª Conferência Municipal de Saúde realizada em 2005 ficou engavetada por questões políticas, e a 14ª, de 2007, não passou de ratificação da anterior, com poucos acréscimos, e também foi engavetada, porque a maioria dos delegados votou contra a privatização e terceirização dos serviços públicos de saúde.

A eleição do Conselho Municipal de Saúde que acontece a cada dois anos também foi tumultuada, com o governo tentando impugná-la. Até hoje (2010) o próprio secretário municipal de Saúde não o reconhece e, assim, não comparece às reuniões nem acata suas deliberações. Uma ausência de consideração que se configura como uma forma de desrespeito, gerando grandes conflitos sociais.

A luta dos movimentos, de outros conselhos e do Conselho Municipal de Saúde era para que ainda em 2009 fosse realizada a 15ª Conferência Municipal de Saúde, o que não aconteceu, muito embora a preocupação maior fosse a aprovação do Plano Municipal de Saúde. Esse plano para o biênio de 2008/2009 foi apresentado ao Conselho Municipal em abril de 2009, oito meses antes de seu término, mas, dessa feita, o Conselho Municipal não o apreciou, o que ocorreu também com o Relatório de Gestão de 2008, já que tal relatório teve como base o plano de saúde não considerado por esse Conselho. Todos esses dados foram obtidos dos militantes dos movimentos de saúde (MSZL e UMPS) e conselheiros.

Atualmente a Secretaria Municipal de Saúde procura manter os conselhos gestores de unidades e de supervisões técnicas de saúde funcionando, porém as decisões ocorrem de forma hierárquica, ou seja, de cima para baixo. Ademais, muitas informações são omitidas por parte do gestor, que não apresenta o seu plano de trabalho. Assim, se o conselheiro não tem uma boa base de formação e tempo de atuação, sua participação fica comprometida. Os conflitos continuam, pois, a cada vez que os conselheiros usuários do sistema realizam deliberações contrárias, há um embate frontal com o gestor e até apelações diretas ao Conselho Municipal de Saúde e ao Ministério Público do Município, em uma tentativa de fazer valer os seus direitos.

Para a formação dos conselheiros o governo fornece curso de capacitação por intermédio do Centro de Formação e Desenvolvimento dos Trabalhadores da Saúde (Cefor), e a União dos Movimentos de Saúde também oferece cursos de capacitação, por meio de parceria com a ONG denominada Instituto Pólis (Instituto de Estudos, Formação e Assessoria em Políticas Sociais), com viés voltado não somente para as políticas públicas de saúde, mas ao olhar e atuação dos conselheiros do segmento dos usuários.

O fato é que alguns fatores interferiram e interferem ainda na ascensão ou decadência da participação do número de militantes no movimento e nos conselhos de saúde, principalmente a mudança de governo. Quando um governo é mais democrático e descentralizador, a participação aumenta, solidificando a base que rege o capital social, de confiança, respeito, solidariedade e reciprocidade. Quando o governo é autoritário e centralizador, a participação popular diminui, dificultando as relações de interações e participações cívicas, comprometendo o desenvolvimento do capital social nas relações, configurando uma forma de desrespeito e também comprometendo a democracia participativa. E, mais ainda, se o "pressuposto fundamental da teoria de capital social é de que, tanto no sentido econômico quanto político, a cooperação voluntária é condição para alcançar objetivos comuns" (Baquero e Cremonese, 2006, p. 61), o esvaziamento ou a diminuição da participação popular acaba comprometendo até os fundamentos da democracia.

Vale enfatizar aqui que, a despeito de todos esses conflitos dos movimentos de saúde e conselheiros com o governo, a principal razão dessa luta é a plena consolidação do SUS na cidade de São Paulo, por ser um sistema democrático e participativo, inclusivo e, portanto, um importante instrumento legal para o fortalecimento do capital social.

Os conflitos mencionados, que envolvem os movimentos de saúde (MSZL e UMPS), o Conselho Municipal, os conselhos populares e gestores de saúde na cidade de São Paulo – conflitos que envolvem, sobretudo, a indiferença do governo nas aprovações de decisões contrárias, bem como a grande dificuldade dos conselheiros para a realização da 15ª Conferência Municipal de Saúde nesses quatro anos –, configuram-se em uma forma de desrespeito. Para o filósofo Axel Honneth (2003), o desprezo, a invisibilidade, a degradação, a não valorização de um indivíduo ou grupo leva-o à busca de reconhecimento. Os sujeitos se reconhecem desrespeitados, querem sair dessa condição e, em virtude disso, se mobilizam ou iniciam sua luta pela conquista do reconhecimento social.

Os fundamentos do conceito de reconhecimento social

Primeiramente, o conceito filosófico de reconhecimento vem desde a Antiguidade, mas ganha notoriedade com um dos pensadores mais ilustres do início do século

XIX, Georg W. F. Hegel, em sua obra *Fenomenologia do espírito*, publicada em 1807. A palavra "reconhecimento" vem do alemão *Anerkennung*, com um sentido mais restrito do que o português. Pode-se falar que "o conceito filosófico de reconhecimento não significa simplesmente a identificação cognitiva de uma pessoa, mas sim, tendo esse ato como premissa, a atribuição de um valor positivo a essa pessoa, a algo próximo do que entendemos por respeito" (Valente e De Caux, 2008, p. 1).

Em uma recontextualização, a partir do século XX, diante dos levantes de conflitos sociais dos diversos movimentos sociais em todo o mundo, em busca de uma mudança cultural da sociedade, de respeito às diferenças e de fim do preconceito, filósofos como Axel Honneth (2003) e Nancy Fraser (2001) de alguns anos para cá vêm retomando, reformulando e ampliando o conceito de *reconhecimento*, transformando-o em base para diversos trabalhos acadêmicos.

Esse renascimento da sociedade civil por meio dos movimentos sociais ou grupos em busca da necessidade de reconhecimento das diferenças e do que provoca dano moral à integridade dos indivíduos ou grupos perpassa as discussões anteriores a respeito da redistribuição econômica, ou seja, da repartição justa de bens materiais, cuja corrente vem desde Karl Marx. A sociedade civil e os movimentos sociais, atualmente, mais do que lutar para ter as diferenças reconhecidas e respeitadas, marcham para a luta contra as opressões simbólicas implícitas nas formas de desrespeito, depreciação, desprezo e preconceitos existentes em toda parte do mundo.

Para muitos dos autores que defendem a necessidade do reconhecimento social, é por intermédio da valorização da dignidade de indivíduos e grupos que

> [...] passamos a compreender uma série de conflitos e demandas do nosso mundo, como nos casos de movimentos nacionalistas, dos conflitos culturais e religiosos, das causas feministas, das minorias políticas. Sua tese é de que nossa identidade é em parte formada pelo reconhecimento ou pela falta dele, e muitas vezes pelo reconhecimento errôneo (*misrecognition*) por parte dos outros, e assim uma pessoa ou grupo de pessoas pode sofrer um dano real, uma distorção real, se as pessoas ou a sociedade em torno lhe espelharem em retorno uma imagem limitada, aviltante ou desprezível dela própria. (Valente e De Caux, 2008, p. 1)

Axel Honneth, filósofo alemão sucessor de Habermas no Instituto de Pesquisa Social de Frankfurt, em seu livro *Luta por reconhecimento* (2003), procura definir os fundamentos de uma teoria do reconhecimento, aprofundando-se na problemática dos conflitos sociais de ordem moral. Para Honneth, "os indivíduos só se constituem como pessoas quando aprendem a se ver do ponto de vista de outro aprovador ou encorajador, como seres dotados de qualidades e capacidades positivas" (2003, p. 273). A partir desse argumento Honneth afirma que a experiência do desrespeito (isto é, de não reconhecimento) pode se tornar a fonte de resistência e surgimento de conflitos sociais.

> A injustiça pode levar à mobilização política, mas depende do entorno político e cultural dos sujeitos atingidos. Podemos explicar as lutas sociais a partir da dinâmica das experiências morais. [...] O surgimento de movimentos sociais depende da existência de uma semântica coletiva que permite interpretar as experiências de injustiça pessoal como algo que afeta muitas pessoas, dando a ver uma identidade coletiva. (Honneth, 2003, p. 224 e 258)

Daí entendermos os levantes de luta dos movimentos feministas, dos negros e tantos outros movimentos que ganharam peso a partir da década de 1970, passando por diversas situações de constrangimento, degradação, violação, privação de direitos, preconceito, desrespeito, indiferença da sociedade e do poder público. Dessa forma, se o indivíduo ou grupo se reconhece nessa condição de desrespeito, ele passa a lutar para que a situação se reverta.

Ao elaborar sua teoria do reconhecimento buscando em Hegel os fundamentos básicos, como os conceitos de reconhecimento, intersubjetividade e conflito nas relações sociais, Honneth, em sua teoria crítica, enfatiza os processos de construção da identidade pessoal e coletiva do indivíduo em sua *luta por reconhecimento*. Mediante os estudos de Hegel, a

> [...] normatividade que Honneth procura, então, está na luta social entendida não como busca pela autoconservação física ou pelo aumento relativo de poder, concepção tradicional tanto na filosofia política moderna como na tradição sociológica, mas como forma de reconhecimento de identidades individuais e coletivas, exigência posta pela ocorrência de ações de desrespeito social. A luta por reconhecimento é motivada por uma força moral que promove desenvolvimentos sociais. (Ravagnani, 2008, p. 92)

Fraser (2001), por sua vez, problematiza a diferença e a simultaneidade entre lutas por redistribuição e lutas por reconhecimento. Para ela, a justiça requer hoje tanto reconhecimento quanto redistribuição. Por isso, afirma que a redistribuição de bens materiais sozinha não dá conta de alterar o quadro de desigualdade social no mundo, bem como a questão da dimensão cultural. Os dois problemas sociais precisam andar juntos em busca de soluções, pois se trata de uma questão de injustiça social. Assim, ambos requerem tanto redistribuição quanto reconhecimento.

A autora propõe, desse modo, uma concepção de justiça em que reconhecimento (esfera sociocultural) e redistribuição (esfera político-econômica) estejam integrados, uma vez que não ser reconhecido é, ao mesmo tempo, ter negado o *status* de dignidade básica e também "ter negado o *status* de parceiro moralmente capaz de participar da vida social como consequência de padrões institucionalizados que apontam alguém como não merecedor de respeito ou estima" (Fraser, 2007, p. 220).

Da aplicabilidade dos conceitos de capital social e reconhecimento ao caso do Movimento de Saúde da Zona Leste de SP

A mobilização e participação da população nas discussões e no enfrentamento das políticas públicas de saúde, em um governo democrático ou não, por meio da representatividade nos movimentos e conselhos de saúde, constituem um importante instrumento democrático gerador de capital social. Essa participação popular no apontamento, no enfrentamento e na tentativa de solução dos problemas na área da saúde requer também "demandas por reconhecimento de diferenças e de situações específicas" de atuação desses grupos de atores sociais, pela modificação nas relações de poder entre governo e sociedade civil.

O reconhecimento social é um processo decorrente da rede de cultura cívica de participação popular, constituída ao longo dos anos, envolvendo militantes do movimento e o governo local, em uma luta cheia de conflitos nas relações e interações.

Pierre Bourdieu (*apud* Portes, 2000, p. 134) define o conceito de capital social como "o agregado dos recursos efetivos ou potenciais ligados à posse de uma rede durável de relações mais ou menos institucionalizadas de conhecimento ou reconhecimento mútuo".

Esse conceito sempre esteve ligado à tentativa de vencer a desigualdade social na esfera econômica, conferindo especial ênfase ao combate à pobreza e à exclusão social em prol da distribuição econômica igualitária de bens materiais, apontada como a solução para a dignidade e o respeito dos indivíduos na sociedade. Nos últimos tempos, os teóricos perceberam a mudança de foco de diversos grupos na sociedade para a questão de ordem cultural, o que revela que o novo foco percebido pelos pesquisadores na relação entre sociedade e poder público se direciona para a teoria normativa que postula a "anulação da degradação e do desrespeito". O direcionamento passa então da "distribuição igual ou a igualdade econômica", cuja meta requer longo prazo, para a "dignidade e respeito". A essa passagem de transição de conceitos, Fraser designa como "redistribuição do reconhecimento" (Honneth, 2007, p. 79). Dessa forma, segundo Honneth (2007), o primeiro conceito, de reconhecimento, atravessa a questão da justiça a fim de promover a "igualdade social através de uma redistribuição das necessidades materiais para a existência dos seres humanos enquanto sujeitos livres"; enquanto o segundo conceito, redistribuição para o reconhecimento, está direcionado para a questão do "reconhecimento da dignidade pessoal de todos os indivíduos", para a construção de uma sociedade mais justa.

Fraser afirma que reconhecimento e redistribuição têm de andar juntos, pois ambos se referem a uma questão de injustiça social. Segundo ela, há dois tipos de injustiça, a socioeconômica e a cultural ou simbólica. Aquela está ligada ao conceito de redistribuição como demanda por igualdade na distribuição de renda, nas condições básicas de sobrevivência etc. Esta associa-se ao conceito de reconhecimento como uma questão que demanda mudança de valores da sociedade no respeito às diferenças e às especificidades de valores pertencentes a grupos ou coletividades.

Para Fraser, na questão da redistribuição, o remédio para a injustiça socioeconômica é de ordem democrática, portanto deve passar por uma reestruturação político-econômica como redistribuição de renda, bem como reorganização da divisão de trabalho, entre outros aspectos. Acredito assim que isso vai depender muito da pressão dos grupos e da sociedade sobre os três poderes: Executivo, Legislativo e Judiciário, para mudanças de atitudes por parte deles, ou seja, para implementação de políticas públicas.

Analisando essa mudança de foco sobre a teoria do reconhecimento, os pesquisadores detectaram que atualmente os movimentos sociais ou grupos estão mais direcionados pela busca de justiça na questão do desrespeito social e/ou cultural, como forma de diminuir a desigualdade social (injustiças, preconceitos, indiferenças, opressão etc.), ocasionando um "aumento da sensibilidade moral". Em outros termos, isso significa que nas relações sociais os indivíduos ou grupos sociais buscam "ser aceitos e respeitados em suas diferenças" (Honneth, 2007, p. 81) e não exclusivamente uma distribuição justa dos bens materiais, na questão da inclusão social, embora em muitos casos haja a aplicabilidade paritária dos dois conceitos (redistribuição e reconhecimento), a exemplo da questão racial e dos movimentos feministas.

Na área da saúde, a relação da sociedade civil organizada, representada pelos movimentos, entidades e conselhos populares (não institucionais) e gestores (institucionais), com o governo do prefeito Gilberto Kassab no município de São Paulo atualmente é uma das mais tumultuadas, conforme já exposto aqui, pois o próprio governo tem impedido a realização da 15ª Conferência Municipal de Saúde, que deveria ter ocorrido em 2009 e até o momento em que escrevo estas linhas ainda não foi convocada, engavetou as duas últimas conferências, não reconhece o próprio Conselho Municipal de Saúde (não acata as deliberações), toma as rédeas para a eleição dos conselhos gestores apenas para dizer que está cumprindo a lei, mas não aceita "interferências" no seu comando. O mesmo ocorre quando os conselheiros do segmento dos usuários fazem propostas ou deliberam em reuniões do Conselho Gestor e suas propostas são ignoradas, pois geralmente vêm do seio da comunidade, e somente a população local sabe de suas carências.

O local de reunião dos conselhos gestores das unidades de saúde e do próprio Conselho Municipal de Saúde é um espaço público de discussões que envolvem questões de interesse público, da coletividade, em que a democracia deliberativa deveria vigorar para revitalização do sistema. Ninguém mais do que a comunidade representada pelos movimentos e conselhos sabe apontar melhor os problemas de interesse coletivo de saúde nas diferentes regiões de atuação na cidade e propor medidas para solução, em uma busca de entendimento mútuo. Porém, quando as deliberações vêm da parte das instâncias hierárquicas do governo, sem discussão ou envolvimento dos conselheiros que são os legítimos representantes dos usuários do sistema, e muitas vezes aparecem como pauta de reunião porque os conselheiros ouviram falar ou viram publicação no DOM, o conflito é formado. Agir assim, como tem feito o governo municipal, é ignorar, violar e tornar invisível a participação em condições de igualdade nos debates e nas tomadas de decisões públicas. Outra violação da lei é que, apesar de o Conselho Gestor ser tripartite, normalmente as propostas e discussões envolvem mais a parte dos usuários e do gestor, em relação aos trabalhadores, já que, se estes fazem colocações ou aprovam propostas contrárias ao gestor, geralmente sofrem represálias.

Torna-se importante relatar aqui os distintos interesses das partes dos três segmentos: os usuários buscam, entre outros aspectos, a melhoria e a qualidade no atendimento, nos serviços prestados e na infraestrutura que gere o sistema, a não privatização ou a não terceirização do sistema, e a apreciação da prestação de contas dos recursos financeiros empregados na área (orçamento público), dependendo das instâncias de conselhos; os trabalhadores anseiam por melhores condições de trabalho, pela volta do plano de cargos, carreiras e salários e pela volta do concurso público (não privatização); já o principal interesse do gestor é apenas fazer valer o cumprimento das normas e diretrizes impostas pela Secretaria Municipal de Saúde. Isso demonstra a confrontação de diferentes posicionamentos e interesses dos debates nos espaços públicos onde acontecem as reuniões dos conselhos.

Alguns autores ressaltam que a redistribuição, como demanda por igualdade econômica, não é necessária para a concretização do reconhecimento. Isso porque a luta por reconhecimento se constrói discursivamente no espaço público, exigindo dos sujeitos apenas a capacidade de formular e expressar julgamentos. Esse ponto de vista apaga a íntima relação entre o *status* econômico de um sujeito e suas habilidades ou incapacidades de tomar a palavra em público. Assim, as diferenças de classe são apagadas na esfera pública sob o pressuposto de que todos têm acesso ao discurso e à palavra. "No espaço público estão suspensas as diferenças econômicas e sociais e todos os sujeitos têm, igualmente, a oportunidade de influenciar o processo através do oferecimento de razões" (Assis, 2006, p. 5).

Porém, acredito ser necessária a redistribuição, primeiramente porque o movimento popular de saúde tem também como bandeira de luta uma sociedade mais justa e igualitária. Em segundo lugar, porque as condições econômicas de alguns conselheiros atrapalham sua participação em outros conselhos de instâncias superiores às de âmbito local, pela falta de recursos financeiros para locomoção, além da pouca disponibilidade de tempo em virtude de outras intercorrências. Essas são algumas das fragilidades da participação popular que acabam atrapalhando o Movimento de Saúde da Zona Leste e a União dos Movimentos Populares de Saúde no processo de atuação e participação dos seus membros, além da falta de recursos financeiros da própria entidade para o repasse de informações e o seu funcionamento. Aliás, a UMPS, cuja entidade formal denomina-se Cidadania e Saúde, não tem sede própria nem recursos materiais e financeiros, e o Movimento de Saúde da Zona Leste funciona precariamente, em um prédio cedido apenas por alguns anos.

Essa problemática de cunho moral na questão do reconhecimento diz respeito à injustiça, ao desrespeito, à indiferença e ao desprezo, delineando os conflitos por que passam os conselheiros e os movimentos de saúde na relação com o poder público no atual governo da cidade de São Paulo. Tal constatação ocorre também quando as instâncias do poder público local muitas vezes não levam adiante os pedidos e as decisões dos conselhos gestores, movimentos e entidades, fazendo vista grossa às necessidades dos setores da sociedade civil.

Considerações finais

Se a teoria do capital social surge para definir e nortear melhor a mobilização e participação da população nas discussões e no enfrentamento das políticas públicas de saúde, a teoria do reconhecimento surge para explicar e ao mesmo tempo despertar nos indivíduos, movimentos ou grupos, a consciência de que há algo errado nas relações entre eles e o poder público, tornando-se necessário primeiro perceber que tipo de violação existe e em que medida, bem como que tipo de ação deve ser tomada para solução dos problemas, dependendo de cada caso. De qualquer forma, as "demandas por reconhecimento de diferenças e de situações específicas" de atuação desses grupos de atores sociais normalmente acabam modificando as relações de poder entre governo e sociedade civil, contribuindo para a evolução social.

A teoria do reconhecimento de Honneth "procura servir de modelo avaliativo dos conflitos sociais contemporâneos através de um conceito moral de luta social, e também como modelo explicativo acerca do processo de evolução social" (Werle, 2004, p. 53).

Fraser (2007, p. 218) acredita que o remédio para a injustiça cultural ou simbólica "implica algum tipo de mudança cultural como, por exemplo, reavaliação positiva de identidades discriminadas e estereotipadas, bem como dos produtos culturais de grupos marginalizados"; valorização da diversidade cultural, ou, ainda, "a desconstrução e transformação dos padrões sociais de representação, interpretação e comunicação para permitir uma maior possibilidade de autointerpretação para os membros da comunidade política" (Mattos, 2004, p. 146). Essa questão requer uma grande transformação e reestruturação de valores culturais da sociedade e das instituições políticas, a fim de alterar todas as percepções de individualidade da sociedade como um todo, tendo um viés voltado para a percepção das diferenças, das injustiças, das diversidades e da heterogeneidade que envolvem todos os atores e, portanto, implicam a necessidade do reconhecimento.

Para Fraser, ainda, uma sociedade mais justa deveria ser aquela que contemplasse não apenas o reconhecimento cultural ou simbólico e a identidade pessoal e coletiva, que recentemente passaram a ser demandas dos movimentos sociais, mas contemplasse também a redistribuição econômica de bens materiais, pois, em um mundo globalizado como o nosso, cada vez mais a desigualdade econômica se faz presente. "O desafio então é descobrir como conceitualizar reconhecimento cultural e igualdade social de maneira que uma demanda não enfraqueça a outra. Significa também teorizar sobre os modos pelos quais as desvantagens econômicas e o desrespeito cultural estão entrelaçados e apoiados um no outro" (Mattos, 2004, p. 145).

A luta dos movimentos e conselhos de saúde pela efetiva implantação do SUS, cujos princípios são a universalidade (saúde como direito de todos), a integralidade (meios tanto curativos como preventivos) e a equidade (igualdade de oportunidade de acesso a todos), tem mais de 40 anos e vai se prolongar por muitos anos, porque é um processo contínuo de luta e vigilância pela consolidação dos direitos civis, envolvendo a questão do reconhecimento de práticas representacionais, comunicativas e interpretativas de uma cultura e a questão da redistribuição quanto à injustiça socioeconômica. Certamente esse movimento pela democratização e pelo exercício de cidadania é um marco e um avanço na história das políticas sociais do nosso país.

Ao ler alguns estudos sobre essa história de luta na área da saúde, entre tantos existentes, podemos verificar as muitas dificuldades por que passam os conselheiros na área, mas também perceber que a importância da efetiva participação popular, o chamado controle social com qualidade, exige constante aprendizado (curso de formação), troca de experiências, conscientização, fiscalização e perseverança dos membros dos conselhos e dos movimentos, na medida em que "existem muitos problemas de funcionamento atribuídos, em boa medida, à falta de tradição de participação e de cultura cívica no país" (Labra e Figueiredo, 2002, p. 541). Acredito que os movimentos na área da saúde, bem como suas conquistas, principalmente a legalização dos conselhos gestores, devem estar servindo de base para outros levantes de movimentos na sociedade, dando sua contribuição para a formação de capital social e a busca de reconhecimento de direitos dos cidadãos organizados.

No ano passado, houve a formação de uma linha de frente (comissão pró-conferência com integrantes de várias organizações da sociedade civil organizada) no estado de São Paulo, juntamente com outros estados, que reuniu todos os esforços para que a Conferência Nacional de Comunicação aconteça em todas as suas etapas (municipais, estaduais e nacional) pelo país. A Conferência Nacional de Comunicação (Confecom) ocorreu em dezembro de 2009, em Brasília. Essa era uma demanda reprimida da sociedade civil que há anos vem se articulando pela democratização das comunicações no país. Após a conferência, para dar continuidade aos trabalhos visando à implementação de parte das propostas aprovadas, houve a mudança do nome da comissão para Frente Paulista de Comunicação, da qual essa pesquisadora faz parte até o momento.

Esse trabalho da comissão encerrou uma etapa com os seguintes dizeres:

> Se por um lado os usuários estão representados na arena das decisões políticas no campo da saúde, por outro, a desigualdade que marca as relações sociais em nosso país faz-se presente também nesses espaços, muitas vezes engessando a participação política dos grupos populares, mesmo onde essa presença já se encontra institucional e juridicamente assegurada. De fato, pretender uma igualdade a partir da presença física dos representantes seria supor que ela pudesse superar em si mesma um longo processo sócio-histórico engendrado através de inúmeras desigualdades. (Guizardi e Pinheiro, 2006, p. 804)

Em uma sociedade capitalista na qual o *ter* sobressai mais do que o *ser*, na qual a injustiça socioeconômica está enraizada na própria base estrutural do sistema, em que os resquícios da ditadura militar ainda insistem em continuar nas três esferas dos poderes instituídos (Executivo, Legislativo e Judiciário), bem como nos fortes grupos nacionais e multinacionais, se não houver mudança na base estrutural do sistema para melhores condições de vida da população, para a descentralização do poder, para o reconhecimento das diferenças e dos valores culturais, mesmo que a longo prazo, dificilmente diminuiremos as desigualdades e as injustiças e chegaremos à paridade nos enfrentamentos, entendimentos e discussões políticas de qualquer espécie, entre governo, sociedade civil organizada e até os empresários.

Referências

ASSIS, M. P. F. "Deliberação, diferença e reconhecimento: da esfera pública 'neutra' à participação paritária". Texto publicado nos Anais do *I Congresso Anual da Associação Brasileira de Pesquisadores de Comunicação e Política* (ComPolítica), Salvador, 2006, p. 1-17.

BAQUERO, Marcello; CREMONESE, Dejalma (orgs.). *Capital social – Teoria e prática*. Ijuí: Unijuí, 2006.

BÓGUS, Cláudia Maria. *Participação popular em saúde: formação política e desenvolvimento*. São Paulo: Annablume, 1998.

COSTA, Sérgio. "Esfera pública, redescoberta da sociedade civil e movimentos sociais no Brasil". *Novos Estudos Cebrap*, São Paulo, n. 38, 1994, p. 38-52.

D'ARAUJO, Maria Celina. *Capital social*. Rio de Janeiro: Zahar, 2003.

FRASER, Nancy. "Da redistribuição ao reconhecimento? Dilemas da justiça na era pós-socialista". In: SOUZA, J. *Democracia hoje: novos desafios para a teoria democrática contemporânea*. Brasília: Editora da UnB, 2001, p. 245-82.

_____. "Reconhecimento sem ética". *Revista Lua Nova*, São Paulo, n. 70, 2007, p. 213-22.

GUIZARDI, Francini Lube; PINHEIRO, Roseni. "Dilemas culturais, sociais e políticos da participação dos movimentos sociais nos Conselhos de Saúde". *Ciência & Saúde Coletiva*, Rio de Janeiro, v. 11, n. 3, 2006, p. 797-805.

HONNETH, Axel. *Luta por reconhecimento: a gramática moral dos conflitos sociais*. São Paulo: 34, 2003.

_____. "Reconhecimento ou redistribuição? A mudança de perspectivas na ordem moral da sociedade". In: SOUZA, Jessé; MATTOS, Patrícia. *Teoria crítica no século XXI*. São Paulo: Annablume, 2007, p. 79-93.

LABRA, Maria Eliana; FIGUEIREDO, Jorge St. Aubyn de. "Associativismo, participação e cultura cívica. O potencial dos conselhos de saúde". *Ciência & Saúde Coletiva*, Associação Brasileira de Pós-graduação em Saúde Coletiva, Rio de Janeiro, v. 7, n. 3, 2002, p. 537-47.

MATOS, Heloiza. *Capital social e comunicação: interfaces e articulações*. São Paulo: Summus, 2009.

MATTOS, Patrícia. "O reconhecimento, entre a justiça e a identidade". *Revista Lua Nova*, São Paulo, n. 63, 2004, p. 145-6.

NEVES, Paulo Sérgio C. "Reconhecimento e desprezo social ou os dilemas da democracia no Brasil contemporâneo: algumas considerações à luz da questão racial". *Política & Sociedade – Revista de Sociologia Política da UFSC*, Florianópolis, v. 6, n. 11, 2007, p. 117-32.

PAOLI, Maria Célia; TELLES, Vera da Silva. "Direitos sociais: conflitos e negociações no Brasil contemporâneo". In: ALVAREZ, Sonia; DAGNINO, Evelina; ESCOBAR, Arturo (orgs.). *Cultura e política nos movimentos sociais latino-americanos: novas leituras*. Belo Horizonte: Editora da UFMG, 2000, p. 103-48.

PEREIRA, M. L. D. "Negociações e parcerias: o desafio da gestão urbana democrático-participativa". *Teoria & Sociedade*, Belo Horizonte, v. 6, 2000, p. 212-41.

PÓLIS, Instituto/PUC-SP. "Saúde: avaliação da política municipal 2001-2002". *Observatório dos Direitos do Cidadão*, Pólis/PUC-SP, São Paulo, v. 19, 2004.

PORTES, Alejandro. "Capital social: origens e aplicações na sociologia contemporânea". *Sociologias*, Porto Alegre, set. 2000, n. 33, p. 133-58.

RAVAGNANI, Herbert Barucci. "Honneth leitor do jovem Hegel". *Revista de Iniciação Científica da FFC*, Marília, Unesp, v. 8, n. 1, 2008.

VALENTE, Júlia Leite; DE CAUX, Luiz Philipe. "O que é a teoria do reconhecimento". *Programa Polos de Cidadania*, Belo Horizonte, Faculdade de Direito da UFMG, 2008.

WERLE, Denilson Luiz. *Luta por reconhecimento e justificação da normatividade (Rawls, Taylor e Habermas)*. Tese (Doutorado) – Departamento de Filosofia, Faculdade de Filosofia, Letras e Ciências Humanas da Universidade de São Paulo, São Paulo, 2004.

15 DESIGUALDADES SOCIAIS NA ÁREA DA SAÚDE: TERCEIRA IDADE, RECONHECIMENTO E CAPITAL SOCIAL

Devani Salomão

Este trabalho apresenta uma reflexão que visa articular as experiências do idoso e as teorias do reconhecimento e do capital social. Busca realizar uma análise de como as pessoas da terceira idade têm se preocupado com essa fase da vida, com sua autonomia física e financeira, lutando por seus espaços e direitos nas esferas familiares, nos grupos sociais e no cumprimento das leis, e procurando visibilidade para garantir presença em ambientes sociais, com igualdade e respeito.

Para Bourdieu (1989), a sociedade ganha visibilidade por meio de espaços sociais que se particularizam pela manifestação de relações de poder, nos quais os agentes vão lutar em torno de interesses específicos, ocupando posições previamente fixadas e determinadas pelo capital social por eles adquirido. Assim, os agentes que desfrutam de posições hierarquicamente reconhecidas como superiores possuem maior prestígio e o poder de impor, aos demais, aquilo que lhes parece melhor e conveniente. Criam-se entre eles relações de dominação e, como interiorizaram um conjunto de visões e divisões, valores, crenças e representações, por intermédio de suas ações e discursos, a lógica do funcionamento dos campos tenderá a se reproduzir, como acentua Bourdieu, "de uma maneira relativamente imprevisível", mas sem atingir os princípios de poder que o estruturam.

Tal perspectiva de análise traz embutida uma advertência: a de que os processos cooperativos sejam analisados a partir do pressuposto de que, quaisquer que sejam as formas de apoio, a concessão de recursos e empréstimos para implementação de políticas, programas e projetos – seja qual for o seu foco e independentemente de sua importância para os beneficiários – abrange práticas e relações que ocorrem dentro de um campo de interesses que não é movimentado apenas pela benevolência gratuita. A cooperação envolve uma sucessão de encontros entre determinados agentes que propiciam a estruturação de um campo de poder marcado por confrontos e alinhamentos em torno da orientação de consensos sobre as condições e o próprio significado daquilo que se pretende alcançar, seja o "desenvolvimento sustentável", a "inclusão social", o "exercício da cidadania" etc. Temas como esses, ligados às práticas comunicativas e à busca de justiça social, estão no centro das reflexões que norteiam este trabalho.

O aprendizado proporcionado pela convivência com temas e atores sociais diversos das áreas da comunicação e da saúde foi o embrião das reflexões aqui desenvolvidas. Inicialmente, estudei a relação médico-paciente em ambulatórios de saúde pública. O objetivo era entender as características do processo comunicativo que se configurava no momento da consulta, tanto na percepção do paciente quanto na do médico, a fim de compreender sua função como mediadora da tensão existente entre as expectativas do paciente quanto ao atendimento idealizado e o serviço público realmente prestado na área da saúde em São Paulo.

Em 1997, resolvi ampliar o estudo, acompanhando e analisando as campanhas do governo federal dirigidas aos idosos. Em 1999, em comemoração ao Ano Internacional do Idoso, houve a primeira campanha de vacinação contra o vírus *Influenza* (gripe), contra difteria e tétano (dupla adulto), e da antipneumocócica. Ao estudar particularmente essa campanha em minha tese de doutorado, confirmei minhas suspeitas sobre a carência da comunicação pública do governo para alcançar o receptor idoso. Os instrumentos não estavam adequados àquela população.

O foco de estudo foi a comunicação pública procedente do Ministério da Saúde e direcionada à população da terceira idade que utiliza os serviços das unidades de saúde, especificamente na cidade de São Paulo. Procurou-se também entender as atitudes constitutivas da população idosa que a recebeu. Para tanto, examinei a trajetória, desde seu planejamento até a sua recepção, da cartilha *Viver mais e melhor.*

Busquei analisar a forma e o conteúdo do instrumento, bem como sua adequação ao público-alvo; avaliar qualitativamente a efetividade do conteúdo informativo da publicação para o idoso usuário das unidades públicas de saúde; e, também, identificar que mídias são consideradas importantes para a divulgação de informações sobre saúde, na visão do público-alvo, dos técnicos de comunicação e dos técnicos de saúde.

Os resultados indicaram que a seleção da mídia e os modos de produção da cartilha, pelo Ministério da Saúde, seguiram procedimentos recomendados na Política de Saúde do Idoso. O órgão, em decorrência de precária pesquisa, não considerou adequadamente as especificidades do receptor, ao escolher a forma e o conteúdo das mensagens com o objetivo de contribuir para a melhoria de saúde e qualidade de vida; mas a recepção pelo idoso foi adequada, apesar de essa mídia não ser a preferida desse grupo etário.

Iniciei, então, uma pesquisa sobre o idoso no Brasil para entender suas peculiaridades. O aumento da população idosa é um fato inquestionável e, segundo projeções feitas para 2030 pelo IBGE, na Síntese de Indicadores Sociais, haverá 21.793.613 idosos de 60 a 69 anos e 18.679.188 com mais de 70 anos, o que representará um significativo aumento de 263% em relação a 2000[1].

Além de envelhecer, a população crescerá cada vez menos. As mesmas projeções do IBGE indicam que, entre 2040 e 2050, a taxa média anual de crescimento será de apenas 0,33%, o equivalente a cerca de um oitavo da registrada na década de 1970 (2,48%).

Trata-se de uma revolução demográfica. A taxa de fecundidade está encolhendo e a expectativa de vida aumentando. Os idosos começam a se destacar na população e as políticas públicas de saúde não estão se preparando adequadamente para essa modificação do contingente populacional.

O aumento da população idosa já se reflete nos serviços de saúde pública oferecidos a essa população. As instituições precisarão buscar novos canais de comunicação para dialogar com esse contingente. A demanda da prevenção, que tornaria menores os custos com saúde pública, deverá ser redimensionada.

Compreensão do envelhecimento: aspectos físicos, psicológicos e sociais

O envelhecimento pode ser compreendido como o somatório dos processos de redução de eficiência física e mental do ser humano, determinados por mecanismos herdados (genéticos) que acabam por perturbar os processos fisiológicos endócrinos e metabólicos, reduzindo-lhes a eficiência em manter a rigidez orgânica. Assim, todo e qualquer recurso que reduza sua velocidade (pois detê-lo é impossível; todos morrem no final) está inserto na ideia do antienvelhecimento.

O idoso apresenta peculiaridades que requerem práticas, cuidados e tratamentos específicos. Com o avanço farmacológico, a melhoria nas condições de vida, a maior preocupação com a prevenção de doenças e a alimentação adequada, a prática de exercícios físicos, a exposição moderada ao sol, a estimulação mental, o controle do estresse, o apoio psicológico, a atitude positiva perante a vida e o envelhecimento são alguns fatores que podem retardar os efeitos da passagem do tempo.

Envelhecer pressupõe alterações físicas, psicológicas e sociais no indivíduo. Tais alterações são naturais e gradativas. É importante salientar que essas transformações são gerais, podendo se verificar em idade mais precoce ou mais avançada e em maior ou menor grau, de acordo com as características genéticas de cada indivíduo e, sobretudo, com o modo de vida de cada um.

---

1.   Disponível em: <http://www.ibge.gov.br/homepresidencia/noticias/noticia>. Acesso em: 13 abr. 2004.

Do ponto de vista físico, as principais mudanças do adulto jovem para o velho são as seguintes:

> [...] as bochechas se enrugam e embolsam; aparecem manchas escuras na pele (manchas senis); a produção de células novas diminui, a pele perde o tônus, tornando-se flácida; podem surgir verrugas; o nariz alarga-se; os olhos ficam mais úmidos; há aumento na quantidade de pelos nas orelhas e no nariz; os ombros ficam mais arredondados; as veias destacam-se sob a pele dos membros e enfraquecem; encurvamento postural devido a modificações na coluna vertebral; diminuição da estatura pelo desgaste das vértebras. (Zimerman, 2000, p. 21-2)

Algumas modificações internas podem ser apontadas:

> [...] os ossos endurecem; os órgãos internos atrofiam-se, reduzindo seu funcionamento; o cérebro perde neurônios e atrofia-se, tornando-se menos eficiente; o metabolismo fica mais lento; a digestão é mais difícil; a insônia aumenta, assim como a fadiga durante o dia; a visão de perto piora devido à falta de flexibilidade do cristalino; a perda de transparência (catarata), se não operada, pode provocar cegueira; as células responsáveis pela propagação dos sons no ouvido interno e pela estimulação dos nervos auditivos degeneram-se; o endurecimento das artérias e seu entupimento provocam arteriosclerose; o olfato e o paladar diminuem. (Zimerman, 2000, p. 22)

Com o passar dos anos, o desgaste do organismo é inevitável. A velhice não é uma doença, mas sim uma fase na qual o ser humano fica mais suscetível a doenças.

Além das alterações no corpo, o envelhecimento traz ao ser humano uma série de mudanças psicológicas que podem resultar em:

> [...] dificuldade de se adaptar a novos papéis; falta de motivação e dificuldade de planejar o futuro; necessidade de trabalhar as perdas orgânicas, afetivas e sociais; dificuldades de se adaptar às mudanças rápidas, que têm reflexos dramáticos nos velhos; alterações psíquicas que exigem tratamento; depressão, hipocondria, somatização, paranoia, suicídios; baixas autoimagem e autoestima. (Zimerman, 2000, p. 25)

A experiência mostra que, assim como as características físicas do envelhecimento, as de caráter psicológico também estão relacionadas com a hereditariedade, com a história e com a atitude de cada indivíduo diante da vida. As pessoas mais saudáveis e otimistas têm condições de se adaptar melhor às transformações trazidas pelo envelhecimento. Elas estão mais propensas a ver a velhice como um tempo de experiência acumulada, de maturidade, de liberdade para assumir novas ocupações e até mesmo de liberação de certas responsabilidades.

Além de mudanças físicas e psicológicas, o envelhecimento da população traz modificações no *status* social do idoso e no relacionamento dele com outras pessoas em função dos seguintes aspectos:

> a) Crise de identidade, provocada pela falta de papel social, o que levará o velho a uma perda de sua autoestima; b) Mudanças de papéis na família, no trabalho e na sociedade. Com o aumento de seu tempo de vida, ele deverá se adequar a novos papéis; c) Aposentadoria, já que hoje, ao aposentar-se, ainda restam à maioria das pessoas muitos anos de vida; portanto, elas devem estar preparadas para não acabarem isoladas, deprimidas e sem rumo; d) Perdas diversas, que vão da condição econômica ao poder de decisão, à perda de parentes e amigos, da independência e da autonomia; e) Diminuição dos contatos sociais, que se tornam reduzidos em função de suas possibilidades, distâncias, vida agitada, falta de tempo, circunstâncias financeiras e a realidade da violência nas ruas. (Zimerman, 2000, p. 24)

É necessário um trabalho de investigação das relações sociais dos idosos com filhos, netos, colegas, amigos, assim como das novas formas de relacionamento que os mantêm insertos no tecido social, dando origem a um novo estilo de vida para que as perdas sejam minimizadas.

É notório que quando falamos da velhice sempre a associamos às perdas. Não deveria ser assim, já que o idoso, ao longo da sua vida, adquiriu experiências que poderia compartilhar com familiares, amigos, comunidade etc. No entanto, os sinais impostos ao corpo, pelo tempo, que influem na aparência do idoso afetam as várias relações sociais, seja em círculos de convivência próxima, seja em círculos sociais mais amplos.

É importante lembrar, com Hall (2000) e Camarano (2004), que o corpo não se restringe à sua dimensão material e sensória. Ele é envolto por teias simbólicas que lhe conferem sentido, sendo algumas formações corpóreas valorizadas e outras depreciadas (manchas senis, enrugamento da pele, verrugas). Dessa maneira, a "identidade" social do idoso está construída mais pela aparência física do que por seus aspectos cognitivos.

Como todo cidadão, o idoso precisa que o "outro" o reconheça, considere-o um interlocutor válido e moralmente capaz de agir, para se sentir valorizado. A consideração do "outro", que o avalia como uma pessoa com experiência, que tem suas crenças, cultura, ideologia, preferências, anseios e habilidades, é necessária e fundamental.

Para definir a situação do idoso na sociedade brasileira – uma condição pautada pela injustiça, pelo desrespeito e pela baixa estima social – é necessário, em um primeiro momento, apresentar as principais características da teoria do reconhecimento. Para Honneth (2003), o reconhecimento social é uma necessidade vital de todo ser humano, uma conquista que envolve o autoentendimento do sujeito e o entendimento que os outros produzem sobre ele.

Teoria do reconhecimento

A teoria do reconhecimento trata os conflitos sociais como resultado de buscas interativas por consideração intersubjetiva[2] do valor dos sujeitos. Tendo como alicerce a filosofia hegeliana, Charles Taylor (1994) e Axel Honneth (2003) ressaltam a construção relacional da identidade, frisando que os sujeitos lutam o tempo todo por reconhecimento mútuo. Segundo os autores, é assim que os sujeitos se desenvolvem de forma autônoma. A chave da perspectiva é, portanto, a compreensão da identidade como possibilidade de autorrealização.

Em seu ensaio sobre o multiculturalismo, Taylor (1994, p. 26) afirma que o reconhecimento não é uma cortesia, mas uma necessidade humana. Isso porque as pessoas podem sofrer danos reais se a sociedade as representa com imagens depreciativas. Também para Taylor (1994; 1997), os sujeitos são construções dialógicas, e é mediante as interações subjetivas que podem realizar a tarefa de ser verdadeiros com seu projeto original de *self*. Em um mundo que construiu uma imagem individualizada do *self*, pautada pelo princípio da autonomia, "se eu não sou [verdadeiro comigo mesmo], eu perco o cerne da minha vida; eu perco o que ser humano significa para *mim*" (Taylor, 1994, p. 30).

O projeto de Taylor está calcado em uma reconstrução histórico-filosófica dos alicerces valorativos que delineiam e estruturam a própria existência das sociedades. Como lembra Souza (2006), há hierarquias valorativas tácitas que perpassam as práticas cotidianas e as instituições, mesmo que estas se apresentem como neutras. Para Taylor, a própria constituição dos sujeitos é guiada por princípios morais, amarrados no que ele denomina de *configurações*. Uma "configuração incorpora um conjunto crucial de distinções qualitativas. Pensar, sentir, julgar no âmbito de tal configuração é funcionar com a sensação de que alguma ação ou modo de vida ou modo de sentir é incomparavelmente superior aos outros" (Taylor, 1997, p. 35). A identidade faz-se, por conseguinte, inextricavelmente ligada a concepções de bem, que norteiam a vida dos sujeitos,

---

2. Segundo Martin Buber (2001), a intersubjetividade é a capacidade do homem de se relacionar com seu semelhante. O relacionamento intersubjetivo acontece entre o Eu e o Tu. A inter-relação envolve o diálogo, o encontro e a responsabilidade entre dois sujeitos e/ou a relação que existe entre o sujeito e o objeto.

garantindo-lhes o fundamento para juízos, intuições ou reações morais. "Taylor está interessado, antes de tudo, no componente avaliativo da constituição da identidade humana, na medida em que a autointerpretação dos sujeitos passa a ser percebida como momento constitutivo para a construção desta" (Souza, 2000, p. 99). São as *configurações* que permitem ao sujeito situar-se na trama social e orientar-se.

Taylor (1997, p. 17) assinala que, na contemporaneidade, "talvez o mais urgente e poderoso conjunto de exigências que reconhecemos como morais refiram-se ao respeito à vida, à integridade, ao bem-estar e mesmo à prosperidade dos outros". Logo, fica simples perceber que as condições de vida experimentadas por muitos idosos entram em choque direto com as *configurações* que sedimentam o que eles elaboram como um bom projeto de bem viver. Foi dado ao idoso, pela sociedade e, quem sabe, pelo Estado, também um arquétipo de cidadania que não corresponde à realidade. O estigma de inútil, a marginalização, a exclusão e a violência explicitam a distância em que se encontram de alguma *configuração* sobre cidadania. Essa distância se desdobra, todavia, em lutas sociais, já que os sujeitos podem projetar futuros novos e originais para a vida (Taylor, 1997, p. 72).

Ainda segundo a perspectiva de Taylor, a ideia de dignidade está no cerne do pano de fundo moral que rege as sociedades ocidentais contemporâneas, já que a modernidade gerou o declínio de hierarquias coletivas predeterminadas, o que levou a uma alteração da honra estamental em direção à dignidade geral. Mas a luta por dignidade não explica a totalidade de conflitos atuais. A modernidade também criou as condições para o desenvolvimento de um sentido de *self* calcado nas noções de autenticidade e de interioridade, suscitando uma política da diferença. Cada um tem uma identidade própria e insubstituível que ganha sua forma moral em associação com o ideal de autenticidade (Thompson, 2006, p. 23). Mas a política da diferença se distingue da luta por reconhecimento, pois enquanto a primeira busca a valorização do que é particular a cada identidade o reconhecimento busca explicitar padrões universais de valorização dos indivíduos a fim de questionar perspectivas de exaltação das diferenças.

Honneth e os domínios do reconhecimento

As proposições de Axel Honneth (2003) seguem rumo semelhante às do filósofo canadense Taylor, dado que também ressaltam a existência de um contexto normativo que alicerça as representações e práticas sociais, ainda que haja diferença entre a abordagem que os dois fazem do reconhecimento. Honneth é mais cauteloso do que Taylor ao tratar da universalização da dignidade. Além disso, a divisão analítica de três âmbitos do reconhecimento proposta por Honneth oferece um quadro explicativo mais acurado que a divisão tayloriana entre as lutas íntimas e públicas. Ele afirma que é por meio do *reconhecimento intersubjetivo* que os sujeitos podem garantir a plena realização de suas capacidades e uma autorrelação marcada pela integridade.

O filósofo e sociólogo alemão parte do princípio de que o conflito é intrínseco à formação dos sujeitos e da sociedade. Conflito que não é, contudo, conduzido apenas pela lógica da autoconservação individual, como pensavam Maquiavel e Hobbes. Trata-se, sobretudo, de uma luta moral, visto que a organização da sociedade é pautada por obrigações intersubjetivas. Assim, Honneth adota a premissa de Hegel, para quem indivíduos se inserem em diversos embates por intermédio dos quais constroem uma imagem coerente de si mesmos e possibilitam a instauração de um processo em que as relações éticas da sociedade se liberariam de particularismos. Tais embates dar-se-iam, na visão de Hegel, nos âmbitos da família, do direito e da eticidade[3].

É importante resgatar, neste momento, o pensamento de G. H. Mead (1934), que salienta a centralidade de um diálogo interno na conformação do *eu*. Segundo o pensador norte-americano, o *self* pode ser analiticamente subdividido em duas estruturas que vivem em permanente interação: o *mim* e o *eu-mesmo*. Enquanto a primeira é responsável pelos impulsos e desejos que caracterizam a individualidade, a segunda é moldada pelo *outro generalizado*[4], sendo composta pelos padrões culturais internalizados.

O *self* é a costura tensa entre *mim* (a face que apresento ao meu interlocutor) e *eu-mesmo* (a face voltada para nossos próprios anseios e necessidades). O diálogo entre elas ocorre na mente, entendida como uma construção social que atua com um espaço de efetivação da reflexividade (espécie de ponderação). Ancorando-se em uma ideia desenvolvida por John Dewey, Mead percebe que, entre estímulo e resposta, coloca-se a ação da mente que possibilita uma recursividade em que a resposta interfere no estímulo antes mesmo que ele se produza. A mente diz respeito à capacidade do indivíduo de conversar consigo mesmo. Ela permite que os seres humanos selecionem e organizem estímulos, projetem o futuro, ressignifiquem o passado, ponderem alternativas e façam escolhas, evidenciando a capacidade de autonomia do sujeito.

---

3. Hegel entende por eticidade "[...] o gênero de relação social que surge quando o amor, sob a pressão cognitiva do direito, se purifica, constituindo-se em uma solidariedade universal entre os membros de uma coletividade; visto que nessa atitude todo sujeito pode respeitar o outro em sua particularidade individual, efetua-se nela a forma mais exigente de reconhecimento recíproco" (Honneth, 2003, p. 153-4).

4. O conceito de outro generalizado, cunhado por George Herbert Mead, refere-se ao social pensado de maneira universal: é a cultura que se expressa em uma série de ações, sujeitos e símbolos, mas pensada sem referência a nenhum desses elementos em particular. Trata-se de um universal de cultura, de que os sujeitos se apropriam nas suas interações.

Nesse processo circular em que sociedade, mente e *self* se constroem mutuamente, Mead (1934, p. 75) chama a atenção para o papel da linguagem: ela "é uma parte de um processo social, e é sempre a parte por meio da qual afetamo-nos como afetamos aos outros e intervimos na situação social graças a essa compreensão do que dissemos". A ideia dele é a de que empregamos gestos significantes, os quais nos permitem perceber, antecipadamente, o impacto de nossas ações, remodelando-as diante das expectativas que temos sobre as ações do outro. É por meio da linguagem que o indivíduo internaliza a cultura e a coloca em diálogo com seus próprios impulsos. Mead defende, assim, que os indivíduos não são predefinidos, mas se constroem no agir diante do outro.

Honneth atualiza a ideia hegeliana por meio da psicologia social de G. H. Mead, que critica teorias sociais atomísticas, aprofunda o olhar intersubjetivista e investiga a importância das normas morais nas relações humanas. De acordo com Mead (*apud* Honneth, 2003, p. 133), "ao se colocar na perspectiva normativa de seu parceiro de interação, o outro sujeito assume suas referências axiológicas morais, aplicando-as na relação prática consigo mesmo". Nesse processo, ocorrem conflitos entre o *eu-mesmo*, o *mim* e o *outro*, mediante os quais indivíduos e sociedade se desenvolveriam moralmente. Mead também alicerça a ideia de reconhecimento em três tipos de relação: as primárias, as jurídicas e a esfera do trabalho.

A partir da junção desses *insights*, Honneth sistematiza sua proposta, afirmando (2003, p. 156) que "são as lutas moralmente motivadas de grupos sociais, sua tentativa coletiva de estabelecer institucional e culturalmente formas ampliadas de reconhecimento recíproco, aquilo por meio do qual vem a se realizar a transformação normativamente gerida das sociedades". Ele refina as categorias de Hegel e Mead, extraindo delas três princípios integradores: as ligações emotivas fortes, a adjudicação de direitos e a orientação de valores. E são esses três princípios que dão origem aos três âmbitos ou dimensões de reconhecimento definidos por Honneth.

O primeiro domínio de reconhecimento é estruturado por meio das relações de amor. Apoiando-se na psicanálise de Winnicott, Honneth analisa as relações entre mãe e filho, indicando que elas passam por uma transformação que vai da fusão completa à dependência relativa. Nessa dinâmica, um aprende com o outro a ver-se como autônomo. Em cada relação amorosa, atualizar-se-ia o jogo de dependência/autonomia oriundo dessa fusão originária, dele dependendo a confiança básica do sujeito em si mesmo e no mundo. A autoconfiança deriva, assim, do amor que a pessoa recebe de seu entorno, garantindo-lhe a satisfação de suas necessidades essenciais.

As relações de direito são, por sua vez, a segunda dimensão do reconhecimento e pautam-se pelos princípios morais universalistas construídos na modernidade. O sistema jurídico não admite privilégios e gradações, aplicando-se a todos na mesma medida e permitindo aos sujeitos reconhecer-se reciprocamente como seres humanos dotados de igualdade. Honneth indica que o que caracteriza essa igualdade humana é algo construído historicamente, sendo a modernidade marcada por atributos universais. Recorrendo às clássicas proposições de T. H. Marshall, o autor discute as lutas travadas para a construção dos direitos civis, políticos e sociais. Para Honneth (2003, p. 195), as relações jurídicas geram o autorrespeito: "consciência de poder se respeitar a si próprio, porque ele merece o respeito de todos os outros".

A terceira e última dimensão do reconhecimento dá-se no domínio das relações de solidariedade, que propiciam algo além de um respeito universal. Honneth (2003, p. 198) lembra que:

> Para poderem chegar a uma autorrelação infrangível, os sujeitos humanos precisam [...] além da experiência da dedicação afetiva e do reconhecimento jurídico, de uma estima social que lhes permita referirem-se positivamente as suas propriedades e capacidades concretas.

Aos três âmbitos do reconhecimento, o filósofo alemão associa, respectivamente, três formas de desrespeito: 1) aquelas que afetam a integridade corporal dos sujeitos e, assim, sua autoconfiança básica; 2) a negação de direitos que mina a possibilidade de autorrespeito, na medida em que impõe ao indivíduo "o sentimento de não possuir *status* de um parceiro de interação com igual valor" (2003, p. 216); 3) a referência negativa do valor de certos indivíduos e grupos, que afetam a autoestima dos sujeitos. Todas essas formas de desrespeito representam perigos concretos à autorrealização. No caso dos idosos, as agressões verbais e físicas, o ostracismo e a negação de direitos nos transportes coletivos, entre outros, configuram-se como exemplos claros de não reconhecimento.

Idosos e reconhecimento

A vida dos idosos é composta não apenas por situações de desrespeito que ferem a autoconfiança, o autorrespeito e a autoestima. Observam-se muitas ações voltadas para a contestação de práticas desrespeitosas, uma vez que a injustiça pode fomentar a insensibilidade social quanto ao papel do idoso na sociedade. Faz-se necessário, logo, o reconhecimento da participação cada vez mais ativa desse contingente nas esferas familiares, jurídicas e sociais.

O amor desempenha papel importante na vida dos idosos. São muitas as histórias de idosos abandonados por suas famílias, além de vários os casos que revelam como eles podem ser extorquidos por seus familiares mais próximos.

No âmbito dos direitos, existem vários tipos de desrespeito que ferem a integridade moral dos idosos, apesar de haver inúmeras legislações para protegê-los. Em 15 de junho de 2010, a Secretaria de Direitos Humanos da Presidência da República (SDH/PR), o Conselho Nacional dos Direitos do Idoso (CNDI) e parceiros lançaram em Brasília a Campanha Nacional de Conscientização sobre a Violência contra a Pessoa Idosa[5]. O foco escolhido para esse ano foram os transportes coletivos urbanos e semiurbanos, e o slogan da campanha foi: "As pessoas idosas têm o direito de ir e vir com segurança e tranquilidade. Respeitar esse direito é um ato de cidadania". Foram afixados cartazes em ônibus e distribuídos folhetos informativos a motoristas em todas as capitais e nos municípios com mais de 500 mil habitantes.

A Lei Municipal nº 12.633, de 6 de maio de 1998, que dispõe sobre a criação do Programa Permanente de Treinamento e Reciclagem para motoristas, cobradores e fiscais de ônibus, insiste que o treinamento desses profissionais seja direcionado a um melhor modo de tratar pessoas idosas, o que fica explícito nos dizeres de seu artigo 1º, que exige "a melhoria do tratamento dispensado aos idosos na prestação de seus serviços". Apesar disso, as denúncias de maus-tratos e constrangimentos são, ainda, frequentes. Os relatos envolvem casos de motoristas que dão partida no ônibus enquanto passageiros ainda estão subindo ou descendo as escadas ou casos em que as pessoas mais idosas são tratadas com impaciência e grosseria. Há ainda situações em que motoristas, vendo idosos sozinhos no ponto de ônibus, ignoram sua presença e passam direto.

Esse desrespeito expresso por alguns motoristas e cobradores de ônibus está relacionado a quê? Que percepção eles têm dos idosos? O que contribuiu para que tenham esse entendimento?

O desrespeito e o preconceito

O comportamento negativo perante a velhice não é fenômeno exclusivo do Brasil, faz parte da violência social em geral e é universal. Em muitas sociedades, ocorrem diversas expressões dessa violência, muitas delas naturalizadas pelo uso de costumes, valores construídos socialmente e sustentados pela tradição. A violência é o tipo de crime mais trágico praticado contra o idoso. É considerado trágico pelo fato de quem o comete ser, quase sempre, alguém que tem uma relação muito próxima com a vítima.

---

5. Ver: <http://www.pastoraldapessoaidosa.org.br/index.php?option=com_content&view= article&id=100:-campanha-nacional-promove-conscientizacao-sobre-violencia-contra-idosos->. Acesso em: 30 jul. 2010.

De acordo com a Rede Internacional para a Prevenção de Maus-tratos contra o Idoso (Inpea, 2007), adotou-se a definição de maus-tratos elaborada em 1995 na Inglaterra. Essa definição enfatiza que os maus-tratos ao idoso são um ato (único ou repetido) ou omissão que lhe causem dano ou aflição e se produzem em qualquer relação na qual exista expectativa de confiança. A realidade da pessoa idosa é diversificada em cada sociedade, a concepção de velhice muda de acordo com as diferentes culturas, dependendo do momento histórico, da condição social, etnia, gênero e outras condicionantes, mas seus limites são universais.

A violência contra o idoso pode ser considerada uma afronta à dignidade humana, estando relacionada com a visão negativa da velhice. Portanto, a violência traz subjacente uma visão depreciativa do idoso, fruto do desrespeito, do preconceito e crueldade, e que precisa ser superada. É importante, dessa forma, desconstruir conceitos negativos sobre a velhice e o processo de envelhecimento, criando uma imagem positiva do ser idoso. De acordo com Minayo (2004, p. 16),

> A violência contra o idoso é um fenômeno de notificação recente no mundo e no Brasil, a vitimização desse grupo social, no entanto, é um problema cultural de raízes seculares e suas manifestações são facilmente reconhecidas desde as mais antigas estatísticas. O fato de o crescimento da quantidade de idosos oferecer um clima de publicização e conscientização das informações sobre maus-tratos de que são vítimas tornou este problema uma prioridade a ser discutida.

Para Baker (1975), a violência contra o idoso teve sua primeira divulgação a partir de 1976, quando os abusos contra idosos foram descritos em revistas científicas britânicas como "espancamento de avós".

No Brasil, a questão começou a ganhar visibilidade nas décadas de 1980 e 1990, com a realização de várias pesquisas na área de gerontologia e publicações de bibliografias referentes ao tema da violência contra a pessoa idosa. Alguns autores que iniciaram os escritos sobre a violência contra idosos no Brasil foram Machado *et al.* (1997), Machado, Gomes e Xavier (2001), Machado (2002), Souza *et al.* (1998), Menezes (1999) e Minayo (2003; 2004). Somente depois dessas publicações foi que a preocupação com a qualidade de vida dos idosos entrou na agenda de saúde pública brasileira.

À semelhança de muitos países do mundo, no caso brasileiro a violência contra a geração idosa manifesta-se na maneira de tratá-la e representá-la. Essa representação tem vários focos de expressão e de reprodução. Segundo Minayo (2004, p. 14), "A natureza das violências que a população idosa sofre coincide com a violência social que a sociedade brasileira vivencia e produz nas suas relações e introjeta na sua cultura".

As mudanças ocorridas na pirâmide etária do Brasil diferenciam-se das mudanças ocorridas na Europa, onde o envelhecimento populacional foi gradual e os países puderam se organizar, implantando políticas que atendessem às demandas do segmento idoso. No Brasil, ao contrário, o aumento populacional tem ocorrido de uma geração para outra; e o país não teve tempo nem recursos para se preparar. Existe toda uma legislação de proteção social e inclusão voltada para a pessoa idosa, contemplada na Constituição Federal de 1988, na Lei Orgânica da Assistência Social (1993), na Política Nacional do Idoso (1994) e no Estatuto do Idoso (2003). Mas há uma grande distância entre o que estabelecem as leis e sua efetivação na prática.

A missão do Estado se expressa, perante o alto índice de desemprego e a má distribuição de renda, pela ineficácia em suas políticas públicas ou sua execução com ações focalizadas e assistencialistas, pela escassez de programas sociais e precariedade dos serviços de saúde pública, entre outros. No âmbito das instituições de assistência social e saúde, são frequentes as denúncias de maus-tratos e negligência contra o idoso. Por conseguinte, o tratamento que o próprio Estado dispensa aos idosos constitui a maior expressão de violência macro ou violência estrutural.

De acordo com Minayo (2004, p. 15), "nas instituições, as burocracias que se investem da cultura do poder sob a forma de impessoalidade reproduzem e atualizam, nos atos e nas relações, as discriminações e os estereótipos que mantêm a violência".

Reconhecimento da dignidade e da paridade moral dos idosos

Uma das críticas mais consistentes desenvolvidas às proposições de Honneth e de Taylor é aquela formulada por Nancy Fraser. Para a filósofa norte-americana, a justiça requer tanto a redistribuição como o reconhecimento (Fraser, 1997) e sua abordagem chama a atenção para a relevância dos recursos econômicos na construção da emancipação dos sujeitos. Ela defende que as lutas por redistribuição e reconhecimento teriam lógicas distintas e que, enquanto aquelas buscariam o fim das diferenças, estas últimas estariam calcadas em sua afirmação. Para Fraser, isso gera uma esquizofrenia filosófica, já que as pessoas afetadas por injustiças materiais e culturais teriam de negar e afirmar sua especificidade ao mesmo tempo.

Buscando resolver o referido dilema, a autora constrói um modelo centrado na ideia de paridade de participação. Fraser critica o que chama de paradigma identitário do reconhecimento, afirmando que a lógica da autorrealização é um equívoco teórico e político. Ela acredita que esse paradigma geraria dificuldades para a observação empírica, conduziria à reificação de identidades e impossibilitaria a distinção entre reivindicações justificáveis e não justificáveis.

Como alternativa, Fraser (2000, p. 113) propõe um modelo de reconhecimento calcado na noção de *status*. Nessa perspectiva, o não reconhecimento não é explicado em termos de depreciação da identidade, mas como subordinação social: "o que requer reconhecimento não é a identidade específica do grupo, mas o *status* de seus membros individuais como parceiros na interação social". A análise do desrespeito adquire desse modo um objeto palpável: padrões institucionalizados de desvalorização cultural, que constroem certas categorias de atores sociais como normativas e outras como inferiores. Fraser alega que tal viés seria distinto dos de Honneth e Taylor por não buscar a valorização de identidades, mas a superação da subordinação, o que requer mudanças de valores e instituições.

O essencial, na concepção de Fraser (2000; 2003), é promover uma guinada teórica da ética hegeliana para a moral kantiana. A primeira trata de bem viver e diz respeito a valores historicamente configurados, já a segunda se refere a questões universais de justiça, pautando-se pelo correto e não pelo bom. Para ela, as reivindicações de reconhecimento devem ser universalmente vinculantes, não podendo depender de horizontes específicos de valor. Ao mover-se nessa direção, nega a perspectiva de que o reconhecimento seria uma questão de autorrealização.

De acordo com a filósofa (2003, p. 30-1), essa guinada teria quatro consequências imediatas. A primeira é que não se opta por uma concepção específica do bem em detrimento de outras: "o modelo de *status* é deontológico e não sectário". As segunda é que o problema do desrespeito é situado em relações sociais e não em estruturas internas dos sujeitos, evitando culpabilizar as vítimas pela absorção da opressão. Em terceiro lugar, afasta-se a noção de que todos teriam igual direito à estima social, o que esvaziaria a própria noção de estima. Finalmente, a quarta consequência é que essa guinada moral resolveria a esquizofrenia filosófica entre reconhecimento e redistribuição. Tendo em vista que se trata de remover os impedimentos à formação de relações mais simétricas, é possível pensar a imbricação de ambas as lutas. A redistribuição alicerça as condições objetivas para a paridade de participação, ao passo que o reconhecimento estaria no cerne das condições intersubjetivas de tal paridade.

Para Pinto (2008, p. 47), "o Brasil tem um seriíssimo déficit de bem-estar social, porque grandes parcelas da população estão fora da possibilidade de constituírem-se como sujeito de luta por distribuição e reconhecimento, sejam estes considerados como *status* ou autorreconhecimento". Segundo a autora, os pobres na América Latina, ou a massa de miseráveis no mundo, estão muito mais expostos a sofrer ações de alguém, tornando-se objeto (ou alvo) de ações de distribuição ou de reconhecimento, do que de ser sujeitos de seu próprio reconhecimento.

Ao analisar a polêmica tensão que se estabelece entre as perspectivas de Fraser e Honneth, ela ressalta que esse debate toma uma

> [...] direção diversa em cenários de grande pobreza e desigualdade social, na medida em que a noção de reconhecimento fica mais limitada a um reconhecimento externo; isto é, o outro reconhece e age sem necessariamente construir uma relação com o reconhecido, como ocorre no processo de autorreconhecimento na teoria de Honneth. O outro, no caso, é sempre ou quase sempre um agente estatal que atua através de políticas públicas. (Pinto, 2008, p. 48)

É o que ocorre com os idosos "protegidos" e "assegurados" que estão nos seus direitos, nas mais variadas áreas, por inúmeras leis municipais, estaduais e federais. Esse número exacerbado de leis chama a atenção porque ressalta a fragilidade do reconhecimento "natural" desses direitos.

Sob a ótica de Fraser, a luta das pessoas idosas certamente poderia ser pensada como uma ação de demanda por reconhecimento, já que essas pessoas aspiram às alterações de padrões simbólicos depreciativos que impedem ou dificultam sua inserção social na condição de membros efetivos da sociedade, em pé de igualdade com seus interlocutores.

Mas uma questão importante é que a busca dos idosos por reconhecimento não é uma busca de soberania e autodeterminação. Ela almeja a consideração do outro. Para Honneth (1997, p. 316), "reconhecimento e respeito são atitudes morais que nós somos mutuamente obrigados a adotar, porque elas possibilitam as condições com base nas quais nós mantemos, conjuntamente, nossa integridade como seres humanos". Se a autorrealização é uma contínua construção dialógica, ela não pode ser entendida nem como imposta de fora nem como a mera expressão de desejos individuais. Ela depende de um diálogo em que os atores envolvidos operam em conjunto, sendo transformados pela simples existência do outro. A esse respeito é preciso lembrar a influência de Mead sobre Honneth e ter em vista que Mead (1934, p. 235) afirma que:

> Do mesmo modo sociopsicológico que um indivíduo humano se torna consciente de si-mesmo, ele também se torna consciente de outros indivíduos; e sua consciência tanto de si mesmo como de outros indivíduos é igualmente importante em seu próprio desenvolvimento pessoal e para o desenvolvimento da sociedade ou do grupo ao qual ele pertence.

No centro da ideia de estima defendida por Honneth está a defesa de que os sujeitos não querem se ver como partes indiferenciadas de uma massa amorfa e homogênea. Por isso, a simples garantia de direitos não é a totalidade do reconhecimento. Os idosos precisam ver-se como indivíduos específicos capazes de ser estimados por suas contribuições à sociedade, que foram e são muitas.

Em suas ações destinadas a obter amor, respeito e estima, os idosos lidam com preconceitos que impedem ou dificultam a realização de normas pressupostas como válidas. Eles demandam recompensas materiais, oportunidades de trabalho, o fim do preconceito, a atenção do governo, a participação em decisões que afetam sua vida, o carinho e o respeito dos familiares.

Modificações de hábitos e posturas surgidas a partir do reconhecimento de alguns direitos têm tirado do termo "velhice" a ideia de inatividade. Um exemplo disso são as ações afirmativas desenvolvidas a partir da obrigatoriedade dos descontos em passagens de ônibus para as pessoas com 65 anos ou mais. Cruzeiros, pacotes de viagens, roteiros específicos para a terceira idade surgiram e têm se intensificado, gerando uma mudança comportamental tanto na vida desses indivíduos como nas noções a respeito do uso do tempo por parte dos aposentados, do desfrutar de prazeres na terceira idade.

Uma das maiores barreiras que a nova geração de idosos vem atravessando e, por que não, vencendo também, é a de provar que eles são capazes sim de trabalhar e desempenhar tarefas que exigem tanto esforço físico quanto esforço mental. "Mais importante do que um aumento no nível de atividade econômica, tem-se verificado um aumento na participação da População Economicamente Ativa (PEA) idosa no total da PEA brasileira" (Camarano, 2004, p. 3). A autora afirma ainda que se considerarmos apenas o efeito das tendências demográficas, ou seja, do envelhecimento populacional, o número de idosos economicamente ativos pode vir a representar 13% no ano 2020.

Um novo papel na família também já pode ser notado. Com as crescentes exigências no mundo do trabalho e as necessidades de tempo por parte dos filhos, também a questão da utilidade social do idoso ganha força: o auxílio nas tarefas diárias, os cuidados com os netos, entre outros afazeres, têm se mostrado como uma reinvenção do velho: com novas atribuições dentro da lógica da economia de mercado, o novo idoso vem deixando de lado o estereótipo de inútil e incapaz, embora esses conceitos ainda sejam muito fortes na determinação social de velhice.

A ideia de contribuição social, nesse sentido, é também uma consideração que vem ganhando força. Quando alguém deixa de ser avaliado como dependente ou mesmo como um peso para a sociedade, pode ser entendido sob um olhar mais positivo, ou seja, como alguém que pode contribuir para com a vida e, em vez de "sugar" recursos, tem algo a dar. Esse "algo" pode ser até mesmo o tempo, considerado ocioso com relação à ideia de ocupação e produtividade; o velho pode agregar seu excesso de tempo à falta de tempo dos familiares que estão insertos no mercado de trabalho, levando-o assim a assumir uma nova função dentro da família.

Seria o que Caillé (2002, p. 192) considera uma dádiva, ao definir sociologicamente esse comportamento como "qualquer prestação de bens ou serviços efetuada sem a garantia de retorno, tendo em vista a criação, manutenção ou regeneração do vínculo social. Na relação de dádiva, o vínculo é mais importante do que o bem"[6]. Segundo esse autor, a sociabilidade primária é o tipo de relação social em que a personalidade das pessoas é mais importante do que as funções que elas desempenham (sem impedir a existência e a importância de tais funções).

Também devem-se destacar os novos modelos familiares emergentes, nos quais alguns idosos têm assumido papel de destaque, podendo ser até mesmo os provedores econômicos de filhos e netos. Somando a aposentadoria a "bicos", muitos avôs e avós são hoje os responsáveis por manter a casa, ficando também responsáveis pelos netos, substituindo os pais no processo de educação informal, dando-lhes atenção, afeto, aconselhando-os em várias situações. Acredito que para o idoso essa seja uma maneira de buscar o reconhecimento do seu valor.

O exercício pleno da cidadania do idoso não pode ser simplesmente outorgado por lei. Assim, deve-se compreender a cidadania como participação política e como exercício de direitos e deveres políticos, civis e sociais, adotando no cotidiano atitudes de solidariedade, cooperação e repúdio às injustiças, respeitando o outro e o reconhecendo como de igual importância.

O capital social e o idoso

Quais são os campos sociais de atuação dos idosos? Eles se restringem com a idade? As experiências acumuladas na velhice dão origem a um tipo de capital social? A possibilidade de exercer novas ocupações pode se configurar em capital social? Com a aposentadoria, resta-lhes mais tempo livre, com liberdade para fazer o que não podiam. Essas questões requerem reflexões que precisam de suporte teórico, além do empírico. Assim, apoio-me em alguns autores para refletir acerca das formas de cooperação e reciprocidade que sustem os vínculos sociais dos idosos, permitindo-lhes acioná-los quando necessário.

Pierre Bourdieu (1985) trata o capital social como o conjunto de recursos decorrentes da existência de uma rede de relações de reconhecimento mútuo institucionalizada em campos sociais. Os recursos são empregados pelas pessoas a partir de uma estratégia de progresso dentro da hierarquia social do campo, prática resultante da interação entre o indivíduo e a estrutura.

---

6. No conceito de dádiva elaborado por Godbout e Caillé (1999) o valor do vínculo tem mais importância do que o valor de uso e do que o valor de troca.

Cada campo social se caracteriza como um espaço no qual se manifestam relações de poder, o que significa dizer que os campos sociais se estruturam a partir da distribuição desigual de um *quantum* social que determina a posição que cada agente específico ocupa em seu interior. Bourdieu denomina esse *quantum* de "capital social". A estrutura do campo é composta, desse modo, por dois polos opostos: o dos dominantes e o dos dominados. Os agentes que ocupam o primeiro polo são justamente aqueles que possuem um máximo de capital social, enquanto os que se situam no polo dominado definem-se pela ausência ou pela escassez do capital valorizado no espaço específico do seu campo de pertencimento e, por sua vez, na sociedade como um todo (Bourdieu, 1985). As bases teóricas de explicitação do conceito de capital social mais diretamente orientadas ao campo econômico estão presentes na pesquisa sobre a burguesia francesa (Bourdieu e Saint Martin, 1978). Em um extenso e profundo trabalho empírico, os autores desenvolvem uma metodologia para conhecer a origem e o comportamento do patronato francês, analisando desde sua origem familiar, passando pelas escolas e clubes que frequentam, até as associações das quais fazem parte.

Ao evidenciar as relações existentes entre as estratégias econômicas de sobrevivência das empresas e as suas equivalentes de sobrevivência familiar, o papel do sistema de ensino, das redes familiares e empresariais e das redes oriundas das escolas de nível superior, os autores demonstram a importância das diferentes redes nas quais os membros do patronato francês estão insertos.

Elas representam, assim, o seu capital social. Embora não se utilize com frequência o conceito de rede, fica clara a sua importância para a solidez da análise. No andamento da investigação, surgem outros conceitos de capital associados às redes, como o capital de relações pessoais e o capital de informação, dentre outras formas de capitais associados aos agentes e às estruturas nas quais estão situados. Para Coleman (*apud* Matos, 2009, p. 37),

> O capital social pode ser encontrado em dois tipos de estrutura: nas redes sociais que funcionam num espaço fechado (um clube, associação ou sindicato, com suas próprias normas e sanções) ou numa organização social ou instituição com objetivo específico (empresa, governo, associação cultural, partido político, ONG). Neste último caso, a organização ou instituição pode se afastar do seu objetivo primário (lucro, gestão, eleição) para integrar uma ação ou causa social.

Dessa maneira, o capital social pode assumir três formatos, correspondendo: 1) às expectativas e obrigações recíprocas, que dependem do grau de confiança que permeia dada estrutura social; 2) às redes de comunicação nas quais circulam as informações, que facilitam a articulação das ações coletivas; 3) às normas que garantem a aplicação dos itens apontados anteriormente (Coleman, 1988).

Apesar de seu nome conter a palavra "capital", não se trata de um conceito econômico. O mesmo ocorre com a palavra "social", que não é aqui um conceito sociológico. *Capital social* é um conceito político porque significa outro tipo de poder, o poder de fazer, de empreender, de inovar, e não de mandar em alguém. Esse poder é, na verdade, um empoderamento, quer dizer, um encorajamento que flui da sociedade para o indivíduo.

Os idosos no Brasil não são estimulados ao empoderamento talvez por causa do capital físico, ou produtivo, associados, muitas vezes, a doenças crônicas e senilidade.

Considerações finais

Acredito que uma nova identidade do idoso está sendo construída na própria ação da busca do reconhecimento da dignidade e da paridade moral, já que o questionamento de formas de injustiça e marginalização transformam os protagonistas empenhados em mudar a situação vigente. Tanto aqueles que reivindicam como aqueles a quem essas reivindicações se destinam são reconfigurados pelo processo conflitivo. É necessário entender que essas lutas fazem parte da própria ação democrática, devendo ser permanentes e abertas. Sob esse aspecto, o modelo de democracia deliberativa (ou dialógica) de Habermas nos oferece uma base importante para refletirmos acerca da necessidade de fazer que os idosos sejam protagonistas de suas demandas por justiça na esfera pública.

O modelo de democracia comunicativa está baseado nas formas de comunicação mediante as quais o processo político deve ser capaz de alcançar resultados racionais, justamente por constituir-se de modo deliberativo (Habermas, 2002, p. 277). A teoria do discurso habermasiana acolhe elementos de concepção republicana e liberal, integrando-os em um procedimento ideal para a tomada de decisões. Para o autor (2002, p. 278), esse procedimento democrático "cria uma coesão interna entre negociações, discursos de autoentendimento e discursos sobre a justiça, além de fundamentar a suposição de que sob tais condições se almejam resultados ora racionais, ora justos e honestos". A formação de opinião se dá de maneira informal e acarreta decisões eletivas institucionalizadas e resoluções legislativas por meio das quais o poder criado pela ação comunicativa é transformado em poder aplicável de modo administrativo. A partir do desenvolvimento do princípio democrático, formula-se uma prática deliberativa voltada para a reciprocidade, o respeito mútuo e a cooperação.

Os conflitos morais sobre o reconhecimento intersubjetivo dependem de diálogos públicos. Se a questão é desconjuntar práticas nacionalizadas, a fim de garantir as condições para a autorrealização, faz-se necessária a reconstrução da solidariedade social, a qual requer um constante esforço de falar para outros atores e de escutá-los. Somente quando os sujeitos se inserem em trocas comunicativas de razões e proferimentos que visam ao entendimento mútuo pode ocorrer a instauração do respeito pela reconfiguração de valores (Habermas, 1984).

A ação comunicativa mostra-se fundamental para que lutas de reconhecimento se desdobrem. Isso porque, na ação comunicativa, "os atores procuram chegar a um entendimento sobre a situação da ação e seus planos de ação, de modo a coordenar suas ações por meio de um acordo" (Habermas, 1983, p. 86). De maneira distinta de outras formas de agência, a ação comunicativa permite aos atores estabelecer relações reflexivas com o mundo objetivo, ao mundo social e ao mundo subjetivo (Habermas, 1983, p. 85-98). Por meio da troca de pretensões de validade criticáveis, ela permite uma reconsideração intersubjetiva do mundo tido como certo em suas múltiplas dimensões. Na ação comunicativa, os sujeitos podem, na qualidade de participantes, reestruturar o mundo em que vivem, seus padrões interacionais e autoentendimentos.

A questão da ação comunicativa é interessante, mas é difícil supor que oprimidos e opressores se sentariam em uma mesma mesa para dialogar a opressão, dado que a opressão estrutural que atravessa muitos conflitos, incluindo o contingente da terceira idade, não é marcada pelo despotismo. Ela é reproduzida por diversas instituições e práticas sociais, sem se concentrar em atores específicos (Young, 2000). Não é possível situar claramente os opressores.

Levanta-se então uma questão: como supor que sujeitos desrespeitados podem ser inseridos em processos decisórios? Como os idosos, vistos como sujeitos socialmente repudiados, conseguem se fazer ouvir? Embora a igualdade seja um princípio regulador da decisão, seria ingênuo esperar sua integral existência em condições reais, tendo em vista que os participantes dessa ação comunicativa possuem recursos e capacidades distintas. Há diferenças não apenas no acesso a muitas instâncias comunicativas, mas também no grau de eficácia discursiva de variados atores, o que deixa a ação comunicativa ainda mais comprometida. Seria impossível a eliminação de assimetrias, já que a qualidade da oratória, a posição ocupada pelos sujeitos, a idade do participante e mesmo sua experiência estabelecem diferenças no efeito das argumentações e das justificativas que interferem nas decisões (Young, 2000).

A ideia-chave é a de um processo argumentativo em que os atores envolvidos no processo decisório dirigem-se respostas recíprocas, consideram a existência do outro e de seus proferimentos. A cooperação deliberativa está ancorada, assim, no princípio normativo do *ideal-role-taking*, que Habermas (1987) discute em sua teoria da ação comunicativa a partir das proposições de G. H. Mead. Para esse autor (1934), como vimos, o ato social não é fruto de indivíduos monádicos, e sim de uma situação interacional em que a própria relação precede e configura o ato. Os sujeitos não são entidades independentes que planejam seus atos individualmente. Mead percebe que os processos comunicativos são a base da cooperação e não restringe o significado desta à ideia de altruísmo. A cooperação social surge no ato em que membros de uma comunidade de linguagem assumem as atitudes sociais uns dos outros reciprocamente (Mead, 1934, p. 254).

A sociedade estabeleceu um modelo de categoria para os idosos e os catalogou conforme os atributos considerados comuns e naturais pelos membros dessa classe. Estabeleceu também as categorias às quais as pessoas idosas devem pertencer, bem como seus atributos. Isso significa que a sociedade determinou um padrão externo a esses indivíduos que permite prever a categoria e os atributos, a identidade social e as relações com o meio. Criou-se um modelo social do idoso que atualmente não corresponde à realidade, mas ao que Goffman (1993) denomina de identidade social real e virtual. Os atributos nomeados como identidade social real são de fato o que pode demonstrar a que categorias o indivíduo pertence. Em suma, o idoso é um sujeito estigmatizado.

Segundo Goffman, o estigma estabelece uma relação impessoal com o outro, o sujeito não surge como uma individualidade empírica, mas como representação circunstancial de certas características típicas da classe do estigma, com determinações e marcas internas que podem sinalizar um desvio, mas também uma diferença de identidade social.

Ao retomar os conceitos de individualidade virtual e identidade real do sujeito, o autor sublinha que, quanto mais acentuado o estigma e mais visível a diferença entre o real e os atributos determinantes do social, mais o sujeito assume uma posição isolada da sociedade ou de si mesmo e passa a ser uma pessoa desacreditada.

Entretanto, entendo que muitos idosos superam esse estigma social, estimulados por novos cenários nas conjunturas familiares, econômicas e jurídicas. Na família, sobretudo por meio de novos vínculos, o idoso assume o papel de provedor, não só econômico, mas também afetivo, das necessidades de filhos e netos, o que acrescenta pontos significativos na sua identidade social.

Prospectando esse cenário, pode-se fazer a proposição de que o trabalhador idoso é capaz de contribuir para o desenvolvimento sustentável de comunidades e para a valorização da cultura local. Essa suposição pressupõe que o trabalhador idoso tem seu conhecimento construído e valorizado por um somatório de elementos, entre eles o período de tempo no exercício profissional, a educação formal e autodidata a que teve acesso, a cultura e o local que impregnou sua vida ao longo da convivência na comunidade em que mora e trabalha, perpetuando, por sua ação multiplicadora, o conhecimento adquirido.

Quanto à reinserção dos idosos no mercado de trabalho, existem evidências de que a educação é um dos fatores determinantes. Wajnman *et al.* (2004) observam que, por mais que os idosos estejam mal posicionados na escala socioeconômica, à medida que envelhecem as melhores chances de permanecer ativos pertencem aos mais bem qualificados e aos que não estão envolvidos nas atividades manuais. A escolaridade torna-se crucial para a continuidade do aposentado no mercado de trabalho, uma vez que as atividades mais especializadas não demandam tanto vigor físico.

Não se pode mais manter o olhar na velhice como fato consumado de exclusão, por fator biológico ou por fator precoce, por conta de um mercado de trabalho preconceituoso e "míope" que fixa patamares de 60 ou 65 anos para o fim da etapa produtiva do trabalhador. É preciso também abandonar a visão puramente assistencialista dos projetos e programas voltados aos idosos, pois elas, apesar de necessárias em algumas situações – instituições asilares, ações médico-geriatras, aposentadorias, por exemplo –, em vez de proporcionar melhor padrão de vida a quem sempre trabalhou, resultam em perda da sociabilidade, quando não em "morte social" motivada por uma sociedade alheia e despreparada para a questão.

Referências

BAKER, A. A. "Granny-battered". *Modern Geriatrics*, v. 5, n. 2024, 1975.

BOURDIEU, Pierre. "The forms of capital". In: RICHARDSON, J. (org.). *Handbook of theory and research for the sociology of education*. Nova York: Greenwood, 1985, p. 241-58.

_____. *O poder simbólico*. Rio de Janeiro: Bertrand Brasil, 1989.

BOURDIEU, Pierre; SAINT-MARTIN, Monique de. "Le patronat". *Actes de la Recherche en Science Sociales*, Paris, n. 20/21, 1978, p. 3-82.

BRASIL. Ministério da Saúde. *Política nacional de redução da morbimortalidade por acidentes e violências*. Brasília: Ministério da Saúde, 2001.

_____. Lei nº 8.842, de 4 de janeiro de 1994. Dispõe sobre a política nacional do idoso, cria o Conselho Nacional do Idoso e dá outras providências. *Diário Oficial da União*, 5 de janeiro de 1994. Disponível em: <http://www.planalto.gov.br/ccivil/leis/L8842.htm>. Acesso em: 12 ago. 2007.

_____. Lei nº 10.741, de 1º de outubro de 2003. Dispõe sobre o Estatuto do Idoso e dá outras providências. *Diário Oficial da União*, 3 de outubro de 2003. Disponível em: <http://www.planalto.gov.br/ccivil/LEIS/2003/L10.741.htm>. Acesso em: 12 ago. 2007.

_____. Presidência da República. *Constituição da República Federativa do Brasil, de 1º outubro de 1988*. Disponível em: <http://www.planalto.gov.br/ccivil_03/Constituicao/Constituicao.htm>. Acesso em: ago. 2007.

_____. Lei nº 8.742/1993, de 7 de dezembro de 1993. Dispõe sobre a organização da assistência social e dá outras providências. *Diário Oficial da União*, 8 de dezembro de 1993, p. 18.769. Disponível em: <http://www.planalto.gov.br/ccivil_03/Constituicao/Constituicao.htm>. Acesso em: 12 ago. 2007.

BUBER, Martin. *Eu e tu*. São Paulo: Centauro, 2001.

CAILLÉ, Alain. "Dádiva e associação". In: MARTINS, Paulo Henrique (org.). *A dádiva entre os modernos. Discussão sobre os fundamentos e as regras do social*. São Paulo: Vozes, 2002, p. 191-205.

CALOBRIZI, M. D. D'A. "Violência contra idoso, o visível e o invisível". *Revista Instituto de Pesquisa e Estudo Construindo o Serviço Social*, São Paulo, v. 13, 2004.

CAMARANO, A. A. *Muito além dos 60: os novos idosos brasileiros*. 2. ed. São Paulo: Editora da FGV, 2004.

COLEMAN, James. "Social capital in the creation of human capital". *American Journal of Sociology*, n. 94 (Suplemento), 1988, p. 95-120.

DURKHEIM, E. *As regras do método sociológico*. São Paulo: Nacional, 1972.

FRASER, N. "From distribuition to recognition? Dilemmas of justiça in a 'postsocialist' age". In: FRASER, N. *Justice interruptus: critical reflections on the 'postsocialist' condition*. Londres: Routledge, 1997, p. 11-39.

_____. "Rethinking recognition". *New Left Review*, v. II, n. 3, 2000, p. 107-20.

_____. "Justice in the age of identity politics. Redistribution, recognition, and participation". In: FRASER, N.; HONNETH, A. *Redistribution or recognition?* A political-philosophical exchange. Londres/Nova York: Verso, 2003, p. 7-109.

GODBOUT, Jacques; CAILLÉ, Alain. *O espírito da dádiva*. Rio de Janeiro: Editora da FGV, 1999.

GOFFMAN, Erving. *Estigma: la identidad deteriorada*. 5. ed. Buenos Aires: Amorrortu, 1993.

HABERMAS, Jürgen. *The theory of communicative action*. V. I: Reason and the rationalization of society. Boston: Beacon Press, 1983.

_____. *Mudança estrutural da esfera pública*. Rio de Janeiro: Tempo Brasileiro, 1984.

_____. *A inclusão do outro: estudos de teoria política*. São Paulo: Loyola, 2002.

HALL, S. *A identidade cultural na pós-modernidade*. Tradução Tomás Tadeu da Silva e Guaracira Lopes Louro. 6. ed. Rio de Janeiro: DP&A, 2000.

HONNETH, Axel. *Luta por reconhecimento: a gramática moral dos conflitos sociais*. São Paulo: 34, 2003.

IBGE. Disponível em: <http://www.ibge.gov.br/homepresidencia/noticias/noticia>. Acesso em: 13 abr. 2004.

INPEA: Rede Internacional de Maus-tratos contra o Idoso. Disponível em: <http://www.inpea.net/violencia.portal@superig.com.br/>. Acesso em: 15 jun. 2007.

MACHADO, L. "Vozes ignoradas: percepções sobre violência contra idosos". *I Workshop on social and gender inequalities in health among the elderly in Brazil*, Ouro Preto, 2002, p. 97-102.

MACHADO, L.; GOMES, R.; XAVIER E. "Meninos do passado: eles não sabiam o que os esperava". *Revista Insight Inteligência*, ano IV, n. 15, 2001. Disponível em: <http://www.insightnet.com.br/inteligencia/num15/m0315.htm>. Acesso em: 24 jul. 2002.

MACHADO, L. *et al.* "Elder abuse: a new challenge in Brazil". *Paper* apresentado no World Congress on Gerontology. Adelaide, Austrália. *Anais...* Symposium on Action on Elder Abuse and Neglect, Adelaide, 1997.

MATOS, Heloiza. *Capital social e comunicação. Interfaces e articulações*. São Paulo: Summus, 2009.

MEAD, George Herbert. *Mind self and society from the standpoint of a social behaviorist*. Chicago: University of Chicago, 1934.

MENEZES, Maria R. *Da violência revelada à violência silenciada*. Tese (Doutorado). 1999. Escola de Enfermagem, Universidade de São Paulo, Ribeirão Preto, SP.

MERCADANTE, Elisabeth Frohlich. *A construção da identidade e da subjetividade do idoso*. 1997. Tese (Doutorado) – Pontifícia Universidade Católica de São Paulo, São Paulo.

MINAYO, M. C. de S. "Violência contra o idoso: relevância para um velho problema". *Caderno de Saúde Pública*, Rio de Janeiro, v. 19, n. 3, 2003, p. 783-91.

_____. *Violência contra o idoso: o avesso do respeito à experiência e à soberania*. Brasília: Secretaria Especial dos Direitos Humanos, 2004.

OLIVEN, R. G. *Violência e cultura no Brasil*. Petrópolis: Vozes, 1983.

PINTO, Celi Regina J. "Nota sobre a controvérsia Fraser-Honneth informada pelo cenário brasileiro". *Revista Lua Nova*, São Paulo, n. 74, 2008, p. 35-58.

REIS, Devani S. M. *A questão da saúde pública: um enfoque comunicacional*. Dissertação (Mestrado) – Escola de Comunicações e Artes da Universidade de São Paulo, São Paulo, 1999.

_____. *Comunicação pública dos serviços de saúde para o idoso: análise da produção e percepção da cartilha "Viver mais e melhor"*. Tese (Doutorado) – Escola de Comunicações e Artes da Universidade de São Paulo, São Paulo, 2005.

SILVA, J. E. "Maus-tratos e o estudo". In: ABREU FILHO, H. *Comentários sobre o Estatuto do Idoso*. Brasília: Secretaria Especial dos Direitos Humanos, 2004.

Souza, E. R. *et al*. "Extremo da vida sob a mira da violência: mortalidade de idosos no Estado do Rio de Janeiro". *Gerontologia*, v. 6, n. 2, 1998, p. 66-73.

Souza, Jessé (org.). *A invisibilidade da desigualdade brasileira*. Belo Horizonte: Editora da UFMG, 2006.

_____. "Charles Taylor e a teoria crítica do reconhecimento". In: Souza, Jessé (org.). *A modernização seletiva: uma reinterpretação do dilema brasileiro*. Brasília: Editora da UnB, 2000, p. 95-123.

Taylor, Charles. "The politics of recognition". In: Gutmann, Amy (org.). *Multiculturalism: examining the politics of recognition*. Princeton: Princeton University Press, 1994, p. 25-73.

_____. *As fontes do self*. São Paulo: Loyola, 1997.

Thompson, Simon. *The political theory of recognition: a critical introduction*. Cambridge; Malden: Polity, 2006.

Wajnman, S.; Oliveira, A. M. H. C.; Oliveira, E. L. "Os idosos no mercado de trabalho: tendências e consequências". In: Camarano, A. A. (org.). *Os novos idosos brasileiros muito além dos 60*. Rio de Janeiro: Ipea, 2004.

Young, Iris. *Inclusion and democracy*. Oxford: Oxford University Press, 2000.

Zimerman, Guite I. *Velhice, aspectos biopsicossociais*. Porto Alegre: Artmed, 2000.

16 O CAPITAL SOCIAL NAS ORGANIZAÇÕES E AS INTERAÇÕES COMUNICATIVAS ENTRE COLABORADORES E PARCEIROS INSTITUCIONAIS

LUIZ SANTIAGO

As organizações aperfeiçoam-se continuamente na maneira de interagir com seus colaboradores internos e externos. A forma como atuam no atual cenário de constantes mudanças nos campos econômico, social e político exige ações efetivas que as tornem sempre competitivas, preservando a reciprocidade e a cooperação como princípios centrais de sua interação com diferentes públicos de interesse e setores sociais. Nenhuma organização existe – ou resiste – sem ter um propósito claro de atuação, uma boa estrutura de suporte à sua produção e um corpo funcional capacitado para atender a seu mercado e, assim, promover o desenvolvimento necessário para o cumprimento de seus objetivos.

Diante dos desafios do mundo corporativo contemporâneo, a organização deve constituir-se em um processo de comunicação e assumir a tarefa de reconhecer-se como um projeto em autoconstrução. Como enfatiza Matos (2009, p. 204), as organizações são "unidades sociais deliberadamente constituídas e reconstituídas para atingir metas. São baseadas em divisões de trabalho, poder e responsabilidades de comunicação e planejadas para a realização de determinados objetivos".

Nesse contexto, o estudo do capital social nas organizações nos permite observar a importância da comunicação nos processos internos de trabalho e nas suas extensões para o atendimento dos diversos desafios decorrentes do mercado, em que os relacionamentos são essenciais. O bom fluxo da comunicação é, assim, imprescindível para apoiar iniciativas que requerem a conversação entre os colaboradores para o cumprimento de objetivos mercadológicos ou institucionais. O capital social, como veremos, encontra também no ambiente organizacional um espaço ideal para a sua constituição, tendo a comunicação organizacional como uma de suas facilitadoras. "A criação de redes empresariais e o estabelecimento de pontes entre distintos setores sociais configuram a abordagem mais promissora para a aplicação do conceito de capital social no contexto organizacional" (Valle *et al.*, 2006, p. 53).

Na primeira parte deste artigo, resgato elementos que formam a identidade organizacional – missão, visão e valores – e são fundamentais para a compreensão dos objetivos da constituição de uma organização. É com base neles e também nas políticas de uma organização e sua cultura que as pessoas se apoiam para atuar e se envolver com as suas atividades. Ainda dentro dessa abordagem, saliento a importância da confiança e da reciprocidade nas relações entre as pessoas, fatores essenciais na formação do capital social.

Em um segundo momento, abordo brevemente o conceito das redes sociais, com o objetivo de permitir ao leitor identificar os papéis dos atores e de suas conexões. É na qualidade dessas conexões, aqui representadas por interações ou laços sociais, que perceberemos o surgimento do capital social nas organizações. Também destaco a comunicação interna como ferramenta necessária para a promoção de diálogo e troca de conhecimentos, e evidencio a cultura socialmente responsável das organizações para conduzir o desenvolvimento de ações que levem ao capital social.

Reservo a terceira parte para o exemplo de organizações que demonstram o envolvimento de seu capital humano nas ações voltadas ao bem comum e como a interação desses atores com outros *stakeholders* amplia o alcance do capital social. Por um momento vivido pelo mercado, uma das organizações citadas, inclusive, foi adquirida por outra instituição, o que nos traz uma questão particularmente interessante a respeito de ser ou não possível a transferência de capital social de uma organização a outra.

Por fim, em minhas considerações finais, volto a evidenciar a comunicação organizacional – interna/administrativa, institucional e mercadológica – como facilitadora para a formação do capital social.

A organização e sua relação com o futuro

Para Ianhez (2006, p. 103), uma organização, ao ser iniciada, requer a definição de sua missão, identificando as razões e os objetivos de sua existência. "A missão é a expressão atuante de um compromisso compartilhado. Tendo por base valores comuns, ela atrai as pessoas para o esforço de atuarem com clareza, consenso e compromisso".

Em encontros com profissionais de diferentes áreas de conhecimento, tenho notado que o termo "missão" parece ter sido desgastado, ou até mesmo desacreditado, passada esta primeira década do século XXI. Muitas vezes, a missão, acompanhada dos chamados "valores" e "visão", tem apenas feito parte das declarações estampadas nas paredes das organizações. Sem processos de comunicação adequados para despertar seu sentido, pouco efeito possui sobre seus funcionários.

É até compreensível que seja percebida assim, pois, na maioria dos casos, como explica Ianhez (2006, p. 103), a missão refere-se ao cliente, ao mercado em que atua e, mesmo sendo considerada essencial para uma organização, é incompleta, já que "[...] mostra o fim do filme, não apresentando todo o enredo". E aqui está uma das muitas oportunidades a ser trabalhadas em comunicação, já que existe essa dificuldade de compreensão da missão de uma organização para quem nela atua: "Antes de chegar ao cliente, o produto ou serviço passou por um caminho de preparação muitas vezes longo. Caminho este repleto de relacionamentos entre a organização e o público".

A comunicação não é um equipamento pronto, programado, para ser apenas ligado e se aguardar seu funcionamento. Por si só, não será capaz de cumprir sua finalidade e gerar resultados para a organização, pois depende de uma boa gestão de seu processo e da interação entre seus interlocutores. Os protagonistas desse enredo são os funcionários e os relacionamentos, internos ou externos, presentes ao longo do trajeto para chegar ao cliente, os quais serão sempre marcados pela comunicação, seja ela administrativa ou interna, institucional ou mercadológica.

Como afirma Matos, a organização precisa constituir-se em um processo de comunicação, além de reconhecer-se como um projeto em autoconstrução, pois ela é resultado da interação entre as pessoas. Dentro do ambiente organizacional, portanto, é esperado que haja satisfação no trabalho realizado por essas pessoas, o que permite qualidade nas interações. De um processo de comunicação eficaz surgem grandes oportunidades para que os colaboradores compartilhem conhecimentos e os somem ao desenvolvimento de novos projetos, profissionais ou até mesmo pessoais.

E, ao falarmos de autoconstrução, é preciso que exista também uma visão de longo prazo, que envolva as dinâmicas relacionadas ao futuro da organização. Com o tempo, o seu crescimento trará ainda

> [...] a necessidade de estabelecer regras que conduzem cada área da organização, para que todos saibam como proceder operacionalmente de forma organizada, utilizando os recursos disponíveis, dentro e fora dela. Surgem então as políticas. [...] À medida que a organização vai se desenvolvendo, vão sendo estabelecidas formas de relacionamentos entre ela e seus públicos. São formas de tratar as pessoas dentro e fora da organização de parte de todos que nela atuam; são os valores. (Ianhez, 2006, p. 102)

Os valores aqui descritos são conceitualmente distintos daqueles gerados pelo capital social. Mas é importante observar o que ocorre quando os colaboradores não percebem como a organização define suas estratégias relacionais, geralmente em decorrência de um processo falho de troca de informações, conduzindo ao descrédito acerca da missão, visão e valores de uma organização:

A falta de consistência entre o discurso e a prática dos valores tem aparecido com frequência também nas pesquisas com colaboradores das empresas. Tal viés acentua o baixo nível de confiança das equipes em seus líderes e na empresa, que se transforma em uma fonte de insatisfação interna e em perda de talentos. (Rosa, 2010, p. 32)

A comunicação precisa ser praticada com qualidade, melhorando as interações e, por consequência, o nível de confiança existente entre todos os colaboradores de dada organização. Concordo com Cogo (2010) quando o autor diz que:

[...] é importante perceber que as organizações são compostas e movidas por pessoas, em inter-relações internas e externas, e portanto a base da ativação, manutenção e resgate de diálogos cooperativos constitui a própria comunicação e é a essência do próprio funcionamento organizacional.

Como bem apontado por Valle *et al.* (2006, p. 46), o mundo contemporâneo tem sido caracterizado pela busca de novos modelos e arranjos organizacionais, como reflexo da globalização e da introdução de novas tecnologias de informação e comunicação: "A construção e a consolidação de organizações exigem, no mundo de hoje, a presença de relações de confiança mútua, senso de propósito e capacidade de trabalho coletivo, elementos estes subjacentes ao conceito de capital social".

Assim, os relacionamentos com *stakeholders* também precisam contemplar um dos aspectos fundamentais do capital social, que é a confiança. Comunicação é relacionamento e, para enfatizar esse aspecto, devemos lembrar que "a conquista da confiança está diretamente ligada à qualidade do processo de informação e comunicação" (Marchiori, 2006, p. 210).

De maneira geral, a confiança se constitui com base nas expectativas que alimentamos sobre o comportamento dos outros nas interações em que a empatia é definida por dois tipos de critérios: o primeiro envolve os laços familiares ou de pertencimento, como a etnicidade, a religião ou outros valores compartilhados. O segundo abrange as interações construídas ao longo do tempo, o que permite o nascimento de uma confiança mútua entre pessoas que não tinham previamente laços de convivência (Matos, 2009, p. 155-6).

Neste último caso, compreendo que o compartilhamento de valores esteja entre os motivos que justifiquem a presença da confiança nas relações hierárquicas entre subordinados e chefias. "Confiança é o fundamento da liderança. É a união que mantém unida uma organização. Os líderes não podem, repetidamente, quebrar a confiança das pessoas e continuar a influenciá-las" (Maxwell, 2007, p. 80).

Nessas relações hierárquicas, se equipes e líderes mantêm um bom nível de entendimento de suas obrigações e responsabilidades, quando apoiados por um processo eficiente de comunicação, espera-se que haja confiança e algo possa ser construído em torno de objetivos comuns, como se houvesse uma troca:

> A reciprocidade permite a cooperação, que proporciona ganhos aos indivíduos e lhes possibilita fazer demandas aos outros. Assim, por meio do cumprimento de obrigações, eles retornam os favores que recebem. Por isso, a reciprocidade pode gerar capital social sob a forma de obrigações e compromissos. (Warren, *apud* Matos, 2009, p. 155)

Ainda no que se refere ao público interno, há muito tempo as organizações têm praticado políticas de recursos humanos cada vez mais atraentes, incluindo benefícios diferenciados e planos de carreira, como forma de valorização de seu capital humano, o que tende a ter impactos positivos nos laços de confiança tanto para esses colaboradores quanto para o ambiente externo. "Tratar todos os funcionários com equidade valoriza a equipe e fortalece a imagem da organização, além de redundar em maior confiança nela por parte da sociedade" (Naves, 2009, p. 205).

Muitos outros elementos ainda devem ser considerados para compreendermos o capital social nas organizações, como a própria cultura organizacional, a qual se forma a partir do instante em que as pessoas se relacionam, representando, assim, o conjunto de hábitos e crenças que se estabelecem por intermédio de valores, normas, atitudes e até mesmo expectativas, compartilhados por todos os integrantes de uma organização. A cultura emerge *na* e *da* organização, por meio da interação diária dos membros que a compõem. Essa interação facilita e proporciona a socialização, a adaptação e a convivência dos membros, podendo evitar, diminuir ou até gerar conflitos. Ao mesmo tempo que expressa a organização, a cultura também a guia, oferecendo formas de pensar, sentir e reagir que devem ser consideradas pela comunicação interna para que esta possa produzir comportamentos desejáveis para o desempenho da empresa (Guedes, 2008).

Organizações em rede

Ao nos referirmos às redes sociais no estudo do capital social, contemplamos bem mais que o sentido virtual que as tornaram conhecidas por suas formas e interfaces operacionais, como *sites* na internet. "Uma rede social é definida como um conjunto de dois elementos: *atores* (pessoas, instituições ou grupos; os nós da rede) e suas *conexões* (interações ou laços sociais)" (Wasserman e Faust, *apud* Recuero, 2009, p. 24).

Essas conexões ocorrem tanto no espaço físico quanto no virtual e também são inerentes às organizações. A comunicação *online* ou *offline* não pode, portanto, estar dissociada dessa análise, pois frequentemente os colaboradores têm acesso a veículos de comunicação digitais, impressos ou dialógicos. Como nos "conectarmos" por intermédio desses meios é que tem sido o grande desafio para os profissionais de comunicação organizacional. De acordo com Recuero, a abordagem da rede tem foco na estrutura social, em que não é possível isolar os atores sociais nem as suas conexões. É pertinente também observar em quais estruturas o capital social é encontrado:

> Coleman salienta que o capital social pode ser encontrado em dois tipos de estrutura: nas redes sociais que funcionam num espaço fechado (um clube, associação ou sindicato, com suas próprias normas e sanções) ou numa organização social ou instituição com um objetivo específico (empresa, governo, associação cultural, partido político, ONG). Neste último caso, a organização ou instituição pode se afastar de seu objetivo primário (lucro, gestão, eleição) para integrar uma ação ou causa social. (Matos, 2009, p. 37)[1]

Ainda no campo da internet, o capital social é considerado um dos elementos relativos à qualidade das conexões de uma rede social. Diversos autores estudam o capital social como "indicativo da conexão entre pares de indivíduos em uma rede social". Embora seja um conceito amplo, Recuero (2009, p. 44) argumenta que esses estudiosos concordam que o conceito de capital social refere-se a um valor constituído a partir das interações[2] entre os atores sociais.

Para Valle *et al.* (2006, p. 46), o capital social "manifesta-se por meio das redes sociais que tornam possíveis a cooperação e a ação coletiva para benefício mútuo, no interior das organizações, grupos e comunidades". O capital social aponta para a capacidade dos agentes organizacionais de ativar suas redes de relações para que as interações entre parceiros de trabalho e de diálogo deem origem a bons resultados que não se restrinjam ao lucro (nem estejam voltados para ele), mas renovem os vínculos entre diferentes colaboradores, trazendo-lhes diferentes tipos de benefícios compartilhados. Nas organizações, portanto, um processo cooperativo de comunicação entre es-

---

1. James Coleman (*apud* Matos, 2009, p. 42) afirma que o "capital social é definido por sua função, sendo composto de uma variedade de aspectos ligados à estrutura social e que facilitam certas ações dos indivíduos que fazem parte dessa estrutura (relações intragrupais)".
2. Raquel Recuero (2009, p. 30-1) explica que a interação é a matéria-prima das relações e dos laços sociais e uma ação que tem reflexo comunicativo entre o indivíduo e seus pares, como reflexo social. Estudar a interação social, portanto, implica estudar a comunicação entre os atores.

ses funcionários ou colaboradores contribui para que a qualidade das interações forme o capital social.

Putnam (1995) revela que o conceito de capital social é associado à ideia de virtude cívica, de moralidade e de seu fortalecimento por intermédio de relações recíprocas. Esse mesmo autor, acrescenta Matos (2009, p. 42), "destaca aspectos das organizações sociais que facilitam a coordenação das ações coletivas e a cooperação entre elas: redes, normas de confiança, bem comum, coesão social e participação".

> Por "capital social" eu entendo as características da vida social – redes, normas e confiança – que capacitam os participantes a agir conjuntamente de maneira efetiva de modo a perseguir objetivos partilhados. Se seus objetivos partilhados são louváveis ou não é, claro, uma outra questão. Na medida em que as normas, as redes e a confiança conectam setores substanciais da comunidade e aproximam clivagens sociais subalternas – na medida em que o capital social é um tipo de "ponte" –, então a cooperação intensificada é passível de servir a amplos interesses e de tornar-se amplamente bem-vinda. Por outro lado, grupos como a milícia de Michigan ou gangues de jovens também possuem um tipo de capital social, uma vez que suas redes e normas também capacitam os participantes a cooperar mais efetivamente, ainda que em detrimento de grande parte da comunidade. O capital social, em suma, refere-se às relações que estabelecemos uns com os outros, às conexões sociais e às normas e à confiança que delas derivam. (Putnam, 1995, p. 665)

Já Pierre Bourdieu destaca que o capital social descreve circunstâncias nas quais os indivíduos podem se valer de sua participação em grupos e redes para atingir metas e benefícios:

> O capital social é o agregado de recursos atuais ou potenciais que estão ligados à possessão de uma rede durável de relações mais ou menos institucionalizadas de pertencimento e reconhecimento mútuo. O pertencimento a um grupo proporciona a cada um de seus membros uma credencial, que os dota de um crédito. [...] O volume de capital social possuído por um indivíduo depende, portanto, do tamanho da rede de conexões que ele pode efetivamente mobilizar e do volume de capital (econômico, cultural ou simbólico) que possui. (Bourdieu, 1986, p. 51)

Logo, além de atributo individual, o capital social é visto como componente da ação coletiva, ativando redes sociais. A afirmação de Bourdieu pode levar ao entendimento de que ele é propriedade de um indivíduo e está ligado à capacidade (ao prestígio e ao crédito) desse indivíduo de ativar suas redes e produzir bens coletivos. Contudo, de acordo com Putnam, o capital social também é gerado e renovado a partir do momento em que, nas interações cotidianas, os indivíduos criam redes, instituem e desafiam normas, estabelecem vínculos de confiança, respeito e reciprocidade. E, nesse caso, cabe evidenciar que o conceito de rede, sobretudo no contexto organizacional, assume um caráter ainda mais abrangente, pois migra do ambiente interno para alcançar o externo. Basta nos lembrarmos do alcance de projetos de cidadania e voluntariado praticados por funcionários e apoiados por organizações.

Comunicação interna: foco no diálogo e alinhamento aos objetivos da organização

Para ser bem-sucedida, sabemos que uma organização precisa ter recursos humanos qualificados, processos bem estruturados e uma gestão adequada de sua comunicação interna, entre muitos outros fatores. Como vimos anteriormente, a comunicação com os colaboradores permitirá a compreensão do sentido da missão da organização, além de assegurar um ambiente favorável à troca de informações e conhecimentos e à interação em diferentes níveis. "A comunicação interna, como prática, atende a uma necessidade da organização em promover interação" (Santiago, 2010, p. 92). E, como lembra Kunsch (2009, p. 75),

> A importância da comunicação interna reside sobretudo no estímulo ao diálogo e à troca de informações entre a gestão executiva e a base operacional, na busca da qualidade total dos produtos ou serviços e do cumprimento da missão de qualquer organização.

De um lado, temos planos, metas e objetivos que ajudam a definir o caminho que a organização quer trilhar, pautados na missão, na visão, nos valores e nas políticas. Do outro, temos conhecimentos, muitas vezes dispersos pela organização. Assim, é necessário observar uma das funções da comunicação interna a fim de facilitar, futuramente, a formação do capital social no contexto das organizações:

> O conhecimento compartilhado é uma das funções da comunicação interna, podendo ser compreendido como a realização de trocas formais e informais por meio de interações que estão ocorrendo e que mobilizam o conhecimento disperso em toda a organização. (Makaëla, Kalla e Piekkari *apud* Beltrand e Gomes, 2009, p. 137)

Devemos ainda enfatizar que a comunicação nas organizações não se restringe à circulação interna de informações nem à produção estratégica e unidirecional de dados considerados relevantes ao contato e ao bom funcionamento das dinâmicas relacionais entre diferentes setores. Ela é, especialmente, um processo relacional que coloca em contato as diferenças, sem aniquilá-las, produzindo uma dinâmica de entendimento recíproco e de busca de compreensão.

> Na qualidade de processo relacional, a comunicação deve ser compreendida como ação dialógica capaz de estabelecer articulações entre diferentes colaboradores e contextos ligados à organização, oferecendo alternativas para a negociação de interesses e a coordenação das ações e, por consequência, promovendo o respeito e a confiança mútua. (Matos, 2009, p. 198)

Ainda segundo Matos (2009, p. 216), o capital comunicacional de uma organização tem ligação direta com seu capital social, já que os investimentos, em forma de interação interna e externa, permitem o compartilhamento de valores e conhecimento e também o fortalecimento de vínculos de cooperação e confiança. Em muitas ocasiões, esses investimentos apostam na interação com diferentes *stakeholders* e contribuem para estimular ações e iniciativas que ajudam a desenvolver, por exemplo, comunidades ou projetos. De qualquer forma, a comunicação interna coopera para o desenvolvimento de todas as ações desencadeadas por uma organização, devendo ser reconhecida como um valioso instrumento de gestão e, ao mesmo tempo, tendo todos os colaboradores como responsáveis pela qualidade de sua eficiência.

Responsabilidade social: um estímulo à formação de capital social no contexto das organizações

Antes de descrevermos exemplos de duas organizações que produzem capital social por força de suas iniciativas perante o público interno e a importância da comunicação organizacional, cabe identificar o conceito de responsabilidade social empresarial:

> [...] é a forma de gestão que se define pela relação ética e transparente da empresa com todos os públicos com os quais ela se relaciona e pelo estabelecimento de metas empresariais que impulsionem o desenvolvimento sustentável da sociedade, preservando recursos ambientais e culturais para as gerações futuras, respeitando a diversidade e promovendo a redução das desigualdades sociais.[3]

---

3. Definição do Instituto Ethos. Disponível em: <http://www1.ethos.org.br/EthosWeb/pt/29/o_que_e_rse/o_que_e_rse.aspx>. Acesso em: 29 jul. 2010.

A responsabilidade social empresarial percorre, portanto, todos os níveis hierárquicos e deve integrar a cultura organizacional, sobretudo na sua forma de gestão. Como vimos inicialmente, a missão de uma organização é a expressão atuante de um compromisso compartilhado e a visão está relacionada ao seu futuro. Valores são aqueles elementos que conduzem os relacionamentos, pautados pela ética, ou, em outras palavras, a maneira de tratar as pessoas dentro e fora da organização.

Normalmente, apenas uma parte do conceito de responsabilidade social é percebida pela maioria das pessoas, em virtude das ações praticadas por uma organização em prol das comunidades das regiões onde está presente e também do meio ambiente. Para Kotler *et al.* (2010, p. 45-6), é preciso perceber que a responsabilidade social abrange não só o desenvolvimento ambiental, mas também o desenvolvimento econômico paritário e o desenvolvimento social. Ele acrescenta que, "para incluir as boas ações na cultura corporativa e manter-se firme a seu compromisso, a melhor abordagem é incorporá-las à missão, à visão e aos valores da empresa".

É relevante destacar também a observação de Matos a respeito da relação do conceito de responsabilidade social com o de capital social. Segundo a autora (2009, p. 20), as dimensões sociais do conceito de responsabilidade social são indispensáveis na ativação dos vínculos de confiança internos e externos a uma organização:

> [...] do ponto de vista do mercado e do terceiro setor, observam-se duas tendências: com relação à tecnologia da informação, o conceito de capital social tem sido tratado como sinônimo de rede colaborativa. Por outro lado, há uma tentativa de ampliação ou deslocamento do conceito de responsabilidade social, na direção do conceito de capital social.

Podemos aqui mencionar o caso da Comunitas[4], originária da Comunidade Solidária, que tinha como um dos seus objetivos o investimento na formação e ampliação do capital social no contexto da sociedade civil. No ambiente organizacional, podemos compreender que boa parte das ações decorrentes de uma cultura socialmente responsável tem por fim mobilizar pessoas e parceiros institucionais para que, juntos, desenvolvam projetos que contribuam para o desenvolvimento de uma comunidade ou de uma causa específica, ligada, por exemplo, à educação e à saúde.

---

4. A Comunitas é uma organização da sociedade civil de interesse público. Criada em 2000 por Ruth Cardoso, visa garantir a continuidade dos programas gerados pela Comunidade Solidária (1995-2002), incentivados pelo governo FHC, com iniciativas voltadas para o fortalecimento da sociedade civil e a promoção do desenvolvimento social no Brasil. Esses programas foram reorganizados institucionalmente em 2003, com a consolidação de sua autonomia, na busca de novas parcerias e diversificação de suas fontes de recursos.

Integrante do pensamento que evoluiu dentro de uma gestão socialmente responsável, um movimento que ganhou ainda mais força no final do século XX, no Brasil, foi o do voluntariado empresarial, que é uma iniciativa dentre as muitas existentes em organizações que envolvem, valorizam e aproveitam a força de seus funcionários:

> Propostas consistentes de estímulo à participação de seus colaboradores em atividades sociais, sob a forma de voluntariado, emergem de empresas que já têm "tradição" na atuação social ou que pelo menos se mostram mais sensíveis ao tema; são elas que mais estimulam o trabalho voluntário entre seus colaboradores. (Fischer, 2002, p. 225)

Existem centenas de milhares de iniciativas que ilustram as ações ou atitudes decorrentes de uma cultura socialmente responsável das organizações. Uma considerável parte desse universo é capaz de mobilizar parceiros institucionais e colaboradores na formação de capital social.

Compromisso com a sociedade

Os exemplos mencionados a seguir contemplam apenas um setor econômico, mas poderiam vir de outros setores. São apenas modelos que ilustram formas distintas de comunicação, de ações baseadas nos princípios de uma organização, de engajamento de colaboradores em torno de objetivos comuns, de articulação em rede e de parcerias movidas pela confiança, entre outras possibilidades.

BankBoston: uma boa ação leva à outra e envolve a todos

Transcrevo, inicialmente, um trecho de uma reportagem publicada pela imprensa[5]:

> [...] Em 1999, durante reunião com acionistas vindos dos EUA, uma pergunta incomodou a direção brasileira. Um dos executivos perguntou onde estavam os negros, pois na sala, onde só havia altos dirigentes, todos eram brancos. Essa questão foi o pontapé inicial para o projeto Geração XXI, que envolve 21 jovens negros de famílias de baixa renda de São Paulo. Feito em parceria com a ONG Geledés – Instituto da Mulher Negra, Fundação Palmares, Ministério da Cultura e Unesco, o Geração XXI pretende dar a esses jovens, durante nove anos, apoio finan-

---

5. "Banco desenvolve parcerias em ações sociais". *Valor Econômico*, 27 ago. 2003. Disponível em <http://www.responsabilidadesocial.com/article/article_view.php?id=245>. Acesso em: 30 jul. 2010.

ceiro e acompanhamento para seu desenvolvimento social e cultural. A coordenação do projeto percebeu que não bastava apenas dar educação ao jovem, também era preciso melhorar a renda das famílias. A solução foi a criação do Família XXI. Os executivos que fazem MBA na Boston School ensinam empreendedorismo às famílias dos jovens, orientando-os na criação de pequenas empresas.

Em dissertação de mestrado defendida na FFLCH-USP a respeito dessa iniciativa, Kasai (2006, p. 137) concluiu que "o impacto do Projeto Geração XXI na vida dos jovens, de suas famílias e dos grupos envolvidos foi extremamente positivo e vem contribuindo para a ampliação do debate sobre a diversidade e cidadania nas escolas e na sociedade".

Antes mesmo de ser desenvolvido esse projeto, que teve a Fundação BankBoston como provedora de assistência técnica, apoio financeiro e material, a promoção da diversidade já era um dos valores incentivados pela organização. Nesse sentido, Myers (2003) sugere que, "se a diversidade é um valor da empresa, ela deve ser difundida por todas as áreas da empresa e deve marcar a forma de agir da organização em sua totalidade". Reitero, portanto, a importância da comunicação interna nesse processo e como o apontamento daquele executivo, em uma reunião – que representa uma condição favorável ao debate face a face –, foi pertinente para desencadear um projeto de relevância social.

Em publicação editada pelo Instituto Ethos (2000, p. 64), encontramos a referência de que "o BankBoston faz do Projeto Geração XXI um fator de sensibilização de seus funcionários para a valorização da diversidade étnica, estimulando-os a desenvolverem ações solidárias". Muitas ações de natureza solidária foram assim desenvolvidas por aquela organização, promovendo interação entre seus funcionários em um ambiente facilitador da formação de capital social.

Até mesmo a criação de sua universidade corporativa, a Boston School, citada na reportagem, surgiu com o objetivo de "ser um centro de desenvolvimento profissional e pessoal, um canal de propagação dos princípios e valores organizacionais e um meio de ampliar nossa atuação social", na afirmação de uma de suas diretoras em Recursos Humanos, à época.

Há também um valor bastante diferenciado na participação dos executivos que cursavam MBA nessa universidade corporativa e ministravam voluntariamente aulas de empreendedorismo às famílias dos jovens beneficiados no projeto. Esses funcionários, que já tinham uma relação de confiança na organização em que trabalhavam, concordaram em compartilhar seus conhecimentos para o bem das famílias dos jovens atendidos no projeto, como uma espécie de relação de troca social.

A organização contou ainda com o apoio de seus parceiros estratégicos, formando uma rede de colaboradores externos que, conjuntamente, deveria dar suporte ao projeto durante os nove anos previstos de seu funcionamento. É fundamental destacar que o BankBoston foi comprado pelo Itaú, em maio de 2006, ainda durante o andamento do projeto, que se manteve ativo por força dos demais parceiros.

Respondendo à questão sobre a possibilidade de transferir capital social de uma empresa à outra, vale dizer que, em um processo de fusão ou aquisição, os atores tenderão a demorar no estabelecimento de confiança com seus novos pares ou mesmo com a nova organização à qual a primeira foi incorporada. O capital social, portanto, não é algo que se pode "comprar", pois não é inerente a uma relação comercial, e sim fruto da interação entre pessoas ou mesmo organizações, quando se articulam em torno de um único objetivo e mantêm relações de confiança e reciprocidade.

Itaú: aliança com colaboradores e parceiros

Outros bons exemplos que podemos analisar vêm dessa organização. Um deles é o Programa Itaú Voluntário, lançado em 2003, iniciativa da Fundação Itaú Social e do Banco Itaú a partir do interesse de seus colaboradores no engajamento em ações sociais. Gradualmente, o programa foi estendido para as áreas administrativas e, em 2005, para a sua rede de agências, contando com mais de sete mil pessoas envolvidas, entre colaboradores e seus familiares e aposentados do banco.

Ao aderir ao programa, os participantes podem optar pelo apoio a programas da fundação e de seus parceiros ou por receber orientações e dicas a respeito de como estruturar projetos em equipe ou mesmo para se engajar com as iniciativas de uma organização social de seu interesse. Entre os mais expressivos desafios do programa está a criação de uma rede colaborativa por todo o território brasileiro, por intermédio dos funcionários do Itaú.

Periodicamente, são organizados eventos para integração e troca de experiências, palestras e campanhas de comunicação interna para estimular a adesão, sensibilizar o público interno e reconhecer as ações realizadas. "Materiais impressos e eletrônicos, além de ferramentas de comunicação alternativas, como vídeos com o relato de diversos voluntários, são desenvolvidos e distribuídos a todos os gestores do Banco", revela um informativo disponível no *website* da fundação.

Outro exemplo que destaco entre as iniciativas que promovem a articulação entre parceiros estratégicos e se unem em torno de um objetivo comum é o Prêmio Itaú/Unicef de Educação e Participação. O objetivo é identificar, reconhecer, dar visibilidade e estimular o trabalho de organizações não governamentais (ONGs) que contribuem, em articulação com a escola pública, para a educação integral de crianças e adolescentes que vivem em condições de vulnerabilidade:

> Ao realizar o prêmio, ao lado de outras ações definidas da mesma forma, a empresa alia-se a parceiros poderosos e competentes. O Unicef, como instituição reconhecida mundialmente, lhe dá legitimidade política e social e o Centro de Estudos e Pesquisas em Educação, Cultura e Ação Comunitária (Cenpec) lhe oferece assistência técnica com padrões de excelência. (Fischer, 2002, p. 229)

O programa conta ainda com a parceria da União dos Dirigentes Municipais da Educação (Undime), do Canal Futura e do Colegiado Nacional de Gestores Municipais de Assistência Social (Congemas). Além disso, recebe o apoio da Rede Andi Brasil, do movimento Todos pela Educação e do Conselho Nacional de Secretários de Educação (Consed). Por meio de um *website*, voluntários formam uma rede social para trocar experiências e conhecimentos sobre as ações em que estão envolvidos, promovendo um contínuo aprendizado e relacionamento.

Considerações finais

A competitividade e a crescente preocupação com negócios sustentáveis foram determinantes para que estratégias organizacionais fossem revistas ao longo das últimas décadas. A comunicação organizacional tem desempenhado, assim, um papel fundamental para dar visibilidade a processos internos, clareza às metas e objetivos a ser alcançados e à percepção necessária aos diferentes públicos de relacionamento sobre o que representa determinada organização. Ter missão, visão e valores – definidos e praticados – não pode, portanto, ser considerado algo ultrapassado.

Mais recentemente tem sido comum que organizações adotem e pratiquem algo denominado "crenças", abrangendo de modo sintetizado todo o conjunto anteriormente descrito. Na prática, muda-se apenas a forma como a organização declara aquilo em que acredita, por quais motivos ela existe, a quem ela dirige suas ações, como se articula na sociedade, o que espera ser no meio produtivo, como contribui com a sociedade, respeita e protege o meio ambiente e preserva recursos naturais que serão suficientes para gerações futuras.

Como citado inicialmente por Valle *et al.* (2006), hoje a construção e a consolidação de organizações requerem relações de confiança mútua, senso de propósito e capacidade de trabalho coletivo. E o capital social está inserto nessa ideia. Uma organização deve ser reconhecida e interpretada bem mais do que somente por aquilo que produz economicamente. É nesse ambiente que surgem oportunidades para interações e diálogos com funcionários e outros públicos, com o propósito de gerar ações coletivas. As organizações são, nesse sentido, importantes centros para a promoção de capital social.

É preciso lembrar, ainda, que as relações de confiança, conforme relata Matos (2009, p. 155), "nem sempre favorecem contatos mais aprofundados, principalmente com as pessoas que não nos são familiares". Colegas de trabalho, a princípio, estão entre essas relações. É por isso que meios de comunicação interna, especialmente os programas de comunicação face a face, são necessários para criar uma aproximação entre os trabalhadores e promover debates.

Mas dependerá de uma boa gestão ou liderança e da cultura organizacional para que se favoreça a conversação entre as pessoas. Estimular o diálogo é fundamental e pode resultar em ganhos maiores, seja para a produtividade organizacional ou para o bem comum no ambiente externo. Rego (1986, p. 162) lembra que, ao longo da história, no trabalho de integração de grupos, a comunicação empresarial transcende o seu posicionamento empresarial, isto é, transcende sua posição de atividade a serviço da empresa. Torna-se um instrumento social, na medida em que reúne produtores e compradores de bens e serviços. Cria e deve criar o desejo de participação do cidadão na vida social. Muitas organizações vêm experimentando os múltiplos benefícios a partir do envolvimento de seus funcionários em torno de causas sociais, o que as aproxima de seus públicos externos de relacionamento. Os resultados dessas ações são divulgados das mais diferentes formas: pela comunicação interna, administrativa, institucional ou mercadológica, já que a comunicação está presente em todo esse processo:

> No contexto das organizações, a comunicação é considerada não só como resultado das múltiplas interações entre dirigentes, colaboradores e *stakeholders*, mas também como um conjunto de estratégias capazes de produzir visibilidade para produtos e marcas e de zelar pela qualidade das relações públicas e das relações com a mídia, agregando valor ao negócio. (Matos, 2009, p. 198)

Basta observarmos os exemplos citados sobre voluntariado empresarial e ações de cidadania que são percebidas pela opinião pública como fortalecimento da imagem de uma marca. Ao estimular seus funcionários no engajamento cívico, na participação de assuntos de relevância social, as organizações se aproximam mais de seus colaboradores e até de seus familiares. Uma nova relação de confiança se estabelece:

> A comunicação interna é central para o estabelecimento e compartilhamento de metas, para o desenvolvimento do comprometimento, da motivação e da cooperação entre os membros da organização, assim como para o aprimoramento dos processos decisórios. (Beltrand e Gomes, 2009, p. 143)

O capital social nas organizações não é somente aquilo que percebemos como positivo, correto ou ético. Existe também o que seria o capital social negativo nas organizações. Desvio de verbas ou fraudes financeiras, por exemplo, podem ser fruto de uma relação de confiança entre colaboradores mal-intencionados que compartilham de um mesmo objetivo. O mais comum, em casos divulgados pela imprensa, é percebermos a existência de uma verdadeira "rede" com esse propósito, até envolvendo pessoas externas à organização. Afinal, uma rede social que tem origem no ambiente corporativo também transfere o resultado das interações entre seus atores para aplicação no ambiente externo em suas conexões.

No caso da reflexão aqui desenvolvida, o foco foi tratar o capital social em sua melhor essência. A mesma essência que permite à imagem da organização ser percebida como positiva pelos seus *stakeholders*. "Capital social é a argamassa que mantém as instituições em contato entre si e as vincula ao cidadão visando à produção do bem comum" (D'Araujo, 2003, p. 10). Daí a fundamental importância de uma boa gestão da comunicação organizacional. As próprias organizações, além de estimular a formação de capital social por meio das relações estabelecidas entre seus funcionários, acabam por gerar um capital social na interação com outras organizações.

Basta voltarmos ao exemplo de organizações como o extinto BankBoston em suas boas práticas corporativas, como o Projeto Geração XXI, que surgem de diálogos e questionamentos a respeito de seus próprios valores. A articulação com parceiros e o estabelecimento de confiança nessa relação garantiram até a continuidade daquele propósito inicial, mesmo diante do inesperado – a venda da instituição a outra.

Da mesma forma, observamos o crescente número de parceiros institucionais – e suas diferentes contribuições – que o Prêmio Itaú/Unicef de Educação e Participação reúne para atingir seus objetivos. E também o envolvimento de seus colaboradores, em todo o país, que ajudam inclusive na recepção das inscrições para o prêmio, na participação em comissões julgadoras regionais dos projetos, enfim, que habitualmente se mobilizam em diferentes etapas das campanhas propostas pela instituição.

Os relacionamentos, como vimos, são imprescindíveis. Patrocínios ou apoios em torno de causas sociais ajudam a viabilizar projetos. Não é incomum identificarmos, às vezes, até empresas concorrentes apoiando as mesmas iniciativas. Um consumidor pode estabelecer um vínculo de confiança com determinada organização quando opta por adquirir serviços ou produtos relacionados a certa marca, a partir dos valores que percebe na conduta de uma organização, no relacionamento com seus funcionários e até mesmo no que compreende ser decorrente de iniciativas de sua cultura de responsabilidade socioambiental. A comunicação organizacional com um viés relacional e humanizante é, portanto, essencial para o capital social.

Referências

Banco Itaú/Fundação Itaú Social. Disponível em: <http://www.fundacaoitausocial.org.br> (rota: Mobilização Social> Itaú Voluntário e Educação Integral> Itaú-Unicef). Acesso em: 28 jul. 2010.

Beltrand, M. V. de; Gomes, V. M. L. R. "Comunicação interna e sustentabilidade das organizações". In: Kunsch, Margarida M. K.; Oliveira, Ivone de L. (orgs.). *A comunicação na gestão da sustentabilidade das organizações*. São Caetano do Sul: Difusão, 2009, p. 124-37.

Bourdieu, Pierre. "The forms of capital". In: Richardson, J. (org.). *Handbook of theory of research for the sociology of education*. Nova York: Greenword Press, 1986, p. 46-58.

Cogo, Rodrigo. "Para entender relações públicas e a comunicação organizacional": Disponível em: <http://www.aberje.com.br/acervo_colunas_ver.asp?ID_COLUNA=104&ID_COLUNISTA=18>. 2010. Acesso em: 8 jun. 2010.

D'Araujo, Maria Celina. *Capital social*. Rio de Janeiro: Zahar, 2003 (coleção Passo a Passo, v. 25).

Fischer, Rosa M. "A responsabilidade da cidadania organizacional". In: Fleury, Maria Tereza Leme (org.). *As pessoas na organização*. São Paulo: Gente, 2002, p. 217-31.

Guedes, Éllida Neiva. "A comunicação interna como reflexo dos valores contemporâneos". *Anuário Unesco/Metodista de Comunicação Regional*, ano 12, n. 12, jan.-dez. 2008, p. 43-54.

Ianhez, João Alberto. "Missão, visão, política e valores". In: Marchiori, Marlene (org.). *Faces da cultura e da comunicação organizacional*. São Caetano do Sul: Difusão, 2006, p. 97-122.

Instituto Ethos. *Como as empresas podem (e devem) valorizar a diversidade*. São Paulo: Instituto Ethos, 2000. Disponível em: <http://www.ethos.org.br/_Uniethos/Documents/manual_diversidade.pdf>. Acesso em: 1º ago. 2010.

Kasai, Maria I. N. *Cor, pobreza e ação afirmativa – O Projeto Geração XXI (SP, 1999/2006)*. Dissertação (Mestrado) – Programa de Pós-graduação em História Social da Faculdade de Filosofia, Letras e Ciências Humanas da Universidade de São Paulo, São Paulo, 2006.

Kotler, P.; Kartajaya, H.; Setiawan, I. *Marketing 3.0 – As forças que estão definindo o novo marketing centrado no ser humano*. Rio de Janeiro: Elsevier, 2010.

Kunsch, M. M. K. "A comunicação para a sustentabilidade das organizações na sociedade global". In: Kunsch, Margarida M. K.; Oliveira, Ivone de L. (orgs.). *A comunicação na gestão da sustentabilidade das organizações*. São Caetano do Sul: Difusão, 2009, p. 57-81.

Marchiori, Marlene. "Comunicação interna: a organização como um sistema de significados compartilhados". In: Marchiori, M. (org.). *Faces da cultura e da comunicação organizacional*. São Caetano do Sul: Difusão, 2006, p. 205-22.

Matos, Heloiza. *Capital social e comunicação: interfaces e articulações*. São Paulo: Summus, 2009.

Maxwell, John C. *As 21 irrefutáveis leis da liderança: uma receita comprovada para desenvolver o líder que existe em você*. Rio de Janeiro: Thomas Nelson Brasil, 2007.

Myers, Aaron. "O valor da diversidade racial nas empresas". *Estudos Afro-asiáticos*, Rio de Janeiro, v. 25, n. 3, 2003, p. 483-515.

Naves, Rubens. "Responsabilidade social, sustentabilidade e governança corporativa em um contexto ético". In: Kunsch, Margarida M. K.; Oliveira, Ivone de L. (orgs.). "A comunicação na gestão da sustentabilidade das organizações". São Caetano do Sul: Difusão, 2009, p. 154-69.

Portal do Voluntário: Boston School – Disponível em <http://portaldovoluntario.org.br/blogs/54329/posts/125>. Acesso em: 1º ago. 2010.

Putnam, Robert. "Ajustar, desajustar: o estranho desaparecimento do capital social na América". *Political Science & Politics*, dez. 1995, p. 664-83.

Recuero, Raquel. *Redes sociais na internet*. Porto Alegre: Sulina, 2009.

Rego, Francisco Gaudêncio Torquato do. *Comunicação empresarial – Comunicação institucional: conceitos, estratégias, sistemas, estrutura, planejamento e técnicas*. São Paulo: Summus, 1986.

Rosa, Edmundo Prestes. "Quando os valores fazem a diferença". *Revista da ESPM*, São Paulo, v. 17, ano 16, n. 2, mar.-abr. 2010, p. 28-36.

Santiago, Luiz. *A relação entre comunicação interna e endomarketing – Reconfiguração das dinâmicas comunicacionais no contexto das organizações*. Dissertação (Mestrado) – Faculdade Cásper Líbero, São Paulo, 2010.

Valle, Gláucia; Amâncio, Robson; Lauria, Maria C. P. "Capital social e suas implicações para o estudo das organizações". *Revista Organizações e Sociedade*, Salvador, UFBA, v. 13, n. 36, jan.-mar. 2006, p. 45-63.

17 COMUNICAÇÃO ORGANIZACIONAL, REDES SOCIAIS E CAPITAL SOCIAL[1]

CRISTIANE SORAYA SALES MOURA E
PAULA FRANCESCHELLI DE AGUIAR BARROS

Este trabalho apresenta, em um primeiro momento, a definição e as origens do conceito de capital social. Em seguida, volta-se para as questões da comunicação organizacional, das organizações sociais e da comunicação comunitária. Para finalizar, relaciona os conceitos de redes sociais, comunicação organizacional e capital social.

Segundo Hazleton (2000), as organizações possuem dois objetivos: um instrumental e outro relacional. O primeiro está relacionado com a busca de retorno material; o segundo, à qualidade das relações dentro das organizações. A comunicação organizacional e as relações públicas estão diretamente envolvidas na busca de objetivos relacionais, estando o capital social localizado exatamente no âmbito dessas relações.

Uma comunicação eficaz propicia um aumento no nível relacional das organizações, ampliando a produção de capital social e potencializando as vantagens organizacionais: produtividade, eficiência, qualidade, satisfação do público interno e dos clientes, valor dos bens da rede, valor da marca etc. O aumento e a ampliação das redes de relações, de confiança e de reciprocidade (qualidades principais do capital social) são, igualmente, caminhos para alcançar os objetivos instrumentais – na medida em que as vantagens decorrentes do aspecto relacional são também fundamentais para atingir os objetivos do aspecto instrumental, como o aumento da produtividade e dos lucros da organização.

Este capítulo procura, então, estabelecer uma relação entre os conceitos de capital social e de comunicação organizacional. Mais especificamente, quer saber quais são as

---

1. Trabalho apresentado na NP Relações Públicas e Comunicação Organizacional do VIII Encontro dos Núcleos de Pesquisas em Comunicação (Nupecom), evento realizado durante o XXXI Congresso Brasileiro de Ciências da Comunicação (Intercom), ocorrido em Curitiba (PR) de 4 a 7 de setembro de 2009.

funções das organizações sociais e quais as formas de relacionamento e de humanização dos vínculos de trabalho podem facilitar a criação, manutenção e mobilização de redes sociais. No Brasil, a maior parte dos estudos sobre o uso das redes sociais está voltada para a sociologia e, em menor escala, para a comunicação. Desse modo, entendendo que o capital social pressupõe uma rede de relacionamento ou de interação, e que nenhum relacionamento ou interação é possível sem comunicação, este capítulo vai analisar a relevância dos vínculos comunicativos como uma dimensão do capital social.

Conceituando o capital social: algumas contribuições teóricas

O capital social não é um conceito novo, sendo pesquisado em vários países há mais de duas décadas. No entanto, o tema é relativamente novo no Brasil, onde é possível destacar as pesquisas de Marcello Baquero e Dejalma Cremonese (2006), Heloiza Matos (2007) e Maria Celina d'Araujo (2003). Trata-se de um conceito multidisciplinar, que abrange os campos da sociologia, da ciência política, da comunicação, da economia etc. Por essa razão, é possível encontrar múltiplas e diferentes definições para o conceito, algumas das quais divergem na proporção da distância que separa os campos e as disciplinas. Tendo em vista tais dissonâncias, os autores que estudam o assunto têm se detido especialmente na conceituação do capital social, de sua origem e na diversidade de sua aplicação.

Surgido nos anos 1980, o conceito de capital social foi mais bem elaborado na sociologia; notadamente pelas reflexões de Pierre Bourdieu, para quem o capital social é um atributo individual dentro de um contexto social. Segundo esse autor, capital social seria "o conjunto de recursos atuais e potenciais que estão ligados à posse de uma rede durável de relações mais ou menos institucionalizadas de conhecimento e reconhecimento mútuo" (1980, p. 2).

Apesar de Bourdieu haver introduzido o assunto no campo das ciências sociais, foi por meio da obra de seu sucessor, o sociólogo James Coleman, que a noção de capital social obteve uma maior divulgação e aceitação. Em seu artigo fundador de 1988, "Social capital in the creation of human capital", Coleman propõe a utilização da racionalidade da economia nas análises do campo social. Em uma ação racional, o indivíduo usaria os recursos disponíveis (materiais ou não) para ativar suas redes sociais. Logo, Coleman afirma que o conceito de capital social deve sua existência às interações sociais dos agentes, ou seja, que é essencialmente relacional.

Coleman desenvolveu sua pesquisa apresentando as diferenças entre o capital físico, o capital humano e o capital social. Para ele, o capital social seria constituído por três características: "as obrigações e expectativas que ajudam a estruturar a confiança entre os membros da rede; a capacidade da estrutura social para gerar e colocar em funcionamento os fluxos de informação; e as normas que regem o processo" (Coleman, 1990, *apud* Matos, 2007, p. 59).

Assim como Bourdieu, Coleman chama a atenção para a impossibilidade de transmitir ou de trocar o capital social, o que, por outro lado, pode ser feito quando o capital é econômico e/ou físico (bens materiais e financeiros) e quando o capital é humano[2].

O cientista político Robert Putnam realizou suas pesquisas sobre o capital social entre 1960 e 1987, mas elas só foram publicadas em 1993, em sua obra *Comunidade e democracia: a experiência da Itália moderna* (1998). Nesse período, Putnam realizou um estudo comparativo entre as províncias do norte e do sul da Itália. O objetivo era entender quais fatores podiam influenciar e/ou explicar o sucesso ou fracasso das províncias, umas em relação às outras. Ele chegou à conclusão de que as organizações sociais propiciam um ambiente cívico-econômico estável e favorável porque criam contextos nos quais as pessoas desenvolvem laços de confiança, ampliando a cooperação ao longo desse processo.

Os cientistas políticos trouxeram, então, uma nova abordagem ao estudo do capital social, relacionando-o ao nível de "civismo" em determinadas localidades (vilas, cidades ou países). Putnam é uma referência dessa abordagem e, para ele, o capital social é uma "característica de organizações sociais, como as redes, as normas e a confiança, que facilitam a ação e a cooperação com vistas a um benefício mútuo" (Putnam, 1995, p. 67).

No estudo sobre a Itália foram encontradas evidências de que as regiões com maior engajamento cívico possuíam um elevado nível de capital social, além de instituições e governos com desempenho relativamente superior. Assim, Putnam associou a presença do capital social ao sucesso das províncias: tratava-se de comunidades com notáveis níveis de engajamento cívico, confiança generalizada, respeito às normas de reciprocidade e sentido de responsabilidade pelos assuntos públicos (*apud* Matos, 2007, p. 61).

Segundo Putnam, cidadãos que não se reúnem, não confiam uns nos outros, não respeitam as normas constituídas, não discutem ou não votam e valorizam o particular (em detrimento do interesse público) têm mais chance de viver em comunidades malgovernadas.

Embora a pesquisa sobre a Itália seja indubitavelmente uma contribuição de valor, é com *Bowling alone* (2000) que Putnam se torna um marco para a pesquisa em capital social. Nessa obra ele aborda o declínio da vida associativa nos Estados Unidos, fato que

---

2. O capital humano envolveria o conhecimento e as habilidades do indivíduo que, assim como o capital físico, podem ser transmitidos para outras pessoas ou trocados.

relaciona à queda da participação cívica no país. Putnam busca dimensionar a qualidade e a intensidade do engajamento cívico e sua respectiva relação com o estoque de capital social. No entanto, são as razões do declínio do engajamento cívico e da erosão do capital social na política e na vida social americana que persegue. Para o autor, os principais pontos para a formação, ampliação e manutenção de uma rede de sociabilidade são: a produção das normas sociais e o respeito a elas, a confiança recíproca entre os atores sociais e o compartilhamento de benefícios sociais. Matos (2007, p. 62) cita o livro *Democracia na América*[3], de Tocqueville, como possível referência para essa obra de Putnam.

Portes relaciona, por sua vez, o capital social com a quantidade e a qualidade das relações sociais. Segundo ele, "para possuir capital social, um indivíduo precisa se relacionar com outros, e são estes – não o próprio – a verdadeira fonte dos seus benefícios" (2000, p. 139).

Outra perspectiva em capital social privilegia a importância dos laços sociais, isto é, a existência de laços de vinculação mútua. Tanto Granovetter (1984) quanto Lin e Burt (2001) distinguem laços fracos de fortes. Para eles, os laços fortes são marcados pela "proximidade, intimidade e, sobretudo, pela intencionalidade de construir e manter os laços – como é o caso das ligações familiares", enquanto os laços fracos são caracterizados por ser ocasionais, esparsos e não se basear em intimidade. Contudo, Degenne e Forsé acreditam na existência de um tipo de laço multifacetado, abrangendo diferentes tipos de "relações sociais de um grupo que interage mais ou menos continuamente no trabalho e fora dele, em atividades de lazer ou de natureza próxima" (*apud* Matos, 2007, p. 60).

Segundo Lin e Burt (2001), quatro fatores explicam por que determinados atores investem em redes sociais: 1) as redes facilitam o fluxo de informações; 2) as redes valorizam o relacionamento com agentes que desempenham um papel importante na tomada de decisão em diferentes áreas; 3) os laços sociais de um indivíduo podem ser concebidos como credenciais que expressam os recursos que possuem; 4) as relações sociais reforçam a identidade e o reconhecimento. Ser reconhecido garante a manutenção de certos recursos.

Para concluir, o conceito de capital social tem contribuído para o desenvolvimento de investigações em vários campos de estudo, expandindo a análise ao mesmo tempo que propõe estruturas e formas de organização social (nas quais os atores interagem para criar seus mecanismos de cooperação, coordenação, acompanhamento e fiscalização de cada membro).

---

3. Tocqueville realiza um estudo sobre as características das associações nos Estados Unidos e investiga como elas beneficiam os indivíduos, auxiliando-os a solucionar mais facilmente os problemas da comunidade.

Comunicação organizacional

As origens e a evolução das organizações se fundamentam na necessidade de estruturar a vida em sociedade. O homem, como ser social e relacional, precisa do seu semelhante não só para satisfazer suas necessidades, mas para constituir-se como indivíduo moralmente capaz de se apresentar em público, de se colocar diante dos outros como interlocutor em potencial e estabelecer interações que buscam alcançar o entendimento recíproco acerca de problemas que só podem ser solucionados pela conjugação de esforços.

Segundo Kunsch (2003), no mundo contemporâneo, paralelamente aos paradoxos e à complexidade vigente, há um aumento significativo de novas organizações, que surgem para atender às crescentes demandas sociais e mercadológicas, desencadeadas, muitas vezes, pela perspicácia dos agentes do mercado competitivo, que estão sempre atentos às oportunidades e às ameaças do ambiente global e organizacional.

Rego (2004) afirma que as organizações, tanto privadas como públicas, funcionam como parte da sociedade e, como entes sociais, precisam ter voz e vez na democracia. A forma que essas organizações encontraram para informar e se relacionar com a sociedade, dando as respostas exigidas pelos cidadãos aos seus anseios, é a comunicação.

O autor acrescenta ainda que a comunicação praticada pelas organizações é pautada de acordo com os interesses dos movimentos sociais e políticos, o que significa dizer que as organizações entendem a importância de se inserir na política social.

A modernização da comunicação organizacional ocorreu quando as organizações brasileiras, com o objetivo de aumentar sua participação democrática, passaram a desenvolver um poder político, fazendo-se, portanto, mais presentes e atuantes nas questões relacionadas à cidadania.

Rego acredita que o fortalecimento de uma organização está diretamente ligado ao fortalecimento dos grupos sociais e das entidades civis, e que essa nova configuração do modo de agir das organizações envolve diretamente as estratégias de comunicação organizacional que devem ser pautadas em uma visão política, mais participativa e inclusiva.

No Brasil, o vácuo entre o setor político e a sociedade tem sido preenchido pelas organizações intermediárias. Esse novo universo organizacional nada mais é do que a estruturação da sociedade em grupos, em setores, em categorias que se juntam na forma de organizações sociais com a finalidade de defender seus interesses. As organizações se constituem e compõem as associações de classe, os sindicatos, as federações, os clubes de mães, as comunidades de base, os movimentos ecológicos, de etnias, de defesa do consumidor, dos trabalhadores sem-terra, entre outros.

De acordo com Rego, o poder comunicativo de negociação e de constituição de esferas públicas de debate está presente na esfera das representações sociais, particularmente no âmbito das organizações intermediárias da sociedade, e certas organizações sociais detêm maiores cotas de influência do que outras, como as igrejas, que exercem maiores influências sociais.

Resumindo, a comunicação organizacional é entendida como a possibilidade sistêmica e integrada de articulação entre diferentes setores sociais, que reúne quatro grandes modalidades – comunicação cultural, comunicação administrativa, comunicação social e sistema da informação.

A comunicação cultural está diretamente relacionada à cultura organizacional da empresa e é aferida pela comunicação interna, que é o arcabouço dos costumes, das ideias e dos valores da comunidade institucional. A comunicação administrativa refere-se às normas, aos procedimentos e princípios organizacionais das empresas. A comunicação social envolve as áreas de jornalismo, relações públicas, publicidade, editoração e marketing. Já o sistema de informação agrega as informações que são armazenadas em banco de dados.

Portanto, a comunicação organizacional pode ser vista como a união dessas modalidades comunicacionais e para que funcione com eficácia e eficiência deve ser planejada como uma orquestra, na qual todos os instrumentos estejam em harmonia.

Ivone Oliveira (2009) a entende a partir de um viés relacional e político, já que o processo comunicativo envolve as atuais tensões e interações entre a organização e seus diversos atores e públicos, isto é, a forma como esse relacionamento se constitui determina a imagem institucional da organização.

Como a relação com a sociedade implica uma multiplicidade de interações entre atores sociais com interesses diferentes, é fundamental a predisposição para encontrar espaços de diálogos, na tentativa de chegar ao entendimento. Essa postura possibilita a construção de relacionamentos mais consistentes e sustentáveis, os quais garantem legitimidade à organização (Oliveira, 2009, p. 323).

Baldissera (2009, p. 146) propõe pensar a comunicação organizacional com base na teoria da complexidade, pois é com essa teoria que o conflito deixa de ser algo negativo para ser algo desafiador. Com esse entendimento, o autor sugere que a comunicação organizacional deixe de ser pensada como um modelo de comunicação estratégica, voltado exclusivamente para a persuasão, e passe a ser vista como busca de entendimento mútuo, de interações cooperativas e de negociação paritária:

> Com isso, procura-se afirmar que a comunicação possibilita a qualificação dos processos organizacionais toda vez que se realiza como espaço democrático para a manifestação livre dos

pensares, das ideias, dos desejos e dos temores. Com a manifestação também se ampliam as possibilidades de se desfazerem os mal-entendidos, as confusões e as resistências, bem como de tomar decisões sustentáveis, em suas diferentes dimensões (ambiental, social, cultural, econômica, política).

Kunsch (1997, p. 68) assinala que a diferença entre comunicação empresarial, comunicação corporativa e organizacional reside apenas nas terminologias, nos nomes usados indistintamente para designar o trabalho de comunicação que é elaborado para as organizações em geral. Para exemplificar, a autora usa o conceito de Goldhaber, teórico da área de comunicação organizacional, para quem:

> A comunicação organizacional é considerada como um processo dinâmico por meio do qual as organizações se relacionam com o meio ambiente e por meio do qual as subpartes da organização se conectam entre si. Por conseguinte, a comunicação organizacional pode ser vista como o fluxo de mensagens dentro de uma rede de relações interdependentes.

Com esse conceito, é possível considerar que a comunicação organizacional refere-se às diversas formas e estratégias que as empresas desenvolvem a fim de manter um relacionamento dialógico contínuo entre a organização e os públicos com os quais a empresa se relaciona.

Assim, a comunicação organizacional configura as diferentes modalidades comunicacionais que permeiam as atividades de empresas e instituições, compreendendo a comunicação institucional, a comunicação mercadológica, a comunicação interna e a comunicação administrativa.

O primeiro tipo inclui as ações de relações públicas, marketing social, marketing cultural, jornalismo, assessoria de imprensa, identidade corporativa e propaganda institucional. O segundo tipo de comunicação compreende o marketing, a propaganda, a promoção de vendas, o marketing direto, o *merchandising* e a venda pessoal. Já a comunicação interna refere-se à comunicação administrativa, ou seja, os fluxos, as redes formais e informais de comunicação e os veículos usados para mediar as relações entre organização e público interno. A integração equilibrada e colaborativa de todas essas áreas é que proporciona a eficácia da comunicação nas organizações.

Em suma, o termo "comunicação organizacional" envolve as diversas atividades comunicacionais que se desenvolvem entre empresa e *stakeholders*[4], no entanto apresenta

---

4. O termo *stakeholders* refere-se aos diversos públicos estratégicos que influenciam diretamente nos processos organizacionais, como os funcionários, as empresas parceiras, o público interno, as comunidades que se localizam nas cercanias de uma empresa etc. (Oliveira, 2009).

maior amplitude, pois se aplica a qualquer tipo de organização – pública, privada, sem fins lucrativos, ONGs, fundações etc. –, não se restringindo ao âmbito do que se denomina "empresa".

Organizações sociais

De acordo com a Rede de Informações para o Terceiro Setor (Rits)[5], o campo não governamental e não lucrativo surgiu da necessidade de suprir a ausência do Estado em áreas de extrema carência que não interessavam nem à iniciativa estatal nem à privada.

As ONGs são instituições que integram esse setor e se tornaram, rapidamente, o novo centro da ação social, do compromisso ativo e da contribuição significativa. Tais instituições surgem a fim de garantir melhor qualidade de vida, cidadania e, sobretudo, para defender os valores, a tradição e os direitos da sociedade como um todo.

Márcio Simeone Henriques (2007) afirma que os movimentos sociais hoje não possuem mais o formato original, e que as novas configurações da sociedade contemporânea alteraram os modelos clássicos de ativismo político como lutas de classe e organização revolucionária.

Hoje, as organizações sociais se estruturam em forma de redes sociais, ou seja, união entre diversas entidades com os mesmos valores, com a intenção de uma cooperação auto-organizada, com novas formas de colaboração social e novos modos de interação. Os movimentos buscam parcerias horizontais em prol da mesma causa a fim de conectar e articular suas ações com as de outros movimentos. Isso significa dizer que, quanto mais contatos houver nessa rede, maiores serão a representação e o nível de engajamento das ONGs perante a sociedade civil.

Se analisarmos a atuação das ONGs, é possível observar que a maioria delas já utiliza o conceito de redes. O Instituto Ayrton Senna trabalha para criar oportunidades de desenvolvimento humano para crianças e jovens brasileiros com a cooperação de empresas, governos, prefeituras, escolas, universidades e ONGs parceiras.

Ao unir-se com outras ONGs, por exemplo, esse instituto não encara a outra organização como uma possível concorrente, mas sim como mais um parceiro que pode agregar conhecimento, *expertise* e conseguir mais força e adesão para a causa que defendem.

É interessante notar que a formação dessas redes acontece com a aproximação das instituições que trabalham e defendem os mesmos princípios e valores.

---

5.   Disponível em: <http://www.rits.org.br>. Acesso em: 22 maio 2010.

Comunicação comunitária

Partindo do entendimento de que a comunicação organizacional abrange diferentes subáreas da comunicação, cada qual com seu *mix* de ferramentas, é possível entender a comunicação comunitária, de forma geral, como uma dessas subáreas que atua com foco na comunicação ligada às questões de responsabilidade social. Entre suas principais dinâmicas está a aproximação e intermediação do entendimento entre organização e comunidade, promovendo a reflexão e discussão sobre os diversos problemas sociais.

Segundo Peruzzo (2008), a comunicação comunitária surge e se desenvolve articulada aos movimentos sociais e populares, como um canal de expressão e um meio de mobilização e conscientização das populações residentes em bairros periféricos, submetidas à carência de toda espécie em razão dos baixos salários ou do desemprego.

A autora compreende que uma das características da comunicação comunitária é a participação dotada de duas dimensões essenciais. Ela pode ocorrer no nível da mensagem – possui uma forma mais simples – e neste tipo de participação só há recepção, não caracterizando envolvimento, assim como no nível do planejamento, no qual há um envolvimento das pessoas e comunidade no estabelecimento da política dos meios, na formatação dos veículos e dos programas, na elaboração dos objetivos e princípios de gestão.

Peruzzo define ainda que a comunicação comunitária deve ser um processo em que toda pessoa da comunidade pode se tornar um sujeito da comunicação e participar ativamente da instituição e da unidade comunicacional.

As atividades das relações públicas comunitárias são definidas como trabalhos para a comunidade e pressupõem uma atuação interativa, em que o profissional é antes um articulador e um incentivador, mais do que um simples transmissor de saberes e aplicador de técnicas. As relações públicas comunitárias não podem ignorar as necessidades da comunidade e agir pelos interesses da empresa que representam (Kunsch e Kunsch, 2007).

Podemos retomar aqui a ideia de que a comunicação organizacional é um processo sistêmico que envolve a soma de esforços das subáreas da comunicação, cujo grande diferencial é olhar para o todo do processo comunicacional. Aplicar os conceitos da comunicação organizacional é promover a compreensão mútua entre a instituição e seus diversos públicos de relacionamento.

Organizações sociais são instituições que fazem parte do terceiro setor. Diferentemente dos outros setores, tais organizações devem estar concentradas em atrair e sensibilizar a sociedade civil para sair em defesa da solução das questões sociais que protegem. É nesse sentido que a comunicação organizacional deve agir, enfocando as questões comunitárias agindo para que a comunicação desperte nas pessoas um olhar social e essas questões se tornem uma preocupação de todos.

Para ter essa força, é preciso que a comunicação favoreça e fortaleça o sistema de redes sociais. Isso implica criar condições para que as redes se formem, promovendo parcerias entre as diversas organizações que atuam na erradicação do mesmo problema social. Fortalecer é, além de fazer que essas redes promovam debates e reflexões que atraiam a atenção da sociedade, propiciar trocas de *expertise* entre elas, possibilitando o aperfeiçoamento e maior profissionalização das suas formas de atuação.

Por meio das redes sociais, as ONGs tendem a fazer que seus projetos e ideais se tornem questões de interesse público e os problemas defendidos na esfera do terceiro setor façam parte da agenda de toda a sociedade civil.

Redes sociais, comunicação e capital social

As organizações sociais têm a tarefa de socializar informações complexas para as comunidades, contribuindo para a formação de capital humano. Elas também têm a função de ampliar as relações de confiança e de solidariedade entre alguns grupos ou comunidades, visando à formulação de estruturas sociais e à interação com outros atores sociais e níveis de governo. A Comissão Econômica para a América Latina e o Caribe – Cepal (2001, *apud* Ramírez, Sánchez e Bernardino, 2006, p. 282-3) tem dado:

> [...] especial importância para a distinção entre o capital social individual e comunitário (o capital social que possui um indivíduo e o capital social que é propriedade de um conjunto). O capital social é definido como a confiança e a reciprocidade que se estendem através das redes egocentradas. Este capital consiste do crédito que uma pessoa tenha acumulado na forma de reciprocidade difusa que pode reclamar em momentos de necessidade a outras pessoas às quais ela tenha oferecido serviços ou favores no passado. O capital social comunitário é definido como aquele que se expressa em instituições complexas, com conteúdo e gerenciamento. Neste sentido, o capital reside, não nas relações interpessoais, mas nas suas estruturas regulamentares, gestoras e sancionárias. Em ambos os casos, no entanto, a noção de rede (como não substrato de associatividade) desempenha um papel importante.

O capital social individual também pode ser avaliado de acordo com o grau de conhecimento do indivíduo. Desse modo, se o indivíduo possui um nível de capital humano que supera o da maioria das pessoas que integram sua rede social, ele tende a se tornar um polo de atração para os outros membros da rede. Em geral, os atores sociais mais bem informados tendem a ter vantagens em relação aos que têm menos informação.

No caso do capital social comunitário, há uma relação direta com as instituições que, de certa forma, regulam as relações sociais em um grupo social, as quais podem ser determinadas por um fator cultural, ideológico, religioso, entre outros. Por sua vez, esses fatores podem moldar as redes sociais (Ramírez, Sánchez e Bernardino, 2006).

Em uma perspectiva diferente daquela apresentada pela Cepal, Putnam aponta como elementos básicos do capital social a confiança e as normas que regem a convivência. Contudo, é possível dizer que a confiança possibilita estreitar os laços na comunidade por meio da reputação. Se um ator da comunidade tem boa reputação, os demais atores que compõem o grupo social tendem a não fazer qualquer objeção em confiar seus interesses a ele; assim, ter boa reputação ajuda a reduzir a incerteza entre os membros da rede social. A confiança é também adquirida pela frequência das negociações que o conjunto dos parceiros sociais realiza, principalmente se essas negociações satisfizerem ambas as partes.

A reputação afeta de forma cabal o processo de decisão dos indivíduos, ajudando a reduzir os custos de informação[6]. Os consumidores, por exemplo, preferem um produto que goza de boa reputação, que é conhecido e reconhecido na sociedade.

A informação tornou-se, portanto, "um recurso valioso: o conhecimento é poder" (Stigler, 1977, p. 59), na medida em que dado conhecimento ou informação tem a capacidade de gerar mudanças em todos os sistemas em que opera, afetando, sobretudo, a tomada de decisões, de modos diferentes, "em função da importância do conhecimento em questão" (Boulding, 1977, p. 25, *apud* Ramírez, Sánchez e Bernardino, 2006, p. 62).

As organizações tentam compreender e gerir a complexidade das informações, na tentativa de reduzir os custos enfrentados pelos atores para obtê-las, o que poderia ajudar os indivíduos a desenvolver competências que lhes possibilitassem o desenvolvimento de vários campos da vida social. A socialização das informações seria a orientação no sentido de reforçar os laços e redes sociais de tal forma que fosse possível moldar as estruturas organizacionais da própria sociedade mediante a interação com diferentes níveis de governo e outras organizações sociais, o que é também uma maneira de criar capital social. A busca de informações também pode ser realizada mediante redes sociais informais constituídas por amigos, vizinhos, parentes ou por outros meios. Em muitos

---

6. Segundo Ramírez, Sánchez e Bernardino (2006), os custos de informação (tempo despendido, esforço, dinheiro gasto, a perda econômica, emocional ou sentimental) podem ser resumidos como todos os recursos tangíveis e intangíveis investidos para obter a informação.

casos, as redes informais ajudam a reduzir os custos de informação para encontrar emprego ou obter outros benefícios (Ramírez, Sánchez e Bernardino, 2006).

Cohen e Arato (*apud* Olvera, 2001, p. 25) sugerem que movimentos e instituições da sociedade civil podem transpor as questões que aparecem na esfera privada para a esfera pública, estando ligados ao mercado e ao Estado como pontos de contato entre os subsistemas e a própria sociedade. Os autores vão, assim, além da dicotomia habermasiana entre sistema e "mundo da vida" e encontram a unidade dos movimentos da sociedade civil na sua forma de organização, que deve ser interativa, ou seja, baseada na comunicação.

As organizações sociais são entendidas, de acordo "com a definição mais geral, como uma unidade social ou a comunidade humana que persegue objetivos específicos" (McConnell, 1998, p. 56). Por sua vez, elas foram classificadas por estudiosos de acordo com a área em que suas ações são dirigidas:

> As organizações representam e refletem a justaposição dos interesses dos participantes e do ambiente em que operam. Ao mesmo tempo, estas organizações estruturam estes interesses individuais e participam da configuração de seu próprio meio ambiente. [...] As organizações da sociedade civil têm definido, tradicionalmente, seus trabalhos em termos de responder a necessidades específicas fora da esfera política, tais como alimentação, moradia adequada, saúde e educação. Atualmente têm expandido [...] seus programas para incluir não só a caridade tradicional e programas de assistência, mas também os programas de desenvolvimento e de formação e, finalmente, lobby e defesa de interesses específicos, sobre questões locais, nacionais e internacionais. (McConnell, 1998, p. 59-60)

Embora seja verdade que boa parte das organizações sociais tem origem fora da arena política e adquire certa autonomia, elas necessariamente interagem com algum nível de governo para realizar suas ações, sem politizar-se ou servir a interesses partidários e de governo, mas, pelo contrário, tentando coordenar suas ações entre as esferas públicas e privadas da sociedade.

Considerações finais

Atualmente, as sociedades são caracterizadas pela rapidez dos fluxos informativos viabilizados, em grande parte, pelo desenvolvimento das tecnologias da informação. A velocidade com que a informação circula tem feito que grande parte da população padeça com a impossibilidade de acompanhar o ritmo do fluxo informativo, gerando uma espécie de frustração pela incapacidade de apreender o vasto leque de informações disponibilizado.

A informação tem sido um elemento fundamental para o desenvolvimento da humanidade, desempenhando um papel determinante ao marcar os ritmos e os padrões de desenvolvimento em diferentes áreas da sociedade, ao mesmo tempo que vem impondo uma nova dinâmica nas relações sociais, nos processos de produção e nas relações de poder.

Contudo, o descompasso entre a rapidez com que a informação circula e a morosidade de processos comunicativos pautados pelo diálogo e pela negociação nos leva a refletir sobre o papel da comunicação organizacional na articulação de diferentes setores da sociedade. Tal comunicação não deve apenas fazer que dados circulem de maneira eficiente, mas também gerar capital social e atitudes de colaboração que mantenham vivas práticas mais democráticas de convivência entre diferentes atores sociais.

Ainda nesse contexto, é importante destacar as diversas formas de luta que empreendem algumas organizações da sociedade civil para acessar os meios de informação e comunicação, a fim de alcançar visibilidade para suas demandas e de torná-las mais acessíveis e inteligíveis aos demais grupos que integram a sociedade.

É por isso que algumas dessas organizações são formadas por atores que servem como pontes de informação entre as comunidades e os grupos sociais, ao desenvolver campanhas destinadas a transformar informações complexas em mensagens mais acessíveis e fornecê-las aos seus membros, contribuindo assim para reduzir os custos de informação. Por meio dessas ações, as organizações pretendem romper com os modos de difusão predominantes na distribuição das informações. O papel desses agentes sociais, em uma fase inicial, pode ser caracterizado como de formadores de capital humano, ajudando no desenvolvimento de aptidões e competências.

No campo político, as organizações sociais têm um impacto sobre determinados grupos para gerar mudanças em sua cultura política, o que significa que têm motivado diferentes formas de participação, gerando aberturas democráticas nas relações de poder entre cidadãos e governantes.

Diante do exposto, é possível concluir que as organizações sociais podem promover a formação de alguns membros da comunidade mediante a elaboração conjunta da informação, o que os faz adquirir a capacidade de gerar redes sociais mais amplas, interagindo com outros atores e com vários níveis de governo. Quando as organizações chegam a essa fase, é possível prever que elas alcancem a competência de criar capital social.

Os atributos do capital social – confiança, reciprocidade e reputação – facilitam a criação de laços e redes sociais, envolvendo diretamente as estratégias da comunicação organizacional. Logo, a comunicação organizacional pode ampliar as redes realizando parcerias com outras instituições ou atores sociais, ou ainda promovendo eventos que facilitem o diálogo e a cooperação entre a organização e seus públicos, reduzindo os custos de informação. Tal ampliação das redes se torna possível quando compreendemos o capital social como resultado de um amplo processo de articulação, engajamento cívico e busca de entendimento entre os vários "nós" que integram essas redes.

Referências

BALDISSERA, Rudimar. "A teoria da complexidade e novas perspectivas para os estudos da comunicação organizacional". In: KUNSCH, Margarida M. K. *Comunicação organizacional. Histórico, fundamentos e processos*. São Paulo: Saraiva, 2009, v. 1, p. 135-65.

BAQUERO, Marcello; CREMONESE, Dejalma (orgs.). *Capital social – Teoria e prática*. Ijuí: Unijuí, 2006.

BOURDIEU, Pierre. "Le capital social. Notes provisoires". *Actes de la Recherche in Sciences Sociales*, v. 31, jan. 1980, p. 2-3.

COLEMAN, James. "Social capital in the creation of human capital". *American Journal of Sociology*, v. 94, Suplemento, 1988, p. 95-120.

D'ARAUJO, Maria Celina. *Capital social*. Rio de Janeiro: Zahar, 2003.

GOLDHABER, Gerald M. *Comunicación organizacional*. México: Editorial Diana, 1991.

GORDON, Sara; MILLÁN, René. "Capital social: una lectura de tres perspectivas clásicas". *Revista Mexicana de Sociología*, México, Instituto de Investigaciones Sociales/Universidad Nacional Autónoma de México, ano 66, n. 4, out.-dez. 2004, p. 711-47.

GRANOVETTER, Mark. "Economic action and social structure: the problem of embeddedness". *American Journal of Sociology*, v. 91, n. 2, 1984, p. 481-510.

HAZLETON, Vincent. "Social capital: reconceptualizing the bottom line". *Corporate Communications: An International Journal*, MCB UP, v. 5, 2000, p. 81-7.

HENRIQUES, M. S. "Ativismo, movimentos sociais e relações públicas". In: KUNSCH, Margarida M. K.; KUNSCH, Waldemar L. (orgs.). *Relações públicas comunitárias. A comunicação em uma perspectiva dialógica e transformadora*. São Paulo: Summus, 2007, p. 92-103.

KUNSCH, Margarida Maria Krohling. *Relações públicas e modernidade: novos paradigmas na comunicação organizacional*. São Paulo: Summus, 1997.

_____. *Planejamento de relações públicas na comunicação integrada*. São Paulo: Summus, 2003.

KUNSCH, Margarida M. K.; KUNSCH, Waldemar Luiz (orgs.). *Relações públicas comunitárias. A comunicação em uma perspectiva dialógica e transformadora*. São Paulo: Summus, 2007.

LIN, Nam; BURT, R. (orgs.). *Social capital theory and research*. Nova York: Aldine de Gruyter, 2001.

MATOS, Heloiza. "TIC's, internet e capital social". *Líbero*, São Paulo, ano X, n. 20, dez. 2007, p. 57-69.

McCONNELL, Sharon Lean. "Organizar a la sociedad civil para el desarrollo local". In: *Sociedad civil. Análisis y debates*. México, n. 7, v. III, 1998, p. 51-59.

OLIVEIRA, Ivone Pereira. "Espaços dialógicos e relacionais nas organizações e sua natureza ético-política". In: KUNSCH, Margarida M. K. *Comunicação organizacional. Linguagem, gestão e perspectiva*. São Paulo: Saraiva, 2009, v. 2. p. 321-33.

OLVERA, Alberto J. *Sociedad civil, gobernabilidad democrática, espacios públicos y democratización: los contornos de un proyecto*. México: Universidad Veracruzana, 2001.

PERUZZO, Cicilia M. Khroling. "Conceitos de comunicação popular, alternativa e comunitária revisitados. Reelaborações no setor". *Palabra Clave*, v. 11, 2008, p. 367-79.

PORTES, A. "Capital social: origens e aplicações na sociologia contemporânea". *Revista Sociologia, Problemas e Práticas*, n. 33, 2000, p. 133-58. Disponível em: <http://www.scielo.org>. Acesso em: 8 ago. 2007.

PUTNAM, Robert. "Bowling alone: America's declining social capital". *Journal of Democracy*, v. 6, n. 1, jan. 1995, p. 65-78.

_____. *Comunidade e democracia: a experiência da Itália moderna*. 2. ed. Rio de Janeiro: Editora da FGV, 1998.

_____. *Bowling alone: the collapse and a revival of American community*. Nova York: Simon & Schuster, 2000.

RAMÍREZ, José Juan Méndez; SÁNCHEZ, Teresa Becerril; BERNARDINO, Fernando Ensastegui. "Organizaciones sociales: actores que incentivan la formación de capital social". *Quivera*, v. 8, n. 2, jul.-dez. 2006.

REGO, Francisco Gaudêncio Torquato do. *Tratado de comunicação organizacional e política*. São Paulo: Pioneira/Thomson Learning, 2004.

STIGLER, G. J. "The Economics of Information", *Journal of Political Economy*, 1977, 69:213-25.

18 O CAPITAL SOCIAL NA EXPERIÊNCIA DO BANCO GRAMEEN: MECANISMOS INTERACIONAIS E MICROCRÉDITO

ROSEMARY TONHOSOLO JORDÃO

Em 1976, o economista Muhammad Yunus implantou uma experiência pioneira em Bangladesh, uma das nações mais desfavorecidas da Ásia, partindo da ideia de que o crédito poderia acabar com a situação de extrema pobreza que assolava a população de seu país. Para desenvolvê-la, concedeu pequeníssimos empréstimos a uma parcela da população que não tinha acesso a nenhum outro meio para obter qualquer resultado concreto que lhe permitisse mudar sua situação.

A necessidade de disponibilizar recursos para crédito produtivo popular motivou o professor Muhammad Yunus, diretor principal e fundador do Grameen, pois essa seria uma das únicas alternativas de inclusão daquelas pessoas, especialmente de mulheres pobres que atuavam como chefes de família.

> O país tem uma população de 150 milhões de pessoas (a sétima maior do mundo) e uma área de 144 mil quilômetros quadrados. Logo, é a nação com a maior densidade populacional do planeta. A economia é rudimentar. Bangladesh tem um PIB *per capita* de apenas 1.300 dólares (o 153º em 181 países). Não tem quaisquer recursos naturais e a agricultura, a principal atividade, é prejudicada pelas catástrofes naturais. (Fidalgo, 2010)

As primeiras discussões sobre a importância do microcrédito para aliviar a pobreza em Bangladesh tiveram início em junho de 1976, com o trabalho de mobilização de 41 aldeões, os quais tomaram emprestado um total de menos de 27 dólares cada um, para uso pessoal. Na ausência de instituições financeiras capazes de atender a esse mercado, os agiotas – fornecedores informais de crédito – tomavam conta do espaço, cobrando juros astronômicos e levando seus clientes a se aprofundar mais e mais na pobreza. Assim, os bancos tradicionais funcionavam como meros reprodutores da pobreza, mantendo a maior parcela da população condenada ao sistema informal de crédito. De maneira arrojada, então, o Banco Grameen aboliu as regras bancárias elementares e, para grande surpresa, o pagamento dos empréstimos sem caução mostrou-se até mais eficaz que no sistema bancário tradicional, uma vez que 97% dos empréstimos cedidos são pagos. Os pobres estão cientes de que não podem ser excluídos desse sistema e valorizam muito a rede em que puderam inserir-se (Jordão, 2004).

Os programas do Grameen já foram exportados para mais de 40 países, atendendo sempre aos pobres que não podem oferecer garantias. Os empréstimos concedidos pelo Grameen são de pequena monta, de curto prazo e ajustados de acordo com as possibilidades das pessoas. Às vezes o pagamento é diário. Já em 1982, o número de membros do Grameen atingira 28 mil pessoas, das quais metade era composta por mulheres, devido ao seu papel fundamental como responsáveis pela administração familiar. Quase a totalidade da monta total de empréstimos concedida pelo Banco Grameen (US$ 100 milhões) é destinada ao público feminino, que hoje compõe 99% dos mutuários.

Dentro de princípios humanistas, suas ações beneficiam aqueles que atendem a requisitos simples. O primeiro princípio determinante para o sucesso é o fato de a tomada de crédito ser realizada por meio de pequenos grupos homogêneos, denominados grupos solidários. Esses grupos são formados pela autosseleção de seus membros, obedecendo a uma condição básica segundo a qual as pessoas que vão participar do grupo tenham um relacionamento anterior, sejam amigas e gozem de confiança recíproca. Dessa forma, é criada uma espécie de rede de apoio que, ao mesmo tempo, exerce pressão para que a dívida seja depois quitada. Essa condição facilita a coesão grupal, aumentando o nível de cumprimento das responsabilidades assumidas, da participação e do rendimento do grupo.

O grupo solidário é formado por um mínimo de três pessoas e o máximo de seis: seu tamanho facilita o processo de comunicação interpessoal, a organização e administração dos conflitos, a obtenção de consenso e a participação equilibrada entre os seus membros. Uma vez autosselecionadas, as pessoas que dele vão participar iniciam as atividades do programa. É assim estabelecida a fiança solidária, a qual consiste na associação de pessoas que assumem coletivamente as obrigações quanto ao retorno dos empréstimos. A opção pelo grupo solidário, formado pela autosseleção de seus membros, supõe a convivência anterior e a confiança, pois seus integrantes são coavalistas: se um não pagar sua dívida, os outros devem assumi-la. A responsabilidade solidária entre os tomadores de empréstimo é o segundo princípio de funcionamento do Banco Grameen.

Outro grande diferencial do banco, que atua como determinante para o sucesso de suas operações comerciais, é o modelo de comunicação adotado. O Grameen pauta-se pela premissa de que é a instituição financeira que deve ir aos clientes, e não o contrário.

São os funcionários do banco que vão ao local onde vivem os clientes, ocorrendo comunicação dirigida com interações face a face. Justifica-se tal comunicação interpessoal, pois, na visão de Yunus (2008), os pobres veem nas instituições financeiras uma barreira (Jordão, 2004). O escritório bancário seria um espaço representativo de uma instituição excludente; por não terem sido historicamente contemplados pelo acesso aos bancos, os pobres nem sequer adentram em suas agências. Em razão de inverter a lógica de acesso, sendo desenhado para atender efetivamente aos pobres, o Banco Grameen é também chamado de "o Banco do Povo". O vocábulo "Grameen", ademais, significa, na língua bengali, "povoado".

> Os agentes passam todo o seu tempo andando pelos lugares e falando com as pessoas – é o trabalho de campo – e só ficam em suas agências o tempo necessário para contabilizar os documentos. Os agentes de crédito avaliam as necessidades de crédito e condições de pagamento e pedem referências sobre os mutuários a seus vizinhos e amigos. Os bancos tradicionais pedem aos clientes que se dirijam a suas agências. Para um pobre – e ainda por cima analfabeto –, uma agência tem algo de terrível, de ameaçador. Ela cria uma distância suplementar. Por isso resolvemos que iríamos até o cliente. Todo o sistema bancário do Grameen parte da ideia de que não cabe às pessoas ir ao banco, mas o banco ir até as pessoas, princípio que já de saída nós adotamos. Isso não é apenas uma estratégia de relações públicas, mas um elemento determinante de nossas operações comerciais. (Yunus, 2002, p. 151)

As agências do Banco do Povo, dessa maneira, funcionam como meros entrepostos burocráticos. O esvaziamento da função primordial das agências de realizar negócios, contratos e transações financeiras faz parte de uma filosofia deliberada do Grameen:

> Se for visitar uma agência do banco Grameen em Bangladesh, vai ver que nunca há fila no caixa. Talvez veja algumas pessoas trabalhando, mas na inauguração do banco afixamos em todas as nossas agências essa advertência: *"A presença de qualquer membro da equipe será considerada uma violação das regras do banco Grameen"*. (Yunus, 2002, p. 152)

Diferentemente do que ocorre nas instituições financeiras tradicionais, os funcionários do banco são pessoas que já concluíram a universidade, mas não têm experiência prévia alguma no mercado financeiro; todos são treinados pelo próprio Grameen. Sua missão consiste em se familiarizar com a região e fazer um levantamento detalhado de tudo que lhes diga respeito para que possam instalar novas agências em lugares carentes. O objetivo é ter funcionários técnicos que se apropriem de todo o contexto cultural, social e político dos clientes do banco. Os profissionais passam a compreender os problemas pela ótica dos clientes, conhecendo suas idiossincrasias. Além de conceder os empréstimos, os agentes também fazem o trabalho de acompanhamento, monitorando a evolução dos negócios.

Os funcionários não fazem discriminação sobre a atividade econômica que seus financiados têm intenção de realizar, indo desde a produção de conservas, velas, temperos, até às atividades agrícolas. Contudo, com a realização de visitas semanais e mensais, os agentes regularmente medem a saúde financeira de seus financiados, tanto para garantir que eles possam honrar seus compromissos como para certificar-se de que o dinheiro emprestado esteja beneficiando toda a família do devedor.

Após o recebimento dos valores emprestados, acrescidos dos juros devidos, o Banco Grameen preocupa-se em manter ativa a corrente solidária. Apesar de ser um banco privado, todo o lucro auferido em suas operações é reinvestido em novas habitações, escolas e serviços de saúde. O banco defende objetivos sociais, como eliminar a pobreza, fornecer educação a todos, assistência médica e emprego, prover igualdade de oportunidades às mulheres e o bem-estar social às pessoas idosas. É o que poderia ser chamado de setor privado orientado para a consciência social, e não para a acumulação privada de capital financeiro.

Fundado em 1976, o Banco Grameen obteve *status* de banco em 1983 por meio de uma lei especial e conta com uma rede de 2.564 agências espalhadas por 8.351 aldeias e vilas. Desde então, cerca de US$ 9 bilhões foram concedidos pelo sistema de crédito de Bangladesh a mais de oito milhões de clientes. O grande sucesso do Banco Grameen culminou com a premiação de Muhammad Yunus ao Nobel da Paz de 2006. O bengalês Yunus concorreu com outros 191 candidatos e, por ocasião do prêmio, teve acesso a 1,1 milhões de euros. A sua escolha foi interpretada como uma mensagem do comitê norueguês do Nobel contra o neoliberalismo econômico e o viés excludente da globalização. O microcrédito, por sua vez, passou a ser visto como ferramenta aliada à consecução dos objetivos do milênio, que são metas para a redução da pobreza até 2015 estabelecidas pela ONU. Hodiernamente, Yunus é conhecido como o banqueiro dos pobres.

Diante do quadro acima apresentado, este trabalho visa mostrar como a comunicação pode ser uma ferramenta decisiva para viabilizar projetos de cunho econômico e social. Com base na experiência do Banco Grameen, referência na área de economia solidária, objetivar-se-á correlacionar conceitos como capital social, redes, grupos e capital comunicacional. Mais que isso, pretende-se elucidar como as estratégias comunicacionais são capazes de converter capital social em capital financeiro. Sobretudo, o caso em tela é também ilustrativo para estudar o êxito de projetos de inclusão e reconhecimento. A intenção, aqui, é desvelar os mecanismos interacionais do Banco Grameen que o distinguem do restante da rede bancária. Suas particularidades de funcionamento serão aqui estudadas à luz de temas consagrados, seja pela sociologia, economia ou comunicação social. Em suma, o Banco Grameen pode ser tido como uma aplicação empírica de comunicação face a face, que se mostrou viável e serviu de modelo para tantos outros programas de microcrédito pelo mundo.

A dádiva como fomentadora da concessão de microcrédito

Após a apresentação de um breve histórico sobre a fundação e modalidade de funcionamento do Banco Grameen, é importante agora analisar os elementos garantidores de êxito do projeto. Ao contrário do que se previa, a taxa de insolvência do Grameen provou-se menor que a do sistema bancário tradicional. Sem haver quaisquer garantias reais que o banco pudesse executar em caso de não pagamento, o microcrédito é ainda concedido. Os devedores, por sua vez, mesmo sem ter lastro financeiro que os proteja, cumprem eficazmente suas obrigações. Por fim, o acesso ao crédito independe de contratos formais complexamente elaborados, pautando-se mais por um sistema de credibilidade interpessoal e confiança.

Ora, assim sendo, o que de fato funciona como fomentador do processo? Há inúmeros aspectos a ser considerados, contudo a primeira análise será a respeito da dádiva. O sociólogo francês Alain Caillé preocupa-se em traçar paralelos entre o conceito de dádiva e o estatuto da ação associativa. A dádiva, antes de mais nada, é o impulso mantenedor das relações sociais. Caillé (2002, p. 192) nos oferece uma sólida definição sociológica de dádiva, conceituando-a como "qualquer prestação de bens ou serviços efetuada sem garantia de retorno, tendo em vista a criação, manutenção ou regeneração do vínculo social. Na relação de dádiva, o vínculo é mais importante que o bem". Ao recorrer ao antropólogo Marcel Mauss, em *Essai sur le don: forme et raison de l'echange dans les societés archaïques* (1923-1924), Caillé relembra que a dádiva implica uma tripla obrigação de dar, receber e retribuir.

Desse modo, percebe-se que a dádiva diz respeito ao processo contínuo de trocas, em detrimento dos bens trocados. A dádiva é relacional, e não pontual, é simbólica, e não concreta, está no campo semântico do perene, e não do intermitente. A dádiva é o impulso motivador para que o círculo de prestações e contraprestações se feche, sem, contudo, nunca encerrar-se.

A dádiva é simbólica, mas não desinteressada. A prestação de serviços, o cumprimento de acordos e a retribuição da oferta de bens são imperativos, embora sejam meros meios para que algo mais patente se prolongue: o vínculo. O interesse sobre a aliança, solidariedade e amizade sobrepõe-se, assim, aos instrumentais envolvidos na relação de troca. A lógica da dádiva aplica-se à experiência de Bangladesh por muitos motivos, os quais podem se resumir ao fato de o Banco do Povo ser um modelo de economia solidária.

Como exposto previamente, a criação do Banco Grameen partiu do desejo de Yunus de incluir grande parcela da população na oferta de crédito. O modelo de negócio bancário, em si, só passou a existir porquanto havia a intenção de estabelecer relações sociais. A inserção dos pobres como interlocutores do sistema financeiro é basilar para o funcionamento do Grameen. Conforme a teoria das instituições, antes mesmo de atingir sua principal finalidade, uma instituição preocupa-se com a própria sobrevivência. O que ocorre nesse caso, no entanto, é que a própria razão de ser do banco confunde-se com seu objetivo principal. Para a perpetuação de sua existência, a manutenção da relação é primordial.

Posto que privado, o Banco do Povo reinveste todo seu lucro em projetos sociais. Em vez de haver a apropriação particular do produto da transação negocial, os ganhos auferidos pela quitação da dívida com juros são utilizados para reforçar ainda mais os vínculos entre banco e clientes. Projetos de educação, moradia e saneamento básico são o reflexo da contraprestação paga pelos devedores; com acesso a novos serviços e melhores condições de vida, espera-se que essas pessoas possam ser novamente tomadoras de empréstimo, tendo maior margem de investimento. Sob a ótica keynesiana, aumentando-se a propensão marginal a consumir da população, maior será sua capacidade de investimento. Essa postura do banco de reinvestir seus lucros em projetos voltados a seus clientes é o melhor exemplo de perpetuação do fluxo, isto é, da operacionalização da dádiva.

A relação entre banco e mutuários é bem ilustrada pelas reflexões de Caillé (2002, p. 199):

> [...] enquanto o interesse comercial e instrumental nos impele a abandonar o registro da dívida, equilibrando em cada instante os direitos e deveres, o débito e o crédito, somos incitados pela dádiva e pela ação associativa a adotar o ciclo de circulação da dívida que, no pressuposto de funcionar bem e reinar a confiança, cria um *endividamento mútuo positivo* (Godbout). Aliás, os benefícios próprios ao registro associativo explicam-se à luz desse estado de endividamento mútuo positivo que é o único que tem condições de superar as aporias do racionalismo individualista colocado em evidência pelo dilema do prisioneiro ou pelo paradoxo do passageiro clandestino (*free rider*). Se todos se sentem devedores para com todos é porque, nesse jogo, todo mundo ganha.

Entende-se, a partir do excerto, que o próprio Banco Grameen deve, em alguma medida, aos tomadores de empréstimos. Por endividamento mútuo positivo deve-se compreender, portanto, a manutenção do vínculo relacional. Por ser a associação mais importante que a troca em si, refuta-se o jogo de soma zero, no qual só há a possibilidade de um beneficiário. A dádiva, dessa forma, é o mecanismo pelo qual se opera o pacto associativo. O Banco Grameen não é uma instituição solidária, no sentido moderno da expressão que remete à caridade; ele é solidário na acepção de pôr-se como um ator, tão importante quanto os demais, para estabelecer laços de solidariedade, no sentido de comunhão e trocas.

A interpretação marxista atribui à troca de mercadorias a base do sistema capitalista. Desde a "grande depressão" de 1873, termo cunhado pelo historiador inglês Eric Hobsbawn, o capital industrial uniu-se ao capital bancário, dando origem ao capitalismo financeiro. Dessa maneira, os bancos tornaram-se, desde a segunda Revolução Industrial, o lócus privilegiado do estabelecimento de trocas. Ora, consoante a lógica sofista, poder-se-ia assumir que todas as trocas, tal como as instituições bancárias, são inerentes ao sistema capitalista. Não o são.

A acepção capitalista das trocas é apenas a forma contemporânea e hegemônica de fazê-las. Antes de tudo, a troca é o meio pelo qual a base de confiança é estabelecida dentre as sociedades. O antropólogo e filósofo francês Claude Lévi-Strauss mostrou que desde os clãs até as sociedades complexas trocam mulheres para estabelecer alianças, seguindo a regra universal da proibição ao incesto. Evans-Pritchard, por sua vez, desenvolveu contundente estudo etnográfico sobre a importância da troca de colares de conchas para a manutenção das relações sociais entre o povo Nuer. A sistematização sobre a dádiva feita por Mauss veio a estabelecer a teoria que pôde ser verificada na prática. Dar, receber e retribuir são ações presentes na vida social de todas as comunidades, mesmo as capitalistas. Contudo, a desnaturalização do olhar sobre tais atos permite que apareçam novas iniciativas.

O Banco Grameen é uma instituição bancária que foi cuidadosamente constituída sob o enfoque da dádiva, mesmo que inconscientemente. Com seu apoio, empréstimos são concedidos visando à circulação da dádiva. Para termos de comparação, tão somente, vale dizer que o dinheiro poderia ser substituído por colares de conchas ou mulheres, pois o primordial é abranger mais pessoas ao sistema creditício. Seria anacrônico, contudo, postular que a obra de Yunus é mais um exemplo de aplicação da dádiva. O fato de o banqueiro dos pobres apropriar-se dos mesmos símbolos do capitalismo e dirigir um uso diferente a eles, pioneiramente, faz que sua iniciativa seja ponto de inflexão no campo econômico-social. Yunus demonstrou que a dádiva e seu *modus operandi* são viáveis, ainda que em ambientes dominados por um modo de produção antagônico à sua racionalidade.

Reconhecimento como processo interacional

Outro atributo que pode explicar o sucesso obtido pelo Banco Grameen é que ele promove o reconhecimento daqueles a quem beneficia. O reconhecimento (e suas implicações) constitui um tema deveras estudado por diversos autores, que por vezes divergem entre si. Aqui iremos nos preocupar em trazer à tona aquelas interpretações que se aplicam melhor ao caso do Banco do Povo.

Muhammad Yunus teve por objetivo, desde o princípio, incluir pessoas ao sistema bancário. Conceder o *status* de possíveis mutuários é admitir que os agraciados pela nova possibilidade de crédito sejam reconhecidos como pertencentes a esse novo sistema. Norbert Elias e John Scotson, em *Os estabelecidos e os outsiders: sociologia das relações de poder a partir de uma pequena comunidade* (2000), ao cunhar o termo *outsider,* também deixam implícito como os excluídos tentam frequentemente adentrar no sistema. A inclusão proporcionada pelo Grameen diz respeito ao reconhecimento de novos atores sociais em um sistema excludente.

Associado ao conceito de dádiva, a interpretação da noção de reconhecimento feita por Alain Caillé vai ao encontro de duas frentes: a primeira refere-se ao reconhecimento das pessoas como atores pertencentes a certo sistema social, tal como apresentamos. A segunda relaciona-se ao reconhecimento da própria noção de compromisso de quitar a dívida para que o fluxo de mercadorias continue ativo. Logo, o pagamento das dívidas e a manutenção das trocas são também o reconhecimento da existência da dádiva; o engajamento é visto pelo autor como reverência aos princípios norteadores da dádiva:

> Ora, se reconhecer é entrar no campo e no registro do dom e do contradom, tão magistralmente destacado e analisado por Mauss em E*nsaio sobre a dádiva*, reconhecer é admitir que houve um dom, que somos devedores daquele que o fez e que permaneceremos interagindo com ele, convocados a dar quando chegada nossa vez. Reconhecer é, de certo modo, portanto, assinalar um reconhecimento de dívida, ou ao menos de dádiva. (Caillé, 2008, p. 158)

Caillé, contudo, vai além. A apreciação axiológica do sistema de trocas traria, simultaneamente, o reconhecimento dos indivíduos nele envolvidos. O respeito pelo cumprimento das regras é o mesmo, em outras palavras, que reconhecer os sujeitos que se subscrevem a elas. Ao conciliar atores e os subconjuntos sociais a que estão insertos, Caillé sobrepuja as convicções funcionalistas de Émile Durkheim, que diz que somente a sociedade como um todo pode ser passível de reconhecimento. Dessa forma, Caillé propõe um movimento dialético entre conteúdo e continente sociais:

Reconhecer uma dívida econômica ou financeira é admitir a estimação do valor monetário do engajamento subscrito. Reconhecer uma pessoa é admitir seu valor social e lhe oferecer qualquer coisa em retorno. Em que consiste este valor? A resposta agora não é muito difícil de imaginar em sua generalidade. O que é reconhecido socialmente é a existência do dom. Esse valor, a substância do valor como teria dito Marx, é a capacidade da pessoa de dar, a relação que ela mantém com o universo da dádiva. (Caillé, 2008, p. 158)

Outra questão acerca do reconhecimento é bem tratada por Nancy Fraser (2001), por meio da discussão promovida entre redistribuição e reconhecimento. A autora propõe um modelo de *status* e visa acabar com a antinomia, a princípio aparente, entre os campos ético e moral. Enquanto este se correlaciona à distribuição, por estar vinculado à justiça universal, aquele se correlaciona ao reconhecimento, por tratar-se de campo de análise subjetivo, de acordo com o considerado como bem viver. O alcance da justiça, para a autora, somente se dá quando há, concomitantemente, redistribuição e reconhecimento.

Todo regime democrático pressupõe igualdade formal e jurídica entre os atores. O reconhecimento, aqui, significa cidadania. Já de acordo com a ótica marxista, para que haja o reconhecimento é preciso que os bens materiais sejam redistribuídos entre os indivíduos, imbuídos em lutas de classes. Embora Caillé se esforce para demonstrar que o reconhecimento está além de aquisições materiais, é preciso admitir que, pragmaticamente, a redistribuição de bens também viabiliza a inclusão cidadã. Nesse diapasão, filiamo-nos à interpretação de Fraser, que concilia os campos moral e ético, de distribuição e reconhecimento.

A experiência do Banco Grameen bem ilustra essa teoria: a distribuição de bens materiais possibilita o reconhecimento pessoal. Seria contraditório, após toda a exposição sobre a dádiva, afirmar que é o acesso ao crédito o maior responsável pela inclusão de novos atores. A rede social que emerge do programa tem autonomia, porém a concessão de crédito permite que haja desdobramentos desde o primeiro dólar concedido, isto é, o crédito gera investimento, que gera empregabilidade, que gera mais inclusão. Assim, o círculo virtuoso promovido pelo Banco dos Pobres alia recursos materiais a imateriais.

Nancy Fraser, ademais, postula que o reconhecimento, como modelo de *status*, não diz respeito à identidade de um grupo. Apontar as diferenças entre grupos fomenta separatismos entre eles e, ao mesmo tempo, tende a ignorar suas heterogeneidades internas. Dessa forma, reconhecer um grupo é equipará-lo aos demais, seja quanto a suas possibilidades materiais, seja quanto ao direito de participação na vida pública.

Dessa perspectiva – que eu chamarei de *modelo de status* – o que exige reconhecimento não é a identidade específica de um grupo, mas a condição dos membros do grupo como parceiros integrais na interação social. O não reconhecimento, consequentemente, não significa depreciação e deformação da identidade de grupo. Ao contrário, ele significa *subordinação social* no sentido de ser privado de *participar como um igual* na vida social. (Fraser, 2007, p. 107)

As teorias sobre reconhecimento com que trabalhamos neste artigo foram aplicadas ao caso do Banco dos Pobres. Se há uma ação capaz de sintetizar a teoria do reconhecimento para tal banco, essa é a construção de um *status* de igualdade (discursiva e financeira) para os mais pobres. A experiência de Bangladesh promoveu reconhecimento por meio de redistribuição material, formação de novas redes sociais, apreciação subjetiva dos atores e equiparação de direitos. Qualquer discussão teórica acerca do reconhecimento, sob a ótica marxista ou democrática, sob a ótica pessoal ou coletiva, ética ou moral, tem serventia ao refinamento conceitual dessa experiência. Empiricamente, contudo, o recorte hipotético não é possível. O Banco dos Pobres, sem nenhum prejuízo às alusões teóricas, foi capaz de promover o reconhecimento dos indivíduos e das comunidades que atende, ao incluí-los socialmente. Assim como a dádiva é a fomentadora do processo de trocas, o reconhecimento é o produto dessas interações.

O capital social e seu papel nas relações interacionais

Em primeiro lugar, é importante esclarecer a necessidade da análise do conceito de capital social para o presente trabalho. A pretensão aqui é demonstrar como estratégias interacionais foram relevantes para o sucesso do Banco dos Pobres. Para além de uma transação comercial, o banco é um projeto de inclusão e formação de novas redes sociais. O estabelecimento dessas redes, entretanto, não se deve exclusivamente ao Grameen. De fato, a iniciativa do próprio banco só foi possível por existirem previamente recursos que pudessem ser canalizados para a sua consecução. Tal como uma via de mão dupla, o banco tanto estabeleceu redes sociais mais sólidas e operantes como se constituiu de um potencial interacional latente: os vínculos de confiança, reciprocidade e colaboração que caracterizam o capital social.

O relacionamento interpessoal, aliado às estratégias comunicacionais, é o grande responsável pelo êxito do projeto do Banco Grameen. Para analisar melhor as imbricações entre o capital social e a formação de redes solidárias, recorrer-se-á à interpretação de dois autores, Bourdieu e Coleman, a partir dos estudos feitos por Heloiza Matos em sua ampla pesquisa dedicada ao capital social (2009). Se, por um lado, ambos os autores divergem em alguns aspectos sobre o conceito de capital social, por outro suas teorias convergem em muitos outros pontos. No presente trabalho, mais importante será ressaltar as identidades entre os autores. Todavia, em um primeiro momento, para que não se inflijam generalizações, apontar-se-ão algumas especificidades de cada autor.

No texto "O capital social – Notas provisórias" (2000), Pierre Bourdieu advoga que o capital social, a princípio, é inerente aos atores da vida social, que dependem das redes de relações para alcançar bens que, de outro modo, não poderiam ser obtidos. Essas redes, ademais, são o espaço em que o capital social se reproduzirá.

> A existência de relações não é um dado natural, nem mesmo um "dado social", constituído de uma vez por todas e para sempre por um ato social de instituição (representado, no caso do grupo familiar, pela definição *genealógica* das relações de parentesco que é característica de uma formação social), mas o produto do trabalho de instauração e de manutenção que é necessário para produzir e reproduzir relações duráveis e úteis, aptas a proporcionar lucros materiais e simbólicos. Em outras palavras, a rede de ligações é o produto de estratégias de investimento social consciente ou inconscientemente orientadas para a instituição ou a reprodução de relações sociais diretamente utilizáveis, a curto ou a longo prazo. (Bourdieu, 2000, p. 68)

E Bourdieu ainda esclarece que "é por isso que a reprodução do capital social é tributária, por um lado, de todas as instituições que visam a favorecer as trocas legítimas e a excluir as trocas ilegítimas" (2000, p. 69). Bourdieu, apesar de afirmar que o capital social é um atributo individual, defende que as redes sociais são fundamentais para sua formação e reprodução. Redes essas cuja criação não é automática nem natural, e sim depende do dispêndio de energia por parte de seus atores ou até de um ator extra que coordene tais esforços.

No constante exercício de diálogo entre teoria e prática, é possível atribuir aos agentes de crédito do Banco Grameen o papel de arregimentar as potencialidades prévias dos agentes das comunidades em que vivem. Todos os cidadãos que recebem o crédito do Grameen possuem determinado capital social para acionar, já que o mecanismo de responsabilidade solidária das dívidas exige que uns respondam pelos outros. Ora, a assinatura do contrato de empréstimo para com o banco pode ser entendida, nesse sentido, como produto de capital social previamente existente. A reprodutibilidade do capital social dentro da rede social também é verificada no caso do Banco do Povo: é crucial ver como o projeto expandiu-se ao longo dos anos. Por meio de crescimento reticular, o prévio capital social, uma vez sistematizado, pôde reproduzir-se e ampliar-se.

Bourdieu também correlaciona capital social a outras derivações. Para ser mantido, o capital social depende de capital econômico e de capital cultural – seja em sua forma objetivada, incorporada ou institucionalizada. Para manter-se ativa, portanto, a rede social necessita que haja a mobilização de outras modalidades de capital. Os lucros provenientes das relações, para o autor, também estão na base da solidariedade que as torna possíveis. Mesmo que de forma proporcional, todos são responsáveis pela caução do capital de um grupo. A ampla cooperação entre os membros, seja por intermédio da mobilização de recursos para fazer funcionar a rede, seja por meio do reinvestimento na rede dos lucros provenientes, vai ao encontro da teoria bourdieusiana de capital social.

Coleman, por outro lado, defende em "Social capital in the creation of human capital" (1988) que o capital social não é inerente aos indivíduos que dele fazem uso, mas situa-se exatamente no interior das próprias redes sociais. As redes sociais podem ser autocentradas e privadas, como clubes e associações. Podem ser organizações sociais com objetivos específicos e voltadas ao grande público, mas sem visar ao lucro em si, como organizações do terceiro setor e partidos políticos. Ao deslocar o capital social dos atores e atribuir sua germinação à própria rede, Coleman diverge de Bourdieu. O norte-americano não ignora a característica inerente ao capital social que pertence aos indivíduos: a confiança entre os membros de uma rede é pessoal. Todavia, defende que ainda cabe à instituição pôr em funcionamento o processo e normatizá-lo.

Independentemente das dissonâncias apresentadas, há semelhantes pontos levantados tanto por Bourdieu como por Coleman que são aplicáveis a nosso objeto de estudo. Para ambos os autores, o capital social pode ser materializado por meio da capacidade dos atores sociais de manter e mobilizar uma rede durável e relativamente institucionalizada de relações mútuas e de conhecimento entre indivíduos.

Redes sociais e estruturas das interações

O estudo sobre a natureza das redes é relevante para este trabalho tendo em vista que pode ser um recurso na dinâmica da vida econômica. Ao acionar um dos elos da rede, torna-se possível acioná-la por inteiro, o que faz que seja um recurso potencialmente mobilizável da vida econômica. Dessa maneira, a rede seria um exemplo típico de capital social.

A rede facilita as transações entre os atores no interior do grupo devido à sua estrutura reticular. Tamanha fluidez permite a maior circulação de capital (econômico, cultural, simbólico etc.). Não só, os recursos mobilizados pelos atores envolvidos na rede são elos intangíveis, não apropriáveis por quaisquer entre os atores que dela participam. Isso garante que o capital empreendido e proveniente dessas relações tenha seu viés *social* garantido. Os efeitos das relações só são economicamente atraentes na medida em que seus efeitos sejam subprodutos de relações sociais.

Como novo patamar analítico, as redes não podem ser reduzidas às características e propriedades dos atores, tão somente. A ação econômica não se desenvolve mais em um vazio social nem é a mera tradução mecânica da determinação estrutural sobre as decisões individuais. Não obstante, as redes moldam as possibilidades de ação e as estratégias dos atores, mas ações e estratégias também reconstroem continuamente a natureza das redes sociais. Tal qual um organismo vivo, as redes permitem que os atores desenvolvam formas de coordenação de suas ações, provendo-lhes recursos para atuar com independência diante do mercado.

Se por um lado as redes extrapolam seus atores, por outro sua constituição é dada por um sistema de atores ligados por um tipo de relação. Entendem-se por atores todos aqueles que participam das relações estabelecidas, sem importar o grau de hierarquia. A estrutura reticular privilegia a horizontalidade das relações. A rede formada pelo banco Grameen tem, sem qualquer distinção entre si, atores como: uma senhora camponesa a quem o microcrédito foi concedido; um suposto vizinho seu, que atua como fiador do empréstimo; o próprio Banco do Povo; o filho da camponesa, que devido à nova renda familiar pôde voltar a estudar; o técnico que atua como agente de crédito do banco; o dono da mercearia de uma aldeia que, embora não tenha pleiteado empréstimo algum, foi beneficiado pelo projeto. Percebe-se que os atores podem ser tanto pessoas físicas como jurídicas, ter direitos civis plenos ou latentes, estar direta ou indiretamente envolvidos na rede. O primordial é que haja a relação, isto é, uma forma de interação social que ponha os atores em contato.

Por gerar resultados que interferem externamente a elas, as redes podem ser concebidas também por um sistema de elos diretos e indiretos. Embora se defenda aqui a equidade da estrutura reticular para com seus atores, faz-se patente mencionar que o modelo também pode apresentar fragilidades e incoerências internas. Mark Granovetter (1973) aponta para o fato de que as redes, por vezes, podem servir como meio para que atores com *status* diferenciados entrem em contato, gerando maiores benefícios para uns em detrimento de outros. Haveria, dentro de uma rede social qualquer, elos fortes e fracos entre os atores, que culminariam em desigualdades sociais. Tal argumentação, porém, não será considerada pelo presente artigo. Não se trata de discordar das brilhantes elucidações do professor Granovetter, mas sim de admitir as limitações deste estudo. Toda análise feita acerca do Banco Grameen aqui é baseada em fontes bibliográficas, e não empíricas. Preferiu-se, assim, trabalhar segundo o tipo ideal weberiano daquilo que seria o Banco do Povo, desde sua concepção, a estudar os possíveis desdobramentos particulares dessa experiência.

Ainda que conceitual, o recorte deste artigo ajusta-se melhor aos resultados encontrados em outro estudo de Granovetter (1985). Ao cunhar o conceito de *embeddedness*, o qual pode ser aproximado a "enraizamento estrutural", o autor defende que o sistema constituído de elos depende de mediações sociais concretas entre os fatos econômicos e a vida social. Assim, as redes sociais não surgem em mercados abstratamente idealizados, mas sim em comunidades com prévias e densas relações sociais (ao menos em potencial). Ora, o Banco Grameen foi idealizado a partir das observações de Yunus sobre a realidade bengalesa e naquele local desenvolveu-se, *a priori*. Havia as precondições levantadas por Granovetter – uma comunidade em que a rede social pudesse ser pragmaticamente implementada, criando raízes.

Assim como a dádiva é a fomentadora do processo de concessão de microcrédito e o reconhecimento pode ser tido como produto interacional, o capital social e as redes também exercem papel significativo no funcionamento do Banco Grameen. As redes, por operar como estrutura capaz de prover sustentação e de formatar a espécie de relação entre os agentes, podem ser tidas como o lócus privilegiado onde as transações se dão. O capital social, por sua vez, opera como um lastro que pode ser acionado para ativar as redes sociais. Bourdieu (2000, p. 2) define capital social como "o conjunto de recursos atuais e potenciais que estão ligados à posse de uma rede durável de relações mais ou menos institucionalizadas de interconhecimento e inter-relacionamento". Nesse sentido, tanto o capital social como as redes sociais compõem, cada qual, nossa análise. Resta agora, observada a formatação das interações que sustentam o funcionamento do Banco Grameen, observar como os processos comunicacionais se dão.

A comunicação como estratégia mediadora das relações

Até o momento, viemos analisando todos os fatores que compreendem as interações do Banco Grameen. Ao promover uma analogia diletante para com os conceitos marxistas, é possível dizer que, enquanto dádiva, reconhecimento, capital social e redes se aproximam da infraestrutura, a comunicação estaria relacionada à noção de superestrutura. A comunicação, assim, é o meio pelo qual, pragmaticamente, o processo de concessão de microcrédito se dá. A articulação dentro do banco, a prospecção de possíveis beneficiários, a formação de redes solidárias, o estabelecimento de acordo entre mutuário e técnico representante do Banco Grameen, a alocação dos recursos ganhos e o reinvestimento do dinheiro pago nas comunidades, ou seja, todas as atividades promovidas pelo banco, dependem, objetivamente, de uma eficaz estratégia comunicacional. Nesse sentido, Heloiza Matos (2009, p. 198) afirma que:

> Na qualidade de processo relacional, a comunicação deve ser compreendida como ação dialógica capaz de estabelecer articulações entre diferentes colaboradores e contextos ligados à organi-

zação, oferecendo alternativas para a negociação de interesses e a coordenação das ações e, por consequência, promovendo o respeito e a confiança mútua.

A autora vai além e discute sobre a possível existência de um capital comunicacional, dialogando com as teorias pregressas. A despeito de admitir que a expressão "capital comunicacional" ainda não tenha seu caráter totalmente definido, Matos acredita que haja padrões de comunicação capazes de solucionar entraves dentro de uma comunidade. O esforço da autora, portanto, pauta-se em delinear a interseção entre os processos comunicacionais e a estrutura em redes. Mais que meio, a comunicação também se transformaria em potencialidade a ser explorada e ativada, assim como o capital social.

Ao explorar a relação entre capital social e comunicacional, a autora (2009, p. 218) relata o seguinte:

> [...] chamou a minha atenção a facultativa, porém bem-vinda, correlação do capital comunicacional com o capital social. É justamente esse movimento de aproximação entre a noção de capital e a de comunicação que oferece a possibilidade de pensar na constituição dos indivíduos como cidadãos e atores cívicos com base nas interações que estabelecem nas redes sociais, sejam elas organizacionais e/ou cívicas. A confiança, a reciprocidade, a cooperação e o apoio psicológico estão na base da mobilização, do engajamento e das ações coletivas, tanto quanto o cálculo gerencial e a busca do lucro empresarial.

A associação entre capital cultural e capital comunicacional, dessa maneira, pauta-se na premissa de que cidadãos atuantes nas redes sociais não apenas estabelecem relações entre si comunicando-se, mas lançam mão da comunicação de outra forma. A comunicação estabelecida entre os atores que protagonizaram as redes é dotada de maior densidade e consciência. Os laços são estabelecidos intencionalmente; por isso, os efeitos decorrentes dessas interações tendem a ser mais profícuos. Como a estrutura reticular é, *a priori*, horizontal, acredita-se aqui que a comunicação, mesmo que estabelecida em diferentes esferas, tem a mesma importância. Heloiza Matos, no entanto, divide três formas de interação, chamadas de dimensões, presentes no capital comunicacional. Sem atribuir juízo de valor a elas, a autora (2009, p. 211) explica:

> A primeira dimensão remete-se às discussões mais informais com familiares, amigos, colegas de trabalho, vizinhos e conhecidos da comunidade. A segunda dimensão está associada aos debates nos contextos cívicos e organizacionais não ligados ao universo do trabalho (como as associa-

ções, por exemplo). E a terceira dimensão relaciona-se às questões e negócios públicos dos meios de comunicação, assim como aos elementos destinados à sua vigilância.

Essa separação, logo, vale não para sobrepujar uma dimensão sobre a outra, mas sim para facilitar a identificação do capital comunicacional. Comunicação é o meio pelo qual as interações, em todas as esferas e momentos da transação negocial, se efetivam. Essa constatação é de suma importância e sua observação não requer qualquer acuidade. A contribuição da professora Heloiza Matos, ao suscitar o conceito de capital comunicacional, é de grande valia para o presente trabalho, uma vez que sugere que a comunicação é um dos pilares fomentadores das redes sociais.

Considerações finais

Este estudo se dispôs a identificar e interpretar as etapas comunicacionais envolvidas no funcionamento do Banco Grameen. O êxito do projeto, que, contra todos os postulados da economia neoliberal, concede crédito à população carente e assim mesmo possui uma das menores taxas de insolvência existentes no sistema bancário, depende de inúmeros fatores. Analisando a dádiva, o reconhecimento, o capital social, as redes sociais e, por fim, o capital comunicacional, pretendeu-se desvelar o *modus operandi* do chamado Banco dos Pobres.

Sem que seja uma instituição de ajuda humanitária, as ações desse banco são direcionadas para a promoção da dignidade e autonomia dos sujeitos. O espaço físico das agências é negligenciado em detrimento da ação humana dos agentes de crédito, e o lucro nada representa, quando comparado ao objetivo central de modificar positivamente a condição humana de milhares de pessoas. Por ter o homem como fim e como principal ator, a comunicação e as relações interpessoais são imprescindíveis ao funcionamento das redes sociais que se constituem em torno das ações promovidas pelo banco. As regras, a estruturação dos elos das redes, a motivação e os meios pelos quais os atores envolvidos na concessão de microcrédito se relacionam estão, em certa medida, implícitos à ideia de comunicação, entendida em seu sentido mais amplo. Como ser social e de linguagem, o homem, ao comunicar-se, constrói e reconstrói o mundo e a si mesmo. O caso do Banco Grameen ilustra o quão bem o homem é capaz de fazê-lo.

Referências

BOURDIEU, Pierre. "O capital social – Notas provisórias". In: NOGUEIRA, Maria Alice (org.). *Escritos de educação.* Petrópolis: Vozes, 2000, p. 65-9.

CAILLÉ, Alain. "Dádiva e associação". In: MARTINS, Paulo Henrique. *A dádiva entre os modernos: discussão sobre os fundamentos e as regras do social.* Petrópolis: Vozes, 2002, p. 191-205.

CAILLÉ, Alain. "Dádiva e associação". In: MARTINS, Paulo Henrique. (org.) *A dádiva entre os modernos*: discussão sobre os fundamentos e as regras sociais. Tradução Guilherme J.F. Teixeira. Petrópolis: Vozes, 2002.

_____. "Reconhecimento e sociologia". *Revista Brasileira de Ciências Sociais*, São Paulo, v. 23, n. 66, 2008, p. 151-63.

COLEMAN, James. "Social capital in the creation of human capital". *American Journal of Sociology*, v. 94, supplemento, 1988, p. 95-120.

ELIAS, Norbert; SCOTSON, John. L. *Os estabelecidos e os outsiders: sociologia das relações de poder a partir de uma comunidade*. Rio de Janeiro: Zahar, 2000.

EVANS-PRITCHARD, E. E. *Os Nuer*. São Paulo: Perspectiva, 1978.

FIDALGO, Jaime. "A banca dos pobres". *Revista Exame Angola*, Luanda: Angola, 27 mai. 2010. Disponível em: <http://www.exameangola.com/pt/?det=12877&id=1850&mid=>. Acesso em: 17 ago. 2010.

FRASER, Nancy. "Da redistribuição ao reconhecimento? Dilemas da Justiça na era pós-socialista". In: SOUZA, J. (org.). *Democracia hoje: novos desafios para a teoria democrática contemporânea*. Brasília: Editora da UnB, 2001, p. 245-82.

_____. "Reconhecimento sem ética?". *Revista Lua Nova*, São Paulo, n. 70, 2007, p. 101-38.

GRANOVETTER, Mark S."The strength of weak ties". *American Journal of Sociology*, Chicaco, v. 78, n. 6, maio 1973, p. 1360-80.

_____. "Economic action and social structure: the problem of embeddedness". *American Journal of Sociology*, Chicago, vol. 91, n. 3, nov. 1985, p. 481-510.

JORDÃO, Rosemary. *O Banco dos Pobres – Uma experiência de comunicação pública*. Dissertação (Mestrado) – Faculdade Cásper Líbero, São Paulo, 2004.

MATOS, Heloiza. *Capital social e comunicação: interfaces e articulações*. São Paulo: Summus, 2009.

YUNUS, Muhammad. *O banqueiro dos pobres*. São Paulo: Ática, 2000.

_____. *Um mundo sem pobreza: a empresa social e o futuro do capitalismo*. São Paulo: Ática, 2008.

OS AUTORES

Alain Caillé é doutor em Economia e Sociologia e professor do Departamento de Sociologia da Université Paris Ouest (Paris X) – Nanterre La Défense. Coordena a linha "Sociedade, Economia, Política e Trabalho" do mestrado em Ciências Sociais e Sociologia, integrando também, como membro da diretoria, a Escola Doutoral "Economia, Organizações e Sociedade". É diretor, junto com Christian Lazzeri, do laboratório de pesquisa "Sociologia, Filosofia e Antropologia Política" (Sophiapol). Fundou, em 1981, o Movimento Anti-utilitarista nas Ciências Sociais (Mauss) e dirige atualmente a *Revue du Mauss*. Publicou, entre outros, os livros: *Anthropologie du don* (Desclée de Brouwer, 2000), *La quête de reconnaissance – Nouveau phénomène social* (La Découverte, 2007) e *Théorie anti-utilitariste de l'action* (La Découverte, 2009).

Ângela Marques é mestre e doutora em Comunicação Social pela Universidade Federal de Minas Gerais (UFMG). Realizou estágio pós-doutoral no Groupe de Recherche sur les Enejeux de la Communication (Gresec), da Université Stendhal. Organizou e traduziu os textos que integram o livro *A deliberação pública e suas dimensões sociais, políticas e comunicativas: textos fundamentais* (Autêntica, 2009). É professora dos cursos de graduação e pós-graduação do Departamento de Comunicação Social da UFMG.

Cicilia M. Krohling Peruzzo é doutora em Ciências da Comunicação pela Escola de Comunicações e Artes da Universidade de São Paulo (ECA-USP). Fez pós-doutorado na Universidade Nacional Autônoma do México. Professora do Programa de Pós-graduação em Comunicação da Universidade Metodista de São Paulo, é autora de *Relações públicas no modo de produção capitalista* (Summus, 2004), *Comunicação nos movimentos populares* (Vozes, 2005) e *Televisão comunitária* (Mauad, 2007). Coordena o Núcleo de Estudos sobre Comunicação Comunitária e Local (Comuni).

Clara Castellano é graduada em Ciências Sociais pelo Instituto de Filosofia e Ciências Humanas da Universidade Estadual de Campinas (Unicamp). Participou do Programa Especial Integrado (PEI) da Universidad de Salamanca, Espanha, entre 2007 e 2008. Atualmente, faz o curso de especialização *lato sensu* em Comunicação Social na Faculdade Cásper Libero e trabalha como analista em um instituto de pesquisa qualitativa na cidade de São Paulo (SP).

Cristiane Soraya Sales Moura é mestre em Comunicação pela Faculdade Cásper Líbero (FCL-SP). Pós-graduada em Marketing Político e Propaganda Eleitoral pela Universidade de São Paulo (USP-SP), é docente do Laboratório de Comunicação da Faculdade Pernambucana de Saúde (FPS-PE) e jornalista da assessoria de comunicação do Instituto de Medicina Integral Professor Fernando Figueira (Imip).

Devani Salomão é jornalista, mestre e doutora em Ciências da Comunicação pela Escola de Comunicações e Artes da Universidade de São Paulo (ECA-USP). Pós-doutora pela Universidade Metodista de São Paulo (Unimesp), é docente do programa de pós-graduação da Universidade Federal de São Paulo (Unifesp), Centro de Desenvolvimento do Ensino Superior em Saúde, Especialização – Educação em Saúde.

Diólia Graziano é mestre em Ciências Sociais Aplicadas pela Faculdade Cásper Líbero, na área de concentração "Comunicação na Contemporaneidade", linha de pesquisa "Processos Midiáticos: Tecnologia e Mercado". Aluna do Internet Governance Capacity Building Programme 2011 pela DiploFoundation, integra os seguintes grupos de pesquisa do CNPq: Tecnologia e Cultura de Rede (Teccred) e Rede de Pesquisa Aplicada em Jornalismo e Tecnologias Digitais (JorTec), abrigada na Associação Brasileira de Pesquisadores em Jornalismo (SBPjor).

Guilherme Fráguas Nobre é economista, mestre em Economia e doutor em Comunicação pela Escola de Comunicações e Artes da Universidade de São Paulo (ECA-USP). Fez seu estágio pós-doutoral na Université Stendhal (França) e atualmente é pesquisador visitante na McMaster University (Canadá). Tem lecionado e publicado artigos sobre comunicação pública, marketing público e relações com a mídia. Sócio da Media Training Ltda., treinou executivos e políticos como porta-vozes institucionais ao longo dos últimos dez anos.

Heloiza Matos é mestre e doutora em Ciências da Comunicação pela Escola de Comunicações e Artes da Universidade de São Paulo (ECA-USP). Na Université Stendhal (França), fez um estágio pós-doutoral sobre o tema "Comunicação e capital social: interfaces e articulações", pesquisa publicada em livro homônimo, em 2009, pela Summus. É autora também de *Memórias de Brasília* (Plêiade, 2010). É docente do Programa de Pós-graduação da ECA/USP e bolsista por produtividade do CNPq.

Ilídio Medina Pereira, publicitário, é mestre em Administração pela Escola de Administração da Universidade Federal do Rio Grande do Sul (EA-UFRGS). Doutorando em Comunicação e Informação no Programa de Pós-graduação em Comunicação da UFRGS, entre seus atuais interesses de pesquisa estão o debate midiático acerca de políticas de ação afirmativa, a deliberação pública e o discurso jornalístico e suas formas de reconfiguração de entendimentos e interpretações.

Luís R. Cardoso de Oliveira é professor titular do Departamento de Antropologia da Universidade de Brasília (UnB) e bolsista de produtividade do CNPq. Mestre em Antropologia pelo Museu Nacional-UFRJ e doutor pela Universidade de Harvard (EUA), foi pesquisador visitante na Université de Montréal (Canadá) e na Maison des Sciences de l'Homme (França). Realizou pesquisas no Brasil, nos Estados Unidos, no Canadá e na França sobre direitos, conflito e cidadania. É autor de *Direito legal e insulto moral* (Relume Dumará, 2002) e coeditor do *Anuário Antropológico* da UnB.

Luiz Santiago, administrador e jornalista, é mestre em Comunicação pela Faculdade Cásper Líbero, pós-graduado em Comunicação com o Mercado pela Escola Paulista de Propaganda e Marketing (ESPM) e em Administração de Marketing pela Universidade São Judas. Executivo de comunicação e marketing com vivência profissional em grandes empresas nacionais e multinacionais, é palestrante e instrutor em treinamentos empresariais e docente em cursos de graduação e pós-graduação na área de Comunicação Corporativa.

Marcello Baquero é Ph.D. em Ciência Política pela Florida State University (EUA). Realizou pós doutorado no Instituto Gino Germani da Universidade de Buenos Aires (Argentina) e também na Universidade de Sussex (Inglaterra). Participou de duas missões de trabalho na École de Haute Etudes (França). É coordenador do Núcleo de Pesquisa sobre América Latina (Nupesa) da UFRGS e editor executivo da revista *Debates*. Professor do Programa de Ciência Política da UFRGS, publicou, entre outros, os livros: *Democracia, juventude e capital social no Brasil* (Editora da UFRGS, 2004) e *Democracia e desigualdades na América Latina – Novas perspectivas* (Editora da UFRGS, 2007).

Mirta Maria Gonzaga Fernandes é formada em Jornalismo pelas Faculdades Integradas Alcântara Machado (Fiam). Mestre em Comunicação e Mercado pela Faculdade Cásper Líbero, participou dos cursos "Comunicação Social e Mercado", da Universidade de Sorbonne (Paris), e "Comunicação e Terceiro Setor", da Universidade Internacional de Andaluzia (Espanha). Ex-docente da Faculdade Piratininga, é conselheira de saúde do município de São Paulo e membro da Frente Paulista pelo Direito à Comunicação e Liberdade de Expressão (Frentex).

Paula Franceschelli de Aguiar Barros é mestre em Comunicação pela Faculdade Cásper Líbero, especialista em Marketing pela Fundação Armando Álvares Penteado (Faap) e graduada em Comunicação Social – Relações Públicas pela Cásper Líbero.

Renata Barbosa Malva é formada em Relações Públicas pela Faculdade Cásper Líbero. Atualmente, faz mestrado em Comunicação na mesma instituição e é assistente parlamentar da Câmara Municipal de São Paulo. Tem experiência na área de Comunicação, atuando principalmente nos seguintes segmentos: discursos ambientais, deliberação pública, análise publicitária, enfrentamento e entrecruzamento de discursos na esfera pública *online*.

Ricardo Fabrino Mendonça é professor adjunto do Departamento de Ciência Política da Universidade Federal de Minas Gerais. Doutor em Comunicação Social pela UFMG e graduado em Comunicação/Jornalismo pela mesma instituição, foi pesquisador da Fundação João Pinheiro e pesquisador visitante do Programa de Ciência Política da Australian National University (2007-2008). É sócio da Associação Imagem Comunitária e integrante do Centro de Referência do Interesse Público (UFMG) e do Grupo de Pesquisa sobre Democracia Digital (UFMG). Seus interesses se voltam para comunicação e política, teoria democrática e teoria da justiça. Organizou, com Juliana Leonel, o livro *Audiovisual comunitário e educação: histórias, processos e produtos* (Autêntica, 2010).

Rosemary Tonhosolo Jordão é graduada em Relações Públicas e especialista em Gestão Estratégica em Comunicação Organizacional pela Escola de Comunicação e Artes da Universidade de São Paulo (ECA-USP). Mestre em Comunicação pela Faculdade Cásper Líbero, atua há 27 anos em organizações privadas e do governo federal. É docente do curso de Comunicação Social das Faculdades Integradas Rio Branco e leciona em cursos de pós-graduação.

Rute Vivian Angelo Baquero é Ph.D. em Educação pela Florida State University (1979). Pós-doutora pela Faculdade de Educação na Universidade de Buenos Aires, Argentina (2006). Atualmente é professora titular da Universidade do Vale do Rio dos Sinos, RS.

Sueli Yngaunis é formada em Relações Públicas pela Fundação Armando Álvares Penteado (Faap) e mestre em Comunicação e Mercado pela Cásper Líbero. Seus atuais interesses de pesquisa abrangem temáticas associadas à comunicação organizacional e à inclusão de pessoas com deficiência no mercado de trabalho. É docente dos cursos de Administração e Comunicação da Universidade Cidade de São Paulo (Unicid).